读客中国史入门文库

顺着文库编号读历史，中国史来龙去脉无比清晰！

成吉思汗

意志征服世界

度阴山 著

江苏凤凰文艺出版社
JIANGSU PHOENIX LITERATURE AND
ART PUBLISHING

图书在版编目（CIP）数据

成吉思汗：意志征服世界 / 度阴山著 . —— 南京：
江苏凤凰文艺出版社 , 2024.6
ISBN 978-7-5594-8608-0

Ⅰ . ①成 … Ⅱ . ①度 … Ⅲ . ①成吉思汗（1162 –
1227）– 传记 Ⅳ . ① K827=47

中国国家版本馆 CIP 数据核字 (2024) 第 081411 号

成吉思汗：意志征服世界

度阴山　著

责任编辑	丁小卉
特约编辑	王菁菁　　朱若愚　　尹开心
封面设计	陈　昭
责任印制	杨　丹
出版发行	江苏凤凰文艺出版社
	南京市中央路 165 号，邮编：210009
网　址	http://www.jswenyi.com
印　刷	三河市龙大印装有限公司
开　本	710 毫米 ×1000 毫米　1/16
印　张	20.5
字　数	351 千字
版　次	2024 年 6 月第 1 版
印　次	2024 年 6 月第 1 次印刷
标准书号	ISBN 978-7-5594-8608-0
定　价	49.90 元

江苏凤凰文艺版图书凡印刷、装订错误，可向出版社调换，联系电话：010-87681002。

人物表

家族：

成吉思汗：本名铁木真，乞颜部的可汗，统一蒙古草原，创建大蒙古国。

也速该：成吉思汗之父，乞颜部的族长，死于塔塔尔人的谋杀。

诃额仑：成吉思汗之母，弘吉剌部美女。

孛儿帖：成吉思汗之妻。

德薛禅：孛儿帖之父。

别克帖儿：成吉思汗同父异母弟，因任性自私而被成吉思汗射死。

合撒儿：成吉思汗的弟弟，有名的神射手。

别里古台：成吉思汗的弟弟，善摔跤。

帖木格：成吉思汗最小的弟弟。

术赤：成吉思汗的长子，钦察汗国的开山鼻祖。

察合台：成吉思汗的次子，察合台汗国的开山鼻祖。

窝阔台：成吉思汗的三子，大蒙古国第二任汗。

拖雷：成吉思汗幼子，大元帝国开国皇帝忽必烈的父亲。

答里台：成吉思汗的四叔。

忽察儿：成吉思汗的堂兄弟。

阿勒坛：蒙古第三任可汗忽图剌的儿子。

部下：

蒙立克：也速该的随从，成吉思汗功臣集团的第一人。

赤老温：成吉思汗"四骏"之一，成吉思汗的救命恩人锁儿罕失剌之子。

博尔术：成吉思汗"四骏"之一，成吉思汗少年时代的友人。

木华黎：成吉思汗"四骏"之一，在对金帝国的战争中贡献巨丰。

博尔忽：成吉思汗"四骏"之一，原主儿勤部猛将。

者勒蔑：成吉思汗"四獒"之一。

忽必来：成吉思汗"四獒"之一，巴鲁剌思部的勇士。

速不台：成吉思汗"四獒"之一，兀良哈部的勇士。

哲别：成吉思汗"四獒"之一，原名只儿豁阿歹，投奔成吉思汗后被赐名"哲别"。

豁儿赤：巴阿邻部出身的萨满巫师。

阔阔出：蒙立克之子，超级萨满巫师。

薛扯别乞：主儿勤部的首领，曾投奔成吉思汗，后反叛。

主儿扯歹：兀鲁兀部的首领，因为不满于札木合的残忍而投靠成吉思汗。

忽亦勒答儿：忙兀部的首领，和主儿扯歹一起投靠铁木真。

纳牙阿：塔里忽台的侍卫，后成为成吉思汗的心腹，常被委以重任。

敌人：

札木合：札答阑部的首领，成吉思汗草原争霸中最强劲的敌人。

塔里忽台：泰赤乌部的首领。

脱斡邻勒：克烈部的首领，被金国封为"王汗"，一度成为草原霸主。

脱黑脱阿：蔑儿乞部的首领，曾突袭成吉思汗，抢走了孛儿帖。

不亦鲁黑：北乃蛮部的首领。

拜不花：南乃蛮部的首领，不亦鲁黑的兄弟，被称为太阳汗。

李安全：西夏的皇帝。

完颜氏皇族：金国的皇帝。

摩诃末：花剌子模的国王。

札兰丁：摩诃末的长子。

目　录

第一章
落难王孙的崛起

这世界我来了

1162年秋，未来的成吉思汗出生在鄂嫩河上游的一个蒙古包中。他的父亲也速该刚从战场凯旋，这位蒙古联盟乞颜部落的酋长用粗大的手捧起几十年后的世界征服者，兴奋地对妻子诃额仑说："他将来会是所有蒙古人的可汗！"诃额仑回答说："那就该有个像可汗一样的名字。"

也速该扭头看了看外面，蒙古包外人声喧哗，很多人围着一个五花大绑的囚徒议论纷纷，那是也速该从战场带回来的贵重战利品：一个叫铁木真的塔塔儿勇士。也速该深情地望着怀里的婴儿说，就叫铁木真吧，希望他将来能像这个伟大的敌人一样勇敢。

用伟大的敌人的名字给自己的孩子命名是蒙古族的习俗，诃额仑欣然同意这个具有"铁一般意志"含义的名字。铁木真就这样来到了人间。

故事到此，我们还未发现伟大的成吉思汗的出生有魔幻色彩和惊喜之处。庆幸的是，也速该的一个动作让我们大开眼界。当他小心翼翼地掰开铁木真的右手时，奇迹发生了：铁木真的掌心有一血块，状如矛尖。也速该瞪着眼睛看了半天，狂喜道："这是战神的长矛，我的儿，将来必是战场骄子！"他把孩子抱到诃额仑身边，要妻子好好看看那血块，诃额仑看到了，身边的两个女仆也看到了。很快，乞颜部酋长也速该的长子握血而生的消息像风一样吹遍了蒙古高原。不过很快大家就都忘却了，因为每个人都有更重要的事去做，只有也速该没有忘记，因为"望子成龙"就是他人生中最重要的事。

至少在少年时代，铁木真没有辜负父亲的期望。十岁时，他的体格和力气就远在常人之上。他天庭饱满，地阁方圆，眼神如火，头发泛着金红色的光，时刻引人注目。第一次跟他打交道的人很快就能感受到他身上流露出的那股让人无法忽视的贵族气质。

如果没有意外，多年之后，铁木真就会继承他父亲乞颜部酋长的位置，倘若再有一点好运气，他很有可能成为整个蒙古联盟的可汗。但正应了那句话，人生不如意事十之八九，意外就在风平浪静时突然发生了。

铁木真十岁时，也速该把他叫到大车轮前，比量了一下，满意地点头说："你已经和车轮一样高了，该定门亲事了。"也速该是个执行力强大的人，说这话的第二天，他就带着铁木真踏上了定亲之路。

本来，他的目的地是妻子诃额仑的老家，斡勒忽讷部落，那里以盛产美女闻名蒙古高原。当他途经弘吉剌部时天色向晚，便住进了当地一个叫德薛禅（薛禅是智者的意思）的人家中。德薛禅是个名副其实的智者，他从也速该一行人的装扮中就判断出此人非富即贵。于是他拿出十二分的热情招待也速该和铁木真，就在饭局上，他探出了也速该的真实身份和此行的目的。

德薛禅转动眼珠，决心攀龙附凤。但他是个拥有高级智慧的人，不能太露骨地和也速该提亲，这有失体面，而且也无法获得对方的尊重。这种事必须要从长计议，他思考了很久，终于想到了一个主意。

于是，德薛禅神秘兮兮地对也速该说："昨夜我做了个梦。梦到天上飞来一只海东青，一只爪子抓着太阳，另一只爪子抓着月亮，落在我的手臂上。我醒来后大为惊异，常识告诉我，日月高高在上，可望而不可即，怎能到我的手臂上？我确信这是交大运的象征，现在您带着您的孩子来了，我更加确信，我的梦应验了。"

也速该惊异万分，但又莫名其妙，他说："我领着我的儿子是去斡勒忽讷部落定亲，只是路过此地，不知我儿子和您交大运有什么关系？"

德薛禅一本正经地说："当然有关系，我恰好有个女儿叫孛儿帖，也到了定亲的年纪。"

也速该早就看到了孛儿帖，年纪和铁木真相仿，相貌俊俏，超凡脱俗。还未等他对德薛禅的话作出反应，德薛禅又说："草原上谁不知道，斡勒忽讷部落只是我们弘吉剌部落的一个分部，真正的美女都在我们这里，您何必舍近求远？"

也速该发现，如果他不答应这门婚事，就太扫德薛禅的面子了，于是说："好，那明天早上我就按草原人的规矩替我的儿子来求婚。"

德薛禅一夜未眠。第二天，也速该向他请求把他的女儿嫁给自己的儿子，连求三次，德薛禅才答应。这不是德薛禅抽风摆架子，而是草原上的规矩。这个规矩只是想告诉人们，得到任何东西，包括老婆也一样，必须要经历困难，将来才会懂得珍惜。

就这样，铁木真有了老婆，不过按草原传统，他必须要在老丈人家待上一年，干点杂活，才能把老婆带走。

也速该临走前，看着铁木真的眼睛，什么话都没说。过了一会儿，他把德薛禅叫到一旁嘱咐说："我这儿子天不怕地不怕，就是怕狗，请不要让狗吓到他。"

德薛禅以为自己听错了，问道："怕什么？"

也速该一字一句地说："狗，铁木真怕狗！"

铁木真丧父

铁木真小时候怕狗，和铁木真关系不大，和蒙古的狗关系很大。蒙古的狗体格硕大，黑毛竖立，极为可怖。它有点像我们今天所见的藏獒，但比藏獒的攻击力大，如果它发起疯来，赤手空拳的年轻人都不是它的对手。在那个时代，到蒙古包去做客的客人对主人说的第一句话就是：看好您的狗。

也速该离开德薛禅家上路后，还在担忧铁木真和狗的问题。不过很快，他就不担忧了。回来的路上，也速该遇到了一群正在野炊的塔塔儿人。按草原上的规矩，遇到别人的宴会时应该加入，正如今天我们遇到摔倒的老人时应该去搀扶一样，都是传统美德。加入宴会时不需要说谢谢，吃完后抹嘴就走，也不需要说再见。不过在草原上参加宴会和我们今天搀扶老人不同，搀扶老人最大的风险不过损失点钱，而在草原上参加宴会却可能会损失一条命。

塔塔儿人和蒙古人交战多年，是不同戴天的仇敌。按理，也速该就不该参加他们的宴会，可也速该是个受传统道德束缚的人，而且他认为，既然是传统美德，大家都应该遵守。在战场上是敌人，在饭桌上就是朋友。这就叫以君子之心度小人之腹，大错特错。他坦荡地参加了敌人的宴会，饭毕抹嘴后，还破例地说了声谢谢。

塔塔儿人自始至终和也速该阴脸相对，只是在也速该上马飞奔出很远后，他们才露出笑容，那是得意的狞笑，其深意在几个时辰后也速该的胃中得到了答案。

一开始，也速该只感到腹痛，很快，各处关节开始剧烈疼痛。他立即意识到问题的严重性，快马加鞭想活着赶回部落。刚刚到达他的蒙古包前，他就从马上栽了下来，被人抬到了毡子上，马上有巫师来进行诊断，诊断结果是：中毒。巫师偷工减料地进行了一场驱病仪式，如你所知，毫无效果。也速该两眼发黑，只剩下最后一口气，他看着身边的老婆诃额仑和几个孩子，不禁悲从中来，他对默默垂泪的贴身侍卫蒙立克说道："我的几个儿子年纪都小，真不知我死后他们会落入何等境地。你现在快去把铁木真叫回来！"

蒙立克奔出蒙古包，翻身上马，马不停蹄地冲到德薛禅家。德薛禅对蒙立克的到来甚为惊讶，问其原因。蒙立克心想，如果我对他说酋长完蛋了，他这种势利眼肯定会退婚，铁木真已经失去了父亲，不能再失去老婆。他机灵地回答德薛禅的问话："我家酋长思念铁木真茶不思饭不想，所以让我来领铁木真回家探亲，几天后再给您送回来。"

德薛禅就更惊讶了："才离开几天怎么就如此思念？"

蒙立克继续抖机灵："您也知道，铁木真将来是我们乞颜部的酋长，我家老酋长寄予期望太大，难免想念。"

德薛禅一听这句话，马上满意地笑笑，说："好，领走吧，记得把我的好女婿送回来。"

回去的路上，蒙立克紧闭双唇，频频挥舞鞭子，把马打得直叫。铁木真从他的反常行为中意识到事情有点不对，问道："我父亲是不是出什么事了？"

蒙立克不回答，更加用力地抽打马屁股。铁木真不停地问，最后，蒙立克猛地拽住缰绳，马的前蹄腾空而起，在原地转了几个圈。他的眼圈红红的，对铁木真只说了四个字："回去看吧！"

铁木真断定父亲一定出了事，但到底是什么事，他不敢想。所以他也频频挥动马鞭用以驱逐那些可怕的想法，两匹马像两支箭一样射向夕阳。

当铁木真浑身尘土跳下马冲进蒙古包时，也速该已离开人世，在他身边，铁木真的母亲和他的五个弟弟神情哀伤，痛不欲生。

就当铁木真一家沉浸在无限悲伤中时，也速该所担心的事情不幸地发生了。

被抛弃

也速该临死前的担忧不是杞人忧天，而是有其深刻道理的。想要知道这个道理，必须要回顾蒙古部落的简史和当时蒙古人的社会习俗。

据蒙古人自己说，他们是苍狼和白鹿的后代，长期放牧于今克鲁伦河和肯特山（不儿罕山）周围。若干年前，蒙古部落分为乞颜部、弘吉剌部、泰赤乌部、札答阑部、兀良哈部、巴阿邻部、巴鲁剌思部、主儿勤部等几十个部落，部落之间互相争夺杀伐。忽然有一天，也速该所在的乞颜部落出了位英雄人物合不勒，他形式上统一了蒙古部落，由此成为蒙古联盟的第一任可汗。

到了第四任的时候，蒙古联盟的可汗人选只有一位，那就是乞颜部合不勒汗的孙子也速该，也就是铁木真的父亲。但泰赤乌部认为，风水轮流转，可汗人选应该从他们部落里出。蒙古联盟的长老们说服不了泰赤乌部，所以也速该也没有办法继任可汗。虽然如此，也速该却凭借能力维持了蒙古联盟形式上的存在。他没有可汗之名，却有可汗之实。

不过必须要注意一点，蒙古可汗的权力只限于指挥征战和狩猎。至于各部落的内政，可汗是无权过问的。蒙古联盟本来就是个松散的组织，也速该只是通过强硬的手段让这些部落表面尊重自己而已，当他一死，各部落尤其是对乞颜部怀恨在心的泰赤乌部当然就会抛弃他们一家。

这是内忧，还有外患。

蒙古联盟的东南方就是他们的世仇塔塔儿部，正南方则是汪古部。在蒙古部的西南方，是强大的克烈部，克烈部西面是更强大彪悍的乃蛮部。而蒙古部的北面则是狡猾善战的森林部落和桀骜不驯的蔑儿乞部。总之，虚弱不堪的蒙古联盟处于四战之地，稍不留神，就会被其他大部落吞噬。

也速该的担心还体现在蒙古草原上充满陷阱、背叛、劫掠和屠杀的险恶环境，人与人之间没有忠诚，只有生存的利益。或许，拥有超人智慧的也速该的妻子诃额仑想过会遭到联盟的背叛，她只是没想到，背叛会来得那么快。

也速该去世一年后恰逢春祭，这是蒙古人祭祖的典礼，所有蒙古贵族都要参加。祭祖典礼结束后，参加祭祖的人会分得祭品，这些祭品对贵族们的象征意义远大于实际意义。

这一年度的春祭是由蒙古联盟第二任可汗——泰赤乌部俺巴孩的两个老婆主持的，二人故意不通知诃额仑，诃额仑偏偏来了。但她受到了不公正的对待，当祭祀典礼结束后，她没有分到祭品。在蒙古人眼中，如果一个人没有分到祭品，就暗示他已不是部落的人。

诃额仑发现了这一残酷的现实，马上挡住俺巴孩两位老婆的去路，强悍地质问两个老太婆："为什么祭祖不通知我？"

两个老太婆歪着脑袋，冷笑。

诃额仑立即转入进攻，夹枪带棒地向在场的所有人问道："也速该的确是死了，可你们难道不知道他的儿子会长大成人？你们就不怕他的儿子将来发怒？你们分祭品为什么没有我的？你们今天不分我祭品，明天是不是还想抛弃我们一走了之？"

诃额仑本以为这番话能威慑住两个老太婆，但她错误地估量了自己的权能和影响力。正如她自己所说的那样，也速该已经死了，儿子们还没有长大成人，草原是个讲究功利主义的地方，光讲大话是吓不住别人的。所以，她的话音才落，两个老太婆就开始反击："你说我们祭祖没有邀请你，我们凭什么邀请你？你有什么权利来？你又有什么权利分祭品？有本事就在你自己的家里祭祖，我们绝不干涉。"

诃额仑七窍生烟，紧咬嘴唇，脸上的肌肉一跳一跳的，最后她强忍住屈辱，用手指着两个老太婆，吐出一个字："好！"再用手指扫了一遍泰赤乌部的所有人，愤怒地离开了。

铁木真安慰悲愤而回的母亲，道："我们不必求他们，总有一天，他们会来求我们。"

诃额仑苦笑一下，把几个孩子搂在怀里，不由自主地思念起了丈夫也速该。

铁木真用大话安慰母亲的那天晚上，泰赤乌部召开了一次紧急会议。会议决定，抛弃铁木真一家。第二天天未亮，泰赤乌整个部落拔营而去，只留下残余的火星飞翔在黎明前的黑暗中。

开始自力更生

泰赤乌部不仅自己走，而且还带走了其他部落的人，包括乞颜部。这一晴天霹雳打在诃额仑的头上，她在蒙古包外险些站立不住。蒙立克的父亲察刺合气愤不过，爬上马背追上了泰赤乌部，他拉住部落酋长塔里忽台的马头，恳请他们不要抛弃铁木真一家。塔里忽台并没有尊老爱幼的美德，说："深水已干涸，巨石已破碎。你若不从我的马前闪开，我就给你一矛。"

察剌合跳起来抓住马的鬃毛，说："你们这是忘恩负义，要遭长生天（蒙古人信仰的宗教神）惩罚的！"

塔里忽台哇呀呀怪叫起来，从身边的人手里夺过长矛，踢开察剌合，刺向他的后背，然后指着察剌合的鼻子说："他也速该家对我们有什么恩？你赶紧滚开。"

察剌合身中长矛，回到诃额仑的蒙古包时已奄奄一息。铁木真趴在这位老人的床前伤心地哭出声，这是他在这个冷酷的社会上蹒跚学步的开始，他后来对敌人的残酷无情正是这一课教授给他的知识。

诃额仑麻利地察看了察剌合的伤口，发现察剌合必死无疑，她突然浑身生出一股勇气，奔出蒙古包，持了代表乞颜部的九尾大纛跨上马背，向泰赤乌部撤走的方向追去。

泰赤乌部认为抛弃铁木真一家心安理得，所以慢悠悠地走着，诃额仑很快就看到了车辆、牲畜群和牧民群如一条长龙缓慢地行进在路上，长龙的最前头是塔里忽台，他骑在马上，得意洋洋。诃额仑沿着长龙飞奔到龙头前，勒住缰绳，挡住塔里忽台，使尽全身力气把九尾大纛在空中一振，大声说："你们忘记了当初和也速该在一起的誓言了吗？你们怎么敢背叛誓言抛弃他的后代，就不怕长生天惩罚你们吗？"

这突如其来的质问起到了短暂的效果，很多人都低下头，塔里忽台也险些被震住，不过他已是铁了心要抛弃诃额仑一家，所以马上充满勇气，向地上吐了口水说："什么誓言，你是说生死与共吗？他已死了，我们难道也和他一起去死吗？"

诃额仑气得嘴唇直颤，塔里忽台很担心她继续煽动部众，一夹马冲向前把她挤到了一边，长龙继续向前行进。不过诃额仑这次并没白来，乞颜部的人良心发现，主动留了下来。

这并不是曙光，而是回光返照。几天后，这批乞颜部的人趁夜拔营，再一次悄悄地抛弃了铁木真一家。让铁木真一家最为悲愤的是，也速该生前最信赖的助手蒙立克也走了。他们离开的理由是充分的：也速该已死，诃额仑没有能力带领他们狩猎和进行掠夺战争，效忠这个家族已不能带来任何利益，效忠何用？

诃额仑召集了家庭会议，参加会议是当时留下的所有人，铁木真和他三个同胞弟弟合撒儿、合赤温、帖木格，一个同胞妹妹帖木仑，两个同父异母弟弟别克帖儿、别里古台。还有也速该的小老婆速赤格勒以及两个女奴。

诃额仑说："我们现在一贫如洗，只剩下两个蒙古包，你们年纪又小，我又是女流之辈，想在草原上生存下去，没个壮劳力是不成的。所以我现在有三个计划，你们看哪一个最适合咱们。第一，跟上塔里忽台，谄媚他，让他收留咱们；第二，去投靠附近的札答阑部；第三，我们自力更生。"

长时间的沉默。最终，铁木真打破了沉默："我选第三条路。塔里忽台是个畜生，不可能收留我们，投靠札答阑部难免寄人篱下。母亲大人，只要我们紧紧团结在一起，就没有过不去的山。"

诃额仑对铁木真的志气很欣赏，然而，豪言壮语说起来容易，因为它只需要上下嘴唇一碰，但实际生活起来，就没那么容易了。

诃额仑发誓要把孩子们养大，她像个原始人一样到处采摘野果、挖掘野菜给孩子们充饥。她奔波于鄂嫩河上下，如同猴子一样攀登于悬崖峭壁旁，采摘连畜生都不喜欢吃的野果。诃额仑只能充当采集者的角色，因为她没有狩猎的能力。

铁木真和他的弟弟们也为母亲分忧，他们在河边钓鱼，在草原上捕捉旱獭，用自制的弓箭射击树上的小鸟。总之，诃额仑一家现在靠着大自然上顿不接下顿地存活着。

在此之前，铁木真是小贵族，衣食无忧。忽然之间从高处滑落到贫穷无依的境地，他的心情可想而知。他终于了解到在社会的底层意味着什么，知道了没有个完整的家庭是什么情状，知道了没有足够的牲畜提供肉、奶或毛毡来搭建蒙古包的辛酸。他在勉强糊口的生存挣扎中，异常渴望着当初享受的富裕和自由。

这种心情在他和札答阑部的札木合相识后更加迫切，札答阑部也属于蒙古血统，不过也速该在世时始终没有把他们团结到自己麾下。和其他蒙古部落一样，札答阑部也骁勇善战，最近几年势头极盛，而札木合则是这个部落酋长的长子，没有意外，他将是明日的札答阑部掌门人。

二人相识那天，铁木真正在用一块白布"忽悠"旱獭，旱獭的"蠢笨"极不可思议，它对白色过敏，看到白色就浑身发抖，不能动弹。草原上的人捕捉它时，只要用一块白布吸引它的注意力，再慢慢靠近它就能手到擒来。铁木真的白布"吸引"了一只旱獭，当他正慢慢靠近他的猎物时，突然从身侧蹿出一个人，扑向呆若木鸡的旱獭。遗憾的是，旱獭一扭腰，从他的胯下溜过，摇头摆尾地逃走了。

铁木真大为恼怒，因为这可是他家一天的食物，那人却满不在乎，胖胖的脸上露出笑容说："我赔你一只，我部落里多的是。"

铁木真听说有了一天的食物，也就不和对方斤斤计较了，二人攀谈起来，对方说他叫札木合，是札答阑部首领的长子。铁木真通报了自己的名字，后面又加上一句："我是也速该大人的长子。"

札木合连连点头，说："听说过你父亲。你们部落，唉！"

铁木真知道他叹息的是什么，看到他穿着崭新的羊毛衣，再看看自己身上已经磨破的衣服，他有些自卑，再想到自己本来也可以像札木合那样，更添愤怒。不过札木合无视这些，从此他和铁木真经常往来。有一次，札木合把自己的髀石（一种游戏器具）送给了铁木真，铁木真也送给札木合自己的髀石，二人结成安答（兄弟）。

又有一次，札木合把自己制造的响箭送给铁木真，这种响箭在捕捉草原上的呆头鹿时特别有用，它的响声会令受惊的鹿抬起头来一动不动地仔细倾听，自然就成了活靶子。铁木真喜欢这种箭，多年以后，他把这种箭装备到了他的军团中。

二人的友谊一直持续着，只是因为身份和经济条件的不同，铁木真很少有时间和札木合在一起。

就是在和札木合这位贵公子相识后，双方境遇的天壤之别让铁木真暗暗发誓，一定要让那些夺走他富裕和自由的人付出血的代价！

但有个前提，他必须要和母亲以及兄弟们用勤劳的双手重新获取富裕和自由。

杀弟

表面看，铁木真家族的艰苦奋斗是一幅和谐的画卷，每个成员都在为家族的复兴不遗余力。实际上，在孤立的处境和贫苦的生活状态下，必然会产生不和谐的音符，因为有些人是无法吃苦的。

对蒙古儿童来说，父亲不仅是家长，还是老师，蒙古儿童的早期教育全来自父亲，父亲对孩子有引导和命令的双重权力。遗憾的是，铁木真和他的兄弟们没有了父亲，而母亲诃额仑又在为生计奔波，所以他们在教育的接受上完全空白。

作为家庭的老大，铁木真早已有了一种想法：他必须担当父亲的角色，他不懂如何教育弟弟们，但却可以命令他们。才十多岁的铁木真就已意识到，团结才是力量，而团结之所以能成为一种力量，其基石就是规矩，没有规矩、制度的团队，只是团伙，毫无前途可言。

为此，铁木真给弟弟们立下很多规矩。他说："在艰苦岁月中，我们必须要有一个领导者，在领导者的带领下共同进退，谁也不能我行我素，破坏团结气氛。"

每当铁木真向他的弟弟们灌输这一观念时，他同父异母的弟弟别克帖儿就夸张地笑起来。别克帖儿比铁木真小一岁，块头却比铁木真大，在外人看来，他瞧不起铁木真，尤其是铁木真总装老大的行为更让他嗤之以鼻。

别克帖儿任性自私，在兄弟们中间早已声名狼藉，即使是他同胞弟弟别里古台对他也很有意见。别克帖儿处处触犯铁木真的底线，铁木真要求大家天不亮就出去干活，别克帖儿却在帐篷里睡大觉；铁木真时常召开会议谈论事情，别克帖儿总是不参加；铁木真禁止大家抢夺别人靠劳动得来的果实，别克帖儿总是把抢兄弟们的东西当成乐事，无组织无纪律。面对家庭机器这个松懈、游离出去的零件，铁木真握紧拳头，发誓要给这个桀骜不驯的弟弟一点教训。

他把这一想法告诉了母亲，诃额仑经过一天的劳作本已疲惫，可听了铁木真的话马上精神起来，那是一种紧张和恼怒。她对铁木真说："你们是亲兄弟，要团结，怎么会有这种可恶的想法？"

铁木真说："一个家庭和组织必须要有纪律，人人都应该遵守纪律，可别克帖儿总是违反纪律。"

诃额仑摆手示意铁木真不要讲下去，最后她用一句话结束了这次短暂的谈话："你们要团结，不能生间隙。"

铁木真是个孝子，所以暂时谨遵母命，但连续发生的两件事让他暗下了要教训别克帖儿的决心。

那是秋高气爽的一天，铁木真的同胞弟弟合撒儿用札木合给的响箭射下了一只云雀，当他拎着云雀蹦蹦跳跳地回蒙古包炫耀时，半路遇到了别克帖儿。别克帖儿一看到合撒儿手上的云雀，眼睛都直了。这很好理解，没有高超的箭术，谁都拿云雀没有办法。而合撒儿在射箭上天赋异禀，小小年纪就已是百步穿杨的神射手，所以在家族中，云雀也只有他能射下来。

别克帖儿拿出久经磨炼的流氓相，伸手出去，对合撒儿吼道："拿来！"

合撒儿急忙把云雀藏到身后，颤声说："不！我要给母亲大人。"

别克帖儿大叫一声，扑向合撒儿，二人扭打在一起。就在这时，铁木真来了，他连喊"住手"，合撒儿很听话地松开别克帖儿，别克帖儿却仍在向那只云雀进攻。合撒儿已抵抗不住，就把云雀扔给了铁木真。别克帖儿好像疯了一样，冲向铁木真，一拳揍到铁木真的脸上，终于把云雀成功抢到手。

铁木真捂着脸，气急败坏，指着别克帖儿："你还敢抢我的东西？！"

别克帖儿从未将这位大哥放在眼里，不过从铁木真手里抢东西这还真是第一回。他的确有点心虚，所以梗着脖子，用流氓思维回答铁木真的质问："这是合撒儿的，怎么就成你的了？"

铁木真哑口无言，别克帖儿扬长而去。半路上，他想到铁木真中了自己一拳，先是紧张，又一想到铁木真哑口无言的样子，不禁笑了起来，原来这个总装腔作势充老大的家伙也不过如此！他只想到这里，接下来的想法就是，这只云雀是他独自享用，还是分给母亲和弟弟别里古台一点呢？

当天晚上，铁木真肿着脸和合撒儿到母亲那里告状，诃额仑讨厌这一话题，还是重申她的意思：大家要团结，不要生间隙。为了证明团结的力量，诃额仑还给铁木真上了一堂模拟课。她把一支箭扔到铁木真脚下，说："把它折断。"

铁木真轻易地折断了它。

她又把十支箭扔到他面前，说："再折断它。"

铁木真使出了吃奶的力气，也没有折断。

诃额仑指着铁木真手中的十支箭说："你看，团结才是力量。"

铁木真无动于衷，以他的看法，别克帖儿的无政府主义思想正在消耗团结的力量。

从母亲的帐篷出来后，合撒儿噘着嘴说："母亲和稀泥。"

铁木真咬牙切齿地说："再给他一次机会！"

合撒儿没听明白，正要询问，铁木真已经大踏步走了。

不久，合撒儿就明白了哥哥铁木真那句话的意思。

秋天的蒙古草原上气温低了许多，夜晚时已有霜降，河面开始结起一层薄薄的冰，只有正午时分，在强光照射下，冰才消融，也正是这个时候，才能钓到不错的鱼。

云雀事件的几天后，铁木真与合撒儿在河边钓到了一条金光闪闪的大鱼，二人正在高兴时，别克帖儿来了。

看到铁木真手中的大鱼，他再一次眼睛发直。几乎是本能的，他冲上来就抢。铁木真死死保护他的鱼，但他没有别克帖儿的力气和志在必得的毅力，所以那条鱼很快就到了别克帖儿手中。

铁木真死盯着他，如同死神盯着他的目标。别克帖儿没有发现这道死亡之光，摇头摆尾地走了。

晚上，铁木真和合撒儿再向诃额仑告状，诃额仑累得半死，况且一直以来，她认为别克帖儿的行为只是小孩子的胡闹，没有铁木真说的那么严重。所以她仍然要铁木真团结他的弟弟们，不要生间隙。

铁木真从母亲的帐篷里出来后，阴沉着脸把合撒儿拉到角落里，一字一顿地问道："敢不敢杀了别克帖儿？"

合撒儿张大了嘴巴，半天闭不上。铁木真先是给弟弟讲道理：别克帖儿屡次抢咱们的东西，如果任他这样胡闹下去，这个家就没有了规矩，没有了规矩，大家就各干各的，那就是一盘散沙。母亲不也经常说，咱们要团结吗？要团结就必须要有纪律，别克帖儿没有纪律，我们就该杀了他。

合撒儿还在张着嘴，他对哥哥的决定震骇不已。铁木真没有给他反应的机会，而是用命令的口气对合撒儿说："明天，找机会杀掉他。"

暗箭所以难防，是因为在明处的人没有准备，尤其重要的是，用暗箭伤人的人始终在关注目标，所以机会是大把大把的。

第二天，铁木真和合撒儿背着弓箭，四处寻找别克帖儿。在一个被绿草包围的小山坡上，他们发现了别克帖儿。

铁木真马上就制订了计划，他从别克帖儿的背后悄悄摸过去，而合撒儿则从别克帖儿的前面接近他。两人在茂密的草丛中匍匐前进，慢慢地接近目标，就像猎人不想过早地惊动猎物而小心翼翼地接近猎物一样。别克帖儿在山坡上悠然自得，吹着口哨，丝毫没有觉察到危险的临近。

当接近一定的距离，确定别克帖儿无论如何都逃脱不了时，铁木真把箭搭到弦上，打了个暗号，他和合撒儿一起站了起来，瞄准了他们有生以来最大的猎物。

别克帖儿先看到了合撒儿引满的弓，不由自主地回头，又看到了铁木真指向他的弓箭，搭在弦上的箭镞在阳光下熠熠生辉，正是铁木真随身携带的那支响箭。

从二人充满怒火的眼中，他一切都明白了。这不是兄弟之间的恶作剧，而是敌我之间的生死对峙。

他无路可逃，因为距离太近了，而且合撒儿又是神射手，此时此刻，他只能死马当活马医，利用情感攻势。他看着铁木真，问："咱们是一父所育的兄弟，你忍心杀弟弟吗？"

铁木真把弓弦又向怀中拽了一下。别克帖儿发现这招无用，又陈大义："你的敌人不是我，咱们有同一个敌人，那就是泰赤乌部。我们应该团结一起向他们复仇，而不是自相残杀。你俩怎么可以把我当成是眼里的沙子、喉咙里的骨头呢？"

没有任何回音，铁木真冷冷地盯着他，就像是盯着一个不共戴天的仇人。他终于死心了，换了一种腔调对铁木真说："不要杀我弟弟别里古台。"

铁木真小声地说了一个字："好！"三指一松，箭射了出去。与此同时，合撒儿早已瞄准猎物后心的箭也射了出去。

别克帖儿一命呜呼，他是第一个因触犯铁木真的权威而付出代价的人，但如你所知，他绝不是最后一个。

虽然已杀掉别克帖儿，可杀气依然在铁木真脸上。当他回到蒙古包见到母亲时，诃额仑马上就明白发生了什么事。她严厉责骂兄弟二人："你们是杀人魔鬼，禽兽不如，愚蠢透顶。你们现在除了影子外就没有朋友和帮手，居然还要杀你们的兄弟。泰赤乌部的仇，你们恐怕是不能报了，此生我就看着你们屈辱地活着，一直到死。"

铁木真没有反驳，因为无论是他还是他的弟弟们都确定了一件事：铁木真的权威不能被挑战，现在，铁木真就是这个家庭的权威。

铁木真杀弟这件事透露出一个重要信息：在这位未来征服者的少年时代，就已经具备了为了取胜和保持领袖地位所必需的那种冷酷无情。

囚徒铁木真

对挑战他权威的人冷酷无情，对于那些背叛他的人，只要有机会就要十倍的冷酷无情，比如抛弃他们的泰赤乌部酋长塔里忽台。

塔里忽台自抛弃铁木真一家后，过了几年舒心的日子。偶尔想起铁木真一家时，他总会幸灾乐祸地问属下："诃额仑一家是不是死在鄂嫩河里啦？"

大多数属下的回答都让他高兴："大概是吧！"

可有人的回答就让他很扫兴："诃额仑一家都还活着，尤其是她的长子铁木真，俨然是个大人了。"

塔里忽台做贼心虚，不安地说："雏鸟还活着，已经能高飞。乳臭未干的小孩已长大成人……"

他转起了圈，越转越快，他对几年前抛弃诃额仑一家时铁木真眼里的火焰仍记忆犹新。他猛地停住，下令："你们去把铁木真给我捉来！"

一支二十人的骑兵部队快速奔向鄂嫩河上游铁木真帐篷所在地。当他们出现在诃额仑一家的视线里时，铁木真明白了两件事：第一，这是敌人塔里忽台的骑兵；第二，如果他们是来开战的，那么，胜负已分。他显然是失败的一方。

诃额仑和铁木真的想法一样，慌张叫喊着让大家向森林里跑。妇女儿童先跑了进去，铁木真和弟弟合撒儿、别里古台站在森林边缘，誓死保护家人。别里古台有着天神般的力气，很快就砍倒一棵大树，当成防御物，神射手合撒儿连发三箭，由于风速原因，箭箭都空。但他精湛的箭术却让塔里忽台的骑兵出了一身冷汗，骑兵队长使用离间计，向他们大喊："我们要的是铁木真，其他人都可以活命！"

别里古台和合撒儿都看向铁木真，说："大哥你快跑吧！"

铁木真傲然道："关键时刻，我怎么可以抛弃你们？"

两个弟弟说："你没听见他们说吗，只捉你，你走了，能拯救自己和大家。"

铁木真想了一下，就拿定主意，跳上马背，钻进森林。这是一片少有人迹的森林，密密麻麻的雪松、落叶松和其他高矮错乱的树木，即使是狗熊在里面都跑不起来，自然更不利于骑兵展开行动。塔里忽台的骑兵见铁木真骑马而逃，便信守承诺撒开诃额仑一家，纵马直追铁木真，一直追到森林边缘才勒住马。他们不敢深入，只是紧紧地守住森林的入口，守株待兔。

铁木真在森林里藏了三天三夜，饿了就可怜兮兮地挖掘森林中的野菜，渴了就咀嚼树叶里的水分。第四天凌晨，铁木真认为敌人已经离开，就蹑手蹑脚地向森林入口走去。离出口还有几米远时，他决定骑上马背，可一回头发现马鞍不见了，这让他吃了一惊。他清楚地记得，准备出来时已经把马鞍子拴牢了。一道闪电映入脑海，他认为这是长生天在示警，敌人还没有走。

于是他调转马头，蹑手蹑脚地回到了森林深处。这一躲又是三天三夜，饿了就吃草根，渴了再吸吮树叶。第七天，铁木真心想，他们肯定走了。他牵着马，甚至想哼出几句蒙古小调来庆祝胜利。离森林出口几米时，他下意识地扭头看马鞍。马鞍还在，他欣喜起来，小声地哼出一句小调，突然"轰"的一声，好像从天降落一块巨石砸到了地上。铁木真吓得急忙蹲下，的确是块巨石，似乎真的是从天而降，横亘在森林入口处，压折了它周围低矮的树木。

据说，这块巨石足有蒙古包那么大，白如雪，坚如铁，挡住了铁木真的去路。铁木真的脑海中出现一道闪电，他惊叫道："这是长生天不让我出去啊，看来敌人还没有走！"

他先是跪在地上磕头，向长生天表示感谢，然后返回森林深处。又躲了三天三夜，饿了开始吃树皮，渴了仍然吸吮树叶。大自然让他生存了九天，第十天，他有点恼怒地想，这回他们该走了吧。他牵着马向森林入口走去，行走过程中，他时不时地回头看马鞍子，马鞍子在。他又去看森林入口处，让他惊喜的是，那块巨大的白石不见了！

这是长生天的意思，铁木真狂喜起来："敌人走了，我终于可以离开这个鬼地方了！"

他跳上马背，给了马狠狠的一鞭子，马开始加速，冲出森林。就在冲出森林的一刹那，铁木真眼前一晃，整个天地倒转过来，他听到了马嘶，看到绿地离自己的脸越来越近，最后终于重重地撞上了它。他"哎哟"一声，整个身体趴在地上。如你所知，这是惯性，他的马被什么东西绊倒，把他摔了出去。

铁木真很快就知道了绊倒马的是他的敌人，因为他们已围了上来，对他拳打脚踢，还咒骂道："你这个小崽子，居然这么有毅力，躲了九天，险些没把我们熬死！"

铁木真鼻青脸肿地被活捉了。

长生天这次没有给他警示，他好像因为此事恼怒了一会儿。不过他如果知道孟子说过的那句"故天将降大任于是人也，必先苦其心志，劳其筋骨"的话，就不会恼怒了，因为经历磨难是一个伟大人物脱胎换骨的必经步骤。

凡是知道塔里忽台已活捉铁木真的人都断定，铁木真非死不可，包括铁木真自己。出人意料的是，塔里忽台全方位无死角地"鉴赏"完铁木真后，却没有杀他。他眼珠子骨碌地转，最后露出一丝狞笑，下令说："帮我给他戴上枷锁，各营轮流看守，我要让他知道我泰赤乌部的势力有多大！"

所谓各营就是"阿寅勒"。蒙古人游牧分两种，一种是个体游牧，被称为"阿寅勒"，当时的铁木真一家虽然有几个帐篷，但却属于"阿寅勒"；另外一种就是集体游牧，被称为"古列延"，比如现在的塔里忽台，他的帐篷在中间，主动跟随他的氏族成员们围绕着他的帐篷驻扎，形成一个帐篷群。

泰赤乌部的"阿寅勒"们自然很多，所以塔里忽台才说让铁木真看看他们部落的势力有多强大。

就这样，铁木真戴着枷锁每天都从一个营地转到另一个营地。虽然保住了一条命，但前景非常黯淡，没有人来拯救他，他也许会死在从一个营地到另一个营地的路上，或者就死在戴着枷锁的睡梦中。在他的人生中，恐怕没有比这更糟的了。

不过，此时铁木真有两样法宝，一个是他坚毅的性格，另外一个就是他出奇的好运。

越狱

塔里忽台经常举行不大不小的宴会，自从囚徒铁木真到来后，宴会上必不可少的节目之一就是展览铁木真。每当宴会达到高潮时，塔里忽台就会让看管铁木真的蒙古包主人把铁木真带到宴会中央，他每次的开场白都是这样的："你们看啊，这个肮脏萎靡的人就是也速该的长子，为他令人作呕的样子，干杯！"

铁木真站得笔直，冷冷地看着狂欢的敌人，眼里燃烧起了火。他咬牙切齿地默默发誓：此仇必报，将来我要十倍奉还给你们！

塔里忽台当然不知道铁木真早就对他恨入骨髓，而每次恶作剧式的羞辱更是让铁木真对他的仇恨雪上加霜。不过有一点让他对铁木真大为敬佩，那就是，在大半年的折磨屈辱下，铁木真从未有过沮丧，始终保持着坚毅的个性，保持着别人所没有的冷静，这是一种可怕的力量。但塔里忽台不怕，有谁会对砧板上表现坚毅的肉感到恐惧呢？

性格让他在厄运中存活下去，而运气则让他有了打开囚牢的钥匙。

盛夏的一天，铁木真按照规定被锁儿罕失剌一家看管。锁儿罕失剌一家有着菩萨心肠，夜深人静后，锁儿罕失剌和他的两个儿子沉白、赤老温帮铁木真取下了颈上的枷，铁木真自当囚徒以来第一次睡了个舒服觉。

第二天醒来，铁木真向锁儿罕失剌道谢，锁儿罕失剌取过木枷叮嘱铁木真："给你取下木枷的事，你千万别乱说。若是被塔里忽台知道了，我肯定遭殃。"

沉白和赤老温看着铁木真，露出同情的眼神。铁木真忽然意识到，这应该是一个可以摆脱囚禁的机会。他曾几次三番计划越狱，但都被自己否决了。泰赤乌部地盘很大，他纵然逃出牢狱，也不可能逃出泰赤乌部的地盘。只有一个办法，那就是逃出牢狱后先躲在泰赤乌部的某个营里。可谁敢收留他？如今，他看到了潜在的避风港，那就是锁儿罕失剌一家。

能在情况朦胧不明时准确地找到盟友、贵人，这就是智慧。

有了这个基础，铁木真开始寻找越狱机会。机会总是为有准备的人大开方便之门。几天后的夜晚恰好是满月，塔里忽台命令大摆筵席。几十顶蒙古包炊烟缭绕，在月光下显得空灵虚幻。铁木真的节目演毕后被一个瘦弱的男孩看管着，他决心已定，悄悄地摸到男孩的身后，举起手上的枷，使尽浑身力气砸到了男孩的头上。那男孩"哎哟"一声趴到地上，铁木真一看得手，拔腿就跑。

由于身有枷锁，所以他跑得很慢，没出多远就听到那男孩像被门夹了尾巴的猫一样，凄厉地喊叫："犯人逃跑了！"

铁木真并未因被发现逃跑而惊慌，他冷静地思考，摆在他面前有两条可以逃跑的路线，一是进入密林，二是跳进鄂嫩河。可他马上就打消了这两个念头，泰赤乌部人多势众，进入密林肯定被搜到，鄂嫩河水深浪大，况且夜晚气温很低，他会被冻成冰棍儿。铁木真急中生智，看了看旁边河水内的一溜芦苇丛，跳了进去。

参加宴会的所有泰赤乌人都已拿起武器，有的举着火把进入密林，有的在鄂嫩河边大呼小叫地搜索，时不时地向河中可疑的地方射上一箭。

其实，躲在芦苇丛里并非万无一失，只是和其他两条路比起来，它相对比较安全。不过那天夜晚，月亮丰满，茫茫原野，亮如白昼，泰赤乌人很快就搜到了芦苇丛。

运气！

运气之神降临到铁木真身上，来搜捕他的人不是别人，正是菩萨心肠的锁儿罕失剌。锁儿罕失剌看到铁木真浮在水面上苍白的脸时，先是惊骇——正如铁木真所料，他是潜在的帮手——接着就是怜悯。他环顾四周发现无人，就蹲下小声地对铁木真说："都说你智勇超群，所以才被塔里忽台捉来囚禁，如今看来果然如此。你不要动，我不会告诉任何人。"

铁木真如同抓到了救命稻草，当然希望稻草更坚硬些，他说："您一定要帮我！"

锁儿罕失剌正要说什么，后面来了一群人，他急忙站起来若无其事地迎上那群人，说："这地方我已搜过，没有。你们还是到各个蒙古包搜索一下吧。"

那群人看了看锁儿罕失剌忠厚的表情，转身就走了。

锁儿罕失剌见四下已无人，又蹲下来："你千万别动，他们还会杀个回马枪。"

果然一会儿工夫，那群人又挥舞着刀枪回来了。

锁儿罕失剌深吸一口气，迎上他们，以非常谨慎、非常沉着的口吻劝阻他们："这地方已经搜过，你们应该去那些没有搜过的地方。方圆几十里都是我们的人，他不过是个半大孩子，而且身戴枷锁，能跑多远？你们只要把所有地方都搜遍了，肯定就能找到他。"

这些人认为他的话很有道理，又掉头去别的地方了。锁儿罕失剌见他们走远，第三次蹲下对铁木真说："他们不会来这里搜了，你赶紧逃走，寻你的母亲去。这件事万不可对任何人讲，切记切记！"

锁儿罕失剌说完这些，站起身来就走。铁木真不敢大声叫他，只能眼睁睁看着恩人的背影消失在月光里。

铁木真当然有话要和锁儿罕失剌说，内容大概是：救人救到底，送佛送到西。我现在身有枷锁，根本跑不出泰赤乌人的地盘，您不如把我带到您家躲藏起来，风声一过，我再走。

虽然这些话没有当面传达给锁儿罕失剌，不过铁木真逃跑之前已经下定决心，必须要让锁儿罕失剌送佛送到西。他的办法是：只要跑进锁儿罕失剌的家中，这一家人就没有不救他的道理！

因为这是他从前几日和今天锁儿罕失剌的表现中总结出来的。

后半夜，人声沉寂，铁木真小心翼翼地从芦苇丛中爬出来，大致辨认了下锁儿罕失剌家的方向，跟跄着奔去。

泰赤乌部各营稀稀落落地分布在草原上，到底哪一个是锁儿罕失剌的家，铁木真早已胸有成竹。那天他在锁儿罕失剌家住宿时发现他家是制作马奶的，制作马奶需要搅乳器，如同今天北方人吃饺子前使用的捣蒜器，所以他一面走一面竖耳倾听，终于，让他听到了这种声音。循着这一声音，他摸上了锁儿罕失剌的蒙古包。

他敲毛毡门，锁儿罕失剌来开门，就看到了这个阴魂不散的铁木真。锁儿罕失剌又惊又怒："你怎么跑这里来了，我不是让你回家吗？"

铁木真不出声，锁儿罕失剌的两个儿子沉白和赤老温急忙把铁木真请进来，对父亲说："麻雀已逃出樊笼，藏于丛林，丛林都会遮蔽拯救它，现在惶惶的铁木真到来，咱们连丛林都不如吗？"

不等父亲回答，沉白和赤老温就把铁木真拉进蒙古包，去掉了他身上的枷锁，并且把枷锁扔到火炉里烧掉，毁灭痕迹。

锁儿罕失刺阴沉着脸，既对铁木真也对两个儿子说："塔里忽台明天肯定会全面搜索，各个营都不会放过，你看看这蒙古包哪里有藏人的地方。"

沉白说："不如给铁木真一匹马，让他趁夜逃走。"

锁儿罕失刺瞅了这个笨蛋儿子一眼说："他们现在全面戒备，只要听到马蹄响，就会循着马蹄印追赶，铁木真能跑过他们吗？"

赤老温的想法很成熟："只有等过几天他们松懈下来了才能走。我倒有个办法，等他们来搜查时可以把铁木真藏在羊毛车里。"

这是个不错的主意，其实也是唯一的办法。铁木真暂时押注成功。

两天后，塔里忽台的搜索队来了，他们搜遍了整个蒙古包，最后准备搜羊毛车。锁儿罕失刺装出一副冷笑的样子说："这么热的天，谁会傻到躲进这里，不被热死也会被闷死。"

搜索队看着小山一样的羊毛车，认为锁儿罕失刺说得很有道理，只是象征性地用长矛向羊毛车插了几下，就离开了。

搜索队的马蹄声消失后，绝处逢生的铁木真从羊毛车里爬出来，满脸通红，浑身流汗，向锁儿罕失刺一家人道谢。

锁儿罕失刺也出了一大身冷汗，他再也不想这样担惊受怕了，迅速打发铁木真逃走。他给铁木真准备了一匹马、一只烧羔羊、两壶马奶酒、一张弓、两支箭。蒙古人不吃生肉，《蒙古秘史》说，锁儿罕失刺没有给铁木真火镰（用钢做成的取火工具，形似镰刀），他的用意是，铁木真在没有火镰的情况下，必须马不停蹄地赶路才能保证食物能坚持到最后。当铁木真消失在地平线时，锁儿罕失刺才如释重负地松了一口气。这几天，他的心一直悬在嗓子眼，随时都会蹦出来；他的脑袋就挂在裤腰上，随时都会被人拿走。现在，他终于可以把心放在肚子里、把脑袋放到脖子上了。

幸运之神再度青睐铁木真，一路上，他没有遇到塔里忽台的搜索队。当他顺利来到家族扎营的地方时，已是人去楼空。但这难不倒他，他知道母亲和弟弟们已经离开此地，只要循着人畜在草地上留下的踪迹，就能找到家人。

在几天的寻觅后，他终于在肯特山脚下和他的家人重逢。所有人都喜极而泣，诃额仑怜惜地抚摸着铁木真的乱发和瘦骨嶙峋的脸。铁木真却满不在乎地说："我是蒙长生天的保佑才得以生还，虽然吃了很多苦，但这是一时的，积累的经验却是终身受益的。"

越狱事件锻炼了铁木真的行动力，自此后，他知道了何时行动，并且果断地行动。同时，这件事更使他的意志力如虎添翼。"比智慧更强大的是意志。"多年后，他这样说。

铁木真寻马记

付出必有回报，经过几年的埋头苦干，铁木真16岁那年，家里已经有了九匹马。然而厄运从天而降，那天阳光灿烂，别里古台骑着一匹马早早出去捕捉喜欢卖萌的旱獭，另外八匹马在蒙古包外愉快地吃草。三个盗马贼骑马如旋风而来，就在铁木真一家眼皮子底下赶走了那八匹马。由于没有其他的马，铁木真一家只能眼睁睁地看着，既愤怒又无助。

畜群是蒙古草原上的货币本位，草原人们会按物品的大小，用一只羊、一头小牛或是一匹马来"购买"，其中尤以"马"的面值最大。畜群还是硬通货，如同今天的金银，纵然不当作货币，也有高价值，尤其是"马"。草原人移动时要用马，狩猎要用马，劫掠或战争更要靠马，马乳是他们的饮料，必要时还可以饮马血、吃马肉保命。马皮可以做帐篷，马尾和马鬃可以做绳索。

丢了马，就等于丢掉了家庭的命脉，铁木真的几个弟弟都要哭出来了，只有铁木真直挺挺地站着，眼睛望着盗马贼逃走的方向，脸色铁青，眼睛喷火。

晚上，别里古台带着几只旱獭回来了，得知命脉被绝，哇呀怪叫，翻身上马，就要去追赶。铁木真命令他下马，说："你累了一天，不可能追上。"合撒儿同意大哥的意见，自告奋勇要百里追凶。

铁木真也把他拦下，果断地说："你二人都不要去，我是大哥，应该我去。"

还未等众人反应，铁木真已蹿上马背，在马屁股上象征性地抽了一鞭子，那匹失去同伴的马就如风一般地飞了出去。

铁木真才跑了大半夜，那匹马就如得了哮喘，呼哧呼哧。铁木真打量了下那匹马，暗暗叫苦。这匹马在九匹马中排名倒数第一，是匹货真价实的劣马。如果那八匹马是黄金，这匹马就是破铜。铁木真不希望这匹马牺牲在半路，只好放慢速度，循着盗马贼的马迹心急如焚地追踪。

由于速度太慢，时间太长，马迹渐渐消失了，追踪到第三天东方发白时，铁木真发现正前方有一群马，晨光熹微中，那些马身强力壮，皮毛光滑如神龙。一位英俊少年正在一匹马的胯下老练地挤奶。

显然，这是一个大户人家，用蒙古人的评价标准则是伯颜，也就是富豪的意思。

小富豪看到铁木真骑着一匹不中用的马，风尘仆仆，知道必有事，他主动上来问询。铁木真说："你最近是否看到有三个人骑着三匹马、赶着八匹马从此路过？八匹马中有一匹银灰色的，特别醒目。"

小富豪不假思索地回答："看到过，就在天亮前。"他指着太阳升起的地方说，"朝那儿去了。"

铁木真说了声感谢，准备向着太阳即将升起的地方冲去，小富豪速度飞快、精准地抓住了他的缰绳，关切地问道："怎么回事？"

铁木真瞬间就从对方的话语中感受到了古道热肠和侠骨柔肠，他把事情大致说了一遍，小富豪就夸张地暴跳起来。这并不怪他，因为在草原上，盗马不仅触犯刑法，还是在挑战淳朴的草原道德和草原秩序。在草原上，盗一匹马被捉到后就要赔偿九匹马，盗马人还要受肉刑。在草原上，盗马贼猪狗不如。

小富豪拍着胸脯，激动地对铁木真说："你这事我管定了，我和你一起去。"

有些人一旦下定决心，没有人可以拦下来。小富豪的仗义让铁木真至为感动，除了同意他的加入，没有别的办法。

小富豪扔了马奶桶，挑了一匹看上去最强壮的马，动作麻利地跳上马背，向铁木真使个"出发"的眼神，一踢马肚子，先跃了出去。突然，他勒了缰绳又折回。他跳下马，在他的马群里仔细地搜索半天，牵出一匹浑身黑如煤炭的良马来。他对铁木真说："你那匹马太烂，骑这匹。"

此时的铁木真也顾不得尊严了，麻利地换了马，二人骑上马向着太阳升起的地方飞奔。

在路上，二人闲聊。

小富豪自称博尔术，是附近名声很大的富豪纳忽的独生子。铁木真报上姓名，博尔术惊喜道："我听到过你的名字呢！你的父亲、你一家被部落抛弃后的艰苦生活我都知道，想不到你居然有了九匹马。"

铁木真很谦虚，又很自卑，他说："哪里有九匹马？现在只有一匹了。"

博尔术扯着嗓子说："铁木真兄弟，你放心，我肯定帮你找到马！"

二人互望一眼，心里已结下坚如磐石的友情。

寻马异常辛苦，他们在草原上驰驱了两天，也没有见到盗马贼的影子。博尔术有点焦急，倒是铁木真劝他冷静。博尔术对铁木真表现出来的镇定从容大为叹服，第三天太阳落山时，长生天不负苦心人，二人终于在一座小山丘上看到了一个营地，营地外面拴着至少有十匹马，博尔术兴奋得几乎要在马背上翻跟头，铁木真却让他安静一下，他定睛细看，果然看到了那匹银灰色的马，正在气定神闲地吃草。

铁木真观察了营地周围的环境，发现对方没有警戒，于是对博尔术说："朋友！那正是我的马，你在这里等我，我去偷偷把它们驱赶出来。"

博尔术急了："我是来和你并肩战斗的，你却让我在这里傻站着，这不是对待朋友的态度啊！"

铁木真劝他的新朋友："这是有风险的，万一在驱赶马匹时被他们发现，他们肯定会用武力对付我。"

博尔术大叫起来："我当然知道有风险，所以才不能让你独自去冒险。如果我怕风险，早就不来了。"

铁木真见博尔术如此执拗，只好答应。二人小心翼翼地骑到营地马群边，解开了那八匹马的缰绳。听到帐篷里饮酒作乐的喊叫声，二人的心都提到嗓子眼了，几乎是闭着眼把马驱赶到营地之外的。当听不到帐篷里的人声后，二人加快了驱赶的速度，马儿奔跑起来，大地震颤。

博尔术偶然一回头，叫了一声："不好，他们追出来了！"

铁木真也回头，看到两匹马飞奔而来。他听到博尔术说："朋友，给我你的弓箭，我断后。"

铁木真勒住马，从身后取出弓，又从腰间取出那支札木合送给他的响箭搭到弓上，几乎是用命令的口吻对博尔术说："你走！"

博尔术像是中了咒语一样，身不由己地转身就走。

两个盗马贼已进入射程，铁木真瞄准了其中一个，那人发现了，急忙勒住马，盯着铁木真。铁木真大吼一声，抬手把箭射向天空，那支箭发出凄厉的叫声，穿上云霄，过了一会儿，又带着凄厉的叫声如一道闪电般从天而降，顺着盗马贼的马脸垂直地插进草地里，箭杆犹在不停地震颤。盗马贼叫了一声，隐约看到铁木真又去腰中取箭，扭头就跑。

他们当然见过很多种箭，但没有见过这样从天而降、险些要了他们命的箭。

铁木真等他们跑远了，驱马取回那支箭，对着盗马贼的营地冷笑一声，掉转马头和博尔术会合去了。

博尔术现在对铁木真已是喜爱加钦佩，他暗暗发誓要把铁木真当成他此生最好的朋友。铁木真给他看那支箭时，他惊异地发现箭镞是铁制的，光滑锋利。在当时的蒙古草原上，铁制箭镞非常少，博尔术欣喜地摩挲着那支箭，铁木真看着他孩童般的新奇，淡淡地说："将来这种箭在我的部落里会越来越多！"

三天后，轻车熟路的博尔术和铁木真回到了博尔术的家。博尔术的老爹纳忽从帐篷里蹿了出来，脸上布满焦急和惊喜。

纳忽把儿子博尔术用力地搂进怀里，眼泪哗哗，随后嗔怒道："你这个畜生，一走就是六天，什么事这样着急，连个招呼都不打？"

博尔术阳光的脸上现出自豪的笑容，他对父亲说："如果我告诉你，你肯定会阻止我，这样我就结交不了铁木真这个朋友了。"

纳忽这才看到铁木真，铁木真那种隐隐约约的领袖气质打动了他。吃饭时，他对两人说："你二人既然已是朋友，以后就该彼此照顾，不要闹翻，友谊要地久天长。"

二人连连点头。第二天，铁木真要走，博尔术并不挽留，因为他知道对于一个穷苦人家来说，丢失八匹马后，人人都会彻夜不眠。

临行前，铁木真为了感谢博尔术的慷慨相助，要给博尔术四匹马。博尔术断然拒绝。他说："我帮助你，是因为对你同情和友好，不是为了你的财产。况且我的财产多如山，怎么可以要你的东西呢？"

铁木真握紧博尔术的手，博尔术反握过来，说："以后有事就说话，我义不容辞。"

博尔术果然没有食言，几年后，他就自带军粮和士兵投靠了铁木真，并且心甘情愿地成了铁木真的下属。

有些事可能是天注定，就如博尔术一见倾心铁木真。这大概只能解释为，那些伟大的领袖人物天生就有一种气质，它如同一块磁石，吸引着周围的坚铁。

当铁木真骑着那匹银灰色的强马、赶着另外八匹马出现在营地时，蒙古包沸腾了。他的母亲和弟弟们担惊受怕了近十天，如今终于盼回了铁木真，更使他们欣喜如狂的是，八匹马也毫发无损地回来了。

铁木真再一次成为家族的英雄人物，从他那双犀利的眼睛随时闪耀着的摄人心魄的光芒中，人人都预料到，这位乞颜部少年酋长的领袖地位已无法动摇。

"黑貂皮袄"外交

越来越多的人都来投奔铁木真，草原上的生存经验告诉他们，只有团结在一个不畏艰险又有杰出才能的领导人周围，才能得到好处。各个营地的蒙古人来了，他们希望铁木真能带领他们进行无数次有质量的狩猎，获取食物。各个营地的老人也把他们的儿孙送来了，他们希望铁木真能带领这些壮汉不厌其烦地去进行掠夺，获取财富。铁木真家族渐渐从"阿寅勒"变成了"古列延"。

水涨船高，铁木真的野心被这些人的拥护所激起。不过在他16岁这年，如果说他有称霸草原的野心，那是极不现实的。铁木真当时固然有野心，可能也仅仅是想做个蒙古乞颜部强有力的酋长。

当然，他的野心还表现在另一方面，那就是娶妻。妻子原本就有，不必寻找。几年来，他之所以不去迎娶妻子孛儿帖，就是因为他过着朝不保夕的日子，自身还难保，怎么能保护妻子？如今大不同了，他有了自己的子民，虽然才一百多人。

他穿戴整齐，和他的弟弟别里古台踏上了通往岳父家的路。

德薛禅热情地接待了他，先是嘘寒问暖，然后诉说他那菩萨的心："这几年听到你生活的艰难，还听说塔里忽台把你当成猴子一样到处展览，我痛心疾首，很难过自己没有能力拯救你。"

老岳父说这话时，挤下几滴眼泪，铁木真毫不动心。弘吉剌部在草原上的实力之差，人所共知。它唯一有价值的地方就是能为强大的部落提供美女，这也是它存活下来的原因。铁木真从未奢望岳父能为他提供任何帮助，所以岳父的话就等于耳旁风。

他最激动的就是看到了已亭亭玉立的孛儿帖，我们今天看孛儿帖的画像会发现她奇丑无比，画像中的她拥有一张肥硕的脸和两只睁不开的眼。这可能是画家故意为之，象征了她的母仪天下。真实的孛儿帖如花似玉，有着牛奶一样的肤色，在任何时代任何人眼中，都是美的典范。

出乎铁木真意料的是，老岳父什么都没有说，就爽快地把女儿交到了他的手上，让他带走。当然，孛儿帖的嫁妆对当时的铁木真而言也是惊人的，一百多头羊、十几头牛和二十多匹马，其中一件黑貂皮袄更是价值连城，据他老岳父说，是几年前通过各种关系花了大量硬通货才从金国那里得来的。

回来的路上，铁木真看着黑貂皮袄愣神。孛儿帖温情脉脉地问他在看什么，铁木真说："这件皮袄真好看。"孛儿帖一笑说："再好看，也只是件皮袄。"

铁木真不易察觉地一笑，小声说了两个字：未必。

铁木真要说而没有说出来的，正是他下一步准备复兴乞颜部的计划，这个计划可以用四个字来形容：重温旧梦。计划的被实施者叫脱斡邻勒，是蒙古部落西南近邻克烈部的领导人。

克烈部居住于今蒙古国土拉河流域，东面是七零八落的蒙古部，西面是强大的乃蛮部，北方是桀骜不驯的蔑儿乞部，南面则是荒漠。克烈部最辉煌时，周围的部落都向它俯首，包括蒙古部落。这个部信仰基督教，是中国景教（唐代对传入中国的基督教聂斯脱利派的称谓）的发源地。

脱斡邻勒野心勃勃，一直想恢复克烈部当年的荣光，不过他志大才疏，始终被内政问题所困扰，铁木真父亲也速该在世时，脱斡邻勒曾被自己的叔叔驱逐出境，成了流亡酋长。也速该侠肝义胆，帮他收集族人，又帮他出兵恢复了酋长之位。脱斡邻勒为感谢也速该的帮助，和他结为安达，矢志共进退、共富贵、共贫穷。但草原上的誓言如风，也速该被人谋害时，脱斡邻勒却无动于衷，也速该的家人陷入愁苦时，他也两耳不闻。

没有永远的朋友，只有永恒的利益，这个真理在草原上被人践履得最踏实。

这也正是铁木真这么多年受苦受难却始终不肯去请求脱斡邻勒帮助的原因。而现在，他的翅膀有点硬度了，所以他准备去和脱斡邻勒"重温旧梦"——帮他回忆起他的好兄弟也速该的恩情。

然而旧梦温起来是乏味的，让人毫无兴趣，所以铁木真带上了那件珍贵的黑貂皮袄。在开满淡紫色百里香的黑林边缘，铁木真见到了脱斡邻勒。

脱斡邻勒脖子上挂着银白十字架，在阳光照耀下射出惨白的光。他肥胖，但很匀称，眼神飘忽不定，却又充满温情。

铁木真恭敬地献上黑貂皮袄，又谦虚谨慎地诉说自己早就想来拜访父亲最好的兄弟这些废话，然后又不动声色地吐露他现在已是个有实力的人。这些使得他在脱斡邻勒眼中马上成了一个有尊严、有气质、有前途的年轻领袖。

铁木真把旧梦恰到好处地延伸出去："您从前和我父亲是兄弟，父亲的兄弟就是我的父亲。"

脱斡邻勒张开他小得夸张的嘴，咯咯笑，眼睛却始终停留在那件黑貂皮袄上面。他对铁木真的重温旧梦没有感觉，对铁木真的礼物却大有好感。于是他站起来，握紧十字架，对铁木真说："你失散的族人，我帮你聚拢；抛弃你的那些人，我要给他们好看。我要让你的族人都紧紧团结在你的周围，就如同腰附在屁股上、喉附在胸上一样。"

据说，"腰附在屁股上、喉附在胸上"这句粗俗的话是庄严的誓约，不知道脱斡邻勒的精神导师耶稣听到这样的粗话会作何感想。

铁木真的行为相当于主动承认了脱斡邻勒是自己的保护人，他也因此得到了脱斡邻勒的口头契约。铁木真这一步走得相当漂亮，正是在脱斡邻勒的保护和支持下，他才得以战胜蒙古其他部落，做了蒙古人的可汗。

敏锐地找到靠山，是铁木真值得我们学习的地方。不过有一点是很多人学不来的，那就是铁木真拥有的遗产。铁木真所以能找到脱斡邻勒做靠山，是因为他父亲和脱斡邻勒的关系，没有父亲留下的这份遗产，铁木真根本不能和脱斡邻勒对上话。确切地说，铁木真是靠了父亲留给他的人脉而依上脱斡邻勒这座靠山的。

平民百姓永远不可能有这样的机会。

当然，找到靠山后，就要让其发挥最大价值。虽然山不过来，但我还可以过去。

铁木真主动让脱斡邻勒这座大山发光发热，他的计谋是拉大旗作虎皮。他派人到处宣传，强大的克烈部领导人脱斡邻勒已经是他铁木真的保护人了，二人的关系比父子都亲，铁木真现在如果想要天上的星星和沙漠里的玫瑰，脱斡邻勒都能帮他去采摘。

这种宣传，效果显著。蒙古各部落的人闻风而来，仰慕他的人徒步投奔，他的"古列延"以他的帐篷为圆心不断向外辐射，这个圆圈越来越大，铁木真的名声也越来越响。

蔑儿乞来袭

人人似乎都看到，繁花似锦的大路在铁木真脚下延伸。铁木真也认为一帆风顺的前途正向他招手，无奈长生天弄人，一场在十六年前就已注定的横祸从天而降。

横祸来时，天方欲明。诃额仑的老仆豁阿黑臣隐约听到奇怪的声响远远传来，这位老太太人生经验丰富，趴在地上听了一会儿，就慌张地喊起来："有马蹄声，好多！"

诃额仑急忙奔跑在各个帐篷之间，传达这个可怕的消息。所有人都快速穿好衣服，男人拿起武器冲出帐篷，女人和小孩则谨慎地躲了起来。

铁木真和他的勇士们站在营地之外，合撒儿抻着脖子看向地平线，猜测道：又是塔里忽台吧。

铁木真倒希望是塔里忽台，今时不同往日，他也有一支小部队了，如果塔里忽台这次和上次一样只派二十几个骑兵来，他很有把握让对方全军覆没。

但长生天没有满足他的期望，地平线在一阵剧烈的、神经质的晃动后，现出了敌人的身影。这是一群如龙卷风一样的骑兵部队，足有三百人，呼啸而来。

铁木真几乎要叫出声来，他身边的合撒儿和别里古台也脸色发白，身后的所有族人都浑身颤抖。铁木真明白了，这场仗还没开始就分出了胜负。

他无可奈何地从牙缝里蹦出一个字：跑。

族人们一哄而散，合撒儿和别里古台紧跟大哥，跑向那九匹马。铁木真冷静地分配马匹：母亲乘坐一匹，妹妹乘坐一匹，他和四个弟弟各骑一匹，新来投奔他的忠诚勇士者勒蔑荣幸地分到一匹，最后一匹就是那匹患哮喘病的不中用的马，铁木真牵着它，准备在逃跑途中遇到危机时换乘。众人拍打着马匹直奔肯特山下的密林。

铁木真逃进森林前，脑海里萦绕着两个疑问：第一，来的是什么人，怎么会有这么多骑兵？第二，来的目的是什么，抢劫？复仇？

他应该还有第三个疑问：老婆孛儿帖呢？

孛儿帖也在逃跑，但她没有马骑，而是被老女仆豁阿黑臣塞进羊毛车，慢悠悠地走在通往森林的路上。

敌人的骑兵来了，铁木真的第二个疑问得到解答：他们钻进蒙古包，翻箱倒柜；跑出蒙古包，奔着羊群狂笑而去。

他们纵马追击那群跑得慢的人，男人统统被杀，年轻女人统统被抢。几个骑兵拦住了豁阿黑臣的羊毛车，询问这位老太太："你是干吗的？"

豁阿黑臣沉着机敏地回答："我是铁木真请来的临时工，刚剪完羊毛，正要回家。"

其中一个骑兵问："铁木真的帐篷在哪儿？"

豁阿黑臣用手向他们刚扫荡过的帐篷一指："就在那里，门口挂了一张弓的便是。"

几个骑兵掉头而去，豁阿黑臣逃出生天，如释重负地吐出一口气，回头小声对羊毛里的孛儿帖说："咱们安全了。"

孛儿帖在里面颤声道："快走！"

豁阿黑臣甩开鞭子猛抽那头牛的屁股，那头牛也想跑得快一些，但它知道自己是头牛，不是马，拼了老命跑也跑不出马的速度。豁阿黑臣看到牛慢悠悠的速度，恨不得自己变成马。大概是紧张，或者是车的质量有问题，走出几十米，突然咔嚓一声，车轴断裂。

豁阿黑臣正急着要把孛儿帖从羊毛里挖出来，那几个骑兵又回来了。

他们没有找到铁木真，而且对刚才那位指路的老太太心存怀疑。骑兵们看着报废的羊毛车，问豁阿黑臣："你工作很勤奋啊，天还没亮，就跑来剪羊毛？"

豁阿黑臣叹息说："没办法，总要吃饭吧。"

骑兵们板起脸，指着羊毛车问豁阿黑臣："里面是什么？"

"羊毛啊。"

骑兵们眼珠直转，两个人跳下马，张牙舞爪地翻检羊毛，很容易地，年轻貌美的孛儿帖就暴露了。骑兵们先是被孛儿帖的容貌震得一愣，紧接着就是狂笑，他们抱起孛儿帖扔到马上，孛儿帖大喊大叫，猛烈地踢着腿，但已无济于事。豁阿黑臣虽然很老，不过那些骑兵认为这老太太狡猾多端，应该受点惩罚，便把她也摔上马背，呼啸而去。

此时天已放亮，这支骑兵部队追踪着铁木真家人留下的马蹄痕迹，来到了肯特山下的密林前。他们绕着山转了三圈，发现此山山麓多是沼泽和矮树林，不宜骑兵开展行动。他们只好失望地放弃了入山追击的企图，携带着战利品高高兴兴地回家了。

铁木真不知道敌人已经撤走，一家人躲在森林里砍下树枝搭起棚子制作简易居所，静等风声过去。可他心事重重，母亲诃额仑一眼就看透了他的心思，对他说，孛儿帖有长生天的护佑，不会有事的。

这当然是铁木真最挂念的一件事，不过还有件事让他心如猫抓，那就是，来的到底是什么人。

第二天天未亮，他叫醒别里古台和者勒蔑，命令他二人到山下打探消息。一天后，两人汗水淋漓而回。他们带回了一个好消息和一个坏消息。

好消息是：他们终于知道了敌人是谁。别里古台说，来的是蔑儿乞人，已经撤走了。

坏消息是：者勒蔑说，他们抢走了孛儿帖。

铁木真脑袋"嗡"的一声，眼前天女散花，如见长生天。诃额仑却在一旁长叹道："这是因果报应啊！"

铁木真用力地晃了晃脑袋，天女不再散花，长生天也消失，眼前是现实世界。他懊丧地问母亲："如何是因果报应？"

诃额仑说的"因果报应"的"因"发生在16年前，那年她和迎娶她的丈夫，蔑儿乞部首领脱黑脱阿的弟弟也客赤列都，行走在蒙古部落的地盘上。铁木真的父亲也速该站在高地看到了这个迎亲车队，好像命中注定，诃额仑在牛车里掀起帘子向外看了一眼，这惊鸿一现居然让也速该完全看进眼里。他快马加鞭跑回营地，叫起几个兄弟，冲向迎亲车，打跑了也客赤列都，抢来诃额仑，把她扔进了洞房。

蒙古高原上抢亲是风俗，美女，有力者居之，诃额仑自然也明白这一风俗，所以很快就和也速该建立起浓厚的夫妻感情，这才有了铁木真和他的弟弟妹妹们。

铁木真听完母亲的讲述，哭笑不得，想不到世界上真有"父债子偿"这回事。他倍感欣慰的是，敌人终于走了，他可以走出森林，想方设法拯救他的老婆了。

他走出森林，来到肯特山脚下，突然做了个让人惊异的举动：捶着胸脯，扯着嗓子像狼嚎一样仰天哭告长生天：在神圣的不儿罕山，我是一只虱子，但我逃脱了，我的性命未受伤害。我发誓，在以后每天清晨的祈祷中都要铭记你，神圣的不儿罕山，我要把你当成我的再生之地来祭祀，我的子子孙孙都将遵守这个规矩。

祷告完毕，他按草原的规矩，面对初升的太阳，把腰带挂在脖子上，敬畏地摘下帽子，双手捶胸，对太阳行了九跪之礼，并用马奶酒祭奠。

他的家人在一旁看着，露出莫名惊异的表情。在蒙古草原上，被追杀的人几乎不约而同地向森林里跑。如果每个人都在侥幸逃脱后如此祭祀他们的躲避之所，那草原上的所有山都成了如肯特山，也就是不儿罕山一样的神山了。

即使是智勇兼备的诃额仑也不明白铁木真这一举动背后的深意，而他的弟弟们则认为老哥有点虚张声势、小题大做。

这些人都大错特错。以后的事证明，铁木真是真的坚信这次逃脱是肯特山的功劳，而肯特山之所以要保护他，是执行了长生天的命令。长生天之所以这样宠爱他，按他固执的理解，就是长生天希望他能带领蒙古人领导国家并征服世界。这一傲慢的思想使他在后来的征服过程中对任何抵抗者和挑战其权威者都杀无赦，谁敢抵抗他，谁敢挑战他，谁就是在挑战长生天。

当他走下肯特山时，他脱胎换骨，如同和尚见到如来后一样的心境。

搬救兵

诃额仑说孛儿帖的被抢是因果报应，正确但不绝对正确。

蔑儿乞部居住在今贝加尔湖正南的色楞格河流域，从他们的营地到铁木真营地直线距离三百公里，精骑良兵至少要行进半个月。蔑儿乞人的确和铁木真一家有仇，不过如前所述，抢亲是草原上的风俗，这种仇恨并不深，而和仇恨相比，复仇的代价可就太高了。所以蔑儿乞人的这次突袭成果实际上是"额外收入"。

冬天的狂风是这次"额外收入"的罪魁祸首。

铁木真一家被突袭的这年，蒙古高原上的狂风异常凶猛，仿佛变成了一头巨兽，使尽了浑身的力量，像是核弹爆炸一般，几乎把蔑儿乞部夷为平地。蔑儿乞人实在无法忍受，只好逃出来四处抢劫。他们一直南下，抢劫各种各样的"阿寅勒"和小规模的"古列延"。

当他们听说也速该的遗孤就在前方时，首领脱黑脱阿想起了十几年前弟妹被抢的事，他兴奋起来，正好趁此机会向敌人报仇。于是，铁木真一家就被抢了。

他们本来是想杀掉铁木真，抢了他的硬通货，扫灭他的地盘。想不到的是，虽然抢了铁木真的硬通货，扫灭了他的地盘，但却没能杀掉铁木真。不过，抢到了铁木真老婆这一意外惊喜，弥补了他们的遗憾。

脱黑脱阿看着孛儿帖，不由得思念起几年前死去的弟弟也客赤列都。他两眼湿润，叫来一个活着的弟弟，恶狠狠地把孛儿帖推到弟弟的脚下说："给你当媳妇，好好享用，这可是铁木真的老婆。"

他的弟弟想不到天上会掉下这么美味的馅饼，淫荡地狂笑着把孛儿帖扛在肩上入了洞房。

铁木真不知道老婆已被迫给自己戴了绿帽子，他正在全神贯注地思考抢回老婆的计划。其实这个计划一点都不复杂，他也只有这一个计划：向克烈部的脱斡邻勒求助。

第二天，他和兄弟别里古台、合撒儿去了黑森林，请求脱斡邻勒帮他抢回老婆。脱斡邻勒抚摸着穿到身上的黑貂皮袄说："你放心，你我曾有契约，蔑儿乞人居然敢抢我儿的媳妇，我必尽灭蔑儿乞人，义不容辞。"

铁木真感激地拜谢，脱斡邻勒又说："蔑儿乞有三大部落，其实他们的祖先也是你们蒙古人，这些人和你们一样，骁勇善战，不可小觑。所以保险起见，你应该再找个人。"

铁木真面露难色，因为整个蒙古草原上，他的帮手只有脱斡邻勒。脱斡邻勒看出了他的心思，笑道："放心，这个人肯定帮你。因为他曾被蔑儿乞人俘获当过奴隶，吃尽苦头，这样好的机会，他肯定不会错过。"

"谁？"

"现在的札答阑部落酋长——札木合。"

铁木真的担心一扫而空，竟然兴奋起来："札木合，我当年的好兄弟啊！"

他快马加鞭，来见札木合，几年不见，札木合又高又大，脸更胖了，但很结实，眼神犀利，眉宇之间展现着无与伦比的威严。铁木真暗叫一声，果然是个可汗！

札木合不仅仅是札答阑部的酋长，还是以本部札答阑为首的十几个部落联盟的首领。两个兄弟见面，分外高兴。

札木合说，他知道铁木真受了不少苦，作为兄弟没有帮上忙很遗憾。铁木真明白，札木合的抱憾和脱斡邻勒一样只是随口一说，不是他们不想帮忙，而是他们都有自己要处理的事，在草原上，任何人的生存都是困难的。况且，人必须要自己强大，才能获得别人的帮助，这是天理。

铁木真开门见山，把老婆被抢一事的来龙去脉简单说了，然后请札木合出兵相帮，最后他加重语气说："克烈部我的义父脱斡邻勒已开始集结兵力了。"

在铁木真的叙述中，札木合保持着高贵的微笑，时不时地点着头，铁木真说完最后一句话，他收起了微笑，语气生冷。

他问："你怎么不给孛儿帖准备一匹马？"

铁木真表情立刻痛苦起来，这是最近一段时间始终折磨他内心的事，如果当时给孛儿帖一匹马，就不可能发生这样的事。可明明有匹马，却被他自己紧紧地牵在手中。

札木合盯着他的眼睛，铁木真躲避着。札木合突然哈哈大笑，居高临下地指点着铁木真："你，将来肯定是个有成就的人。能为了保住自己的命而抛弃老婆，这才是做大事的态度！"

铁木真没有点头也没有摇头。札木合站起来，拍打着他的肩膀，语重心长地安慰："不必难过，我肯定帮你夺回老婆，你也不必自责，咱们草原上的真爷们在情急之下都会像你那样去做的。所以……"札木合凑到他耳边，小声说道，"千万别传出去，说咱们打这场仗是为了个女人，哈哈。"

铁木真嘴角不易察觉地抽搐了下，札木合盛气凌人，但这位好兄弟的热情也感动了他，不过这感动转瞬即逝，脱斡邻勒的话响在他耳边：札木合肯定会出兵，因为他受过蔑儿乞人的气。

进攻蔑儿乞人的计划是札木合制订的，按照计划，札木合出兵六千，脱斡邻勒出兵六千。"铁木真嘛，"札木合说，"看他的实力了。"三支部队在约定时间于肯特群山与峡谷纠结的地方会师。会师之后统一号令，夜渡色楞格河支流希洛克河，向扎营在河对岸的蔑儿乞人发动进攻。

铁木真在他的帐篷里和兄弟们商量出多少兵，别里古台的意思是，在还跟随着的族人里能挑几个是几个，意思一下就得了。

合撒儿也说："咱们能挑出五十个上战场的人就不错啦，况且有脱斡邻勒和札木合的精兵，咱们不必操心。"

铁木真摇头说："我不这样看，我们必须要集结起二百人来，至少二百人。"

合撒儿吐出舌头，以为老哥神经错乱了："哪里能有那么多人啊！除非让老婆婆们也上战场。"

铁木真加重了语调："这次出兵不仅要解救孛儿帖，我还想趁此机会彰显我的实力，在脱斡邻勒和札木合心中提高我的地位。如果我们的人太少，他们二人肯定会轻视我们。记住，盟友都是建立在实力相当的基础上，没有实力就没有盟友。"

纵然实力没有别人强，机会到来时也要有勇气展示自己，因为"敢于展示"本身就是实力。

别里古台挠着脑袋说："我觉得大哥说得有道理。"

合撒儿虽然点头，可面露难色："去哪里找这么多人啊？"

铁木真声调提高："肯定有办法。"

他的办法是，先找博尔术，博尔术迎合了铁木真的召唤，带着几十个家庭成员和仆人来了，当然还带了几十匹马。再找锁儿罕失剌，锁儿罕失剌面对铁木真的邀请沉思默想时，他的二儿子赤老温已跨上马背，带着几个喜欢冒险的朋友冲出了营地。接着，铁木真又派遣山民出身的者勒蔑回到他在森林中的家乡，招兵买马。

蒙古草原上的山民并不以放牧而以狩猎为生，在不能狩猎时，他们会学习手工技艺，者勒蔑就是铁匠中的翘楚，能打造出可以把人一削两半的利刃。山民们大都很团结，而且有冒险精神，所以者勒蔑只身一人进山，出来时身后就跟了一群山民。

铁木真数了数人头，发现已过了二百，有点兴奋，但很多人没有马。小富豪博尔术为他解忧，从父亲那里要来了一个马群，铁木真的人一胯一马，居然还有富余。

现在，他终于可以坐下来好好钻研札木合制订的行动计划了。

解救行动

札木合这次制订的行动计划可谓天衣无缝。会师的时间和行军路线，攻击的主要目标和次要目标，甚至包括渡河工具的计划都面面俱到。

按计划，三路会师的时间是在鲜花铺满草原的第一个月圆之夜。会师的行军路线如下：札木合本人沿鄂嫩河西上，渡过鄂嫩河到达集结地后就地取材制造渡河木舟。脱斡邻勒沿土拉河东来，从克鲁伦河上游渡河，到达集结地。铁木真原本就离集结地不远，所以只需要北上一点。

在攻击目标上，札木合认为只攻击三部蔑儿乞人的两部，至于剩下的一部则暂时放弃。这是个谨慎的战略，三部蔑儿乞人是从东到西依次排列的，而联军则是从东向西进攻，舍弃最西面的第三部，才能竭尽全力地进行攻击。

铁木真研究这份作战计划时，他的兄弟和朋友们都在旁边。铁木真拍着手对他们说："这个计划真漂亮！"

合撒儿不以为然地说："我总感觉这个计划是兜圈子呢！我们完全可以沿土拉河逆流而上，从西向东一路捭过去，这样可以节省很多时间，又可以把蔑儿乞人全部消灭。"

铁木真摇头道："你这个计划很烂，蔑儿乞三部中最东边的部落最强，如果从西边开始打，那么其他部落一定会早作准备，就必成难啃的骨头。况且，你的计划是从正面进攻，而札木合的计划是从背后偷袭，两者在立意上就高下立判了。"

合撒儿不说话了，铁木真不无遗憾地说："这计划真是天衣无缝，我们什么时候才能掌握啊！"

博尔术微笑说："你以后肯定比札木合强。"

铁木真的眼里马上放出夺人的光芒，他看向挂在半空中即将圆满的月亮，这才有时间想起孛儿帖来。他一语双关地说："快了。"

脱斡邻勒的部队先到了铁木真的营地，脱斡邻勒的弟弟看到铁木真可怜兮兮的军队，想笑，但脱斡邻勒用眼神把他的笑硬生生地顶了回去。铁木真从始至终都没有自卑的情态，他保持着贵族的举止，赢得了脱斡邻勒发自肺腑的敬佩。

可能是对月圆这个概念的模糊，脱斡邻勒与铁木真到达指定会师地点时，札木合已经来了三天。

二人到达时，正是月上柳梢头。札木合指着月亮咆哮起来："看啊，肚子都要涨破的月亮。当我们蒙古人说'是'时，我们就遵守了誓约，没有任何借口可找！如果蒙古人答应见面，无论雪雨都不能阻止他们，谁不遵守诺言，就应将他驱逐！"

札木合咆哮时，月亮好像被他的气场所震撼，抖个不停。脱斡邻勒急忙向札木合道歉，并且拉着铁木真。

铁木真虽然向札木合道歉，但却心潮澎湃。事后，他小心翼翼地问脱斡邻勒："札木合是不是小题大做了，还是在您面前耍威风？"

脱斡邻勒看了他一眼，露出长者"传道解惑"的神情微笑着说："你是第一次当指挥官，不知道这里的门道。我来告诉你，札木合的发怒是有道理的。"

铁木真半信半疑。

脱斡邻勒就为其解惑。他解释说，联军集结地并不宽阔，草原少；草原战士出战，带的军粮也是有定数的。札木合眼睁睁看着草将被马吃光，军粮将被无所事事的士兵消耗，内心的恐惧当然急速增长。况且，一支如此庞大的力量集结在肯特山附近，不可能保守秘密，蔑儿乞人很容易发现他们。札木合是个好面子的人，他绝不允许自己制订的计划失败。

铁木真这才恍然大悟，原来出兵作战还有这些讲究，他必须要努力、谦虚地向札木合和脱斡邻勒学习。

在铁木真之后的岁月中，札木合教训他要"遵守诺言"的话始终萦绕在他脑里，并成了他为人处世的一个标准。

经过一个星期的整顿，札木合下令联军前进。联军向北翻越崇山峻岭，星夜驱驰到希洛克河东岸，札木合命令士兵白天扎芦苇漂流筏，晚上，联军趁着夜色悄悄渡河。

这次大规模的行动因为脱斡邻勒和铁木真的耽搁已不可能出奇制胜，当联军在希洛克河东岸紧锣密鼓地手工劳作时，河对岸的蔑儿乞人已把消息传给了脱黑脱阿。

脱黑脱阿黄昏时得到消息，半信半疑，夜晚时才派人去河口侦察。结果，侦察员只回来个头颅，把头颅送来的正是如猛虎出笼的联军。

突袭是战场上的幽灵，尤其是骑兵的突袭，被突袭者根本没有反应的时间。蔑儿乞部的营盘像是被几千个恶魔同时袭击了一样，鬼哭狼嚎。联军骑兵红着眼，哇哇怪叫地追逐着四处逃窜的人群猛砍猛杀。箭如雨下，哭声震天。在这片狼藉的战场上，有两个人最心急如焚。

一个是脱黑脱阿，一个是铁木真。

脱黑脱阿有生以来第一次遇到老窝被人突袭这种倒霉事，整个营地乱成一锅粥，他在这锅粥里躲避着乱箭和敌人的骑兵践踏。他突然感到口腔里生出一股苦涩的味道，据说这是胆被吓破后的症状。虽然心胆俱裂，可脱黑脱阿毕竟是经过风浪的一族之长，稍微冷静后，他对身边的几个侍卫说："向敌人来的方向逃！"侍卫们浑身发抖，此时此刻，躲还来不及，怎么还要去招惹。

脱黑脱阿踢翻了一个侍卫，飞身上马，骂道："你们这群蠢货，这叫越危险的地方越安全，出其不意，出人意料。跑！"

脱黑脱阿的决定是英明的。如果他真选择向后跑，极有可能在最后时刻被联军捉住。任何人的思维都是，老大肯定在最后一线，脱黑脱阿选择迎着联军的方向趁乱逃跑，显示出这位强悍的部落领导人并非浪得虚名。

铁木真比脱黑脱阿更焦急，他在一片恐怖和垂死的嘶喊声中绝望地呼喊着孛儿帖的名字，他像一个在人群中丢失了孩子的老娘，一面叫喊，一面扑向人群中那些看上去很像孛儿帖的人。

扑了多次，次次扑错。一种不好的感觉袭上心头：孛儿帖是不是不在了？

一想到这，他仰天大叫，声音凄厉，让人头皮发麻。他对着一群哭喊着跑过来的妇女群，绝望地喊道："孛儿帖！"

奇迹发生了。妇女群中一个女人刚从他身边跑过，听到他的哭喊，猛地停住，转过头来。四目相对，铁木真险些惊喜得晕过去，那个头发蓬乱、满脸漆黑的女人正是孛儿帖。

在火光和血腥交织的地狱中，这对恋人紧紧拥抱，一动不动。

剩下的战斗，铁木真和他的士兵没有参加，札木合和脱斡邻勒的部队猛烈追击着漏网之鱼，追过了色楞格河。没想到进展异常顺利，剩下两支蔑儿乞部落也被相继击溃，札木合站在尸横遍野的草场上高声宣布胜利。

铁木真虽然没有参加之后的战斗，却也没有闲着。他在疯狂地搜集着战利品：食品储备、硬通货、蒙古包的支架、男人、女人、小孩。

能带走的带走，不能带走的譬如那群袭击了他部落的三百骑兵，有一个算一个，统统斩首。

脱斡邻勒带着大量战利品走了，走之前看着遍地死尸，虔诚地在胸前画了个十字，说："主，会原谅我的。"

铁木真把三分之一的硬通货和俘虏送给了他，他又画了个十字，很开心地说："主，会保佑你的。"

铁木真礼貌地回答："长生天保佑。"

札木合的战利品最多，不过当铁木真把自己的三分之一战利品给他时，他也毫不客气地收下了，出于感激，他问铁木真："咱们联合在一起，你有兴趣吗？"

铁木真当然有兴趣，能和当时草原上的年轻霸主在一起，这是求之不得的。

札木合得到肯定答复后，胖胖的脸上出现了高傲的笑容："我会关照你的，哈哈！"

铁木真没有听到札木合的话，他若有所思地看向身边的孛儿帖。这是他第一次得到战利品，心情舒畅是当然的，他又夺回了老婆，这更应该让他心花怒放。不过，有件事却让他心里长了个疙瘩，把所有欢喜冲得一干二净。

札木合说了什么

铁木真心中"疙瘩"的源泉是孛儿帖。人人都知道孛儿帖在乞颜部做了半年多别人的老婆，不过这不算什么，因为蒙古本来就有抢亲的风俗。但很快就有风言风语说孛儿帖不是一个人回来的，肚子里还带了一个。这个肚子里的孩子就是铁木真的长子、出生后被铁木真起名为"术赤"的人。"术赤"蒙古语为"客人"，铁木真起这个名字时不知出于什么心理，他可能也认为"术赤"是蔑儿乞人的种。这件事充分反映了铁木真的一个负面性格：对女人多疑。这一负面性格伴随了他一生。

然而这个疙瘩很快就如烟一样在铁木真心中消散，因为他还有重要的事要做。自从他和札木合联合扎营后，他的人生之花就开始顺利地绽放。仅两年后，铁木真就称汗了。他从札木合这里挖到了人生中最宝贵的一桶金。

札木合对这位小时候的安达关怀备至，以一种大哥哥的情怀对待他。二人形影不离，一起喝酒，一起骑马游荡，一起回忆儿时那短暂却幸福的时光。他们经常睡在一条被子里，有说不完的话。失散多年的兄弟情谊快速升温，札木合决心要和铁木真再结拜一次。

为了表现庄重，札木合领着铁木真来到蒙古联盟第三任可汗忽图剌曾宣誓就职的地方，在忽图剌发表就职演说的松树下，二人举行盛宴结为安达，并发誓两个部落要生死与共，同甘共苦。

宣誓完毕，二人喝酒，酒席到达高潮时，札木合让铁木真凑过来，在他耳边说："我们蒙古人太需要一个可汗了！"

铁木真抬头看着札木合的胖脸，发现了他脸上透露出的信息："我要成为蒙古的可汗。"

铁木真没有说话，札木合却嘟嘟囔囔地说开了："我把你叫到忽图剌汗的就职地来结为安达，背后的深意你可知道？"

铁木真好像知道，又好像不知道。

札木合用力地拍了拍他肩膀："你还不明白吗？忽图剌汗是咱们蒙古最后的荣耀，现在，你我二人要把这荣光延续下去！咱俩联手，统一蒙古！"

铁木真险些跳起来，因为这正是他最近一段时间的梦想，可他和札木合不同，他从不把缥缈的梦想说出来。他只是闷头去做，时机成熟，他才会动用语言。

他看向札木合，札木合醉眼蒙眬："我知道你的本事，你平时不言不语，其实心机很深，用你的心机和我的智慧，再加上我的力量，统一蒙古不是幻想。我做了蒙古人的可汗，你就是我的影子，哈哈！"

铁木真笑了，是那种没有任何感情的笑。札木合发现了他的笑，搂住他的肩膀，打了个酒嗝说："我的好安达，好好努力！"

铁木真一直在努力。

自从他和札木合连营后，他就一直在札木合的部落联盟中努力。札木合联盟的各个部落其实都是蒙古部落，作为蒙古王族乞颜部的酋长，很多人都对铁木真青眼有加。铁木真奉行功利主义和以情动人的策略，他把在蔑儿乞部得来的战利品剩下的部分统统分给各个部落的酋长。他和这些人拉关系，谈他们共同的祖先。半年时间过去了，札木合部落联盟中已经有了他的盟友。当札木合知道了铁木真的乐善好施和平易近人时，并未放在心上。有人提醒札木合应该小心铁木真,札木合冷笑:"他实力太弱啦!"随后语气柔和,"况且他是我兄弟,兄弟不会从兄弟这里挖人。"

任何道德家都会唾弃铁木真的行为,札木合好心好意收留你,罩着你,你居然挖人墙脚,是可忍孰不可忍?!

铁木真大概也觉得自己没有注重行为美,所以每当札木合向他说了什么隐语或者是投过来莫名其妙的眼神时,他的心就突突跳。

这就是传说中的"做贼心虚"。

当然,对于胸怀大志、轻易不肯寄人篱下的铁木真来说,和札木合分道扬镳是注定的。"注定"在两人友好一年半后神神秘秘地来了。

又是一年进山放牧的时节,札木合和铁木真带领族人向山里迁移。两人走在迁移队伍的前头,面对山河青青,札木合神清气爽,指着前方的一座山对铁木真说:"若依山而营,则牧马者兴奋得跳舞;若临河而营,则牧羊者欢喜得翻跟头。"

这句话莫名其妙,蒙古人说话都喜欢隐晦曲折,尤其是铁木真"做贼心虚",所以他不敢问,只好默不作声。过了一会儿,他找了个机会离开札木合,等在路边,当他母亲和妻子的车辆过来时,他上前请教母亲札木合那句话的深意。

诃额仑还未开口,孛儿帖就像个半仙解卦一样滔滔不绝起来:"马和羊从不在一起放牧,札木合的意思是,大家应该各行其是。他是喜新厌旧,要轰我们走呢!"

铁木真去看阅历丰富的母亲,诃额仑没有说话,也就是说,她也同意孛儿帖的分析。

铁木真对妻子,尤其是这个正房孛儿帖言听计从,终身如此。所以他召集了兄弟们,让他们的车队在夜晚来临时不要停下,继续向前。

就这样,铁木真连个道别都没有,悄无声息地离开了他的好安达札木合。也许孛儿帖的分析真是对的,因为札木合在第二天早上发现铁木真消失后,并没有来寻找他。

当然,以上是《蒙古秘史》的说法。

如你所知,铁木真和孛儿帖自尊心强烈,寄人篱下的人都神经敏感,札木合说话又隐晦曲折,一年半的时间里,札木合肯定说了很多这样的话,为什么铁木真早不离开,为什么在这个时候说走咱就走?

接下来的事情告诉了我们答案:《蒙古秘史》说,铁木真前脚刚走,蒙古各部落的人后脚就跟来了，满坑满谷。

原来，和札木合分道扬镳的时机已成熟。他用了一年半时间在札木合营盘中大展权谋，拉拢人心，辛苦耕耘，终于开花结果。

第二章
"成吉思汗"出世

敢问谁是汗

铁木真是在晚上离开的札木合，黎明时分，他身后滚滚而来了一百多个人。在这些人里，有三个人最受铁木真重视。第一个是巴鲁剌思部的勇士忽必来，力大如牛，百步穿杨；第二个是兀良哈部的勇士速不台，其人骁勇无比，最擅蒙古跤，以一敌十。

这二人离开札木合纯粹是个人原因，忽必来投靠札木合时带着他曼妙无比的妻子，札木合垂涎三尺，让速不台拉皮条。速不台对这种事很反感，劝阻札木合：想让你的狗看好家，就不要毁坏它的窝。

札木合毫不犹豫地毁了忽必来的窝：强占了忽必来的妻子。当时恰好铁木真在札木合营中，对忽必来的遭遇深表同情。忽必来早就抱了离开奸夫札木合的心，他和铁木真又建下深厚的友谊，而速不台也对札木合的行为很失望。恰逢这个机会，两个人就手挽手地来了。

第三个人则是盛产"萨满"的巴阿邻部的豁儿赤。"萨满"是蒙古人宗教萨满教中绝地天通的人物，能够通晓长生天的旨意。无论是合不勒汗、俺巴孩汗还是忽图剌汗，在宣誓就职时都必须有"萨满"在旁神神叨叨，以证明他们可汗的位置是长生天所授。在信仰萨满教的蒙古人中，如果没有"萨满"的参与，什么事都干不成。

在札木合营盘中，豁儿赤与铁木真来往频繁，精明透顶的豁儿赤早已窥破了铁木真的心理，札木合想当可汗人所共知，铁木真当可汗的欲望比札木合强百倍，然而他默不作声。

理想随着实力的增强而膨胀。几年前，铁木真的理想还限于满足温饱。现在，他的理想却是当一个可汗。凡事都要一步步来，包括理想。

钻研了半辈子"人"的豁儿赤百分之百确定，铁木真比札木合更适合做可汗，几乎所有的萨满都有投资眼光，他急急忙忙地跑来，展露他的职业素养。

他对铁木真说："长生天已显灵了，不让我追随札木合。我梦中见一头雪白的大母牛远远而来，绕着札木合的帐篷，用它那粗壮的犄角撞折了帐篷一角，以蹄扬土，口吐人言，向札木合吼道'还我角来！'紧接着，又有一头没有角的白色犍牛（阉牛），如人般直立而起，高举札木合帐篷的木桩，跟着铁木真您的车队就吼叫而来，它也口吐人言对您说，'天地商量好了，要你铁木真做蒙古国的可汗，看我这根柱子，这就是蒙古国，我把它献给你。'"

铁木真虔诚地望着天，又用感激的眼神看着这位语言大师，说："您是长生天派下来的。"

豁儿赤洋洋得意，他和铁木真现在是一条绳上的两只蚂蚱，要想成事，必须互相认可，亲密合作。毫无疑问，他的职业马上会带给他巨额的回报。

他问铁木真："如果你当了蒙古国的可汗，拿什么来报答我这个长生天的送信人？"

铁木真回答："如果你带来的消息是可靠的，我就封你为万户官，统治一万牧民，指挥一万士兵。"

豁儿赤对这个报酬不太满意，他首先考虑自己的重大需求："我还想要三十个美女，最美丽的那种。"

铁木真答应了。

他又考虑他的行业前景："我希望您能把萨满教当成国教，尊敬我们，呵护我们。"

铁木真说："我信仰长生天的力量和慈悲，所以我也相信你们这些帮助我和长生天联系的中介。"

豁儿赤心满意足，回到帐篷焦急地等待铁木真敲定就职可汗的日期。

几天后，从札木合营盘中反叛的第二批人来了。

这批人和第一批人的身份地位截然不同，全是实力派——他们不但自己来了，还都带着一个"古列延"。

这批重量级人物名单如下：

铁木真的四叔答里台；铁木真的堂兄弟忽察儿；忽图剌可汗的儿子阿勒坛；蒙古部落中最骁勇善战的主儿勤部的首领薛扯别乞和泰出。甚至连札木合本族札答阑氏的人也带着自己的"古列延"来了。

铁木真兴奋的同时突然感到一丝恐慌，豁儿赤及时地跑来了。

他看到铁木真心事重重，问道："您的实力壮大了，怎么不高兴？"

铁木真像是说给他听，又像是自言自语："来的人都是蒙古亲王，又是我的亲戚啊。在地位上，他们都高于我。"

豁儿赤笑了，如同一个巫师毫无人性地笑。他说："这你就不要担心了。他们既然来投奔你，就不可能想顶替你。他们离开札木合就是因为看好你。"

豁儿赤的话没错。在这些实力派眼中，札木合的确才能出众，可他有很多负面性格，自大傲慢，没有怜悯心和尊重他人的意识。他不是个人际关系大师，只是个以自我为中心的混蛋。忽必来就是札木合负面性格的见证者和受害者。

铁木真若有所思，他看向草原的边缘，自言自语道："他们会推举我吗？"

豁儿赤微笑着说："肯定会。"不过，他话锋一转，"现在咱们实力大增，这个地方已不适合咱们居住，应该迁徙。"

铁木真想了想，点头说："的确，这个地方的草场快消失了，咱们是应该迁到更大的地方去。"

几天后，铁木真带领他颇具实力的"古列延"来到了克鲁伦河上游谷地"兰湖"。

人人都知道在这里将有大事发生，因为人们无时无刻不看到铁木真的顾问豁儿赤在那些实力派的帐篷里进进出出。

当这位萨满累个半死，还仍昂首挺胸地走进铁木真帐篷时，人们确信，大事马上就要发生了。果然，一天后，铁木真和那几位蒙古亲王坐在山坡上，召开了会议。

铁木真最先发言，他说："自从我们伟大的可汗忽图剌去世后，我们蒙古人就如沙漠里的沙子，散落在各处，就如一群乱飞的神龙，没有了首龙。汗统断绝，凡是蒙古人，无不痛心疾首。我们应该高举祖先的旗帜，把蒙古人紧紧团结起来，不再受其他族的压迫和欺凌。我们要把断绝的汗统粘连起来，我们蒙古人要有个汗！"

主儿勤部酋长薛扯别乞接着铁木真的话，大声说："对，我们蒙古人要有个汗！"

他的战友泰出吼了起来："必须要有个可汗！"

铁木真看着众人说："你们都是我的叔叔，是蒙古的亲王，你们有义务为蒙古人缔造福祉，选出有能力带领族人奔向美好明天的可汗。"

泰出跳起来说："还用选吗，就你了！"

铁木真急忙摆手，看向忽图剌汗的儿子阿勒坛："按理，您应该继承您父亲的位置，扛起他那面旗帜。"

阿勒坛摇头，险些把头摇下来。他说："你这是什么理，咱们蒙古人的规矩，是要召开忽里台大会，大会成员说选谁就是谁。"

铁木真又去寻堂兄弟忽察儿的眼神，忽察儿跳了起来："别看我，我是来投奔你的。"

四叔答里台说话了："你如果还当我们是你的叔叔，那就当仁不让地称汗。我们都强烈支持你。"

忽察儿把手臂在空中一震，说："对，我们都支持你！"

阿勒坛站起来，很恭敬，向在座诸位说："其实作为王族，我们很不合格。让族人们四分五裂，这是我们的失职。我们早就想过要推举一位汗，本来是想推举札木合，可他没有你通情达理、处事公正、谦虚有礼的优点，而且你又有超群的能力。况且，他札答阑氏的血统不纯，你是乞颜氏，正统的王族。所以，你就不要推辞了。我看，今天这个会就算是忽里台大会，我们大家一致通过，选你为我们蒙古人的可汗。"

这段话很实在，这些亲王们在很长一段时间里的确有让札木合做蒙古可汗的心思，不过相处日久，他们就发现札木合没有这个资质，尤其是当铁木真和札木合并肩而立时，优劣立判。

铁木真确信这些人是真心实意地拥立自己，所以就不再推脱，痛快地说："好，我必将带领大家创造一个全新的蒙古人的世界。"

这些人都站起来，像是早就排练好了一样，说："我等愿立你为汗。你若为汗，我等愿意当你的先锋冲向战场杀敌。将所俘获的美女艳妇全都交到你的蒙古包里；将所获的好马良驹牵到你面前。如果你要去打猎，我等愿意为你驱赶猎物。在战斗之时，我等若违你命令，你可剥夺我等的家财和妻妾，砍下我等的人头扔到地上喂狗；在太平之日，我等如果毁弃誓言，你可驱逐我等远离亲人，抛弃我等于沙漠荒野中！"

这段话可能是蒙古人，甚至是所有蒙古高原上游牧部落在选举大汗时的誓词。它透露的是游牧国家战时、平时的君臣关系，同时还透露出铁木真的这次称汗和其他人的称汗没有本质区别。此时此刻，唯一的区别恐怕就是在汗名上。

铁木真被确定为汗，还需要一个称汗仪式。就在称汗仪式前一天，有个神秘的人带着七个人走进了铁木真的帐篷。

铁木真一见到此人，既惊又喜。此人正是当初抛弃了他们的蒙立克。蒙立克精神很好，他的七个儿子个个生龙活虎。铁木真大度地欢迎他们的归来，这是铁木真最强大的优点，只要政治形势需要，他就可以不计前嫌。他能像磁石一样吸引他的敌人为他效劳，源泉就在这里。他胸怀的宽大让蒙立克至为感动和羞愧，或许是弥补过失，他特意把第四子阔阔出介绍给铁木真。据他说，这个儿子是萨满教中的出类拔萃者，想象力丰富，足智多谋。

阔阔出高昂着大头，傲气十足地对铁木真说："听闻你称汗，长生天派我送给您一份礼物。"

豁儿赤在旁边冷笑一声。阔阔出好像根本没有看到这个同行，他对铁木真说："长生天说，以前的人称汗都是俗不可耐的古儿汗（众汗之汗），你是不世出的汗，必须要有个新奇响亮、引人深思的汗名。"

铁木真等着他那新奇响亮、引人深思的汗名。

阔阔出有节奏地晃荡着他的大头，一字一顿："成吉思汗！"

成吉思汗

"成吉思"在畏兀儿蒙文文献中写作"庆给斯"，日语则称"经给思"。为什么会有这么多发音，这不是我们要探讨的问题。我们要探讨的是"成吉思"这个名字的含义。一种说法是，"成吉思"是强大的意思；另一种说法是，"成吉思"是海洋的意思；还有一种说法是，"成吉思"是天的意思，成吉思汗就是天可汗，中国唐王朝第二任帝李世民就曾被周边少数民族国家称为天可汗；最后一种说法是，铁木真称汗那天，有一只大鸟落在枝头，叫唤着"成吉思"，也就是说，铁木真的"成吉思汗"是鸟起的名。

无论是哪种说法，"成吉思"这个名字的确如阔阔出所说的那样，新奇响亮，尤其是用汉语读它时，让人感觉很舒服，引人遐想。很快，"成吉思汗"就在蒙古人的赞扬声中传遍蒙古高原，用不了多久，这个名字也通过其他民族传遍全世界，并像天外梵音一样，传了几个世纪，直到今天。

称汗那天，铁木真在亲王们的搀扶下坐上毡毯，宣布他就是蒙古人的大汗，号成吉思汗。在那几位亲王殷勤而不失尊严的眼神中，铁木真猛然想到他们那份誓词，他的心马上沉了下去。

那份誓词光明正大地证明，拥护他称汗的人只是想把他当成战争和狩猎的指挥者，只想让他带领他们去进行劫掠和狩猎。也就是说，铁木真的"成吉思汗"和从前五花八门的"汗"没有区别，他只是一个松散联盟的领导人，各个部族酋长仍有独立的地位，铁木真无权干涉他们的族内事务。

太多的历史都证明，这种旧式贵族的联盟方式是危险的。他们只顾自家利益，一旦他们的小家和联盟的大家产生分歧，或者是联盟的可汗失去力量，联盟就轰然倒塌。

雄才大略、精明透顶的铁木真几乎是无师自通地想到了改变联盟的办法，这就是把所有部族成员作为臣子放在他的管理之下。

他开始组建他的迷你型汗廷，对他的亲信们分职任事。首先是设立"箭筒士"，也就是携带箭筒在他帐篷外执勤的人。这是他的卫队，后来成为蒙古帝国军队的中坚力量。其次，实事求是，设立各种行政官员，比如巴鲁乞（可汗厨师长）、牧马官、牧羊官、扯儿必（帐篷巡逻队队长）、带刀士（巡警队队长）、阿朵乞（银行行长，管理马群）、特儿格乞（运输部部长，负责车辆）、指挥远箭手、近箭手（军队指挥官兼公安局局长），最后，设置众官之长（宰相），和他形影不离。荣幸地成为他宰相的人是博尔术和者勒蔑。

他把理由告诉两人："你们两个人，在我除了影子外别无朋友时，成了影子安抚了我，我永记不忘。你们在我除了尾巴别无鞭子的时候，成为鞭子安慰了我，我铭记于心。你们俩始终跟随着我，所以现在当这里的总官吧。"

博尔术在铁木真狼狈不堪时和他一起并肩找马，这是个重情重义气、足智多谋的人。而者勒蔑则是铁木真最喜欢的那种人，忠贞不贰，誓死报主。选择这二人为自己的左右手，是铁木真长期观察的结果，并不仅仅是他那几句场面话所能概括的。

被他委以重任的人都感激涕零，大概是蒙古草原上从没有人让他们得到这样的荣耀。那个曾经被札木合请求拉皮条的速不台，在获得指挥远箭手的职务后，向成吉思汗拍着胸脯保证说："我要以老鼠的警觉守护您的财产，以乌鸦的勤奋为您聚敛财物，如盖毡一样守护您的肉身。"

铁木真也很感动，他对这些官员们发誓说："如果得长生天之护佑，成了大事，你等就是我的百官之长，是我的元勋、我的好友！"

众人齐声说，万死不辞。

铁木真又对在座的各部落酋长们说："我设置了职位，就是为了统一管理，规矩是百事之基。从今之后，你们的马群要归阿朵乞管理，你们的车辆要归特儿格乞统筹。总之，你们既然拥立我为汗，就要听我的命令！"

亲王们愕然，他们怎么都想不到，自己本来想找个聚宝盆，却找到了紧箍咒。然而，当时的形势已不容他们再反水，况且想来想去，只要铁木真能让他们有肉吃有酒喝有女人抢，总比在别人那里既受穷又受气好。

铁木真建汗廷在蒙古史上是一次巨变，纵然在蒙古高原的北方，这也是破天荒的。对于已步入舞台的这个成吉思汗来说，外人的态度又如何呢，尤其是铁木真的靠山脱斡邻勒和他的劲敌札木合。这是铁木真马上要进行的重要外交活动。

脱斡邻勒听到铁木真称汗的消息后，在胸前画了个十字说："我的上帝啊，这是好事，怎么没有事先通知我啊！蒙古人不能没有可汗，请代我向我的儿铁木真道贺，并且告诉他，无论什么时候我都支持他。"

同时他又以长者的身份和过来人的口吻警告报信的人："你们既然立他为汗，就要记住，衣服的领口是衣服之主，是不能撕掉的，向他发过的誓言更不能轻易废弃。"

来的人把脱斡邻勒的话带回给铁木真，铁木真如释重负，这并不夸张。如果实力强悍的脱斡邻勒不同意他称汗，那他的称汗就是狗咬尿泡——空欢喜一场，"成吉思"这三个字只能徒留笑柄，他才建造的蒙古萌芽王国将是昙花一现。

这是脱斡邻勒有生以来犯的最致命的错误，自然就成了铁木真的幸运。

搞定了脱斡邻勒，剩下的就是很棘手的札木合了。铁木真对这位兄弟有愧，他诱拐了这位兄弟很多人，可以负责任地说，在和札木合关系的处理上，他实属不仁不义。同时，他也知道札木合对蒙古之汗万分饥渴。而他在札木合之前称汗，无疑是挑动对方的敏感神经。他不能预料札木合知道他称汗后的态度，当他派弟弟合撒儿去送信时，心里七上八下。

让他后来意想不到的是，札木合听了铁木真称汗后，只是愣了一下，随即马上张开大嘴笑起来，说："我的兄弟称汗是好事啊！"

在场的人无不为札木合的大度所感动，只有精明的合撒儿注意到，札木合的嘴角呈现了一种不易察觉的恼怒。然而只是电光石火的一瞬，他马上就对合撒儿说："我祝福铁木真兄弟，不，祝福成吉思汗。"他嘟囔了一句，"这名字真古怪。"

说完这些，他猛地绷起脸，对合撒儿说："你帮我带个话给阿勒坛和忽察儿那两个老家伙，我和铁木真在一起时，他们为什么不拥立铁木真为汗，而且还在背后闲言闲语地破坏我和铁木真的关系？现在他们拥立铁木真为汗，到底是怀着什么居心？"

这是吃醋、发牢骚，其实他背后的意思是想说，这两个老东西为什么不立我为汗！

但木已成舟，他也只能吃干醋，况且，那个什么狗屁汗，他随时都能做，不过即使做汗，也不能起个怪里怪气的名字，比如"成吉思"汗。

想到这里，他笑了一下，换了语调对合撒儿说："你告诉他二人，既然拥立了铁木真为汗，就该忠于铁木真。"说到这里，他冷嘲热讽道，"千万别像在我这里时，连屁也不放一个，大半夜的就跟人家跑了。"

合撒儿把札木合的话带回给铁木真，铁木真的心并未放下，因为札木合那些夹枪带棒的话使他产生了一种不祥的预感：他和札木合的兄弟情谊，可能不长了。

十三翼之战：不胜而胜

一山不能容二虎，一个蒙古部落中不能有两个大家伙。人人都知道，铁木真和札木合必有一战，只是谁都没有预料到这一战会来得那么快。

铁木真称成吉思汗的一个月后，两个无足轻重的小人物站到了历史聚光灯下。一个是札木合的弟弟秃台察儿，另一个是铁木真的部下、札剌亦儿部的拙赤答儿马剌。

那一天，拙赤答儿马剌在草原上看着自己的马群悠闲地吃草，看着看着困意袭来，就睡着了。秃台察儿在暗处观察到马主人的失职，跑出来就赶走了几匹马，飞奔而逃。

拙赤答儿马剌醒来后发现少了几匹马，跳上马背，嗅着盗马贼的味道追踪。傍晚，他追上了盗马贼秃台察儿，他向盗马贼模糊的身影射出一箭，秃台察儿霉运当头，箭正中心脏，当场呜呼。拙赤答儿马剌在夺回马之前，心不在焉地看了盗马贼一样。这一眼，让他险些从马上栽下来，他认出了这是札木合的弟弟！

杀盗马贼没有罪，可在当时的形势下，如果盗马贼是札木合的人，那就是大罪。他惊慌失措地跑到铁木真处，报告了这个噩耗。

铁木真马上召集会议，商讨对策。

博尔术断言，札木合肯定出兵。合撒儿半信半疑地说："不能吧，草原上的规矩，杀盗马贼天经地义，札木合没有公理。"

铁木真同意博尔术的判断，下令进入战备状态。同时派出探子密切关注札木合的动向，随时报告。

几天后，准确的情报送来。札木合已集结了十三个部落三万人马，分为十三个战斗单位向兰湖开来。

情报指出，札木合的主力是其本部札答阑部和铁木真的死对头泰赤乌部，两支特种攻击部队则由蒙古部落兀鲁兀部和忙兀部担任，这两支部落和铁木真阵营中的主儿勤部号称蒙古三打手，都是骁勇善战的部落。

铁木真重视情报的搜集正是从这时开始的，他的军队后来能战无不胜攻无不取，情报工作贡献卓著。

有了情报，他开始和他的同事们制订作战计划。他从札木合那里偷偷学来了很多战术，不过并未实战过，这是他第一次制订作战计划，也是第一次以最高指挥官的身份上战场，心里难免有些激动。

他的计划是模仿，既然札木合分成十三个战斗单位，他也把部队分为十三个战斗单位，也称为十三翼。由于人手不够，连他的母亲诃额仑也担当了一个单位的指挥官。

铁木真的人马不到五千人，在敌众我寡时，必须要在布阵上多下苦功。铁木真决定利用地利，也就是在敌人不易进行大规模进攻的狭窄地段列阵，对试图穿过过道的敌人实施各个击破。他看中了鄂嫩河上游的答阑版朱思山岭周围的地形，于是在那里开始小心翼翼地布置战场。

山岭东侧被布置了三百人，指挥官是他的母亲诃额仑和弟弟合撒儿；西侧布置了五百人，由他亲自指挥。山岭出口处是主力三千人，至少有八个战斗单位在这里防御。防御阵地前方五十米处设置了栅栏和陷阱，以减缓敌人的攻击速度。

看上去，这是个完美的战场布局。理论上，山口狭窄，札木合就丧失了人多势众的优势，他的部队只能连成不足十人的横队发动进攻。不过仔细思考就会发现这个布局有致命缺陷。力量被分散了，如果札木合在向山口进攻的同时再向山岭东侧和西侧发动进攻，铁木真就会面临被分割包围的危险。

这不怪铁木真，巧妇难为无米之炊，他人太少，怎么布置都捉襟见肘。他只是希望札木合笨一点，不要想到同时进攻的计划。

开始时，札木合是没有想到，因为他不知道铁木真的布局。他的第一波攻击由两个不起眼的部落担任，明眼人一下就看出，这是札木合的侦察式进攻，他想找出铁木真的布局结构。

一千人的炮灰向山口冲来，栅栏和陷阱虽然延缓了他们的前进速度，但也被他们迅速拆除，山口的防御部队乱箭齐射，炮灰们被射得鬼哭狼嚎，不过仍然在前进，铁木真看看他们已进入自己的攻击范围，立即下令攻击。同时，诃额仑也下达了进攻令，山岭东西两侧冲出了八百多人，札木合的一千人如他所料，成了炮灰。

他看着全军覆没的第一波攻击部队，狂笑起来："铁木真兄弟，你这布局水平太差了。你等着！看我活捉了你。"

铁木真暗叫不好，札木合的第二波攻击部队已经狂呼乱喊冲了上来，这是由兀鲁兀部和忙兀部组成的虎狼之师。由于栅栏和陷阱已被毁坏，再也没有任何力量延缓他们的进攻速度，他们像是钱塘江大潮一样撞向了铁木真在山口的防御阵地。

铁木真正要下令山岭东西两侧的部队实施救援，突然看到一支敌军摸上了自己，而他母亲所在的西侧已经和敌人交火。

他最担心的事终于发生了，札木合采取了三路同时进攻的方式。敌人近在眼前，士兵们发现他不但毫无惊慌和痛苦，反而高兴地喊起来："札木合真是用兵如神，我要学的东西太多了！"

胜负已分，铁木真面对漫山遍野的敌人，只好下令后撤。他的士兵被札木合的部队追得如过街老鼠一样，毫无仪态可言。

铁木真一直溃逃出三百里，逃进了鄂嫩河南岸的哲列涅峡谷，据险而守，这是个一夫当关万夫莫开之地，札木合没有再追击，他对没有活捉铁木真一事表示遗憾和愤怒，在回师路上扎营时，把捉到的七十个俘虏叫到面前训话。这七十人中绝大多数都是从他阵营里反叛跑掉的，他斥骂这群人忘恩负义，不知道如何经营人生，水往低处流，人向高处走，而在他看来，这群人恰好长了个榆木脑袋，偏偏向低处走。

最后，札木合以上苍的名义说："你们这群人背信弃义，就要付出背信弃义的代价，我给你们的刑罚就是，活活煮死。"

札木合说的"煮死"刑罚，在中国古代刑法中的术语叫"汤镬"，"汤"是100摄氏度的沸水，"镬"是没有脚的鼎，"汤镬"就是把人放进盛着100摄氏度沸水的无脚鼎中活活烫死。

这是残酷的刑罚，札木合用这种方式对付他的蒙古同胞，让人心寒。兀鲁兀部酋长主儿扯歹和忙兀部酋长忽亦勒答儿都来劝说札木合：大家都是蒙古人，这是内战，不是对外战争，真没必要如此残忍。

札木合敏感地跳起来，这段时间，他部落里反叛的人太多，两个实力派领导人这样说他，让他意识到二人可能要反水。

他对二人怒目而视，吼道："我这是惩罚叛徒，怎么叫残忍？铁木真不残忍，你们去找他啊！"

两人马上闭嘴，札木合又命令带上最后一名俘虏：捏古思部酋长察合安，他是第一批反叛的人之一，也是这次战役中铁木真一个战斗单位的指挥官。札木合先把他的胡子和头发统统揪光，恼怒地斥责他："我对你多好啊，人人都可以背叛我，就你他妈的没资格背叛我！"

察合安因为疼痛号叫着，在号叫的间歇就诅咒札木合不得好死。札木合七窍生烟，命人砍掉了他的脑袋，把尸体系在自己的马尾上，一直拖回了大本营。

札木合的残忍行径，让他部落里很多人胆战心惊的同时又非常失望。草原上的领袖们大都很残忍，比如日后的铁木真常常屠城，虐杀俘虏。可铁木真和札木合的残忍实施目标不同，铁木真的残忍从不施加于蒙古人身上，札木合却如此残忍地对待自己的同胞，显然，这是战胜铁木真后走得最臭的棋。两天后，兀鲁兀部酋长主儿扯歹和忙兀部酋长忽亦勒答儿连夜带着自己的族人投靠了铁木真。

铁木真惊喜地叫起来："我们蒙古最善战的三个部落都在我的麾下啦！"

几天后，札木合阵营又一批反叛的部落来了，铁木真踌躇满志地说："札木合是不败而败，我是不胜而胜。"

札木合是铁木真生命中最大的贵人，开始时，他为铁木真提供力量的源泉，现在，他又驱赶着人们向铁木真的蒙古包走去。好像谁不去谁就是和他札木合作对一样。不仅是他掌控的部落被他无意识地驱赶到铁木真那里，鄂嫩河和克鲁伦河流域的大部分蒙古人都不由自主地向铁木真那里汇集。

铁木真就像是弥勒佛写到孙悟空掌心的那个"禁"字一样，吸引着各路黄眉怪前来。这并不是苍天照顾铁木真，而是铁木真个人努力的结果。

铁木真慷慨大度，在围猎后分给那些部落的猎物总是远远超出他们的想象，他对同胞过分仁慈，不但不剥削他们，反而大力地帮助他们。这种救世主的做派和其他部落刻薄寡恩的酋长一对比，铁木真简直就成了长生天的代表。

一时之间，铁木真的美名不胫而走，传遍整个草原，人们来投奔他之前就向长生天发誓要誓死效忠他，铁木真大力宣传"忠诚"，树立许多典型人物，让人们看到这样一种事实：只要效忠铁木真，就能得到从前不可能得到的实惠。

和札木合的第一战——十三翼之战的结果是失败的，可铁木真靠着他性格中的正能量和有意识地收买人心的策略重新站了起来，站起来后的他比之前强大十倍。

一次扫兴的宴会

铁木真的壮大是事实，不过有人没把他太当回事也是事实。大部分投奔他的部落酋长们都称他铁木真，很少有人称他成吉思汗。铁木真对称呼很在意，因为称呼本身象征着权威。但当时他的汗国里鱼龙混杂，严密的制度还未成长起来，他也只能一步一步来。

一次间接挑战他权威的事发生了，事件的挑起者是主儿勤氏前首领的两个遗孀。起因是这样的：在一次宴会上，服务员失乞兀儿给食客倒酒时，先倒给了主儿勤氏首领薛扯别乞的小老婆，然后才给那两位遗孀倒满。两个老太婆认为身份受到挑衅，在她们看来，主儿勤氏的小老婆不过是个皇妃，而她们则是皇太后，但凡有点脑子的人都该知道要先给皇太后斟酒，然后才能轮到那个狐狸精皇妃。

她们认为铁木真对服务员失乞兀儿教导无方，又不敢直接对铁木真发难，所以就把倒霉的失乞兀儿叫到跟前，失乞兀儿以为有什么赏赐，赶紧凑过脸来，两人就配合无间地抽了不识体统的服务员两个嘴巴。

失乞兀儿两手捂着两边的脸，撒娇起来说："可汗的父亲在世时，可从来没有人敢这样打过我。"

众人都被这哀鸣吸引过去，发现失乞兀儿年纪的确很大，有可能真伺候过铁木真的父亲也速该。

他们又看向铁木真，因为打狗还要看主人，况且这只狗的主人不仅是他，还有他老爹。但铁木真的表现很平静，好像根本没有听到失乞兀儿那句暗讥他软弱的话，也好像根本没有发生有人被打这件事，他热情地招呼着大家喝酒吃肉。

失乞兀儿发现自己的两巴掌可能白挨了，只好打起精神回到工作岗位，噘着嘴继续倒酒。

铁木真本想看在肇事者是两个老太婆的份上，不了了之，想不到很快又起波澜。这次挑事者仍然是主儿勤人，只是角色由两个老太婆换成了一个叫不里孛阔的亲王和一个无名小偷。

宴会开始前，铁木真要别里古台看守马匹，当他巡逻到铁木真坐骑时，发现有人正在解铁木真坐骑的缰绳。别里古台当即把这个小偷踢翻在地，捆绑起来。闻讯赶来的不里孛阔看到那个小偷，发现是本族人，马上推开别里古台，解开了小偷的绳索。

别里古台秉着"违法必究，执法必严"的精神上前和不里孛阔扭打。二人拳脚相斗，不里孛阔突然抽出蒙古匕首，砍伤了别里古台的右肩。

别里古台担心事情闹大，会扫了铁木真和那群部落酋长的雅兴，所以捂着血如泉涌的右肩毫不在意地继续巡逻。

别里古台不知道的是，刚才发生的一切都被正对面的铁木真看在眼里。他不能再装聋作哑，因为他的两个部下就在他面前连续受到同一伙人的攻击，他的威信已要扫地。他霍然站起来，像一头下山的猛虎般冲到了别里古台身边。

这一冲，很危险。他这样夸张地冲下去不可能仅仅是为了慰问别里古台，肯定要有动作。而他行动的目标必然是主儿勤人，当时在座的主儿勤氏除了首领薛扯别乞和泰出外，还有好几位前蒙古王室的长老，这是铁木真称汗的大基石之一，如果他们恼怒地离开铁木真，或者投奔札木合与铁木真作对，影响是极坏的，后果是不堪设想的。

但他好像胸有成竹，又好像是被怒气冲昏头脑。他冲到别里古台面前大声怒吼："你怎么可以忍受这种耻辱？"

别里古台有着我们上面分析的担忧，他竭力平息兄长的怒火，平静地说："我伤得不重，没事。他们好不容易才投奔咱们这里，不要为了我而伤了和气。"

铁木真不想和兄弟说"打狗看主人"的废话，他随手折了几根粗树枝，抄起搅拌马奶酒的粗杆子，冲向不里孛阔和那个小贼，双手挥舞着武器，一顿乱打，一直打到他们趴在地上不再动弹为止。

他舒展完筋骨，又跑回宴席，命令把那两个已魂不附体的老太婆捆绑，等候发落。然后大手一挥，散席。

铁木真的举动让他的兄弟们担心不已，者勒蔑不明白主儿勤人为何如此嚣张。铁木真给出了答案。

铁木真说，这都是家族等级制惹的祸。铁木真和薛扯别乞，还有不里孛阔都是合不勒汗传下的子孙，但薛扯别乞是大房子孙，铁木真是二房子孙，不里孛阔则是三房子孙。大房的和三房的联合起来瞧不起二房的，尤其是当蒙古三大骁勇部落中的两个部落兀鲁兀部和忙兀部到来后，铁木真对他们进行了过多的感情投入，这就引起了主儿勤部的嫉妒。

这次闹事可能就是他们这种心态的一个突然爆发。

但铁木真一点都不担心，因为长生天的力量一直在支持他，敬告他：没事。

果然没事，当天夜里，主儿勤部族的几个巨头来了，向铁木真道歉。铁木真接受了他们的道歉，并且把那两个老太婆完完整整地交还给他们。主儿勤人发现两个老太婆除了脸色难看外，毫发无损，马上表现出对铁木真既感激又敬重的颜色来。

这是铁木真又一次展现他的性格，绝不允许任何人挑战他的权威。

事后，铁木真重开宴席，特意吩咐服务员失乞兀儿给主儿勤人倒酒时的次序，失乞兀儿洋洋得意，先给那两个老太婆倒酒时，他在她们脸上没看到一点之前的蛮横傲慢的表情。

不过，这位阅历丰富的老服务员总感觉在主儿勤人恭敬的外表下好像隐藏着异样的东西，这种异样在不久的将来将毫无顾忌地暴露在光天化日之下。

拯救义父

有个疑问：当铁木真被札木合追击如丧家犬时，他的靠山脱斡邻勒在做什么，为何连个表示都没有？

答案如下：脱斡邻勒在铁木真成为丧家犬时，自己也成了丧家犬，而且比铁木真惨十倍，险些见了上帝。当铁木真恢复元气时，他还在东躲西藏，过着连上帝都为他哭泣的日子。

脱斡邻勒之所以混到这步田地，是因为上帝惩罚他，上帝惩罚他，是因为他残暴地处理家庭政治。

也速该在世时，脱斡邻勒为了继承父亲的汗位，残忍地干掉了他的两个兄弟，这让他的叔叔冲冠一怒，用强大兵力把他驱逐下汗座，脱斡邻勒那时很幸运地遇到了也速该，也速该帮他抢回了汗位。

上帝几次三番对他说，要家庭和睦。脱斡邻勒却紧握十字架说，我那两个畜生兄弟对我的宝座虎视眈眈，我要先下手为强。

上帝当然劝阻不了他，他先对可疑的弟弟额儿客合刺下手，额儿客合刺发现哥哥已丧失了起码的人性，连夜单骑跑到了乃蛮部。乃蛮可汗想不到世界上会有这样混账的哥哥，更想不到大国克烈又起内乱，所以声称要为额儿客合刺讨要公道，集结一支骑兵部队，在熟悉克烈部防御的额儿客合刺带路下，连下脱斡邻勒三个营盘。脱斡邻勒见大事不妙，叫了声"我的上帝啊"，仓皇西逃。

他昼夜不停地跑，他的部下也昼夜不停地逃，跑进西辽国时，他只剩了自己和脖子上的十字架。他向西辽皇帝请求政治避难，西辽皇帝答应了他，不过对他张口闭口"上帝"的行为很不满意，因为西辽全国上下信仰伊斯兰教，西辽的宫廷里不流行"上帝"这玩意。脱斡邻勒长吁短叹，见西辽对他的态度越来越冷淡，于是重新上路。西辽皇帝欢送他离开，给了他五只母山羊和三头骆驼。脱斡邻勒先到了畏兀儿地界，畏兀儿人不理他，又到西夏地界，西夏人也不理他。他仰天长叹：上帝啊，你救救我吧。

突然五只母山羊同时叫起来，他画了个十字，说："感谢上帝，我还有五只山羊，而且都是母的。"他挤出羊奶充饥，骑着骆驼行进在苍茫的路上。

铁木真一得到脱斡邻勒又成孤家寡人的消息后就开始寻找他。一年后，他的人终于在漠北的古泄兀儿湖附近找到了正骑着一匹瞎马、失魂落魄的上帝的子民，克烈部的大汗脱斡邻勒。

如果寻找他的人是汉人，恰好又是知识分子，看到他失魂落魄的样子一定会吟诗：盲人骑瞎马，夜半临深池。

太危险啦！古泄兀儿湖离克烈部那么近，稍有差池，他就会被他的敌人活捉，送他去见上帝。

幸好，铁木真先找到了他，危险解除。他被送到克鲁伦河上游，送进了铁木真为他精心准备的温暖舒适的高大帐篷里。他狠狠地吃起了烤羊，恨不得吃光铁木真所有的羊。

吃饱喝足，他和铁木真谈心。

他用怪异的眼神打量着铁木真，叹道："想不到一年不见，你的发展神速啊。"

铁木真从这句话中感受到了悲凉，是啊，他现在是前呼后拥、牛马成群，可他的恩人脱斡邻勒却成了流浪汉。他激动地说："我帮您把汗位抢过来。"

脱斡邻勒苦笑，带着点讥讽的口气："上帝说，风水轮流转，我居然要你来帮忙了。"

这是廉价的自尊在捣鬼，铁木真毫不理会。他继续说："乃蛮部席卷了您的部族，您的弟弟虽然在汗位上，但人心不服。我们正在努力积累一笔招揽您部族投奔您的财产，相信很快您就会重回汗座。我对您的忠心长生天可鉴，哦，上帝也可鉴。一日为父，终身为父。"

脱斡邻勒小有感动，回想三十多年前的往事，不禁流下泪水，他握住铁木真的手说："你和你父亲都是仗义之人，上帝保佑你们乞颜部。"

要积累一笔可观的财产不是件容易的事，请不要以为当时的蒙古高原上只要做了可汗就能家财万贯，铁木真直到和脱斡邻勒谈心时，其所拥有的马匹数量还不足一万。蒙古高原上可生资源很少，几乎全靠抢劫，偶尔是狩猎。铁木真要养活很多人，他拿不出巨额财富，唯一的办法就是把别人的财产变成自己的，然后再送给脱斡邻勒。

放眼望去，好像没有人愿意把自己的财产拱手相让，而且此时铁木真的实力也不是说想抢谁就抢谁。上帝终于向脱斡邻勒抛来个媚眼，倒霉的蔑儿乞部酋长脱黑脱阿送上门来了。

脱黑脱阿自上次从铁木真、札木合和脱斡邻勒联军的突袭下逃跑后，一路跑进了贝加尔湖泰加森林中。得知联军撤退后，他看着已成废墟的营盘，对着泰加森林哭祷：在神圣的泰加山，我是一只虱子，但我逃脱了，我的性命未受伤害，我发誓，在以后每天清晨的祈祷中都要铭记你，神圣的贝加尔湖和泰加山，我要把你当成我的再生之地来祭祀，我的子子孙孙将遵守这个规矩。

祷告完毕，他面对初升的太阳，把腰带挂在脖子上，敬畏地摘下帽子，双手捶胸，对太阳做了九跪之礼，并用马奶酒祭奠。

这个场景很熟悉，铁木真当初被他袭击时，跑进肯特山而后又跑出来，就作出了同样的举动。和铁木真一样，脱黑脱阿决心复兴部落。但他担心敌人还会杀个回马枪，于是带领残余部众进入了他的圣山泰加，在这里，他励精图治，埋头苦干，很快就恢复了力量和信心。

脱斡邻勒被驱逐的消息传来时，脱黑脱阿决心趁乱吞掉克烈部，可他始终犹疑不决，因为克烈部太大。当脱斡邻勒被铁木真接到克鲁伦河上游时，他才下了决心出击。但出击的目标不是克烈总部，而是铁木真为脱斡邻勒设置的临时汗所。

脱黑脱阿的进攻毫无收获，因为从泰加森林向克鲁伦河前进的路程遥远，铁木真又特别重视情报工作，到处都有他的密探，所以当他搜寻攻击目标时，看到的是严阵以待的铁木真。双方一经接触，脱黑脱阿感觉出不是对手，马上带着主力跑回了泰加森林。

铁木真被他轻狂的举动所激怒，恰好又需要给脱斡邻勒准备招收部属的"军饷"，便决定集结部队远征脱黑脱阿。

脱黑脱阿跑回泰加森林，喘息未定。铁木真前锋已抵达森林边缘。脱黑脱阿气急败坏，点起人马出战，事实正如他在克鲁伦河所预料的那样，他不是铁木真的对手，他被打得惨败，急急忙忙又逃进了贝加尔湖东岸的森林中。在这里，他和当地的猎户们结下深厚友谊，休养生息，准备有朝一日向铁木真复仇。

铁木真没有追上脱黑脱阿，这充分证明了一件事：脱黑脱阿是神行太保级别的逃跑人物，除非他想让你捉住，不然，没有人能轻易地捉住他。

铁木真把缴获的脱黑脱阿几年来积攒下来的财产送给了脱斡邻勒，脱斡邻勒用这些财产召集他的部属。1196年，30岁的铁木真带领军队护送着脱斡邻勒和他的部属进入克烈部，那个伪可汗额儿客合剌扔了羊腿逃亡去了。脱斡邻勒重新坐上克烈部的汗座。

他感谢铁木真，请铁木真吃烤全羊，喝新鲜的马奶酒。

他吃饭前先闭眼祷告，他说感谢上帝赐给了他烤全羊和马奶酒，感谢上帝把铁木真送到人间帮助了他。祷告完毕，他一改祷告时仁慈的面容，露出凶狠的表情对铁木真说："整个草原上都知道你拯救了我，你现在实力很强，东部草原除了札木合和我，你已没有敌手。你下一步想做什么？"

铁木真平静地回答："我和札木合都是蒙古人，我不想自相残杀。而您是我的义父，没有您就没有我的现在，我向您发誓，我和您永远保持最纯洁最珍贵的友谊。"

脱斡邻勒死盯着铁木真，想从他脸上看出说谎的迹象，但很遗憾，他什么都没看到。于是，他把插在烤全羊上的刀拔起，轻轻地放在桌子上。铁木真意识到这是个暗号，如果脱斡邻勒把刀子再插回全羊身上，那蒙古包外就会冲进几十个大汉，不把他砍死，也会把他活活挤死。

这件事给铁木真的触动很大，他发现在草原上就如在原始森林中，各种野兽你冲我撞，没有永恒的朋友，强者生存。

世界上有两种人，一种是摆脱绝境后感谢世界感谢人类，由此成为造福于人类的慈悲者，比如中国明帝国心学大师王阳明，在摆脱绝境后成为人类心灵的拯救者；另一种是摆脱绝境后，思甜忆苦，越忆越苦，于是恨这个世界，恨全人类，从此走上了心理变态的道路，比如脱斡邻勒。

脱斡邻勒要动铁木真的心思已不是一天两天，这位老人家的屁股曾被人两次从汗座上踢开，他两次颠沛流离，像条丧家狗。当他坐到汗座上回忆苦难时，发现和他亲密的凡是有点力量的人都是有可能把他的屁股从汗座上踢开的，比如眼前的铁木真。

他所以没把刀插回到羊身上，大概是接收到了上帝的指令，上帝说，这小子还有用处，而且看他那一脸忠贞的样子，不像是坏人。

归根结底，利益起了作用，脱斡邻勒对铁木真放下了刀，但对其他人却举起了刀。他在自己的部落内实行不必要的恐怖政策，把他硕果仅存的弟弟扎合敢不驱逐出境，又把那些曾与伪可汗共事的人扔进监狱，稍不如意，就把部属往死里打。

对于脱斡邻勒的变态，铁木真无动于衷。上帝对脱斡邻勒说，铁木真这小子还有用。长生天也对铁木真说，脱斡邻勒还有用，千万别跟他闹翻。

这是棵巨树，暂时还要倚靠它。因为论影响力，脱斡邻勒比他铁木真不知大多少倍，在草原上是这样，在南方的金国更是如此。

"我说山倒，山就必须倒，我说河枯，河就必须枯！"

蒙古高原南面是女真族于1115年建立的金国，这个国家陆续灭掉了近邻辽国、攻占北宋，并把北宋的残余驱赶到长江以南，由此成了中国北方的主人翁。金国对蒙古高原上的部落和汗国的外交政策是：拉一个打一个。这一政策对铁木真的世仇塔塔儿人最有效。塔塔儿部在蒙古部落的东南面，兴安岭的西面，翻过兴安岭就是金国。金国发现了塔塔儿部地缘政治的价值，于是将其当成北部边界一个活动的长城，金国不遗余力地支持它，让它和蒙古草原上的部落掐架。

金国把它的军队现代化，配备蒙古草原其他部落和汗国军队中很少有的铁制箭头，同时给它提供大批小商品，让它在草原上高价售卖，获取巨额利益。在金国慷慨的支持下，塔塔儿成为蒙古高原东部的强国，到处树敌，被草原部落称为金国的疯狗。但因实力强大，没有人能动它分毫。受它欺负最严重的就是铁木真的蒙古联盟。

蒙古联盟第二任可汗俺巴孩就是被塔塔儿人活捉送给金国而被后者用木驴处死的，由此引发了蒙古联盟和塔塔儿部几十年的战争。蒙古联盟越打越弱，最终在忽图剌汗死后四分五裂。也速该也死在塔塔儿人的毒药下，对于任何蒙古人而言，塔塔儿都是他们不共戴天的世仇。

铁木真一直在寻找机会复仇，可塔塔儿人有强大的金国撑腰，复仇的可能性太小。长生天不负苦心人，就在他让脱斡邻勒重新坐上克烈汗国宝座时，一个振奋人心的消息传来：塔塔儿人和金国绝交，而且还动了手。这个好消息透露给铁木真的信息是：世仇塔塔儿倒霉了。

金国和塔塔儿人的冲突经过如下。

铁木真派人寻找流浪老汉脱斡邻勒那年，金国边境受到一支蒙古部落的侵扰，金国边防司令领兵出击，在今哈拉哈河、呼伦河一带攻下这支蒙古部落的营寨，夺获大量草原人的硬通货——马牛羊。可就在回家路上，塔塔儿人不知抽什么风，居然对金军发动突袭，抢夺了那些硬通货。

金国对犯了狂犬病的塔塔儿人大为震怒，政府里有人指出，最近几年塔塔儿人翅膀已硬，不想当好狗了，大金国不能容忍这种行为，否则会让北方的各部笑话。

金国上下都这样认为，所以派人去命令塔塔儿人归还那些硬通货，塔塔儿人双手一摊，很遗憾地说：都吃进肚里了。

双方就此反目。

塔塔儿人显然高估了自己翅膀的硬度，铁木真从脱斡邻勒的黑林回到自己营盘时，金国的一支精锐骑兵向塔塔儿人发动了进攻。

双方在克鲁伦河中游开战，塔塔儿大败，首领蔑兀真笑里徒驱赶着硬通货逃向今蒙古国东部乌勒吉河畔。这条河在克鲁伦河和鄂嫩河之间，而铁木真的营盘恰好在这里，也就是说，他们来到了铁木真门前。

金国部队由于粮草原因无法再追击，于是撤回。金国政府马上召开会议，商讨下一步计划。有人说，应该再集结一支力量进入蒙古高原，把塔塔儿人彻底消灭。有人不同意，说，财政开支太大，而且这群野蛮人像高原上的旱獭一样四处流窜，根本无法铲除干净。又有人说，那就继续咱们的外交政策，拉一个打一个。

这是个好计策，但拉哪个呢？

众官员商讨半天，确定了人选：克烈部的脱斡邻勒。

现在蒙古草原东部，克烈部的实力最强，而且这个脱斡邻勒和塔塔儿人有仇，他的爷爷就是被塔塔儿人俘获送到金国处死的。

有官员马上插嘴说："被咱们处死的事就不要说了，影响情绪。告诉脱斡邻勒，只要他消灭塔塔儿人，咱们以后就支持他，要钱给钱要铁给铁要粮给粮要荣誉给荣誉。而且他还能趁此机会为爷爷复仇，何乐而不为？"

他们的分析一针见血，脱斡邻勒接到金国的文件后，马上就叫来了铁木真。他老谋深算地问铁木真："塔塔儿就在你家门口，你看这件事如何？"

铁木真最近已知道塔塔儿人倒霉了，正在兴头上，听说了金国的态度，如获至宝。他对握着十字架的脱斡邻勒兴奋地说："这是天大的好机会，我们必须要捉住。一来，我们可以报仇；二来，我们可以靠着金国的力量壮大自己。"

脱斡邻勒慢慢地点了点头，看向铁木真，眼神里像是有锥子："你是单独和金国接触，还是……"

铁木真急忙摆手："我跟随您的脚步。而且如果长生天保佑，打败塔塔儿人，战利品都归您。"

脱斡邻勒很满意，说："那你就回去准备，咱们向塔塔儿人开战。"

铁木真兴奋地转身就要跑，脱斡邻勒叫住他："这是场硬仗，塔塔儿人不比脱黑脱阿。你从来没遇过强敌，千万要小心谨慎。"

铁木真感激地看了脱斡邻勒一眼，脱斡邻勒已在心事重重地画十字，嘴里嘟囔着：上帝啊，你要保佑我啊！

铁木真昼夜兼程回到营盘，召集部属连夜开会。他激动地说："为父祖报仇的机会来了，考验我们战斗的机会也来了，我们要向塔塔儿人开战！"

塔里忽台晃荡肥胖的身子说："金狗更是咱们的敌人，我们凭什么帮他们？"

铁木真眼望繁星点点的天空，自言自语道："在力量没有强大时，要尽可能地利用外部力量。无论是仇人的力量还是朋友的力量，力量决定一切。金狗是逃不出我们的复仇之箭的。"

第二天凌晨，铁木真那架简陋的战争机器开动起来，各部落带领精兵陆续集结到他麾下，只有主儿勤部，连个人影都没有见到。

铁木真派精明的博尔术去邀请主儿勤部首领薛扯别乞和泰出，他特意嘱咐博尔术："主儿勤人大概还因为上次的宴会事件有情绪，你可提醒他们说，他们的爷爷就是被塔塔儿人用阴谋害死的，他们如果想报仇就该来。"

博尔术很快就带回了薛扯别乞和泰出的口信：我们去。

铁木真看着博尔术，说："我想听听你的看法。"

博尔术摇了摇头说："我认为他们不会来。"

铁木真陷入沉思，最后站起来无奈地说："他们不来就不来，我只是希望他们不要在这段时间做出格的事。"

说完这些，他握了握拳头，语气沉重地说："一定要充分建立起权威，要有规矩，我说山倒，它就必须倒，我说河枯，河就必须枯！"

诛杀叛逆

清剿塔塔儿人的计划由金国制订，金国军队从东南向北进攻，脱斡邻勒和铁木真则沿斡里札河而下，担任正面攻击。

蔑兀真笑里徒在斡里札河畔设置了两个武装营盘，一个称枫树寨，一个称松树寨。两个营盘相距很远，脱斡邻勒和铁木真决定分头击破。脱斡邻勒攻枫树寨，铁木真攻松树寨。

两人采用草原上的传统战法——闪电战，骑兵快速进入弓箭射程内，乱箭齐发，此时并不攻击，射击完毕向两边分散，下一波骑兵如法炮制，几轮下来，骑兵重新集结，放弃弓箭，使用马刀，猛冲向塔塔儿人的营盘。

塔塔儿人的营盘迅速被攻破，脱斡邻勒和铁木真的军队重新启用弓箭，骑兵在马上对敌人近距离射击。蔑兀真笑里徒稀里糊涂地死在乱军中，侥幸存活的塔塔儿人最后选择了投降。

对铁木真而言，这场战役规模很小，然而意义重大。这是他第一次指挥进攻型的战役，他在心里琢磨着多种攻击塔塔儿人的战法，凭着无与伦比的天分，他在脑袋里不断地模拟各种战法，没有人看得到，他的军事才能正在一日千里地前进。

和从前一样，铁木真把获取的战利品分给脱斡邻勒一半，有人很不平，铁木真无动于衷。在被他们点燃的塔塔儿人营盘前，他盯着一个摇篮，火光在他脸上跳动，犹如鬼火。

那是个编织精美的摇篮，里面躺着一个哇哇大哭的小孩。小孩身穿以金丝线装饰的绸缎衣服，鼻子上和两个耳朵上戴着金圈。由金丝线和珍珠镶边的丝质毛毯更让铁木真大开眼界。

他心动地说："瞧，塔塔儿人真富啊，中原人的东西真好！"

合撒儿笑起来："咱们去抢。"

铁木真也笑了："抢他们的绸缎，不如抢他们的丝绸工人。"

当然，这只是随口一说。此时，铁木真还不具备这样的力量，他现在勉强能算是金国的打手。

战役之后，他和脱斡邻勒受到了金国的嘉奖，除了一些丰厚的物质奖励外，金国还授予了二人封号。脱斡邻勒被封为"王"，由于他本来就是克烈部的"汗"，合起来就成了"王汗"，自此后，我们将称他为"王汗"。铁木真得到的封号叫"札兀惕忽里"，相当于节度使，也就是边防司令。

无论是"王"还是"札兀惕忽里"，都只是个空名。本来，金国希望王汗可以接替塔塔儿人的位置，可王汗的克烈部离金国的边境太远，相比而言，铁木真的蒙古部倒是有地缘上的优势，但铁木真和王汗说，王汗永远都是他的保护人。王汗很高兴，但铁木真非常不高兴，简直要像爆竹一样爆起来了。

让铁木真成了爆竹的人是主儿勤首领薛扯别乞和泰出。

两人趁铁木真征讨塔塔儿人时，把铁木真的营盘洗劫一空，还杀掉了十个人，又把五十个人剥了个精光。

中国有句话叫"是可忍孰不可忍"，铁木真也有句话：必须废了主儿勤。

薛扯别乞和泰出不是呆子，铁木真恩怨分明，人所共知，袭击他的老巢引来的必然是他的报复。他们为什么这样做，也许是认为铁木真会死在塔塔儿人手里，没有机会回来报仇。更也许，他们根本就不怕铁木真来报仇。

我们前面谈到过，主儿勤部是蒙古联盟中最能打的三个部落之一，也是之首。他们本是合不勒汗长子的后裔，合不勒汗当年对长子特别照顾，把属民中力气大的、胆识过人的、气宇轩昂的、气贯长虹的都给了长子。一言以蔽之，主儿勤人文武双全，能解决各种危机。他们能下定决心和铁木真翻脸，就是因为没有把铁木真放在眼里。

这种狂放的自信让人敬畏。的确，对付这样的劲敌，铁木真没有必胜的把握，但为了维护他的权威，他必须要行动。

刚刚停止的战争机器重新启动，一支精锐骑兵很快集结完毕，向战场奔驰而去。主儿勤部的营盘在克鲁伦河沿岸的七道岭，当铁木真沿克鲁伦河向七道岭推进时，薛扯别乞和泰出已备战完毕，气定神闲地坐等铁木真。

铁木真无法用闪击战，因为主儿勤人的闪击战闻名草原；更不能用突袭，因为主儿勤人已有准备。他只能面对面和主儿勤人一分高下。

双方列阵，主儿勤人先一步发动攻击。攻击方式是传统战法，骑兵冲锋，不作进攻，箭如雨下，兜了圈后回到队列，第二波、第三波照猫画虎。铁木真部队紧咬牙关，挡住了主儿勤五波箭雨的进攻。正当薛扯别乞下令再来一轮时，铁木真的骑兵抢先发动了进攻。

泰出洋洋得意地看着薛扯别乞说："给他们个机会。"

薛扯别乞点头，下令防守。

铁木真的进攻有点怪异，只有两翼冲过来，都保持着弧形阵势。左翼是兀鲁兀部酋长主儿扯歹，右翼是忙兀部酋长忽亦勒答儿，薛扯别乞狂叫："好啊！让咱们三个最能打的部落决一胜负！"

他狂叫时，泰出正谨慎观察铁木真的主力。铁木真的主力像是做贼一样集结在两翼的弧形阵势中央靠后的位置，前进得蹑手蹑脚。他对薛扯别乞说："小心有诈！"

薛扯别乞也看到了铁木真主力的猥琐样，他有智慧，但高度不够，他紧盯着铁木真冲上来的两翼，说："先打掉他的两翼，一个没了翅膀的老鹰，就是火堆上的肉。"

两翼很快就进入他的弓箭射程内，薛扯别乞立刻下令放箭。几乎是同时，铁木真的两翼骑兵也乱箭齐发。这种对射对薛扯别乞很不公平，因为他在防御，是静止的靶子，而铁木真的两翼骑兵在运动中，很难瞄准。结果显而易见，薛扯别乞的人被射中的多，铁木真的两翼受伤的少。

薛扯别乞怒了，下令把防御阵势改为进攻，他要来个反冲锋。骑兵扔掉盾牌，飞身上马，怒火中烧地冲了出去。铁木真的两翼见对方人多势众，急忙勒马后退。

泰出总感觉哪里不对，还未等他想明白，前锋已和铁木真的两翼短兵相接。主儿勤部落真不是浪得虚名，把兀鲁兀部和忙兀部打得连连后退，薛扯别乞叫喊着让他的士兵痛打落水狗，几乎喊哑了嗓子。

铁木真的两翼虽然越退越快，但井然有序，后面的部队一直退到和铁木真的主力前锋平行时，他们不再后退，而是突然改成密集队形，猛攻主儿勤人的两侧。铁木真的主力也发动猛攻，主儿勤人现在三面被包，铁木真的两翼也正试图断绝他们后退的唯一之路。

这种战术被称为"口袋"战术，草原人称为"阿瓦战术"。

口袋战术要取得成效，必须是己方力量大于敌方，否则，就会被敌方撕破口袋，逃之夭夭。铁木真的兵力和主儿勤人差不多，不过在骁勇善战方面却有很大差距，战斗的时间越长，风险就越大。

铁木真采用第二种战术"网开一面"：给敌人让开一条逃路。被围困中的敌人脑袋里缺根弦，见到有路，必走无疑。在逃跑的过程中，他们会相互分离，甚至互相践踏。而且最先逃跑的人肯定是主将，主将一跑，部队士气全无，溃败就在意料之中。

一条生路马上出现在主儿勤人面前，薛扯别乞第一个向退路冲去，泰出紧跟其后。士兵们一见老大逃跑，无心迎战，你挤我拥地向通道逃去，铁木真部队就站在两边，对逃跑的士兵不分青红皂白地一顿乱杀。

薛扯别乞和泰出脱逃后，才发现他们几乎全军覆没，跟上来的只有几十骑。他们狼狈不堪地跑进了帖列秃山口，并祈祷长生天能保佑他们。但长生天早就站在了铁木真这边，很快，铁木真就尾追而至，封住山口。三天后，薛扯别乞和泰出步行走出山口扔掉武器，投降了。

铁木真在一棵耸入云天的枫树下审判薛扯别乞和泰出。一阵清风吹过，棕红色的枫树叶发出"沙沙"声，两个罪人听起来像是有人在磨屠刀。

铁木真当着那些酋长的面，讯问二人："你们发的誓言何在？"

薛扯别乞惨笑，泰出不说话。

铁木真说："你们不应我的招呼去为祖宗报仇，其罪一；袭击我的部落，残杀我的部属，其罪二；从你们发誓开始到现在，你们从未忠诚于我，其罪三。可还有话说？"

两人毕竟是英雄人物，异口同声说："杀吧，别废话了！"

铁木真毫不客气，命人对两个罪人执行刑罚。草原的规矩，对贵族的刑罚要不见血，包括活活勒死，或是折断四肢再扼死。但铁木真却对两人执行了对待奴隶的刑罚：斩首。

在场所有人噤若寒蝉，这是对活人的严厉警告，它明示那些蒙古亲王们：从此后，你们的特权只能在我铁木真制定的规矩之中存在。

处死主儿勤的两位亲王后，铁木真采取了一个破天荒的步骤，将大本营迁移到主儿勤人的领地，他把主儿勤的中心地盘改名"曲雕阿兰"。这个地方后来成了他王国的首都。

事情还没完，因为挑战他权威的主儿勤人还有一个活着，这就是不里孛阔。杀不里孛阔不能像杀薛扯别乞和泰出一样，因为不里孛阔并未袭击他的营盘。铁木真决心使用阴谋。

在很快举行的宴会上，铁木真为不里孛阔安排了摔跤表演，和他演对手戏的是曾被他砍伤的别里古台。知情的人都认为他的阴谋设计得不高明，不里孛阔是名震草原的大力士，在摔跤上更是天下无敌，别里古台和他摔跤等于是老鼠挑战猫。

然而，铁木真认为，一个人成功的基础是外部实力和强大内心。薛扯别乞和泰出的死给不里孛阔的心里带来很大的恐惧，所以在摔跤过程中心神不宁，他担心赢了别里古台会招来铁木真的报复，两个回合下来，他就被别里古台一个背摔扔到地上。按蒙古摔跤规矩，他已经落败，别里古台此时要把他拉起来，握手拥抱，向观众欢呼自己的胜利。但别里古台突然跳到他的背上，双手交扼其喉，双膝顶到他的腰眼，看向观席上的铁木真。铁木真咬着下嘴唇，这是提前约定的信号，意思是，可以了。

别里古台猛一用力，只听"咔嚓"一声，不里孛阔被拦腰折断，他喉咙里"咕噜"了一声，当场死亡。那些亲王们面无人色，显然他们已知道眼前的摔跤不是表演，而是谋杀。他们纷纷向铁木真看去，铁木真脸上挂着久违的笑，潇洒地站起，鼓掌叫好。别里古台把不里孛阔的尸体踢到一旁，扬长而去。那些亲王们浑身冒汗，不由自主地跟着铁木真鼓掌。

一连杀掉蒙古联盟中最高贵、最强大、最傲慢的三位主儿勤亲王，这是以前任何蒙古可汗都从未做过的事。这是杀鸡儆猴，当主儿勤人被铁木真分割给他的忠实伙伴后，主儿勤部消失了，铁木真的权力大大加强了，他的蒙古联盟已开始向真正的君主独裁国家转变，这是他在成功道路上走出的最重要一步，血腥，残忍，恐怖。

诛杀主儿勤人的信号是非常明显的：忠诚地追随铁木真的人，将获得难以想象的回报和善待；对敢于挑战他的人，铁木真将毫不留情地给予回击，并用实力证明自己有能力做到这点。

第三章
统一蒙古部落

突袭北乃蛮

铁木真在克鲁伦河畔树立权威时，王汗也没闲着，他用失而复得的权力做了两件漂亮的事。一件事是突袭脱黑脱阿，倒霉的脱黑脱阿被铁木真打得走投无路时又遇到王汗的突袭，损失大批物资的同时，他的长子被杀，一个小老婆和两个女儿被俘。他的次子来不及逃走，带领大批部众投降了王汗。脱黑脱阿又向北逃窜，几乎从蒙古高原中消失了。

另外一件事则是招安了札木合。札木合自十三翼之战后，虽胜犹败，部众大散，实力大减，只好委曲求全投奔王汗，王汗欣然接纳札木合。

一个枫叶满天的黄昏，两人站在险如刀砍斧削的山峰下，畅谈几年来的草原风云。札木合咬牙切齿说："铁木真狡猾如鼠，凶狠如狼，如果不早做处理，他必然会踩死我们。"

王汗也咬牙切齿起来，但不是对铁木真，而是对乃蛮。他说："乃蛮是草原上的祸害，我现在有金国撑腰，必须要铲除这个祸害。"

札木合立即想到王汗一年前的丧家狗岁月，那正是乃蛮担当主演的一场好戏。他急忙把自己的仇恨收起，溜须王汗："那就揍它，我第一个冲锋。"

王汗看着满天飘舞的枫叶，握住十字架说："当然要揍它，我要报仇！"

时间倒退十年，王汗要揍乃蛮是痴心妄想。那个时候的乃蛮没有分裂，是蒙古高原第一强部。它拥有今蒙古国大部分地区和中国新疆东北部，文明程度很高，拥有自己的文字。铁木真慢悠悠崛起时，乃蛮老可汗去世，他留下个炸弹——艳绝人寰的小老婆古儿别速。他的两个儿子拜不花和不亦鲁黑为了争夺这个美女，互相攻杀。结局是，乃蛮被分为两部，拜不花占据平原地区称南乃蛮，不亦鲁黑占据了山区称北乃蛮。那个炸弹的结局是：上了拜不花的床。

我们还记得，王汗的弟弟当年投奔的就是北乃蛮，不亦鲁黑在克烈部满载而归。王汗的复仇之箭射向的正是不亦鲁黑的北乃蛮。

王汗派人去通知铁木真要他来协助，铁木真二话不说，带起他的人马就来到了克烈部。对铁木真随叫随到的忠心，王汗非常感动。尤让他感动的是，当铁木真和札木合见面时，两人都表现出了老友重逢的欣喜，如果不是有作战计划，两人可能要畅谈几昼夜。

王汗当然能看得出，两人是在演戏。札木合的眼神中总有火星，只是在关键时刻用他的意志扑灭了。铁木真谈笑自如，脸色却极难看，只是他用强挤出来的笑容掩盖住了。

在商谈作战计划的宴会上，札木合频频向铁木真敬酒，铁木真有敬必喝，反过来还向王汗敬酒。王汗心里想，铁木真比札木合可怕。他这样想着，就听到札木合说："咱们是不是该制订作战计划了？"

王汗点头，看向铁木真。札木合发现王汗看向铁木真，眼里的火星"呼"的一下燃烧起来。显然，这是王汗有意推崇铁木真，要他来制订计划。

但铁木真谦虚地看向札木合："论作战计划，我的好安答札木合最合适。"札木合眼里的火焰熄灭，傲慢地一笑。

王汗看到札木合已跃跃欲试，趁势顺水推舟，要札木合制订计划。札木合的确有这个资本，十几年来，他在战场上胜多败少，这都归功于他的作战计划。他看了看坐在身边的手下败将铁木真，孤傲地一笑，说："计划很简单，直捣不亦鲁黑的营盘……"

他不说了，因为他发现铁木真听得极认真。铁木真从他那里学到了很多东西，听说铁木真现在进步很快，倒不如趁此机会看看铁木真的能力。

他仍然笑着，说："铁木真安答，你最近这几年多活跃啊，打得脱黑脱阿抱头鼠窜，不费吹灰之力就消灭了塔塔儿人，主儿勤部那么厉害的骑兵都被你搞掉了，可谓进步神速，这个作战计划应该由你来制订，让我们也开开眼界。"

铁木真坚决推辞，他说："既然札木合安答如此谦虚，那还是让我义父来制订吧，我听从指挥就是了。"

王汗发现两人开始扯皮，马上拿出德高望重的架势来说："你们都不要谦虚了，咱们一起来。"

王汗先起了头，三人你一言我一语地说开了，酒足饭饱后，进攻北乃蛮的计划出炉。

计划很简单：以迅雷不及掩耳之势直捣不亦鲁黑的营盘。从克烈部到不亦鲁黑的营盘是不折不扣的远征，他们首先要翻越东面海拔3000米的杭爱山，然后涉过星罗密布的科布多湖泊，一直向西经过荒凉单调的碎石滩才能抵达。如果速度不够快，或者情报泄露让不亦鲁黑有了准备，都将功亏一篑。

铁木真的建议是，可以同北乃蛮的仇敌南乃蛮合作，要南乃蛮先攻击不亦鲁黑，联军再随后跟上。札木合不同意，他认为南乃蛮和北乃蛮虽然势不两立，可毕竟是亲戚，万一他们联合起来，将是肉包子打狗——有去无回。

王汗同意铁木真的意见，他说："远征本来就是冒险的事，这个险有必要冒。万一不成，提前可准备一支后备部队，掩护我们撤退。"

这场计划迅速实施，王汗的冒险获得了成功。当他们的骑兵抵达不亦鲁黑营盘时，不亦鲁黑仓促应战。

在勉强抵挡了王汗和铁木真的冲击部队三次后，不亦鲁黑意识到自己无力抵抗，于是放弃营盘，向阿尔泰山山区逃去。

联军紧追不舍，先锋部队很快和不亦鲁黑的断后部队接触，不亦鲁黑的断后部队被击溃，铁木真和王汗追踪着不亦鲁黑，翻越阿尔泰山，顺着今乌伦古河而下，一直追到乌伦古湖附近，终于追上了不亦鲁黑。不亦鲁黑被追得暴跳如雷，列阵迎战先追上来的铁木真。铁木真采用"口袋战术"，不亦鲁黑大败，只带了几十骑逃往西伯利亚边界去了。

联军可谓大获全胜，不过正如札木合当初所说的那样，南乃蛮对亲戚北乃蛮受人攻击一事不可能无动于衷，所以当联军撤退到杭爱山南坡的一河谷时，迎面撞上了南乃蛮的猛将撒卜勒黑和他的骑兵团。

当时天色已晚，王汗和铁木真就地扎营，准备明日再战。可就在当天夜里，巨变发生了。

铁木真无心睡眠，撒卜勒黑和他的骑兵团让他心神不宁，这是一股有准备有战力的部队，明天必然是场恶仗。

他走出营盘，后面跟着一群侍卫，他走到附近一个咸水湖边，芦苇和张牙舞爪的怪柳映在湖中，温度很低，他呼出的气清晰可见。

"您是担心明天的战役吗？"身后传来这样的话。

铁木真不用回头，就知道是谁。这人是他的新战友木华黎，在他吞并主儿勤部后，木华黎以主儿勤亲王奴隶的身份投靠了他。当他看到木华黎第一眼时，冥冥中就注定了二人的友谊。他没有因为木华黎是奴隶而轻视他，相反，木华黎的言谈举止让他着迷，他认定木华黎将会是个超级人才。这次攻击北乃蛮，木华黎出色的表现更验证了他的判断。

他转过头来盯着木华黎说："你有什么看法？"

木华黎摇头："我对明天的敌人毫无了解，我只知道，南乃蛮和北乃蛮有仇，这里离南乃蛮很近，这支骑兵不可能是来跟我们玩命的，更多的可能是武力侦察，不许我们犯界。"

铁木真认为这一分析很有道理，不过木华黎又说："如果我们力量削弱，那他们可能就会趁火打劫。"

铁木真说："这是不可能的事。"

木华黎炯炯有神的双眼看了看他，又看向远方王汗的营地，那里篝火明亮，如同白昼。

铁木真无心睡眠，王汗也没有睡。他和札木合正在聊天，确切地说，是札木合一个人在说话。

札木合说："这次远征真让我吃惊。铁木真的骑兵力量如此强大，他的手下执行他的命令犹如执行长生天的旨意。铁木真的翅膀硬了，倘若他现在伙同南乃蛮攻击我们，我们就是入地无门、上天无路。"

王汗的嘴角抽搐了一下，幸好是灯火昏黄，无人发现。

他身边的顾问对札木合的话很不满，直抒胸臆："札木合，你这是挑拨王汗和铁木真的关系，你是何居心？！"

札木合急忙接口，看着那个顾问，话却是说给王汗听的："你千万别误会，铁木真现在对王汗是忠贞不贰的，可人心变幻莫测，防人之心不可无。草原上千百年来的历史无数次证明，力量决定一切，在力量面前，亲情、友情、恩情都是过往云烟。"

王汗喉咙里咕噜咕噜响了一阵，他赶紧闭上眼，深呼吸，情绪平缓后，睁开了眼，小声地说："传令，连夜拔营。"

为了不让铁木真知道自己已走，王汗命人往篝火里多扔柴火，燃烧了一夜。第二天，铁木真被人叫醒。来人焦急地说："王汗平地消失了！"

铁木真惊骇万分，跑出帐篷观看，王汗的营地果然空空如也，只有篝火灰烬的青烟如出瓶的魔鬼飘来荡去。

他恼怒万分，说："这是把我们像抛臭肉一样抛弃了。"

木华黎小声说："南乃蛮的骑兵还未布阵，我们趁此良机赶紧走。"

铁木真立即下令拔营，为了避开南乃蛮骑兵的突击，他特意绕了个圈，从杭爱山的另一侧渡科布多河，马不停蹄地向老营奔驰。幸运之神眷顾了他，南乃蛮骑兵没有追击，当他路过克烈部时，王汗也没有任何行动。他顺利地回到了自己的营盘，直到这时，他的心才放进肚子里。

对于王汗的背信弃义，铁木真很快就抛到了九霄云外，可上帝没有忘记，并及时地惩罚了王汗。就在王汗撤军回营的那天晚上，南乃蛮猛将撒卜勒黑发现了他的仓促，于是悄悄跟踪，在他回到营盘放松警惕时，突然攻击他，他在北乃蛮缴获的战利品被撒卜勒黑全部笑纳。他儿子桑昆的老婆孩儿也被撒卜勒黑活捉。撒卜勒黑尝到甜头，决心要彻底把王汗打进地狱。源源不断的骑兵从南乃蛮开来，王汗被困，危在旦夕。

善有善报恶有恶报。

再救义父

王汗一筹莫展，要找札木合商议对策，顾问告诉他："您忠诚的朋友札木合早就逃之夭夭了。"王汗仰天长叹："上帝啊，救救我吧。"

他的顾问说："这个时候只有铁木真能拯救你。"

王汗垂头丧气说："我在乃蛮抛弃了他，他如何还会帮我？"

顾问说："铁木真一向对您忠贞不贰，而且他也知道唇亡齿寒的道理，乃蛮如果消灭了咱们，下一个就是他，他如果连这点都不懂，就不配'成吉思'这个称号。"

王汗欣喜若狂，急忙派人去找铁木真。铁木真召开紧急军事会议，会上分为两派，一派脸红脖子粗地说，王汗忘恩负义，国破家亡天经地义，救他还不如救条狗；一派则平静地说，救王汗就是救自己，唇亡齿寒。

和王汗顾问分析的一样，铁木真采取第二派的意见，领兵出征。这次救援王汗的军事行动，铁木真已经开始训练自己调兵遣将的能力了。他派遣四员战将博尔术、木华黎、博尔忽（主儿勤部投靠过来的猛将）、赤老温率军先行，他随后跟上。

博尔术临行前向铁木真请求说："我的马死了，你要借给我一匹马。"

铁木真很为难，因为他的萌芽王国缺马，每人一匹，没有富裕。博尔术指了指他的马，说："把你的马借我。"

铁木真毫不犹豫，跳下马，把马鞭放到博尔术的手上。他说："我这匹马与众不同，要让它跑，不必抽打，只需用鞭子轻轻碰一下它的鬣毛（脖上长毛）即可。"

博尔术高兴地骑上，按铁木真的说法碰了下马的鬣毛，那匹马嘶鸣一声，前蹄扬起，如风一样飘了出去。

四员战将进入已成战场的克烈部西面时，王汗的儿子桑昆正和乃蛮苦战。桑昆在乱阵中左冲右突，不防一支冷箭射来，他的马中箭，把他掀翻在地。博尔术看得真切，大叫一声"冲锋！"蒙古骑兵就冲进了战团。博尔术在桑昆面前跳下马，把他扶上马，要他快跑。

桑昆上了马背，挥着鞭子抽打马，马却像尊雕像，一动不动。博尔术一面躲避着箭矢一面砍杀着敌人，还要抽空教桑昆如何让马跑起来。这一战斗场面非常滑稽，远远观阵的铁木真不禁笑起来，在他身边的王汗指着博尔术的身影说："你有这样的猛将，何愁大事不成啊！"

铁木真收起笑容，看了一眼王汗。王汗被看得羞愧难当。

在四员战将的猛烈冲击下，乃蛮骑兵渐渐后退，最后承认了失败，终于从克烈部撤回了自己的营盘。王汗获得重生，铁木真再一次成了他的大恩人。

他当着所有克烈骑兵的面，说："铁木真是上帝派来拯救我的，我要让铁木真成为我的儿子。"

桑昆很不舒服，他停止玩弄那匹马，跳了下来，看着铁木真，眼里像是有锥子。他似乎知道了父亲下面要做的事。

王汗把铁木真请到克烈部的圣地黑松林中，说："我已衰老，不久将去见上帝。我见上帝后谁可以统治我的部众？我弟弟无德，独生子桑昆，有等于无。如果把你铁木真当成桑昆的哥哥，我做你们两人的父亲，我就可以安心地去见上帝了。"

铁木真立即跪下，大声叫："父亲！"

王汗拉起铁木真，二人发誓说："我们父子二人以后与敌作战，共同杀伐；猎取野兽，一起努力！"为了防止别人的挑拨，保持团结一致，又道："以毒蛇般的口，来离间我们，我们不要上当，彼此要见面，断绝祸害根源；以毒蛇的牙，来破坏我们的友爱，我们不要生疑心，要当面说清楚，去除一切疑窦！"

二人宣誓完毕，紧紧拥抱在一起，像是父亲拥抱儿子，儿子搂着父亲。

在场的人都为二人的"亲情"所感动，王汗的表演还没有完，他对铁木真说："我要感谢解救我的人，请博尔术来我这里。"

铁木真回到营帐，博尔术正在为他站岗。他说："王汗叫你去。"

博尔术说："我正在为您站岗。"

铁木真说："这是融洽我和王汗关系的好时机，你必须去。"

博尔术去了，过了不久，捧着十个金碗回来，"扑通"跪在铁木真脚下。

铁木真愣了。

博尔术说："我有罪。"

铁木真马上知道是怎么回事了，但他还是问博尔术为什么。

博尔术回答："我扔下了铁木真的箭筒（意为护卫），只是为了这些破碗。如果我值班时，有人袭击了你，我死都无法原谅自己。"

铁木真很满意地点了点头说："很好，碗都归你了。"

这就是忠诚，铁木真已经让他的部下懂得了什么是忠诚，并且对他毫无条件地忠诚。如果一个人身边有一批忠贞不贰的人，他就能成就大业。

击破小联盟

13世纪的第一年，即公元1200年春，草原上百花含苞待放，铁木真看着草原上自由自在的骏马，心里老大不快活。他想到了悲惨的少年时代，缺衣少食，东躲西藏，惶惶不安，更可气的是还做过囚徒。那段一年多的囚徒生涯，让他刻骨铭心，它当年是耻辱，现在却是借口。

有仇不报非好汉，他请求王汗助其复仇，目标自然是泰赤乌人。王汗拍着大腿叫道："必须复仇，不仅是为你，还要为你的族人。他们当初抛弃了你们，现在你要让他们付出代价！"

两人一拍即合，作战计划迅速出炉——兵分二路，直捣泰赤乌人在额尔古纳河中游的营盘。

世界上的确有心有灵犀这回事，当铁木真和王汗踌躇满志地准备实施对泰赤乌人的打击时，泰赤乌人居然抢先一步，来找铁木真了。

对于这个送上门来的敌人，铁木真不敢大意，因为泰赤乌人不是单枪匹马来的，除了本部三部人马外，还有脱黑脱阿的蔑儿乞人。

脱黑脱阿坚忍不拔，屡战屡败，屡败屡战，对铁木真更是恨之入骨。泰赤乌人这次倾巢而来，就是受他的鼓动。在他的鼓动下，泰赤乌人首领塔里忽台发现自己危机四伏，如果不对铁木真先下手，他将死无葬身之地。

铁木真得知敌人来犯后，粗算了其推进时间和必经之地，就把战场布置在鄂嫩河附近的蒙古沙漠地。

蒙古高原的沙漠地堪称鬼域，黄沙旋天飞舞时，整个天地都不见；白雪旋天飞舞时，整个人间都不见。白昼闻鬼哭，黑夜必见鬼。

铁木真把战场设置在这里，是想依靠恶劣的环境打敌人一个措手不及。但他自身也面临恶劣环境的威胁。他让他的骑兵在进入沙漠地之前用薄薄的纱布蒙住脸，遮住马眼。这样，他的人就比敌人看得清楚。

脱黑脱阿和塔里忽台涉沙漠地之前，曾想过铁木真会在这里等他，不过他们一厢情愿地认为，既然黄沙漫天遮蔽人眼，大家都是瞎子，也就处在同一水平线上，谁也吃不了亏，谁也占不了便宜。可一进沙漠地后，耳边听到黄沙飞舞如鬼魅的声音之外，他们又听到了喊打喊杀声，紧接着他们的阵形像是被巨兽袭击了一样，混乱不堪。他们听到了自己人的惨叫声和马匹的嘶鸣声。脱黑脱阿是战场老手，拽着塔里忽台向沙漠边缘快马加鞭，好不容易逃出来，回头发现至少损失了一半骑兵。

他们看到，铁木真和王汗的骑兵像是从地底钻出来一样，席卷着黄沙冲了过来。脱黑脱阿哇哇怪叫，要掉头和铁木真拼命，塔里忽台很理性，拽着他的马缰，向金国的北疆防御长城源边堡跑去。他们想凭借源边堡抵抗，但铁木真的骑兵追上了他们，屠杀开始。脱黑脱阿和塔里忽台这两个临时的难兄难弟打了个"告辞"的招呼，一个向北逃，一个向西逃。脱黑脱阿西逃至乃蛮，塔里忽台北逃回营盘后，惊魂才定。

这次的战事几乎让塔里忽台魂飞魄散，他想过铁木真现在应该很强大，可没想过会强大到如此程度。他浑身筛糠一样蜷缩在毡毯里，眼睛充血，呼吸急促，咬牙切齿。他一想到多年前那个小囚徒就是今天的成吉思汗，便不寒而栗。

塔里忽台现在的事就是恐惧，铁木真现在的事则是把战争扩大。在打跑了塔里忽台和脱黑脱阿后，他把目光投向战场东方目力所及处。那里有两个属于蒙古的部落合答斤、散只兀，这两个部落就像是聋子和瞎子，对他称汗一事毫无表示。当然，那个时候，还有很多蒙古部落对他没有表示，可这两个部落大有不同。在他和札木合联营时，这两个桀骜不驯的部落就曾得罪过他铁木真。

此事经过如下。

铁木真和札木合联营时，铁木真前蹿后跳地拉拢各种势力，不但在札木合营盘中，还在札木合营盘外。有一次，他听说合答斤和散只兀二部落联合进攻金国的源边堡，抢了很多财物，这件事给他留下了深刻印象。他派遣使者打着自己的旗号去见二部落首领，目的很直接——和我一起干。

蒙古没有文字，传递消息全靠嘴。而且蒙古人喜欢用隐喻，所以使者说了一大套押韵的语言后，两个部落首领面面相觑，没听明白。

使者费了半天脑子，结果却是鸡同鸭讲，只好有话直说："铁木真说，很多八竿子打不着的亲戚都在他麾下效劳，你们和我铁木真的亲戚关系更近，所以应该来为我效劳。"

合答斤首领莫名其妙，他问使者："铁木真不是札木合的小弟吗？他怎么打起了自己的名号？"

散只兀首领脾气暴躁，一脚踹翻了使者，说："铁木真寄人篱下，还装大尾巴狼，在我眼里，他连根毛都不如。"使者老羞成怒，爬起来要动手，这更让散只兀首领雷霆大怒，他抄起大勺，去羊汤锅里舀了一勺羊杂碎泼到使者的脸上。使者被烫得哇哇怪叫，一路飞跑回札木合那里，向铁木真告状。

当时铁木真除了忍气吞声外没有别的办法。如今，他实力在手，敌人又恰好在眼皮子底下，只有傻子才不会想到报仇。

铁木真对王汗说："我要报仇。"

王汗一愣："又跟谁？"

铁木真说："合答斤和散只兀两个冥顽不灵的部落。"

王汗叹息："你仇人真多啊。可我不能和你并肩战斗了，我家里出了点事，我要回去处理。"

铁木真毫不怀疑，因为王汗的家庭政治始终一团糟，他没有问什么事，王汗也没说，历史也没有记载。总之，王汗带着他的骑兵走了。

铁木真对王汗说："我等你回来。"

王汗坚定地点头："等我。"

王汗还没有回来，铁木真已无法再等，因为他的敌人像雨后春笋一样越来越多。

造成这一现状的是合答斤和散只兀的恐慌。塔里忽台和脱黑脱阿被铁木真击败后，合答斤首领叫来散只兀首领，闷头啃着羊腿说："铁木真有仇必报，咱们当年得罪过他，必须早作打算。"

散只兀首领猛地把刀插到烤羊身上，说："当年他是我眼里的毛，现在依然是。"

合答斤首领瞥了一眼烤羊身上的刀，冷笑道："今时不同往日，铁木真翅膀硬了，你看他最近几年的发展多凌厉，而且他还有金狗当靠山。再看看咱们，前段时间抢金狗，被人家打得嗷嗷叫，咱们不行了。"

散只兀首领恶狠狠地从烤羊身上拔出刀子，猛地插进桌子，说："什么叫不行了，有本事叫他来！"

合答斤首领说："人多力量大，现在诸部落对铁木真都有意见，我们可以联合一切可以联合的力量，把铁木真打翻在地。"

散只兀首领又把刀从桌子上拔出来，这次他不知道该向哪里插了，举着刀问："联合谁？"

合答斤首领掰着手指头说："塔塔儿残余、朵儿边部、弘吉剌部，还有……"

散只兀首领"腾"地站起来，说："够了！打个铁木真那毛，还用多少人，我这就派人去邀请他们！"

各部落的人很快就集合在了阿雷泉（今海拉尔河下游北），他们砍杀了牛马，发下重誓："长生天请听我说，我们立下和铁木真作对到底的誓言，如果不遵守自己的誓言……"他们指了指被宰杀的牛羊，"就让我们落得和它们同样的下场！"

这是一次很有声势的结盟，而且各部都倾尽全力。塔塔儿人不必说，他们恨铁木真恨得要死。朵儿边部和弘吉剌部也被铁木真的凌厉发展震慑，他们不希望自己不明不白地被铁木真吃掉。至于合答斤和散只兀部落，几乎是砸锅卖铁把吃奶的力气都用到了对铁木真的开战上。

当然，这也是一次消极的结盟，各个部落都是为自保而联合起来的，所以在战略上是"以攻为守"，而不是目标明确的进攻。他们制订的计划是保守的，谨小慎微，时间拖得很长。

消息自然而然走漏了。走漏消息的人正是铁木真的老丈人德薛禅，他是以弘吉剌部贵族身份参加的结盟，又以铁木真亲戚的身份把消息传给了铁木真。

铁木真得到这个消息后，不是惊恐和震怒，而是大喜过望。他对战友们说："你看，谁说草原部落不团结，这不就是团结吗？有团结意识就是好事！"

博尔术提醒他，先别感叹他们的意识，先处理当下的危机。

铁木真急忙派人去找王汗，王汗似乎已处理好家庭问题，风尘仆仆地归来。二人决定先发制人，他们从鄂嫩河附近的虎图泽出发，迎战这支联盟军。双方在今贝加尔湖附近遭遇，实力相当，列阵之后，铁木真征求王汗的意见。王汗看了下对方的阵势，说："你的人你做主，我的人也暂时由你做主。"

铁木真不动声色地观察对方阵形，马上就找到其致命点。这是铁木真的天赋，对阵之时，能快速准确地找到对方弱点，剩下的事就是集中力量攻击这个弱点。

反铁木真联盟军队采用的是一字排开阵形，弱点就在弘吉剌部和朵儿边部之间。弘吉剌部本来就不能打，靠美女在草原上生存，朵儿边部疏于战阵，所以两个部落之间有缝隙，当然，这缝隙非常小，一般人看不到。

铁木真下令冲锋，目标是弘吉剌部和朵儿边部之间的薄弱地带。第一支强劲骑兵猛冲上去，对方严防死守。这支骑兵没冲进去，正向两侧分散而回时，第二支骑兵已经冲了上来，和第一支骑兵攻击同样的目标。对方的防守松动了一下，勉强顶回了这次进攻。他们还未来得及调整布防，铁木真的第三支骑兵已到门前。在剧烈的冲击下，弘吉剌部和朵儿边部之间的薄弱地带被冲破，这支骑兵长驱直入，一直冲到最后方，又折回来，再插进来。

这支骑兵就像是钻进了沙丁鱼群中的鲨鱼，反铁木真联盟军队的阵形从里到外顿时大乱。铁木真下令全线进攻，十路骑兵如脱缰的野马冲进了敌人的阵营。

铁木真所用的战术后来被称为"骑队围突"，具体的实施方式是，以数队骑兵车轮一样撞击敌人的薄弱点，撞开后，直入敌人的后方，再折回插进来。骑兵撞击敌人时，主帅仔细观察敌人的阵形变化，制定最佳进攻策略，以少量的牺牲换取重大的成果。

半个时辰后，战斗结束。铁木真和王汗大获全胜，少量敌人逃出了战场，留给了铁木真惶惶的背影。

击破这次反铁木真联盟，让铁木真名震四方。他挟着战胜的余威，来到塔塔儿人的门前，塔塔儿人一接战马上溃败；他又马不停蹄地来到泰赤乌门前，塔里忽台扔了羊腿，掉头就跑；最后，铁木真来到蔑儿乞人门口，蔑儿乞人早就躲了起来。铁木真这才心满意足地班师回家。

当他回到营盘，才知道发生了一件让他惋惜的事。击败塔塔儿人后，合撒儿和他分两路进击泰赤乌人，合撒儿路过弘吉剌部时，弘吉剌部领导人带着数名美女说要投降铁木真，合撒儿不知起了股什么邪火，突然向弘吉剌部发动进攻。弘吉剌数名如花似玉的美女死在马蹄下，整个营盘被摧毁得面目全非。他们怒发冲冠，跑去找札木合了。

事后，铁木真问合撒儿为何要攻击弘吉剌部，合撒儿解释说是误会。铁木真没有再追究，此事也是个谜。

无论如何，弘吉剌部被铁木真推出了门，推进了札木合怀抱。札木合对弘吉剌的投诚平静如水，因为此时，他手上有比弘吉剌强大十倍的部落，而且不止一个。

他和铁木真强硬摊牌的时机已到，这已不是他和铁木真两个人之间的事，而是整个蒙古民族的事了。

阔亦田之战

1201年夏最热的那天，札木合抱着肩膀站在犍河（今额尔古纳河支流根河）流入额尔古纳河的入口处。河水滚滚，白沫飞溅，他看到此情此景，大有感慨。孔子如果在，一定会帮他说："逝者如斯夫。"但孔子不在，札木合也不知道世界上有孔子，更不知道能体现他当时心境的这句话。

一切都消逝了。札木合感觉这几年来，一年不如一年，而铁木真这几年来，却是芝麻开花节节高。他的起跑线比铁木真远出十倍，如今却被铁木真甩出了好几条街。他每每想到这里，就呼哧呼哧喘粗气，喘了一阵后，马上恢复平静。这是他的过人之处，他不会让愤怒控制自己太长时间。

况且，现在不是他愤怒的时候，而是他蓄势待发，准备把铁木真打入地狱的时候。在他身后，站立着十一个人，他们都是各部落的酋长，都抱着同一个梦想从蒙古高原四面八方来到这里。这个梦想是札木合做梦都会笑醒的，那就是干掉铁木真。

这是个实力强悍的联盟，顶尖部落五个：北乃蛮、蔑儿乞、塔塔儿、泰赤乌、札答阑；中坚部落五个：合答斤、散只兀、斡亦剌、亦乞列思、豁罗剌思；拉拉队两个：弘吉剌、朵儿边。

十二个部落的四分之三和铁木真有直接仇恨，四分之一是畏惧铁木真的强大，讨厌铁木真总打打杀杀。他们虽然有各自的利益，但归结到一点，都想打死铁木真，所以他们有共同的利益、共同的追求。

札木合被选为联盟盟长，为了在名分上和铁木真分庭抗礼，他们尊札木合为"古儿汗"（天下共主），杀牛马立下誓言：此次消灭铁木真，听从札木合吩咐，如有违背，不得好死。

札木合马上就制订了突袭铁木真的计划：南渡犍河、海拉尔河，西袭当时铁木真在克鲁伦河的营盘。

如此重大的军事计划，不可能彻底保密。就在札木合的阵营中，有人提前把消息泄露给铁木真。铁木真立即整军，东进迎击札木合联军。

铁木真的速度比札木合联军快，札木合联军才渡过犍河，行军不整地走到帖尼河原野时，铁木真的骑兵已经在那里等候多时，札木合联军还没有来得及摆好阵形，铁木真已发起猛烈的进攻。札木合联军四散而逃。

遗憾的是，这次战役的过程没有留下任何资料。帖尼河之战是札木合和铁木真的第二次较量，铁木真能轻而易举地击溃札木合联军，情报起到了关键作用，如果铁木真没有及时得到情报，打札木合联军一个措手不及，很难想象这场战役的结局是什么样的。

此战结束后发生的事说明札木合确实是个不可小觑的对手。当铁木真回到营盘开始大肆庆祝时，札木合以最快的速度重新集结十一部落领导人，制订了下面的计划。

泰赤乌、蔑儿乞和塔塔儿三部合击铁木真营盘的北面，北乃蛮带领三个部落进攻铁木真的西面，札木合则率领剩余部落进攻铁木真的东面。在进攻的次序上，札木合采用的是"先西北后东"，也就是攻击铁木真西北的部落先动手，当把铁木真的力量全部吸引过去后，他再攻击铁木真防守空虚的东面。

这是一个绝妙的计划，绝对可以把铁木真当成包子吃掉。但是，这一计划再次被泄露出去。泄露的人叫豁里歹，是豁罗剌思部的一个小贵族，对铁木真的大名久仰得很，所以在此关键时刻选择了向铁木真报信。

这次报信的经历惊险刺激，完全是一部惊悚剧。豁里歹得到这个消息后，就跑到女婿家向女婿说了这件事。他女婿说："您应该把这个情报报告给铁木真。"

豁里歹说："我也正有此想法，可怎么送出去？"

他女婿就牵出一匹老马来，说："骑这匹马去。"

豁里歹发现这匹马老得快要死了，很不满意，指着马质问女婿："你把这个病快快的东西称为马？"

女婿无奈地说："好马都被札木合征走了，只给我留了两匹。"

豁里歹说："那你也应该给我另外一匹啊。"

女婿哭丧着脸："那匹还不如这匹呢。"

豁里歹没别的办法，只好唉声叹气地骑上老马上路。走出没多远，他就遇到了泰赤乌的一个军营。豁里歹被拦下来，人问他："去南面做什么？"

豁里歹撒谎说："走亲戚。"

泰赤乌人警觉起来，把他从马上拉下来问："你是去找铁木真吧？"

豁里歹大喊冤枉，泰赤乌人抽了他一鞭子，让他闭嘴，然后围着他的马仔细检查，那匹快要老死的马打着响鼻，好像要开口说话，出卖豁里歹这个叛徒。

什么证据都没有，但泰赤乌人就是觉得豁里歹可疑，于是把他关了起来。

豁里歹心急如焚，在囚笼里大喊大叫说他冤枉。来往的人都向他投去奇怪的眼光，其中有一位环顾四周发现无人注意，就走到他面前，悄声说："我也是豁罗剌思部的，我叫哈剌蔑里乞台，你是不是要去找铁木真？"

豁里歹审视了他半天，发现这人獐头鼠目，和自己的样子的确很像，但这只能证明他们是一个部落的，并不能证明这人就是他的同党，所以他拼命地摇头，大声喊："我冤枉啊！"

哈剌蔑里乞台从囚笼的缝隙伸进手去，抽了他一嘴巴："别他妈装了，这里有很多人都偏向铁木真，但敢向他传递消息的恐怕只有你一个。"

豁里歹是个拥有狡狯诈术的人，所以他认为别人也都是这样，不过他从哈剌蔑里乞台脸上的确未发现疑点，于是小心翼翼地问："你也偏向铁木真？"

看到对方点头，他又问："为何你不去向铁木真传递消息？"

哈剌蔑里乞台神秘兮兮地说："每个人的工作性质都不一样，你的工作就是送信，我的工作可能是消极作战，或阵前倒戈。总之，大家都是为了铁木真好，跟着铁木真有肉吃。"

豁里歹当时心烦意乱，他还是不确定眼前这个人是敌是友，但如果再耽搁下去，情报将毫无作用，他的价值在铁木真那里也得不到体现。折腾了半天竹篮打水一场空，这肯定不是他想要的。

富贵险中求，豁里歹决心冒险一次。他说："我的确是给铁木真送信的，你要是朋友，就赶紧放了我，否则，札木合计划一行，铁木真就完蛋了。"

哈剌蔑里乞台哈哈大笑，豁里歹心一沉："完蛋了，我中计也。"

这声笑引来了路过的人注目，但哈剌蔑里乞台突然就收住了笑，把囚笼打开，揪出豁里歹，对身边的人说："这小子是铁木真的奸细，我要把他带到军营外处决！"

草原人认为血洒在营盘内会带来祸患，所以就给了哈剌蔑里乞台一匹快马，同时嘱咐他说："离远点啊！"

哈剌蔑里乞台翻身上马，拉着捆绑豁里歹的绳子飞速地冲出营盘，离军营很远了，哈剌蔑里乞台跳下马，解开豁里歹的绳索，说："快，骑上这匹快马，去给铁木真报信！"

豁里歹突然有种绝处逢生的感觉，他来不及向哈剌蔑里乞台道谢、为刚才咒骂哈剌蔑里乞台的话而羞愧，就跳上马背，风驰电掣般向铁木真营盘奔去。

然而走出没多远，他就看到军容整齐的一支骑兵，同时看到了象征着权力的白色九尾大纛，这是札木合的骑兵。他掉头就跑，他的马果然是匹好马，把对方远远地甩在身后，当他确信没有危险后，又直奔铁木真的营盘飞去。

铁木真得到消息后，大为惊骇。他想不到札木合的反应会这样迅疾，如果没有豁里歹的报信，这招回马枪肯定会要了他的命。

他急忙派人通知王汗，并且把反击计划告诉王汗。他的反击计划是，两军在他的营盘克鲁伦河流域集结，然后向西渡过今乌拉盖河，沿金国的内长城（金界壕）北上，迎击札木合西翼和北翼两路军。

铁木真这一招实际上是帖尼河之战的复制，在敌人来的路上打敌人一个措手不及。然而，这一次，铁木真和王汗开始的运气不太好。

王汗儿子桑昆的前锋部位和札木合联军西北两翼的前锋突然相遇，双方立即扭打在一起。当两支主力部队同时到达战场时，两支前锋仍不分胜负，双方决定休整片刻，然后进行一场草原上史无前例的野战。

札木合联军的西北两翼来势汹汹，并且人多势众，尤其是蔑儿乞、北乃蛮、塔塔儿、泰赤乌，集合了所有分部精锐。铁木真看得出来，札木合和他战友们这次是倾尽全力，志在必得。

铁木真为避札木合联军的锋芒，退守金界壕的阿兰寨，阿兰寨是金国多年以前建造的防御长城的一个据点，虽然金国已放弃不用，但边墙犹在，铁木真退守这里，是决心先防守，消耗敌人的力量后再寻找机会反攻。

不亦鲁黑看到阿兰寨的城墙破败不堪，认为可轻而易举拿下，所以和其他几位战友一商量，攻击就开始了。

不亦鲁黑暂时处于不利的境地，因为他是仰攻，铁木真和王汗联军居高临下，轻而易举就能击退他们的进攻。正当不亦鲁黑和他的战友们感觉到困难时，天空又突然飘起雪花，很快就漫天飞舞，把战场变成银色世界。随大雪而来的是狂风，不亦鲁黑兴奋地跳了起来，因为风是向铁木真方向刮去的。他把所有力量都投到战场，想趁风势拿下阿兰寨。

大风挟着雪花吹向阿兰寨的铁木真军，士兵们睁不开眼，耳边全是呼呼风声。刚有机会睁眼，眼前就是敌人的大刀。形势陡然一变，阿兰寨有几处防御已被札木合联军突破，几个泰赤乌勇士跳进来，一顿乱砍。

铁木真此时手足无措，他自领兵以来，从未遇到过敌人跟天气联手的情况。他不能向后退，再退的话就进入金国领土，如果遇到金军巡逻队，人家问他，你和别人打架怎么跑到我的地盘上来，他就不好解释。他不能说自己是被打过来的，因为金国会认为他很窝囊，当然，金军可能会帮他反攻，可在如狂魔一样的风雪面前，金军也会无能为力。尤其重要的一点是，在此时下令退兵，会引起混乱，混乱一发生必然就是溃逃，那时他面临的将是全军覆没的结局。

正当他祈求长生天保佑、王汗召唤上帝时，东西方两位大神同时显灵。风向突变，那风就如有了意识一样，一个猛回头，风雪劈头盖脸地扑向了札木合联盟军。

这是个奇迹，没有人可以解释这一奇迹。所以后人说，其实这场风雪是两方巫师的斗法，不亦鲁黑本人就是个萨满巫师，在进攻前他把两块注入特殊咒语的石子扔进水盆中，于是天上来了雪，他又向水中吹了一口气，于是来了狂风。铁木真的巫师积极应对，他先把大雪变成雨，一时间就有了雨夹雪，他又把风向倒转，一时间狂风反吹，天昏地暗。

铁木真就趁着风向转变的机会，大叫反攻。他和王汗的部队把敌人从阿兰寨赶出，一直杀到不亦鲁黑的前锋阵地，不亦鲁黑见风向不利自己，急忙下令后撤，铁木真军紧追不舍。

札木合联盟军一直北退几十里，到达旷野才站稳脚跟，于是列阵等待铁木真的主力到来。不亦鲁黑告诉他的几个战友，胜败在此一举，必要全力杀敌。

大家脸上显出同仇敌忾的面容，在风雪漫天中哆嗦着昂头挺胸，一动不动地等待铁木真。

让不亦鲁黑诧异的是，铁木真的主力一直没上来，从风雪吹来的间歇中，他看到铁木真的骑兵都下了马，正在原地踏步，高喊口号。

"他妈的！"不亦鲁黑嘀咕道，"铁木真在搞什么鬼？"

他的部队后面有点嘈杂，因为温度以每分钟一度的速度下降，士兵们在马上冻得龇牙咧嘴。他呵斥后面的骑兵："注意纪律，不许动！"

半个时辰过去了，铁木真的骑兵跳上马背，以比风雪还要快的速度冲了过来。

不亦鲁黑抽出腰刀，使出浑身力气喊道："准备冲锋！"

但这声音如断了线的风筝一样，飘飘荡荡地出去了，显然，这是长时期在严寒中的结果。不亦鲁黑回头一看，他的士兵脸色如纸，胡子上都沾了霜，拉弓的手直颤。他再向铁木真的骑兵团看去，马上发现了刚才铁木真搞的是什么鬼，原来他们在驱寒。

"这他妈的太操蛋了！"这可能是不亦鲁黑在战场上最后的想法，他身后的骑兵的确是冲了出去，可由于在风雪中一动不动地站立许久，速度和力量大打折扣，和铁木真的骑兵一比，他的骑兵简直就成了木偶。

双方一经接触，札木合联盟军那些"冻骑兵"的动作如同慢镜头，根本就成了铁木真骑兵砧板上的肉。铁木真骑兵连续冲破了他的三道防线，大势已去，不亦鲁黑懊恼万分地对他的战友们说："兄弟们，各回各家，各找各妈吧！"

他的战友们认为这是绝好的主意，一掉马头，四处逃窜。铁木真军像老虎进了羊群，毫无怜悯地砍杀，在风雪漫天中，惨叫声和马嘶声此起彼伏。

不亦鲁黑向阿尔泰山逃去，蔑儿乞人奔着色楞格河流域逃去，泰赤乌人则向鄂嫩河流域逃去。

直到此时，札木合才来，离铁木真十里时，他听说联盟军大败，于是仰天长叹："天不佑我，人力何为！"

当他听说铁木真和王汗联盟军追击过来时，毫无抵抗之意，抛弃辎重，轻骑而逃。

铁木真和王汗经过商量，分两路追击。王汗追击札木合，而他则追击北乃蛮、泰赤乌。

札木合由于抛弃了辎重，所以在逃亡过程中靠抢劫存活，抢劫的目标中甚至有他的同盟部落，这是最大的败笔，从此后，他再也没有组织反铁木真同盟的影响力了。王汗对他的紧追不舍让他大为恼火，当他跑到额尔古纳河上游时，决定不再逃。可跟随他的部落看到他的卑劣行径后，感到非常失望纷纷离他而去。他势单力薄，和王汗交战了一个回合就投降了。

夜入敌营

铁木真的追击之路比王汗坎坷，他才追出没多远，就遇到了名扬草原的豁罗剌思部神射手只儿豁阿歹，铁木真认为这是个出色的勇士，不能死在乱军中，于是派博尔术和他单独交战，又把自己的马借给博尔术。博尔术骑上铁木真的快马，从高处冲下来，在冲击过程中，向只儿豁阿歹射出了一箭。只儿豁阿歹轻易地躲开那支箭，轻描淡写地回敬了一箭，这一箭，博尔术是无论如何都躲不开的，幸好他当时正跃过一个高坡，那支箭射中了马脖，马倒地，博尔术被狠狠地摔在地上。铁木真非常惊慌，急忙喊人去救博尔术，只儿豁阿歹却没有来要博尔术的命，而是狂笑而去。

铁木真失了马，很是懊恼，所以拼命追击北乃蛮和泰赤乌人。他马不停蹄地追，敌人马不停蹄地逃。当北乃蛮和泰赤乌跑过鄂嫩河后，北乃蛮向西继续逃，泰赤乌发现已到老家，再跑就太不像话了，于是列阵迎战。

泰赤乌知道纵然投降铁木真，下场也是死，不如奋起一搏。绝境产生力量，抵抗的热情高涨，铁木真连连发动猛攻，都遭到挫折。

他决心采用大迂回包围战术，派出主力沿鄂嫩河北上二十里，从那里渡河绕到泰赤乌的后方，他自率少量分队在正面进攻，吸引泰赤乌人的注意。

这种战术的优势是，可以天降奇兵，突然出现在敌人意想不到的地方，不过有个弱点，一旦敌人主动攻击，担任正面进攻的少量分队会受到重创。

铁木真第一次使用这个战术，这个弱点就跳到了他眼前。泰赤乌人发现他的人数很少，所以组织了一次很有效力的反冲锋，在这次战斗中，铁木真被流矢伤到了脖子，庆幸的是，没有伤到大动脉，不幸的是，产生了很多淤血。

始终紧紧跟随在铁木真左右的忠诚伙伴者勒蔑开始发挥作用，他帮铁木真吮吸淤血，如同吸血鬼一样，一口又一口，最后嘴唇麻木，好像不是他自己的了。吮吸完淤血后，者勒蔑提刀站在铁木真毡前，直到黎明时分，铁木真才从昏昏沉沉中醒来。

他一醒来就要喝马奶酒，这是因为失血过多导致的口渴，而马奶酒据说有去除这种口渴的功效。

这在平时就不是难事，可现在就成了比登天还难的事，因为他们没有马奶酒。忠诚的者勒蔑急得眼泪都要下来了，突然想到了泰赤乌人，他们肯定有。

问题是，泰赤乌人不可能把马奶酒双手奉上，者勒蔑想到了唯一的办法：偷取。但风险太大，泰赤乌人篝火冲天，就是一只小绵羊出现在营地都会被发现。者勒蔑额头都是汗，咬着下嘴唇，像是在做此生中最大的决定一样。

终于，他如释重负地吐出一口气，默默地说："豁出去了！"

不要以为者勒蔑说的"豁出去"只是简单地去泰赤乌部偷马奶，这当然是不要命的行为，他必须要保证成功，保证成功的前提才是他"豁出去"的，这个前提就是：一丝不挂地去偷马奶。

对于其他民族的勇士而言，赤身裸体至多是害羞，而对蒙古族的勇士而言，赤身裸体是种耻辱。任何一个蒙古勇士看到一个赤身裸体的男人，都会不由自主地转过身去，假装没有看到，因为这是耻辱，所以他会给对方留下面子。

者勒蔑把自己脱得一丝不挂，悄悄地潜入泰赤乌部落，他很快就被发现了，但发现他的人都把身体转了过去，没有看他。者勒蔑在敌人的营盘中翻箱倒柜，没有找到马奶酒，却找到了一大块奶酪。情急之下，他把奶酪掰下一大块，护在胸前，就在敌人眼皮子底下光着屁股安全回到了自己的营盘。

铁木真喝上融化的奶酪后，清醒了。当他知道者勒蔑冒险前往敌营的事，感动地流下了眼泪。感动之余，他突然意识到一件危险的事。他问者勒蔑："一旦你被捉，是不是会说出我受伤的消息？"

面对铁木真的多疑，者勒蔑气呼呼地回答："您怎么能这样怀疑我的忠贞！我为了您，已经挑战了草原上的传统。真被他们捉住，我会说自己要叛逃，结果被您剥光了衣服。当他们放松警惕时，我再逃回来。"

铁木真对者勒蔑的忠诚完全放心，说："你用口吮吸我的淤血，又给我弄到奶酪，救了我的命。你的大恩，我永世不忘！"

者勒蔑说："您还得感谢泰赤乌人，如果不是他们遵守照顾裸体勇士的面子，故意不发现我，我就带不回奶酪来。"

铁木真脸色阴沉起来，他不可能感谢泰赤乌人，年轻时的劫难中就有泰赤乌人的贡献，他不能杀光所有泰赤乌人，但一定要杀掉当年参观过他的泰赤乌人。

他大致算了下时间，对者勒蔑说："博尔术他们大概已绕到敌人后方去了，我们开战！"

大迂回包围战术成功实施，泰赤乌人被夹攻得鬼哭狼嚎，四散而逃。铁木真骑兵的大屠杀开始了，凡是当初参观囚徒铁木真鼓掌叫好的人都成了刀下鬼。在屠杀了一天后，泰赤乌这个存在了几百年的蒙古部落宣告消失。铁木真大仇得报，接下来的事有三件：一是寻找大仇人塔里忽台，二是寻找大恩人锁儿罕失剌，三是收拢泰赤乌残余，将他们变成奴隶或者是士兵，永远地归他管理。

锁儿罕失剌很快出现了，他不是一个人，身边还跟着一位昂首挺胸、神色凝重的壮汉。铁木真握住锁儿罕失剌的手说："你呀，两个儿子都已来到我身边，你是我最大的恩人，为何迟迟不来？"

锁儿罕失剌说："我日夜都想到您身边为您效劳，可一旦我走了，塔里忽台会毁灭我的家眷抢走我的硬通货，我现在不是来了嘛！"

铁木真慢慢地点了点头，忽然看到锁儿罕失剌身边的那个壮汉，他一眼就认出了正是那个射杀了他的马匹的只儿豁阿歹。

他慢条斯理地问身边的人："我记得不久前有人射杀了我的马，那个人也逃窜到这里，如何没有捉住他？"

众人还未作出反应，只儿豁阿歹已挺身而出，拍着胸脯说："射杀您的马匹的人正是我。现在您可以杀死我，不过，杀死了我，只会玷污了这片土地，如果您饶恕我，我愿为您效命。每次战事，我都一马当先，横断黑水，粉碎岩石，辅助可汗。叫我到哪里，我就像箭一样射到哪里。"

铁木真很欣赏只儿豁阿歹的敢作敢当，他说："很多人做了害人的事，都隐瞒不露，你如今坦白相告，证明你可以做我的朋友。"

只儿豁阿歹以为必死无疑，想不到柳暗花明，欢喜得要手舞足蹈。铁木真又说："你把名字改了吧，以后就叫'哲别'（箭镞的意思），你要像我那些箭筒士一样形影不离地保护我。"

只儿豁阿歹如同得到重生，他豪情万丈，暗暗发誓将以"哲别"之名名扬天下。和"哲别"的重生不同，铁木真的死对头塔里忽台现在已生路渺茫。

背信弃义者死

铁木真大军发动围攻时，塔里忽台躲进了一片森林中，铁木真的扫荡部队没有找到他，但他自己的三个仆人却轻易地找到了他。

塔里忽台一见到这三个仆人，就如旱地见到了甘露，以为重生有望。可平时对他忠心耿耿的三个仆人突然翻脸无情，把他捆绑起来扔到一辆牛车上，向铁木真大营推去。

塔里忽台试图让三个仆人念及他从前的恩情，释放他。三个仆人说："我的老爷，你要是真对我们好，就安静地让我们把你送到铁木真那里，你可是铁木真的大仇人，我们把这份大礼送给他，肯定能得到大大的好处。"

塔里忽台发现恳求不起作用，死亡之神已向他招手，便开始咆哮大骂，而且在牛车上做"鲤鱼打挺"等各种高难度动作。他本来就很胖，这样乱动，牛车走得更慢了。

三人正无计可施时，突然响起了慌乱的马蹄声，三个仆人中的两个同时慌张地叫起来："不好，是塔里忽台的卫队！"

另外一个叫纳牙阿的猛地抽出短刀，逼近塔里忽台的咽喉。塔里忽台的卫队这时已到面前，逼停了牛车，喊叫着要三人释放塔里忽台。

纳牙阿把短刀在塔里忽台的脖子上一用力，塔里忽台立即发出尖叫，命令他的卫队："别上来，否则他们会干掉我！"

卫队说："难道让我们眼睁睁看着他们把你送给铁木真吗？"

塔里忽台说："我是看着铁木真长大的，而且还教过他骑马射箭，他是个知恩图报的人，虽然有仇，必不杀我。你们现在如果硬来，那我可就必死无疑了。"

卫队很为难，塔里忽台说："你们撤走，我不会有事。"

卫队撤走，三个绑架者继续赶路。纳牙阿疑虑重重。他对另外二人悄悄说："草原人都知道铁木真生平最恨背信弃义的人，塔里忽台说铁木真有恩必报是事实，可他也是个有仇必报的人。"

另外二人说："这不是正好，塔里忽台就曾对他背信弃义过。"

纳牙阿摇头道："咱们出卖自己的主子，这不也是背信弃义吗？"

另二人大吃一惊，说："这可如何是好？"

纳牙阿眉头紧锁，想了一会儿说："这样吧，咱们把塔里忽台放了，去见铁木真。"

二人又吃了一惊："我们空手去做什么？"

纳牙阿诡秘地一笑："相信我，没有塔里忽台比有塔里忽台更好。"

在纳牙阿的坚持下，塔里忽台被释放，他一溜烟地消失在荒原中。三人来到铁木真帐前，跪下说："我们是来投诚的，本来准备了一份厚礼，就是塔里忽台。但我们不忍心背叛自己的主人，所以半路又将他释放了。"

铁木真脸色稍微变了一下，但马上恢复正常，发出一声笑，站起来扶起他们，严肃地说："你们做得很对，如果你们真把塔里忽台捆来，我必斩你们。"说完，他扫视他的战友们，"人人都应该学习这三人的忠诚行为，不能背叛自己的主子。"

博尔术领着众人，以让雷公退避三舍的声音喊道："誓死效忠，绝不背信弃义！"

你可以说这是铁木真的高尚人格，当然也可以说是铁木真的一种权术，不管怎样，他让属下们又一次对"忠诚"加深了印象。

他重赏三人，尤其是纳牙阿。后来，纳牙阿成了他的心腹人物之一，常被委以最微妙的秘密使命。

随着泰赤乌的灭亡，这场大战画上了句号。铁木真在和札木合的三次大战中，胜二负一，取得了决定性胜利。从此，铁木真成了蒙古部落唯一的领导人，虽然蒙古部落中还有不服从他的人，但已掀不起风浪，因为他们正四处逃窜，大多数都投奔了王汗。

铁木真已为自己报了仇，下一步，就是为祖宗复仇，塔塔儿人的天空顿时阴云密布。

第四章
重回原点

灭亡塔塔儿

塔塔儿人自从同靠山金国失和后，就霉运当头，在和铁木真的多次交战中都以败北收场。不过，瘦死的骆驼比马大，虽然遭受到多次创伤，可还有四个部的实力仍然完好无损。铁木真决心用一战解决这四个部落，为祖宗复仇，当然，更重大的意义是，消灭塔塔儿人，蒙古高原东部就是他的了。

这是一次对铁木真非常重要的战役，但他没有请求王汗的协助，而是决定自己来完成。战前，他做了两条规定。第一，在夺取胜利以前不允许缴获战利品。从前的战役中，每个部落击败他的敌人后都会下马缴获战利品，除了应该交给可汗的之外，全都归自己。铁木真的这个规定是把战利品的分配权拿到了自己手上。第二，如果第一次进攻被敌人击退，必须要回到阵前不惜一切代价做第二次冲锋，否则处斩。

备战完成后，铁木真带领军队西进，来到了今蒙古国东方省讷木勒格，四部塔塔儿人等待多时，双方展开激战，铁木真的骑兵猛烈冲击塔塔儿人的防线，一轮接着一轮，塔塔儿人被迫南撤，铁木真穷追不舍，一直追击到乌拉盖郭勒河北岸，塔塔儿人不再逃跑，而是背水列阵，决心就在此地和铁木真进行生死一搏。

铁木真来到后，冷静观察，发现塔塔儿人采用的防御阵形是长矛形。两个部是矛尖，在中心突出部，另外两部在矛尖的左右背脊处。由于他们身后就是河，是天然防御，所以可以集中力量防御三翼，不担心被完全包围；又因为后面是河，所以塔塔儿人脸上都生起"置之死地而后生"的颜色。

铁木真采用三面包围战术，他把兵力分为三路，中间一路兵力最少，攻击塔塔儿人阵形的矛尖；其他两路兵力雄厚，攻击塔塔儿人阵形的矛脊。这其实是个迂回包围战术的浓缩版，中间一路是用来吸引敌人注意力的，两翼才是真正的攻击力量。

一声令下，中路开始攻击，塔塔儿人的突出部轻而易举地抵挡了铁木真的三轮攻击，铁木真又来了三轮，当他发现已经吸引了塔塔儿人的注意力后，另外两路向两边游离出去，然后对塔塔儿人的两个侧翼发动了猛攻。

与此同时，中路攻击部队全部投入战场，压住塔塔儿人突出部的冲击，塔塔儿人的两个侧翼在铁木真两路军的攻击下，渐渐收缩，中间突出部被两个侧翼挤压，散乱开来。塔塔儿人的防御阵如泄了气的皮球一样，越来越小，最终，铁木真三路军紧密地连到一起，包圈完成。

接下来的事就是屠杀。惨叫声和马嘶声震动得河水直颤，天空变成猩红，乌云滚滚而来遮蔽了猩红，下起了红色的雨。塔塔儿人在包围圈中拥挤着，扔掉武器，投降了铁木真。叱咤风云近半个世纪的塔塔儿人从此成为云烟。

戏剧性的故事发生在战后。铁木真得到消息说，有人违反了他战前的规定，私自在战场上缴获战利品。没有人吃了豹子胆，敢拿铁木真的话当放屁，只有阿勒坛、忽察儿和答里台三个亲王例外。

铁木真毫不犹豫地命人把三人的战利品收缴，三人气冲斗牛，来找铁木真说："我们已经把你那份给你了，你为什么还要没收我们应得的？"

铁木真脸色铁青，说："我战前就有规定，你们违反我的规定，做了坏榜样，念你们是亲王，不治罪，不过这次战利品，你们一个羊腿都没有！"

三人要撒泼，可看到铁木真身边站立着手握刀把的卫士，只好忍气吞声。悲剧已注定，他们认为尊严受到凌辱，不多时候，他们就厌恶铁木真的独裁，逃到王汗那里，和铁木真作对到底。

铁木真才处理完这件烦心事，又一件事摆到桌面上。塔塔儿人俘虏众多，如何处理？

铁木真召集众人开会，说："塔塔儿人是我们的世仇，我们为祖宗报仇，要把他们能作战的全部杀掉。"

其实这并不算是个好主意，因为他的部落中就有很多塔塔儿人，他的部落和塔塔儿部通婚的情况很多，他弟弟合撒儿的老婆就是塔塔儿人，他异母弟弟别里古台的母族就在塔塔儿。即使他本人，也有几个塔塔儿小老婆，所以，这是个无法保密的决议。

故意把这一决议泄露出去的正是他的弟弟别里古台。散会后，别里古台垂着头，脸色凝重地回自己的帐篷，路上他遇到了一个塔塔儿的俘虏，俘虏从别里古台的脸色上看出异样，就问会议内容。别里古台悄声说："可汗要杀掉塔塔儿的所有年轻男人。"

俘虏张大了嘴巴，说："不必如此残忍吧！"

别里古台环顾四周，又悄声说："千真万确。"

说完，他就扔下发愣的俘虏，扬长而去。

我们很容易就能推测出别里古台故意泄密的意图，他只是不想自己母族的人死伤太多，让他们赶紧逃亡。但事情的发展完全出乎他的意料，俘虏把消息通知那些族人后，族人们大怒若狂。这是种族灭绝，草原上从来没有这样的事。既然他铁木真如此残暴，那他们也就不客气了。

塔塔儿俘虏们突然发动了暴动，杀掉看守，跑进兴安岭山沟里，凭借茂密的树林建立寨子，抵御铁木真。

铁木真得到囚徒暴动的消息后，惊骇万分，他第一个想到的就是，有人把消息泄露给了塔塔儿人，别里古台主动承认。铁木真气得眼中冒火，宣布以后重要会议绝不允许别里古台这个大嘴巴参加，同时，下令进攻兴安岭山沟里的塔塔儿人。

山林茂密，野草丛生，不利于骑兵，铁木真的人只能下马搜索前进。塔塔儿人各自为战，秉承"杀一个够本，杀两个赚了"的信念，和铁木真的人玩命。在伤亡惨重的代价下，铁木真终于平定了这股暴动，就在处斩他们时，他们又用身上藏着的小刀杀掉了刽子手。但最终，屠杀还是进行完毕。铁木真为自己遭受不必要的损失而愤愤不平很久，别里古台夹着尾巴做人也做了很久。

塔塔儿部覆灭对铁木真的意义是重大的，几年后，他和王汗翻脸被击败后就是逃进了塔塔儿人的营盘，如果当时塔塔儿部还在，他必然成了包子。

除了让铁木真不爽的三位亲王违抗军令和别里古台泄密之事外，也有喜事，这就是塔塔儿姐妹大度的爱情观。

美人心

在缴获塔塔儿人的战利品中，铁木真惊喜地发现了一个尤物，名叫也速干。也速干娇小玲珑，眉清目秀，有中国江南美女的神韵。铁木真一眼就看上了她，当天夜色浓重，二人就入了洞房。也速干不仅外表美，心灵也美，和铁木真做夫妻几天后，就为铁木真的魅力所打动，于是本着"有福同享"的心理向铁木真推荐了自己的姐姐也遂。

在也速干的描述中，铁木真眼前出现了也遂的花容月貌。他对也速干说："如果你姐真如你所说的那样美丽，我必须要找到她。好马配勇士，美女配英雄，天经地义。"

也速干犹豫了一下，把姐姐也遂的情况说给铁木真听。她说："姐姐其实已经有了未婚夫，如果不是可汗您犹如天神从天而降，灭了我们塔塔儿，我的姐姐已和她未婚夫同入洞房，享受人间最美之事。她的未婚夫在战争开始前就已来到我们这里，两人出双入对，羡杀旁人。"

这段介绍的背后意思是，她不确定姐姐也遂是否还保留着处女身份。铁木真沉思了一会儿，说："草原上抢别人的老婆是常态，这就不算什么事。来人，给我搜寻一个叫也遂的漂亮女子，把她带到我的帐篷来！"

搜索队进入茫茫的原始森林进行地毯式搜索，皇天不负有心人，一个白霜未消的清晨，他们在森林深处找到了正掩面而泣的也遂。

他们把也遂推进铁木真的帐篷，也遂擦干眼泪，平静应对铁木真的问话。

铁木真看了看她，欣喜起来说："果然是美女！"然后问她，"是在为你的部落哭泣吗？"

也遂回答："草原上的女人如男人胯下的马，随时可更换。这种尴尬的身份使得我对部落毫无认同感，为何要哭？"

铁木真问："那你为何而哭？"

也遂回答："我和我的未婚夫在森林中躲藏，被你们发现，他一个人跑掉了。我和他曾经很恩爱，所以哭泣。"

铁木真不由得想起当年的往事，他在妻子孛儿帖被抢后，也是独自逃跑。他对也遂说："这没有什么，草原上的男人遇到强大的敌人抢自己老婆时，都是独自逃跑。"他说到这里，又想到了自己去救回孛儿帖的事，他对自己的这一英雄壮举很是自豪，他说，"如果他真爱你，相信我，他还会回来找你的。"

也遂突然流下眼泪，请铁木真帮她渡过这心灵上的难关，铁木真叫侍卫们都出去，吹灭灯烛，让她忘记过去，重新开始，从心开始。

第二天，铁木真带着也遂去感谢媒人、他的小老婆、他新婚妻子的妹妹也速干。也速干一见二人到来，笑容灿烂，把主位主动让给了姐姐也遂。她的高风亮节感动了铁木真和也遂，铁木真把两姐妹当成一个情人看待，这在一段时间里成了草原上的佳话。

为庆祝消灭塔塔儿部，铁木真就在塔塔儿部的废墟上举行宴会。宴会进行到高潮时，铁木真不经意发现也遂对着人群发出一声叹息。这声叹息犹如掉到井里的一个小石子，虽然细微，却被铁木真听到了耳里。他马上意识到，也遂有事。一个年轻美貌的女子叹息只能说明一件事：她在思春。也遂思的春天肯定不是他，毫无疑问，那个"春天"必然是她的未婚夫了。

他立即命人去安排所有男人都按部落站队，结果一个男人被孤立出来了，形单影只。没有人认识这个面容俊俏、身材匀称的美少年。

铁木真把他叫到面前，严厉盘问。美少年承认自己是也遂的未婚夫，不过他说，来此的目的只是想最后看一眼心上人，面对威武的成吉思汗，他知道自己无力夺回妻子，他将把这最后一面当成是生命中最荣幸的事，永远怀念。

在场的人都被这位美少年的话感动，铁木真发现也遂的眼里就要流下泪水，当然，他知道这不是不忠，任何人失去了情人，都会伤感。

他不由得叹息一声，人人都以为他要成人之美，实际上，人人都看得出，也遂和那个美少年才是天生的一对，铁木真是横刀夺爱。不过草原上的爱情价值观还处于原始阶段，男女的结合不是由般配决定，是由力量决定。

铁木真性格中最阴暗的一面流露出来，他一拍桌子，暴怒道："你这人胡说八道，肯定是塔塔儿余孽的奸细，拖出去砍了！"

美少年大喊冤枉，频频向也遂使眼色求救。也遂无动于衷，当美少年的叫喊声停止了，也遂知道未婚夫已身首异处，她深深地吸了口气，稳定了下情绪，摆出一副笑脸来，向铁木真举起了马奶酒。

草原上的爱情如烟如云，风一吹就变。

铁木真诬陷情敌是塔塔儿残余的奸细，长生天似乎听从了他的召唤，真就派了个奸细进了他的营盘。

一部分塔塔儿人逃脱了大屠杀。关于塔塔儿人逃脱大屠杀一事，铁木真心知肚明，这不是他能用权威解决的，比如他弟弟合撒儿按他的命令本该屠杀一千塔塔儿人，可因为他的妻子是塔塔儿人，所以他私自释放了五百人。铁木真在把塔塔儿人融进蒙古人中时就发现了这一问题，大概是急于扩充力量，他采取了睁一只眼闭一只眼的态度。

侥幸活下来的塔塔儿人一大部分都真心投靠了铁木真，不过具备民族大义精神的大有人在。

一个塔塔儿人逃出了铁木真军营，他在路上越想越痛，于是折身回来，准备干掉铁木真，为塔塔儿部讨回点尊严。可他经过两天的逃亡，肚中饥饿，于是看准了个帐篷就钻进去，请求主人给他点吃的。这个帐篷的主人正是铁木真的母亲诃额仑。诃额仑有慈悲之心，看到这个面黄肌瘦的人很不忍心，于是要他等在帐篷里，她则出去找吃的。

塔塔儿人趁着等食物的间隙，抽出匕首摩擦。就在这时，铁木真的幼子、年仅五岁的拖雷蹦跶着跑进了帐篷，小拖雷一看到帐篷里有个陌生人，又看到陌生人在摩擦匕首，大叫一声，扭头就喊叫着跑出来。塔塔儿人心慌意乱，紧跑几步，像老鹰捉小鸡一样把小拖雷拎起夹在腋下，右手举起匕首要杀人灭口。

诃额仑端着食物远远就看到了这一幕，她喊叫起来，一名侍卫已从帐篷后面蹿出，如饿虎扑食一样扑倒了刺客。塔塔儿人两天滴水未进，力气全无，被压在身下无法反抗，又过来两个侍卫，其中一人还拎着斧子，看准他不断摇晃的头猛地砍了下去。这位义士就这样壮烈牺牲了。

铁木真对这件事的态度很英明，他没有再次对塔塔儿人举起屠刀，而是进行了一系列的整顿改革。其中最重要的就是采用十进制单位来组织民众。

他把他的勇士们编进各个班，谓之"十户"，这十户中既有蒙古部落的人，也有其他被征服部落的人，当然也有塔塔儿人。十户中的人要如亲兄弟一样和平共处，有难同当。十个十户为一队，谓之百户；十个百户为一队，谓之千户；十个千户为一队，谓之万户。万户的长官由铁木真本人亲自任命。

"十进位制"并非是先进的，现代管理学认为，一个人最佳的管理人数是4到5人，而不是10人，但在当时的草原上，这就是最先进的管理。因为在铁木真之前，没有人使用过这种管理方式。几年后，当他统一蒙古高原时，又对这一制度进行了深化，它也成了蒙古帝国管理，尤其是军队管理的永恒方略。

在绞杀了主儿勤部、消灭了泰赤乌和塔塔儿部后，铁木真在草原世界获得了极高的威望，他的实力已雄厚到让王汗刮目相看，而这也正是接下来一系列事件的一个催化剂。

拒婚事件

1202年冬，铁木真为了巩固与王汗的联盟，替长子术赤向王汗的女儿求婚。当然，他更表示愿意把自己的女儿嫁给桑昆的儿子为妻。

这关系有点乱，如果这两门亲事真的结成，那桑昆既要称铁木真为叔叔，又要称铁木真为亲家。庆幸的是，草原世界的伦理意识淡薄，而且这本身就是一门政治婚姻，所以没有人指责铁木真乱点鸳鸯谱。

王汗没说什么，桑昆却有很大的意见，他说："铁木真的女儿到咱们这里，肯定作威作福轻视咱们，而咱们的公主到他们那里，会成为奴仆。"

这段话本身没有深刻的含义，只是桑昆的意气之言，蒙古部和克烈部地位平等，没有谁轻视谁的问题。桑昆所以这样说，一是他本来就嫉妒铁木真，二是札木合的挑拨。

札木合自被王汗击败，承认了王汗的宗主地位后，就一直在克烈部做客。他在偶然之间发现了桑昆对铁木真的不友好，于是开始了连绵不断的煽动。

他对桑昆说："你爹和铁木真的关系已是水乳交融，将来克烈部的大位肯定是他铁木真的。即使你爹不想给他，看他发展的速度，也会轻易夺取。你的前途可哀啊！"

桑昆的火马上燃烧起来，恰好铁木真提出换婚，他就气吼吼地向父亲说了那段话。札木合又在旁边趁势说："铁木真这家伙狡猾多端，换婚只对他有利而对我们无利。"

王汗那颗从未沉寂的心马上被挑起来，问札木合："你这话怎么讲？"

札木合分析道："铁木真是怎么发展起来的，草原世界的人都知道。他这么多年来始终是靠着您的威望和力量才混到今天这个地步的。他要换婚，其实还是想靠您铲除草原世界的异己力量，我听说他和南乃蛮正在偷偷联合，您处在他和南乃蛮的中间，这不能不认真考虑。"

王汗摇头，但并不坚定："铁木真不是那样的人，他不可能和外人联手对付我。"

桑昆插嘴道："他现在当然不能，因为咱们还有利用价值，可以后呢？"

王汗闭眼沉思，其实他心里很乱，毫无头绪地在胡思乱想。

札木合给桑昆使了个眼色，桑昆就继续说："铁木真这次换婚，咱们坚决不能答应。他这是借势，父亲您有慈悲之心，不想揍他，可也不能总用您伟大的影响力帮助他啊！"

王汗不置可否地点了点头。桑昆趁热打铁，叫人回复铁木真，换婚的事再议。

铁木真热脸贴上冷屁股，怏怏不快。让他更不快甚至是愤怒的是，阿勒坛和忽察儿两位亲王突然带着部属逃跑了，逃跑的目的地不详，不过聪明人都知道，在当时的草原世界，他们只能投奔两个地方，一是克烈部，一个是乃蛮部。

阿勒坛和忽察儿逃到了克烈部，用他们的话说就是弃暗投明。但两人知道王汗和铁木真的关系非同一般，所以并未去见王汗，通过几年来对克烈部的政治分析，他们找到了桑昆。

桑昆把两人的弃暗投明告诉了札木合，札木合兴奋地跳起来，两人急忙来到二人藏身的隐秘地点，大家尽兴而谈。四人像失败的赌徒一样发泄着对赢家铁木真的不满。说到高潮处，忽察儿抽出尖刀，在空中挥舞着对桑昆说："我替你把诃额仑的儿子全部杀掉！"

阿勒坛被这豪情壮志所鼓动，跳起来说："我把铁木真的脑袋砍下来给你当酒壶！"

札木合看着两人精彩绝伦的表演，泯灭多时的雄心升腾起来："蒙古人必须要有可汗，但绝不能是铁木真。他心狠手辣，残暴不仁，我们要替草原世界行道！"

桑昆一拳头砸到桌子上，咬牙切齿说："铁木真太不要脸，用谄媚和硬通货骗取我父亲的信任，想要我父亲把克烈部可汗的位置传给他，良心大大坏了！"

札木合冷静下来，说："要取铁木真的性命，必须要说服王汗。"

桑昆拍着胸脯，说："这件事我来，马到功成。"

他一见到王汗，就跪倒在地，说铁木真狼子野心，克烈部危在旦夕。他请求王汗发兵突袭铁木真，除去这个祸害。

王汗看着眼前这个落泪的汉子，说："我和铁木真的誓言言犹在耳，他几次三番拯救我于危难之中，我再背信弃义，还算个人吗？"

桑昆正要说话，王汗追问道："是不是札木合挑唆你这样做的？"

桑昆擦了泪眼，说："不干札木合的事。"

王汗语重心长地对儿子说："札木合朝三暮四，狂言无忌，虽然说得头头是道，但不值一文，你用点脑子，不要轻信他。"

桑昆说："札木合的话不可信，难道阿勒坛和忽察儿的话还不可信？他们两人已离开铁木真了！"

王汗吃了一惊："为何？"

桑昆胡说："铁木真残暴不仁。您想想，两位亲王都离开他，他已是众叛亲离，此时正是我们攻击他的大好机会。"

王汗沉思了一会儿，摇头说："铁木真并非等闲之辈，对他发动战争是冒险的，我年纪已老，想安静地度此残年，你怎么这么不懂事？"

桑昆又说了一大堆废话，王汗索性闭上眼，紧握十字架不搭理他了。桑昆又涌出泪水，踢蹋着帐篷，号啕而出。

王汗的心软了，桑昆毕竟是他的儿子，他不想让儿子如此伤心，所以他叫回了桑昆，沉默了许久，才吐出一句话："我同意。"

桑昆不敢相信地问："真的吗？"

王汗看了他一眼，点了点头。"不过，"他郑重其事地说道，"你要承担背弃誓言的责任以及一切后果！"

桑昆把头点得如磕头虫，说："父亲放心，此事与您无关。"

王汗叹了口气，说："我同意你的请求，不是因为我喜欢背信弃义，只因为你是我儿子。不过我告诉你，上帝是不会保佑你们的。"

桑昆大步流星地出了帐篷，说："去他的上帝，我要铁木真去见上帝！"

针对铁木真的行动很快就开始了，1203年春，札木合派人火烧了铁木真的牧场，铁木真明知是札木合做的，而且也知道札木合就在克烈部，但还是忍下了这口气。

在那段时间，他和幕僚们商议要亲自去克烈部一趟，和王汗讨论札木合的问题。这个决定还未付诸实践，克烈部就来了消息。传递消息的人说，王汗和桑昆同意铁木真的换婚提议。

这是个好消息，铁木真兴奋地说，他决定明天就启程去克烈部，讨论这两桩婚事的细节。他不知道，自己正向敌人设计的圈套里跳，制造这个圈套的人自然是桑昆和札木合。

两位贵人

铁木真兴冲冲地带着十个勇士踏上了西去克烈部的路。本来此时正是草长莺飞之时，可他的牧场前段时间被札木合烧毁了，放眼望去，苍茫一片，但这并不影响他的好心情。一块草场不算什么，现在蒙古东部凡有草的地方都是他的牧场，札木合就是把火焰山搬来，他也不用担心。

他这次去克烈部，至少要解决两件事，一件是亲上加亲，巩固他和王汗的友情，一件则是札木合的问题。他想听听王汗的意见，如何对付札木合。只要王汗站在他这一边，不必王汗动手，他自己就可以搞定到处流浪的札木合。而且他坚信王汗肯定站在他这一边。

路过那个父亲般的人物蒙立克的帐篷时，他住了下来。他把桑昆的前倨后恭说给蒙立克听，脸上泛着光辉的颜色。蒙立克毕竟比他社会经验丰富，吃的盐比他多，认真地思考一会儿就叹息说："我的可汗，您尝尽人间艰辛和狡诈，怎么还如此天真无邪啊，这件事有诈！"

铁木真急忙洗耳恭听。蒙立克老成持重，在昏黄的灯下，神情如精神导师指点弟子一样："您当初求婚时，他们轻视我们，断然拒绝，现在却一百八十度大转弯请您去吃喜宴，这不符人情。所以我说其中必有诈。"

铁木真如醍醐灌顶，说："我怎么就没想到呢！"

蒙立克笑道："您是被幸福冲昏了头脑，越是在幸福来临时越要保持冷静。"

铁木真问："我该怎么办？"

蒙立克说："很简单，札木合刚烧了您的牧场，您就说马没草吃，太瘦，等马肥了再说。看他们再出什么招。"

铁木真认为这是个好主意，所以只派了两人去见桑昆，说春天马瘦，财力不够，等攒够财礼再来。

桑昆和札木合空欢喜一场，他们知道圈套已被识破，索性一不做二不休，先下手为强，突袭铁木真。桑昆集结克烈部精锐，札木合也勉强凑起了一支偏师，两人在了解铁木真虚实的阿勒坛、忽察儿的帮助下，制订了作战计划，计划的执行时间就在第二天凌晨。

此时，戏剧性的一幕发生了。阿勒坛的弟弟回到帐篷，对他的妻子和几个儿子谈到这件事，最后他开玩笑说，现在如果谁能把这个消息传给铁木真，那就是铁木真的贵人，必得重赏。

他的妻子是个谨慎的人，急忙捂住他的嘴巴说："你这惹祸的嘴，小心被人告发，你就死无葬身之地了！"

两口子谈话时，想不到隔墙有耳。一个仆人端着马奶酒来到门口，听到了二人的谈话，这个仆人是被主子逼着从铁木真那里跑出来的，对铁木真心怀敬畏。他听到这个消息后，连马奶酒都不送了，像犯了羊痫风一样跑到马圈，叫起他的朋友，说："大事不妙，克烈要和铁木真摊牌，咱们主子也要参加！"

朋友惊骇道："他们不是盟友吗，怎么要打架？你是怎么知道的？"

仆人就把偷听来的话说了一遍，两人便蹑手蹑脚地来到阿勒坛弟弟的帐篷前。此时，帐篷里的人正在磨刀，嘴巴不闲着，说："揍铁木真我是乐不可支，我要用刀砍了他的头，然后当靶子每天都射上一万箭！"

两人弯腰弓背地远离了帐篷，蹲下来互相望着对方。他们用有限的智慧思索这件事的利弊，最终觉得把情报透露给铁木真会得到意想不到的惊喜。因为铁木真这么多年来始终对传递情报的人厚赏，而且明里暗里鼓励各部落的人充当他的奸细。铁木真重视情报曾让他多次提前得到情报，反客为主，击败敌人。良性循环下，铁木真的情报网络已不建而建，扩展到整个草原世界。

两人说干就干，他们牵出最好的两匹马喂上，又去厨房烤了一只羊羔当作路上的食粮。这一切准备就绪后，后半夜，两人跨上马背，一溜烟地向铁木真的营盘奔去。

两人风尘仆仆地抵达铁木真营盘，把这个重要情报告诉了铁木真。铁木真先是不信，后来想到最近札木合烧他的牧场和桑昆设下的圈套两件事，终于相信。

考虑到这两个人是被迫离开自己的，铁木真厚赏了他们，使他们成为了上等人。然后下达命令，放弃一切有碍于急行军的东西赶紧上路东走，向塔塔儿人的原住地兴安岭山林急奔而去。

生死恶战

铁木真之所以要从老营逃跑，就是因为阿勒坛、忽察儿、答里台三位亲王逃跑时带走了很多人，削弱了他的力量。王汗的骑兵最近几年屡经战阵，战斗力进步神速，他的全线后撤正是没有把握的心理表现。

虽然是匆匆地撤退，但秩序井然，铁木真分出多股部队担当后卫，一直安全地撤到了兴安岭斜坡的合阑真沙陀（今内蒙古东乌珠穆沁旗北），再东撤就是兴安岭原始森林。铁木真下令下马休息，等待情报。

情报人员在他后撤之时就已派出，陆陆续续有人回来报告情况，危急情报很快送来了：一支庞大的骑兵沿着"红柳林"正向这里推进。

铁木真看着挺拔的杨树和美丽多姿的桦树，又看到婀娜的柳树和活泼的小榆树，心思突然烦乱起来，他不知道现在该把战场放在哪里，是放在撤退路上经过的盐碱沼泽地，还是放在森林中。无论放在哪里，这次战役都没有必胜的把握。他和王汗的骑兵多次合作，互相都知道底细。铁木真喜欢用什么样的战法，王汗心知肚明，王汗喜欢用什么样的战法，铁木真也了如指掌。所以出奇制胜是不可能的，只能是硬碰硬，谁的人强马壮，谁获胜的概率就高。

他的忠诚战友们都说，打吧，再后撤的话，咱们就要到原始森林中和狼虫虎豹为伍了。铁木真在一棵杨树下闭目沉思，许久才睁开眼，望着湛蓝的天空。人们发现他的焦虑渐渐消失，他把战友们聚拢到一起，语气格外沉静格外严肃地说："这次战役和以往大不相同，我们处于极端劣势，要想取得胜利，大家必须要团结协作，猛打猛冲。"

众人说："这还用说，我们把这条命拼了！"

铁木真接着说："他们以为我们人少马瘦，只能采取守势，我们要出其不意，先给他来次有质量的冲锋。你们看，谁有能力担任此重任？"

话音一落，兀鲁兀部酋长主儿扯歹从人群中挺身而出，说："猛冲猛打，没有比我们兀鲁兀部更合适的了！"

铁木真微笑，主儿扯歹说的是实话，自从铁木真征战以来，兀鲁兀部永远是冲锋在前，战绩喜人。他正要任命先锋官，突然听到一声大喊："等等！"

众人循声一看，喊话的人正从人群中挤出来，一面挤一面叽里咕噜地说："这种活怎么能少得了我！"

铁木真看准了挤过来的人，正是忙兀部酋长忽亦勒答儿。忽亦勒答儿矮胖的身躯站在那里如一口青铜制造的钟，他环顾了下众人，然后对铁木真说："我们忙兀部比他们兀鲁兀部差劲吗？"

铁木真微笑摇头说："不差，不差。"

"铜钟"扯高嗓门："那先锋官就应该我来当！"

主儿扯歹急了，一肩膀把"铜钟"撞到一边，说："都说好了是我来，你不要起哄！"

"铜钟"也用肩膀回敬主儿扯歹，站到中央说："我会把咱们的军旗插到敌人的后方高地上，为了表示我不胜即死的决心，我请求铁木真在我战死后抚恤我的家人！"

铁木真看着两个争先恐后的蒙古亲王，大为感动，趁势对众人做思想教育："看看啊，咱们草原人就该这样！"

众人正想鼓掌叫好，主儿扯歹马上发现先锋官不能独吞，倒不如做个顺水人情，于是说："那就让我和忽亦勒答儿一起做先锋吧！"

铁木真点头："很好，你二人赶紧去准备。"

两人一路小跑，召集他们的骑兵去了。铁木真陷入沉思，因为这只是他计划的第一步，这一步能否走好，能走出多远，他心中没底。他如果可以知道王汗的部署情况和进攻计划，那就非常完美了。可他的情报网在此关键时刻突然失灵，没有人来传递消息。天空起了一阵大风，杨树、柳树、桦树、榆树像中了魔一样乱舞起来。

当他忧虑到极限时，突然有人来报告说，对方阵营里来了两个情报员。

铁木真险些跳起来，推开人群就奔那两个情报员冲去。两个情报员鬼鬼祟祟，缩着脖子，看到铁木真冲来，不自然地向后退了两步。铁木真在离他们三步远的地方站稳了，问："你们是哪个部的人，送来了什么？"

其中一人壮起胆子说："我们是札木合大人派来的，札木合大人要我们告诉你克烈部的部署和进攻计划！"

铁木真的战友们早已跟了上来，听到对方的话，大叫："两人是来传递假情报的，杀了他们！"

铁木真制止了众人的激动，平静地问两人："札木合和我不共戴天，为什么要帮我？"

两人互相看了一眼，摇头，说："不知道。"

两人不知道的事发生在铁木真挑选先锋官时。他挑选先锋官时，王汗正在挑选统帅。

王汗这次随军而来，用他的话说是给儿子坐镇。他早和儿子桑昆说过，自己不想和铁木真为敌，这是个悖论，不想和铁木真为敌的人却成了铁木真最大的敌人，连他自己都说不清楚此行的目的到底是什么。他可能希望亲儿子能把干儿子打败，又因为他和干儿子有誓约，所以又有心理包袱。于是，他试图用高级智慧解决这个心理障碍，于是，他要札木合当统帅。

王汗的想法是，要札木合当统帅，他就能置身事外，兵的确是他克烈部的兵，但草原上借兵的事稀松平常，只要统帅不是他王汗或者他儿子桑昆，他和铁木真就没有刀兵相见，誓约未违背，他的心里可就好受多了。

札木合的心机比他要高出十倍，他一眼就看穿了王汗的把戏，所以坚决推脱。他对桑昆说："我和铁木真现在已不在同一个重量级上了，要我做统帅，这是玷污了克烈部的威名。况且，咱们草原上的传统不应被挑战，我和铁木真是拜把子兄弟，兄弟之间不能起冲突。"桑昆头脑简单，就把札木合的话原封不动地传给王汗。王汗冷笑说："札木合这畜生想置身事外，这场仗明明是他挑起来的，他现在又要坐山观虎斗。你们把他给我拿来！"

桑昆去拿札木合，扑了个空。札木合早已逃出军营。在逃出军营前，他派了两个人来到铁木真军营报告消息。

两人把王汗的作战部署情况说给铁木真听，最后还捎带了札木合本人给铁木真的话："王汗的本事还不如我，所以我坚信你能取得胜利，一定挺住！"

铁木真的部下坚决不相信札木合，连带着就不相信札木合的情报。铁木真扫了众人一眼，坚定地说："我相信。"

众人大吃一惊，铁木真分析说："札木合是想坐山观虎斗。他让我挺住，是想让我和王汗拼个你死我活，他坐收渔人之利。所以我相信札木合给的情报是真的。"

札木合的情报指出，王汗这次是倾巢而来，主攻分为四个梯队，作战计划则是以攻为主，各个梯队陆续上阵，把敌人压缩到固定地点后，中军分出四路从四个方向包围，打歼灭战。

铁木真为这个计划鼓掌叫好，说："王汗并非徒有虚名啊！"

众人也认为这计划天衣无缝，问铁木真是否改变计划。铁木真想了想，对两个争先恐后的先锋官说，先不要冲锋，全力抵挡他们的第一梯队和第二梯队，攻他的第三梯队。第三梯队的部族擅长横排一字形进攻，比较容易冲破，一旦冲破，就要不遗余力地向前攻击第四梯队，王汗的卫队，只要破了王汗的卫队，克烈人必然士气大减，这样就能一鼓作气，打败他们。

这是个好计划，但只是计划，付诸实践时会遇到很多障碍。所以铁木真在两个先锋官走后，又对他的战友们说："随时关注战场情况，一旦有变，我们只能后撤。"

博尔术慢悠悠地说："应向北撤，但在撤之前，必须要猛烈打击王汗的力量，使他不敢追击咱们。"

铁木真赞许地点了点头，把拳头砸到桌子上，说："开始吧！"

克烈人早已开始了，第一梯队已经一马当先地冲了上来，他们的速度惊人，很快就冲到了兀鲁兀部和忙兀部防御阵地前，乱箭如雨，主儿扯歹"以攻为守"，下令他的部落发起冲锋，双方就在铁木真帐篷外几百米的地方展开了惨烈的厮杀，两方可谓棋逢对手，所以厮杀起来分外耀眼，格外悲壮。整个战场烟尘滚滚，伸手不见五指，大家全靠感觉，挥舞马刀，乱射箭矢。

王汗看着被烟尘遮蔽的战场，手在空中一劈，第二梯队早等得不耐烦，如疯如狂地冲了上去。铁木真传令主儿扯歹撤出战场。主儿扯歹很扫兴，但不能不听命令，开始后撤。铁木真又下令忙兀部指挥官"铜钟"把防御阵地向前推进，接应主儿扯歹。

两人的骑兵合流，形成新的防御阵地。王汗的第一梯队和第二梯队猛烈进攻，每进一步都付出了惨重的代价。王汗看看时机已到，打了个手势，第一、第二梯队有序后撤，第三梯队如卷毯子一样铺了过来。

铁木真就在这个时候大喊一声："冲！"

兀鲁兀部和忙兀部猛抽马屁股，阵地上所有骑兵都冲向了正在有序后撤的王汗第一、第二梯队和正在铺过来的第三梯队。

冲击力异常强悍，王汗的第一、第二梯队连连后撤，庆幸的是，第三梯队上来了，按铁木真的计划，此时不应该缠斗，而是通过骑兵的快速机动，迅速穿插过去，直奔第四梯队。可战场情况瞬息万变，计划永远赶不上变化，兀鲁兀部和忙兀部当然想实现这完美计划，然而王汗在高处看透了铁木真的算盘，他在第三梯队冲出去的同时，已下令第四梯队冲锋。四个梯队不但阻遏住了铁木真的先锋，还如铁桶一般将他们围了起来。

铁木真一见大事不妙，马上把所有力量投入战场。这支后备力量分为两股，一股去解救被围困的两部前锋部队，一股则迂回避开战场，直扑王汗。

王汗实在没想过铁木真在主力被包围的情况下，还有心思分出力量来袭击自己。他的第四梯队是他的护卫军，发现铁木真正向主人奔去，急忙后撤准备去保护主人。这一后撤不要紧，第三梯队以为发生变化，开始分神。第三梯队溜号，第一、第二梯队也溜号了，主儿扯歹和"铜钟"抓住这个机会，强力进攻，王汗的三个梯队连连后撤，已快逼入他们的阵地。

用中国军事术语说，铁木真用偏师直取王汗的计谋叫"围魏救赵"。"围魏"不是目的，"救赵"才是目的。这招迅速奏效，主战场形势大变，他的两个前锋部落几乎要把敌人的防御阵地冲破。但他也发现了，主儿扯歹和"铜钟"的进攻已很勉强。尤其是"铜钟"已被乱箭射倒马下，好不容易被人解救上马，趴在马上已一动不动。

这边铁木真下令收兵，那边桑昆却试图再次冲击。他在高处看着战场形势从好到坏的转变，心急如焚。如果这场战役不能取胜，他没法和父亲交代，正是他用哀号征得了父亲的同意，才有了这场仗。在开战前，他信誓旦旦，说必要拿铁木真的脑袋来见老爷子。可现在，他连铁木真一根毛都没有拿到，相反，他发现战场形势已不利于自己，急火攻心，猛地吐出一口血，根本没有向后面的军队发布任何命令，就从高处冲了下去。

很多人都为他的勇敢折服，因为看他的架势，似乎要在万军之中取铁木真项上人头。可他才飞驰到一半，一支冷箭便射进了他的脖子，箭的惯性把他从马上推了下来。他捂着脖子打滚怪叫，风度顿失，站在高岗上傲视战场的仪态荡然无存。

护卫们赶紧把他抬到高处，王汗既悲又怒，面对乱糟糟的战场，他忘记了还有主力没上，下令进入防御。铁木真比他快，早已鸣金收兵。

双方算是打个平手，然而，王汗兵多将广，恢复迅速，铁木真却没有这个速度。那天夜晚，他和众人商量了一下，确定明天如果再战必是凶多吉少。所以趁着夜色，他北撤了。

在撤退时，他担心王汗追击，于是把部队分为数个梯队，一个梯队一个梯队地撤。王汗没有追击，可数个梯队眼见铁木真大势已去，纷纷离开铁木真擅自遁走。

如果这个时候，王汗派兵追击，铁木真必死无疑。但上天照顾了他，王汗爱子心切，很担心桑昆客死他乡，所以在第二天也撤回老营。

伟大人物在成功路上总有侥幸。铁木真的运气好得让人嫉妒，他遇到的对手是王汗，一个爱子心切的老人家，而不是冷血无情的札木合。

那个撤退的夜里，铁木真不由自主地掉进回忆的烂泥塘中。他在森林中摸索着前进，前后左右都是人，但他看不到，只能隐约听到低沉的呼吸声。他想起了多年前为躲避泰赤乌人和蔑儿乞人的搜索，躲进山林中的情景。

千辛万苦建立起来的基业，仿佛在一夜之间崩塌，他虽然不知道多少人离开了他，但他知道肯定很多。他没有思考权威的问题，因为草原人的忠诚很怪异，只有跟着你有肉吃时才跟随你，如果没有肉，甚至连树皮都吃不上时，他们就会各奔东西。

第二天凌晨，他检阅他的部队，发现只剩下了2600人，这不过是他部众的十分之一。

"他妈的！"别里古台骂了起来。铁木真铁青着脸，让人检查辎重，很快就有人告诉他，几乎没有。要么被扔到战场上了，要么被一些人带走了。

铁木真的脸如铁片一样，没有任何表情。他召开会议说："现在一是缺少粮草，二是王汗如果追击，我们会全军覆没。所以，我们分为两支，主儿扎歹和忽亦勒答儿领1300人沿合勒河（今哈拉哈河）东岸前进，我领1300人沿西岸前进。我们只能靠围猎为生，如果长生天保佑，风平浪静后，我们再会合。"

没有别的办法，大家都同意了。

铁木真安排完后，走进临时的帐篷，他的战友们围过来，听到了他一声悲伤的叹息。合阑真沙陀之战是铁木真自上战场以来打得最惨的一战，毕竟他面对的敌人是草原世界的霸主王汗，他现在还活着，就已经是万幸了。

他叹息之后，帐篷里静得如墓道，似乎每个人都不呼吸了。长久之后，铁木真仿佛浑身充满了力量，站起来对战友们说："咱们要反击，不能如落水狗一样四处乱跑！"

战友们惊愕："用什么，用唾沫吗？"

"对！"铁木真眼睛看着地，发出幽蓝的光，"就用唾沫，我要用口水反攻王汗！"

反攻王汗

铁木真说他要用口水反攻王汗，其实是给王汗等人传递口信。可以说是诉状，也可以说是质问书。他让人给王汗传口信时虽然竭力保持着冷静，但还是把诸多悲愤感情掺杂了进去。王汗背信弃义让他损失惨重，这不仅包括他的部队大量减员，还包括他亲人的失踪。第三子窝阔台在撤退中丢失，让他心慌意乱了很久。一天后窝阔台回到他身边时，他几乎喜极而泣。他的弟弟合撒儿像被大地吞噬了一样，无影无踪。

这一切都是王汗背信弃义造成的，他现在虽然还不能用武力讨回公道，却不能闷声不响，他必须要在道德上赢回一局。

在向王汗传递诉状之前，他一退再退，一直退到大兴安岭森林深处，这已不是蒙古草原地域，他居然被赶出了草原。直到几天后他确信王汗已撤兵，才从森林里冒头，小心翼翼地来到了弘吉剌两个分部的地盘。

他和部下们商议说："弘吉剌部向来靠美女生存，战斗力不强，所以我们应该能招降他们。如果他们不同意，我们就进行攻击。"

他派两人去弘吉剌部传他的话：咱们是亲戚，亲戚之间不应该厮杀，可如果你们不让我在这里休养生息，那只能厮杀。

两个弘吉剌分部召开紧急会议，商量来商量去，最终同意双方友好，因为铁木真现在虽然是落汤鸡，可他们弘吉剌也不是什么厉害的鸟。

铁木真收编了这两个弘吉刺部后，就抵达贝加尔湖东面的董哥泽休整军队，这里是个丰美的草场，完全是上天赏赐给他的礼物。

直到此时，他才真正安静下来，派出到克烈的使者，传递他的话。他对王汗说："我们正住在董哥泽这里。这里的牧草丰美，我们的马吃得肥肥的，比猪还肥。"

这句话是明示王汗：你来，我就奉陪，而且有实力奉陪。

接下来，他开始充满感情地倾诉："我的汗父啊，你为什么嗔怪我、威胁我呢？如果我有什么不对的地方，你尽可以教诲，用不着大动干戈地毁坏我的产业。你为什么不让你的不肖之子和不肖儿媳安心睡觉呢？"

王汗听到这样的话，脸色发红，眼神游移。

使者接着传达铁木真的话："您难道忘记我们之间的誓约了吗？你说绝不让人离间我们，可事实证明，您违背了誓约。如果你真的怀疑我的忠诚，为什么不找我当面质问，而是举起棍子就打我？您不知道我们现在就好像是车的两辕、两轮吗？一个辕子断了，牛就不能拖拽；一个轮子坏了，车就不能行进。"

紧接着，铁木真说了他和父亲对王汗的恩情，这些恩情如太阳和月亮，永远高挂在草原世界的天空，人人一仰头就能看到。

说完他对王汗的恩德，他冷不防地反问："汗父，您对我有什么恩德？"

铁木真的质问让王汗险些从椅子上栽下来。他满头是汗，懊悔万分，如果当时有人给他一条鞭子，他会立即脱掉上衣，用鞭刑来自我惩罚和审判。

他站起来，左右寻找，似乎在寻找鞭子，可最终找到的不是鞭子，而是一把匕首。他咬起牙齿，用匕首割破小指，血扭扭捏捏地流到事先准备好的小皮桶里，他对使者说："回去告诉铁木真，如果我以后再生异心，就让我血流不止，去见上帝。"

使者追问："我们成吉思汗问您，将来如何处理咱们之间的关系？"

王汗顾左右而言他，说："去问桑昆吧，这事都是他惹出来的。"

使者说："正好，铁木真大人也有话带给桑昆。"

铁木真带给桑昆的话是这样的：我是汗父有衣而生的儿子（义子），你是汗父裸衣而生的儿子（亲子）。汗父把我们两人同样看待，你却离间了我和汗父。现在你不要让汗父忧愁，早晚出入，要叫他称心如意。你难道想在汗父活着的时候夺取汗位？你这样做只能让汗父伤心。你如果觉得我说得不对，可以派使者来解释你的行为，我给你机会。

桑昆的反应和王汗迥然不同，他冷笑说："铁木真装什么大尾巴狼，居然还教训起我来了，以为我看不出他的狼子野心吗？告诉你，要战就战，别废话。你我不共戴天，此生改变不了！"

铁木真的使者又悄悄地找到阿勒坛等三位蒙古亲王，言辞激烈地说："别人想要干掉我，我能想明白，你们要干掉我，我打破头都想不明白。当初咱们推举可汗，我让你们其中的一位来当，你们都推辞，非要选我。选了我之后，你们发誓效忠于我，可现在却背叛了我。我告诉你们，你们现在效忠王汗是危险的，王汗喜怒无常，连我这样忠心耿耿的人都被他厌烦，你们不久之后的命运更不必推测，千万别等到那时再来找我。"

铁木真又苦口婆心地说："咱们都是蒙古人，不能让克烈人侵夺咱们的地盘，如果真的那样，那你们就是蒙古部的千古罪人。"

这席话让阿勒坛和忽察儿羞愧万分，不过他们和铁木真积怨已深，纵然不在王汗这里，也不会去投靠铁木真，他们渐渐有了另立山头的打算，并在不久之后付诸实践。

铁木真的使者最后找到札木合，冷嘲热讽："你用黑心离间了我和汗父。以前我们同在汗父那里时，你我二人说好，谁起得早谁就用汗父的杯子喝马奶，你妒忌我，因为我常常起得比你早。现在好了，你可以一个人自由地用汗父的杯子痛饮了，看你能喝多少。"

札木合极度郁闷，因为自从王汗责备他不该逃跑后，已经疏远了他，他再没有机会用王汗的杯子喝马奶酒了。

铁木真用口舌反攻了王汗和他的同伙，这场口舌进攻是圆满的，它让王汗在对他的态度上暧昧不明，让阿勒坛、忽察儿、札木合开始猜忌王汗，并在不久后，发动了一场政变，双方的合作关系彻底破裂。唯有桑昆矢志不移，要和铁木真作对到底，然而在调动军队上，他显然受到王汗模糊态度的左右，已不能像从前那样随心所欲。

铁木真向诸位传递信息的一个月后，札木合、阿勒坛和忽察儿在山坡上欣赏风景。风景不如画，一阵凛冽的寒风吹下落叶，纷纷洒洒。

札木合咀嚼着铁木真那段冷嘲热讽，深恨王汗。在有心机的人看来，札木合始终想顶替铁木真做王汗的义子。但王汗好像从未拿他当回事，尤其是合阑真沙陀之战后，王汗简直就把他当成空气了。阿勒坛与忽察儿也在咀嚼着铁木真对他们说的那段话，越咀嚼就越觉得王汗反复无常。一番讨论后，三人决意反叛王汗，约定在黑夜进入王汗的帐篷，挟持他以令桑昆。

但在敌人内部计划事情，泄露的概率很大。王汗很快就发现札木合三人鬼鬼祟祟、神秘兮兮，于是派人调查。当他发现这个惊天秘密后，迅速调兵准备把三个狼心狗肺的家伙杀掉。札木合等三人也事先得到消息，匆匆逃出克烈部投奔乃蛮去了。

而蒙古另一位亲王答里台却和三人采取了相反的方向，投奔铁木真而来。他找铁木真找得好苦，正是以人类发现新大陆的毅力和勇气跋山涉水，历尽千难万险才找到了铁木真。

铁木真向他伸出友谊之手，并向长生天发誓，他会待答里台如从前一样好。

答里台为铁木真不计前嫌而感动得老泪纵横，为了立功赎罪，他单枪匹马跑到豁罗剌思部和该部首领谈天气谈马匹，最后谈到部落的命运，在他的鼓动下，豁罗剌思部终于相信，跟着铁木真走才是正途，才是让他们部落能名垂史册的唯一方式。豁罗剌思部投靠了铁木真，然而铁木真很快就让他们失望了一回。

这次其他人的失望和铁木真的兴奋前后脚而来，兴奋是先来的：合撒儿回来了。

合撒儿在那场惨烈的合阑真沙陀之战的撤退中，突然迷路，居然跑到了王汗的营地前，他和家人都被王汗活捉。王汗试图从合撒儿身上找到彻底击溃铁木真的方法，他对合撒儿说："草原人人都知道你想代铁木真称汗，现在机会就在眼前，只要你和铁木真为敌，以后蒙古的可汗就是你的了。"

王汗这句话，应做一简要补充。合撒儿是个有主见、有能力并有野心的人，在他的哥哥铁木真的兴起过程中，他居功至伟，由此就产生了一种傲慢心和嫉妒心。铁木真第一次击败各部落小联盟之后，草原世界就流传着这样一段话：主儿勤部的首领想当可汗，却没有这个福分；札木合用纵横士的诡计推进的事业，屡屡失败；合撒儿倚仗自己的力气和神射，有称汗的野心，但也不可能成功；只有铁木真，具有称王称霸的相貌、气派和魄力。毫无疑问，他一定能够成就霸业。

这个流言或者说是预言，在预示铁木真必成大事的情况下，拿出了几个野心勃勃的人和他对比，这其中就有合撒儿。

王汗大概也是因为这段话，想到了用合撒儿来对付铁木真。然而在功利和亲情面前，合撒儿用君子风度回绝王汗：纵然我要称汗，也不必靠别人的力量，我要凭自己。

王汗大失所望，正当要放弃合撒儿时，合撒儿突然来找他，说："我想通了，我可以回到铁木真身边，用计谋把他骗进您的埋伏圈。解决他之后，我是蒙古部的可汗，铁木真如何对您忠心，我就对您如何忠心。"

王汗又高兴起来，释放了合撒儿，让他去"勾引"铁木真。合撒儿只身一人离开克烈部，靠在路上吃野兽的尸体和树皮草根终于找到了铁木真。此时，他已皮包骨头，不成人样。

他带回了不好的消息：桑昆正集结克烈部主力，随时准备进攻董哥泽。

铁木真一咬牙一跺脚："继续撒！"于是他们就来到了后来成为蒙古历史圣地的班朱尼河（今克鲁伦河下游一带）。面对铁木真仓促的后撤，豁罗剌思部心里凉了半截，他们和其他部落的人说："我们跟随铁木真可不是为了跟着他逃亡的。"众部落的人异口同声说："如果总是逃亡，何必跟着他，咱们自己也能逃！"大家意见一致，于是一哄而散。

所以当铁木真抵达班朱尼河时，只有19名将领跟随着他，他面对班朱尼河和眼前的19人，不由发出了悲伤的感叹：又回到原点了！

共饮班朱尼河水

1203年夏天，铁木真在班朱尼河感叹命运多舛时，一阵暴雨突然袭来，如同鸟蛋一样大的雨点把成吉思汗和他的战友们拍得哇哇怪叫。

少年时代的苦难和绝境重新回到铁木真的脑海，不过和从前一样，在面对苦难和绝境时，铁木真感叹完毕就恢复了自信。他和他的战友们说："风雨总会过去，阳光一定会来，长生天始终站在我们这一边！"

这是精神食粮，它和物质食粮是两码事。铁木真和他的战友们面对的是一片苦海：班朱尼河虽然称为"河"，其实只是几个烂泥坑，幸好他们人少、马匹少，所以水勉强够喝。至于吃的，他们是上顿不接下顿。

有一天，他们围坐一起开会，马儿皱着眉头在喝水，夏天的酷热袭来，他们光着上半身，大谈特谈草原世界的形势和格局。这是一幅异常滑稽的画面，如果有人从他们身边路过，听到这些衣衫褴褛者的谈话，肯定认为他们疯了。

铁木真激情四射，鼓舞大家的士气，他说："虽然现在没有多少人，但凭我多年来在草原世界的影响力，只要我一有动静，马上就有人跟随而来。"

刚刚投奔他而来的穆斯林商人阿三念了声"真主"说："我相信你，虽然我来的时间不长，但我从你身上看到了力量和前途，你就是'真主'最欣赏的人。"

札八儿是西域人，几年前千里迢迢来到蒙古草原，见到铁木真，深深地被铁木真的人格魅力所吸引。他的眼珠一动不动地盯着铁木真，手握得紧紧的，给人的感觉是，只要铁木真一声令下，他就能把班朱尼河的水喝光。

木华黎和博尔术等人接着阿三的话说："我的可汗，长生天保佑您，您有什么计划就说吧，我们誓死跟随您左右！"

铁木真说："我和合撒儿商量了，有个非常好的计划，可以击败王汗、消灭克烈部。"

大家乱哄哄起来，因为击败王汗、消灭克烈部在此时好像有点扯淡。除非他们有万夫不当之勇，有钢铁不死之身。

铁木真用手势制止了他们的互相议论，说："我说过，只要我们有所动作，就会有很多离开咱们的部落重新归来。我对此很有信心。"

众人又乱哄哄起来，铁木真又打手势让他们停止议论，但没有说话，而是看着泥坑那边，眼睛放着绿光。众人都顺着他眼神的方向看去："我的长生天！"一匹野马正在那里望向这边，眼睛里满是同情。

有几个人已经站了起来，直吞咽口水。好多天来，他们没沾到一点荤，快成兔子了。铁木真悄悄地下达了围攻的命令，所有人，包括体格单薄的阿三都拿起了弓箭。他们分散开，从八个方向悄无声息地接近了野马。

那匹野马好像没有意识到危险迫在眉睫，居然满怀深情地望着这群垂涎三尺的健儿们。合撒儿最先接近，已把箭搭在弦上，凭他的射术，野马已注定是囊中之物。可当他拉满弓要射出时，野马突然动了，这一动就如子弹出膛，众人只感觉眼前起了一阵风，那匹野马就从阿三身旁飞掠过去，消失得无影无踪。

阿三已是魂不附体，呆若木鸡。

众人大失所望，唉声叹气。铁木真勒紧裤腰带，说："不要紧，野马的肉很难吃，比金国的酸菜还难吃。我们还是去搞点树皮来。阿三，你不是还有几张狐狸皮吗？拿出来吧，把毛拔掉，据说狐狸皮很有营养。"

阿三哆嗦着，去拿他的狐狸皮，这些狐狸皮是他准备换些貂皮和松鼠皮的，可他来得不是时候，所以他的狐狸皮从硬通货变成了食物。

第二天，他们又围在一起开会，商议如何对付王汗，会议开到一半时，合撒儿突然"嘿"了一声，看向远方。众人都随他的眼神望去，都"嘿"了起来：昨天跑掉的那匹野马又在原地出现了，不差分毫。

众人哪里有心思开会，都爬起来，要第二次捉野马。铁木真拦住合撒儿说："它太狡猾，我们靠不近，你觉得箭能射到它吗？"

合撒儿估算了下距离说："可以，不过距离太远，射不死它。"

铁木真说："没关系，它受伤后跑不起来，我们就能捉到它了。"

合撒儿取出弓，搭上箭，稍稍瞄了一下，一箭射了过去。那匹野马嘶鸣了一声，甩了甩脑袋，大家都知道，中了。让他们惊讶的是，野马没有跑，而是在原地不动，仍然看着他们。

这一挑衅让众汉子发了怒，大家发声喊，如流氓打架一样蜂拥而上。野马仍然没有动，这群人拔出刀，向野马浑身上下捅去，野马也没有嘶鸣，倒下的时候，眼睛睁着，同情地看着他们。

没有人去想这匹野马的怪异之处，他们马上剥皮，割肉烧烤。吃得几乎撑破肚皮了，众人才打着阵阵酸味的饱嗝跑到班朱尼河边打水喝。铁木真就在这时，举起他的杯子对众人说："今后必与诸将士共甘苦，如违背此誓言，将和这臭水沟一样被人唾弃。"说完，他自己先喝了一口，然后交给身边的人，大家都轮下去，到最后一人时，杯子里就剩了一摊泥。

众人喝完后发誓说，将永远不离开铁木真。

这就是蒙古历史上的"班朱尼河盟誓"，这19人后来成了铁木真的核心力量，由此被称为"班朱尼河派"。

共饮班朱尼河水后，铁木真与合撒儿制定了取王汗的策略，这个策略是狡狯而不光明的，它是铁木真经历多次王汗背信弃义后的"幡然醒悟"和"以毒攻毒"。

铁木真已清醒地意识到，不干掉王汗，他将永远是草原世界的老二，而这个老二的位置也不是那么稳固，随时有被王汗突然犯神经病吃掉的结局。他要扭转这个结局，他要做草原世界的老大！

第五章
灭王汗，蒙古帝国出世

克烈部的灭亡

铁木真与合撒儿制订消灭王汗的计划是这样的：第一步，稳住王汗；第二步，召集部众；第三步，直捣王汗本部，实施快速机动的掏心打击。

第一步和第二步同时进行，铁木真把他的"班朱尼河派"所有人都派出去招兵买马。当合撒儿派使者到王汗那里实施第一步计划时，铁木真已拥有4600个骑兵，这在当时已是一股不小的力量，如果千里奔袭能成功，足可以把王汗的本部部队消灭。

铁木真吩咐合撒儿的两位使者说："你们一走，我们就出动。我们会在克鲁伦河的阿儿合勒苟吉等你们。"

两人不仅是出色的使者，还是高明的情报人员，在去克烈部的路上，他们探听到王汗前段时间和金国发生了冲突，据说遭到了金国的沉重打击，目前正在恢复元气。铁木真得到他们传回来的消息后，高兴地跳起来说：这正是长生天佑我，王汗的末日到了！

两人到了王汗那里，复述合撒儿的话给王汗："父汗啊，我四处寻找我的哥哥铁木真，找不到他的踪迹，我大声呼喊他的名字，听不到他的回音。我上穷碧落下黄泉，两处茫茫皆不见。我四处流浪，像个乞丐，天当被子地当床，我受够了这种生活，如果您允许，我想回到您身边和我的家人团聚，为您效劳。"

王汗听了这话，眼珠子直转，转了好多圈，他发出一声叹息，对两位使者说："上帝啊，我可怜的儿子铁木真难道真的不在了吗？合撒儿耐心地找了吗？"

两位使者按合撒儿的话回答："大概是不在了，即使还活着，恐怕也逃进大兴安岭，永远地离开了草原世界。"

王汗兴奋地流下眼泪，但他说，他为铁木真的前途而悲伤。他告诉使者："合撒儿要回来，我求之不得。我已失去了一个好儿子，不能再失去合撒儿。我派使者和你们同去，迎合撒儿回来。"

说完这些话，他抽出小刀，在小指上刺出一滴血，滴到牛角里说："带着这个去，告诉合撒儿，这就是我和他的誓约，我绝不会亏待他。"

三人第二天就上路了，王汗开始大摆筵席，庆祝铁木真的消失，整个克烈部炊烟袅袅，美酒四溅，歌舞日夜不停。

三人昼夜兼程，在一个黎明来到了阿儿合勒苟吉。王汗使者迎着东方升起的太阳望去，他不禁大吃一惊，因为他看到了铁木真的军旗，在军旗后面，无数的帐篷布满荒草地。

他大叫一声，掉转马头就跑。合撒儿的两位使者扭头就追，跑出几里路，二人终于追上了他，便故意问他："你跑什么？"

王汗使者"呸"了一口说："撒谎的家伙，我看到了铁木真的军旗！"

合撒儿使者答说："你误会了，那不是铁木真，是合撒儿。"

王汗使者根本不理他们，拼命拍打马屁股，却被从马上揪了下来，押到了铁木真面前。

他梗着脖子，对铁木真嗤之以鼻。铁木真说："你现在有两条路，一条是跟着我杀回王汗的老家，一条路就是死，你选。"

王汗使者看着合撒儿，眼里充满了火，挣扎着要和合撒儿拼命。铁木真叹息说："看来你选了死。"合撒儿抽出刀，手起刀落，这位忠诚的克烈人魂归天外。

两位使者带来确切的消息：王汗已完全丧失警惕，正在举行大型宴会，此时正是攻击之时。

铁木真下令全军上马，兼夜疾进，直奔王汗的驻地。

前锋部队一千人，由主儿扯歹率领，主儿扯歹一抵达王汗驻地，就发动进攻。王汗部队躲在栅栏后面，顽强抵抗。杀声震天，王汗在宴席上面无人色，桑昆也是六神无主。这次出行，王汗只带了本部人马，和铁木真的力量相差悬殊，况且铁木真是有备而来，一到来就发动了猛烈而迅疾的进攻。王汗卫队队长对两人说，从后面逃跑吧，我能支撑三天，足够你们跑远。

王汗和桑昆想都不想，跳上马背就逃。卫队队长顽强抵抗了三天，在伤亡惨重的情况下，举手投降。他被带到铁木真面前，毫无惧色。

铁木真问他："你还能抵抗一天，为何投降？"

他回答："我所以抵抗三天，是为了让我的主子逃得远远的；所以不再抵抗，是不想我的士兵全部战死。你要杀就杀，不要废话。"

铁木真大为欣赏他的忠诚和义气，说："我可以赐你不死，但你要做忽亦勒答儿家人的奴隶，他当初是被你的人射成重伤而死，你要对此负责。"

卫队队长说："我愿意为自己的行为负责。"

铁木真消灭王汗之战是他正确战略的结果：精心隐蔽地快速行军，完全出敌不备地发动攻击，像铁桶一样把敌人围困在峡口，虽然逃脱了王汗和桑昆，但克烈部已不存在，接下来的事就是消化这个草原世界的钢铁部落。

铁木真对克烈诸部的消化是仁慈的，这可能缘于双方多次联军，有了感情。还有一个原因，大概是他对王汗的愧疚，王汗虽然多次想吃掉他，可毕竟他没被吃掉。而最终他却吃掉了这位在他人生中最重要的贵人。王汗对铁木真的崛起有着不可低估的作用，没有王汗这棵大树，铁木真的崛起就是不可能的神话。

他把克烈部的人分化给他的功臣们，没有大规模的杀戮，甚至对王汗的弟弟札合敢不还委以重任。为了让札合敢不放下心来，他特意娶了札合敢不的长女亦巴哈为小老婆，同时还让幼子拖雷娶了札合敢不的二女儿。

不过他对亦巴哈的感情很淡薄。有一天他做了个噩梦，梦境告诉他，把这个女人留在身边会生下灾祸。于是他就从床上跳起来，让亦巴哈穿戴整齐，然后对外面喊了一声："谁在站岗？"

那天为他站岗的人是主儿扯歹，这位勇士急忙跑进来，以为发生了什么事。的确有事，但却是好事。铁木真指着亦巴哈说："我把她送给你做老婆。"

这就是铁木真，把自己的女人送给别人如同送自己的一条狗一样。主儿扯歹不敢相信这是真的，铁木真说："我以长生天的名义发誓，这是真的。我现在就为亦巴哈证身，她品行端庄，无可指摘，贞洁如初，美貌超群。"

主儿扯歹对这些评语都认可，只是"贞洁如初"不好判断。但能有这样一个尤物，尤其是可汗送给他的，他已经兴奋得发了狂。

真正为克烈部获取无上荣耀的是札合敢不的二女儿，这位虔诚的基督教徒后来成为成吉思汗家族最重要的一员，她的聪明、稳重和政治头脑在50年后为蒙古帝国确立了最后的方针，她为蒙古帝国贡献了三个可汗：蒙哥、忽必烈、旭烈兀。

当铁木真在消化克烈部时，王汗和桑昆正在拼命地逃出克烈部。王汗觉得南乃蛮是他的重生地，桑昆则认为西夏是他复国的根据地。于是二人挥泪分道扬镳，两人的命运异曲同工，都被人诛杀，只是时间不同。

王汗一路逃至南乃蛮附近，在一条河边喝了个水饱，然后趾高气扬地向附近的南乃蛮哨所走去。他告诉哨所所长，他是克烈部的可汗脱斡邻勒，最近几年，大家都称他为王汗，因为他是金国封的王。

这位所长漫不经心地打量了王汗一眼，就冷笑起来说："瞧你狼狈不堪、衣衫不整的样子，你如果是王汗，我就是太阳汗！"

王汗受不了这种嘲弄，大骂对方狗眼看人低。哨所所长自参加工作以来，从未在工作岗位上受过如此羞辱，不禁怒从心头起，抽出刀来，往王汗的脖子上一抹，一代草原世界的霸主就这样稀里糊涂地死了。王汗临死前最担心的可能就是儿子桑昆，他多么希望桑昆能活下来，至少要比他活得时间长一些。

桑昆第一次没有辜负他，他带着几个仆从在东南荒凉的沙地和碎石滩上流浪着，从一个有水源的地方流浪到另一个有水源的地方。上顿不接下顿，回首往事，往事一点都不堪回首。

他的仆从兼马夫阔客出早就看出主人已毫无希望可言，于是和老婆商量说："我们还是去投奔成吉思汗吧！"他老婆说："你跟随桑昆多年，桑昆待你不薄，此时正是他需要你的时候，你怎么忍心而去？"

阔客出冷笑："我不提他的人头去见成吉思汗就是对得起他了！"他妻子说服不了他，但又不肯和他逃亡，阔客出只好自己跑掉。桑昆第二天醒来才发现阔客出骑了他的马逃走，不禁悲从中来，徒步一百多公里，到了西夏，西夏人不收留他，他又流窜到畏兀儿人的地盘，靠抢劫为生。最后，畏兀儿人杀掉了这个强盗，直到他死，畏兀儿人才知道他就是克烈部的唯一继承人。

阔客出背叛桑昆跑到铁木真处后，铁木真听说了阔客出老婆劝阻丈夫不要抛弃主人的言语，于是给众人上课，砍了阔客出，并且命令将来有一天谁能见到阔客出的老婆，一定要重重奖赏。

这门课上完后，铁木真把目光越过克烈部向西望去，那里是南乃蛮，草原世界最后一个可以和他抗衡的部落。

在南乃蛮，拜不花被称为太阳汗。不过在札木合心中，拜不花不配称"太阳"。不但札木合这样认为，连拜不花的儿子屈出律也对父亲颇有微词。在这个青年才俊的心中，老爹懦弱得像个女人。甚至连拜不花的顶级顾问兼南乃蛮第一猛将撒卜勒黑，对他的行事作风也看不惯。

铁木真的壮大让太阳汗很不高兴，心想没文化的蒙古人居然也敢称汗，真是岂有此理，于是决定出兵灭了铁木真。

太阳汗带着撒卜勒黑找到了札木合，说出自己的计划。

札木合大笑，笑声中有欢快也有讽刺："你早该如此，不过此时也未晚。"

太阳汗请教方略。

札木合看了一眼撒卜勒黑，撒卜勒黑仰头看天，札木合也故意去顺着撒卜勒黑的眼神去看天，撒卜勒黑很不高兴，冷冷地看了札木合一眼。

札木合说："有撒卜勒黑这样出色的人物在，何必问我？"

太阳汗急了，训斥道："撒卜勒黑，你有屁就赶紧放，这是咱们乃蛮国生死存亡之时。"

撒卜勒黑咳嗽了一声，说："找汪古部结盟，西南夹击铁木真。"

札木合干笑两声说："试试吧，不过咱们草原世界，都是向强者靠拢，汪古部未必能成为盟友。而且，汪古部和铁木真还都是金国的爪牙。"

撒卜勒黑插话说："我们和汪古部都是上帝的子民（两个部落都信仰基督教），上帝的子民都是紧紧团结在一起的。"

札木合对这句话无法反驳，因为他不是上帝的子民，他也不知道上帝的子民是否真的如撒卜勒黑所说，在危机时刻会团结在一起。他只是摇头叹息："此事要从长计议。"

太阳汗盯着他看了一会儿，装出恍然大悟的样子："札木合，你是不是被铁木真吓破胆了？"

铁木真的布局

太阳汗派到汪古部的使者是个足智多谋的人。和蒙古部派遣的使者只带一张嘴去不同，太阳汗的使者是带着太阳汗书信去的。这是因为乃蛮有文字，蒙古人没有。

汪古部首领热情地接待了大国使者，使者递上太阳汗的书信，首领惭愧地低下头说："您还是把书信内容说一遍吧！"由此可知，汪古部虽然离金国最近，但文明程度也不高。

使者便开始朗诵书信内容："东边少数的蒙古人嚣张起来，出了一个新的什么成吉思汗。上帝早就说过，天上可以有太阳有月亮，但地上却不能有两个可汗。我想请你作为右翼，出兵助我，我从这里出兵，把那个狗屁成吉思汗打翻在地。"

首领倒抽一口凉气，无论是铁木真还是太阳汗，现在都是大国领袖，哪个他都得罪不起。此时是考验他智慧的时候，他必须要作出选择，是和成吉思汗揍太阳汗，还是和太阳汗打成吉思汗。

这是个重大问题，可谓生死抉择，所以他必须要认真考虑，他请求给他三天时间。使者不用思考就可以得出结论：汪古部必然倒向铁木真一头，所以他第二天就偷偷地跑回了南乃蛮。

太阳汗对他的行为表示愤慨，认为他应该等到汪古部明确答复后再回来。

使者盯着太阳汗的眼睛说："那我就回不来了，您还是赶紧备战吧，咱们已没有盟友，只能靠自己。"

四天后，果然有情报传来，汪古部已和铁木真结盟。

太阳汗暴跳如雷，问使者："你是怎么预测出来的？"

使者回答："铁木真是新兴力量，在草原舞台上太活跃，所以吸引别人的眼球。而我们沉寂多年，大家都忘记我们了。任何有智慧的人都会选择铁木真，而不是选择我们。"

太阳汗撇了撇嘴："那就让我这沉寂的力量把那个狗屁成吉思汗打得满地找牙吧！"

南乃蛮古老的战争机器开动起来，轰隆隆的声音越过阿尔泰山，传到了铁木真耳里。

汪古部派使者来找铁木真时，铁木真正在一处叫"骆驼草原"的地方举行大规模围猎。他让使者观看了这场惊心动魄的体育运动。这一次中等规模的狩猎已足以把汪古部的使者震慑住，使者哆嗦着把南乃蛮的意图告诉了铁木真，并表示汪古部绝对可以成为铁木真的朋友，同时这位使者献给了铁木真一瓶酒。这瓶酒并非是蒙古人经常喝的马奶酒，而是中原特有的烧制酒。

铁木真出于礼貌，连干三杯就不再喝了。他说："此物少喝则兴奋，多喝则乱性。所以应少喝为妙。"

汪古使者想不到这个野人居然有如此强的自制力，大为惊讶，连连称颂铁木真是一等人物。善于自制是铁木真的优秀品格之一，也是其成大事的素质之一。

铁木真对使者的奉承很高兴，使者走时，他送给使者500匹马和1000只羊，让他带给汪古部最有眼力的首领。

然后，他就召开重大军事会议，商讨对乃蛮该采取什么态度。

这根本不必商量，整个草原世界，只剩下乃蛮这个强敌，不除掉它，长生天不容。不过有人说，此时马瘦毛长，不利战斗，应该等到秋天马肥时再对乃蛮发动进攻。

铁木真问别里古台有何想法。别里古台受宠若惊，因为自从那次泄密后，铁木真连续几年不让他参加重大会议，如今他重返高层会议，又被铁木真主动问询，不禁激动起来。激动之下就是热血沸腾，他说："不必以马瘦为借口，要打就马上打，不要等太阳汗来捉我们，我们要先下手去捉太阳汗。"

铁木真微微点头，这个行为给了别里古台更大的激励。他吐沫横飞地说："乃蛮美女如云，草原茂盛，硬通货多，打它抢它！"

众人都被鼓舞起来，异口同声地请求铁木真："成吉思汗，出兵吧！"

铁木真低吼一声："好！去和草原上最强大的敌人来个了断吧，迟早也要打！"

蒙古人所以如此坚定，和当时的形势有很大关系。太阳汗正在欢迎草原世界上铁木真的一切敌人，被铁木真击败的泰赤乌部残余、蔑儿乞部残余以及札木合和他的两个战友阿勒坛、忽察儿都成了太阳汗的座上宾。铁木真担心的是，一旦给敌人时间，这些曾经的败将会死灰复燃。

不知从什么时候开始，他对敌人所采取的态度就是四个字：斩尽杀绝。

在和乃蛮开战之前，铁木真采取了以下几项紧急措施。

第一，重建"十进位制"的作战单位，铁木真消灭塔塔儿人后建立的"十进位制"作战单位被王汗一阵乱打，最后剩下了几十个人，"十进位制"名存实亡。如今，他元气恢复，"十进位制"也就随之恢复了。

第二，建立参谋部，参谋部由六人组成，称为"扯儿必"，他们由一名将军统帅，平常担任护卫，联络战事，传达命令，出谋划策，派部队作战。

第三，建立特种部队（巴特尔军），在战时用于关键时刻打硬仗、打恶仗的一支或数支部队，他们其实就是敢死队。

第四，建立护卫军（怯薛军），从军队中挑选力大无穷、忠贞不贰的人组成的军队，战时在铁木真前面列阵，平时则在铁木真帐篷前护卫。

第五，制定了"进如山桃皮丛，摆如海子样阵，攻如凿穿而战"[1]的军事原则。

为了在战场上快速有效地运用这条军事原则，铁木真又把军队分为前军、中军、左手军、右手军、殿后军五军之庄严阵式，由此把蒙古军改造成了一支高度集中统一、富有强大战斗力的军队。

1204年春末夏初，铁木真把整顿后的军队带到克鲁伦河下游，在一个酷热的日子，他举行了庄严的出征祭旗仪式。铁木真的出征祭旗仪式庄严而残忍：部队整顿完毕后，九名身着盔甲、背弓箭的勇士牵来九匹瘦马，分别拴在九个木桩上。铁木真则全副盔甲站在高大的可汗战车上。一阵震荡大地的号角声完毕，铁木真拔出佩剑，猛地向天一指，站在九匹马旁边的勇士用砍刀迅疾砍下半边马脸，九股马的鲜血犹如喷泉冲天而起。马上就有人象征性地来到每匹马前接一点马血涂抹到军旗上，祭旗仪式结束，军队出动。

铁木真大军沿着克鲁伦河逆河而上，浩浩荡荡向西进发。沿途芳草萋萋，百花点缀，淡紫色的百里香和洁白无瑕的繁缕向他们露出微笑。

铁木真出发的同时，汪古部已按约定从老营向西北进发，目的地是土拉河南岸，南乃蛮的南大门。

铁木真布局的同时，太阳汗也在布局。他集结了三倍于铁木真的精锐兵力，向东进发；另用一支偏师向东南各盆地推进，首先占领了军民便于协同作战和支援作战的有利地形。

两位草原世界的强人都感觉到了大战在即的天摇地动。

铁木真先采取行动，派出奸细到乃蛮部传播蒙古军的强大，动摇其军心，瓦解其意志。这些奸细在南乃蛮部信口开河道："铁木真是少有的天才军事家；

1　进如山桃皮丛：要像灌木丛那样分小队低姿势联络前进，使敌人看不清有多少人；在攻击时，四处开花，让敌人难以应对来自一个方向的攻击；完成攻击后，各小队向四方疏散，敌人被击伤却又无法有质量地还击。

摆如海子样阵：主要应用于进攻上的军事原则。在被包围后，各个单位开始发动进攻，由前面一长排士兵放箭，随即又由下一排士兵取而代之。他们就如同波浪般打击敌人，快速出现，随即又快速消失，返回后方之后又组成另一波攻击，每波轮流上阵，永无休止。

攻如凿穿而战：集中优势兵力组成一个"凿子阵形"的尖头分队深入敌人纵深，使进攻者得以把最大的力量集中到一点上。

这三条原则是互相联系、浑然一体的，它们是成吉思汗兵法中最重要的原则。铁木真之所以能征服世界，其战术思想的灵活高超是原因之一。在其后来的征战中，这三条原则已成为他的杀手锏，只是在形式上有所变化，灵魂始终未变。

他是个智多星式的活阎王；他的部下都是地狱的使者，看你一眼就能让你的兵器落地，对你吼一声，你的人头就离开肩膀。"这些谣言在南乃蛮军中如瘟疫一样传播，军心摇晃，甚至连太阳汗本人都对这些话不寒而栗。心理战取得了预期的效果，铁木真命令前锋部队前进。

前锋部队指挥官哲别和忽必来马上出发，先派出数批小分队侦察，秋天黄叶飘零时，他们抵达太阳汗设置的前哨站。

哲别先对这个前哨站发动了侦察性攻击，太阳汗的军队勇猛反击，哲别命令后撤，敌人没有追击。他们捉到了一个蒙古军官，这名军官没有引起他们的注意，倒是他的坐骑让乃蛮人目瞪口呆。那是一匹耷拉着脑袋、肚子干瘪、可怜兮兮的瘦马，轻轻一推，就能倒地。

前哨站站长把这个大好消息报告给了太阳汗，太阳汗看着那匹奄奄一息的瘦马，半信半疑。他问札木合："铁木真这人是不是诡计多端？"

札木合眨眨眼睛，想起自己多次败在铁木真手下的事实，面临回答的两难境地。如果他说铁木真诡计多端，那可能会灭了太阳汗的威风，但如果他否认铁木真诡计多端，那么，他败给铁木真就是耻辱，无疑，这是间接贬低自己。

最终，面子战胜了复仇，他回答太阳汗："铁木真就是诡计多端，不然我怎么会败在他手下？你一定要小心，这匹马可能就是个诱饵。"

札木合话音未落，一声冷笑从太阳汗身后传来，这让太阳汗多日来绷紧的神经突然断裂，他大叫一声，转身搜寻冷笑的出处。一张英俊秀气的脸就出现他眼前，他的儿子，乃蛮国的第一美男屈出律嘴角挂着讥讽的笑容看着他。

他说："儿子，你吓我一跳。"

屈出律继续冷笑，不过这次却看着札木合："有些人被吓破胆了，把芝麻说成西瓜。老爹你怎么也跟着这种人起哄？铁木真到底厉害在哪里？我恨不得现在插上翅膀到前线去领教一下。"

札木合没有恼怒，好像锐气全无了："铁木真的确就是诡计多端，手下猛将如云，你们不可小觑。"

撒卜勒黑也夸张地笑起来："太阳汗，下令吧，我要去前线把铁木真的头颅拿来！"

这种话使我们看到这样一幅情景：铁木真的脑袋就在撒卜勒黑的腰带上挂着，如果太阳汗想要，他就能把它摘下来扔给太阳汗，就如同扔一条羊腿。

太阳汗审视着撒卜勒黑，发现他腰上没有铁木真的人头，不由得叹息一声。他说："札木合和铁木真较量多次，有丰富的经验，我们应该听他的建议。"

屈出律再度冷笑，撒卜勒黑看着自己的腰，好像铁木真的脑袋真的在他腰间挂着。

太阳汗捏了捏鼻子，咳嗽了一下："再等等，看看情况。"

情况很快就发生了变化，铁木真召集会议，说了一下战况，问大家下一步该怎么办。

一名参谋说："我们的兵少，而且远道而来，人疲马乏。可先在这里驻扎，喂饱战马，然后再发动进攻。"

铁木真问："如果太阳汗现在进攻怎么办？"

另一名参谋说："用计稳住他，不让他进攻。"

这个计策就是"火光计"，铁木真命全军星散，每人点起五堆火，篝火铺天盖地，火光冲天。

如果让汉族人来说，这一招叫"增灶减兵"，恰好和《孙子兵法》的"增兵减灶"相反。增灶减兵是示强，增兵减灶是示弱。可见，只要掌握了计谋的精髓，运用起来是随心所欲的。

乃蛮侦察兵马上报告太阳汗："铁木真的人马实在不少，夜间燃起的篝火，比天上的星星还多！"

太阳汗颓唐地一屁股坐回椅子里，身下的虎皮发出"喵"的一声。

太阳汗的步步高

如你所知，太阳汗得到铁木真人数众多的情报是假的，针对这一假情报，他在札木合的帮助下制订出了战略计划——进行试探性攻击，把他们引诱到阿尔泰山山麓，集中全部兵力在此突然反击，这叫斗狗战术。

这个计划看似平淡无奇，实际暗藏玄机。太阳汗的战马现在正是肥胖之时，铁木真的战马瘦弱不堪，如果真能成功引诱铁木真，那铁木真以瘦追肥，必然疲惫不堪，当他疲惫不堪时，掉头揍他，输赢就显而易见了。

屈出律大叫起来："铁木真根本就没有这么多兵，他这是在故弄玄虚。父亲您怎么像个女人一样这般害怕？"

撒卜勒黑火上浇油："我的可汗，我想到了您的父亲。您的父亲从来不让敌人看到他的后背，这是因为他从来不逃跑，不退缩。早知道您这样懦弱，还不如让皇后古儿别速来统帅军马！"

太阳汗的脾气不知为什么变得那么柔和，面对两人的嘲笑，他反击道："你们两个人不要说大话，到了战场上，你们两个未必争气。"

撒卜勒黑老羞成怒，撸胳膊挽袖子，在原地直转，转了一会儿，他就冲出帐篷，骑上马跑了。屈出律"扑通"跪在太阳汗面前："父汗，开战吧！"

太阳汗咬着下嘴唇，看向札木合。札木合仰头望着蒙古包的圆顶，太阳汗又去看阿勒坛和忽察儿，两位蒙古亲王抻长了脖子，看着札木合。

太阳汗颓唐地说道："那就打吧！"

第二天，太阳汗放弃了正确的且战且退、诱敌深入、突然反击的"斗狗战术"，下令全军渡河，与蒙古军开战。

铁木真完全想不到太阳汗真的会来，高兴之余也有担心，因为和太阳汗的马相比，他的马的确有点形销骨立。可人家既然来了，就必须要热烈地"欢迎"。

铁木真调兵遣将开始布局。他本人率领先锋军和特种部队巴特尔军在第一梯队，合撒儿率领中军在第二梯队，第三子窝阔台率领右手军、忽必来率领左手军实施迂回包围，殿后军由则由他的幼弟帖木格率领。

这个战术布局已构成了向乃蛮军实施宽正面、多梯次的纵深突袭。当铁木真的先锋部队和特种部队猛烈向太阳汗的战线冲击时，乃蛮军队无法抵抗，纷纷后撤，一直撤到了纳忽山脚下，太阳汗下令沿山麓列阵，抵御铁木真。

铁木真的先锋部队和特种部队先发起进攻，哲别、忽必来、者勒蔑、速不台如狼似虎地冲击太阳汗的防线，山摇地动。太阳汗手微微颤抖，指着这四个狂兽级别的人物问札木合："他们是谁？"

札木合采用极度夸张和隐晦的手法回答："他们就是铁木真的四条狗。平时用铁索拴着，战斗前用一点点人肉喂食，激起他们的兽性。他们打遍天下无敌手，您仔细观察他们，他们的额头是青铜所铸，口是钢铁所成，舌头如锥子，心比石头还硬。他们的眼里除了人肉外没有他物，就比如您吧，虽然是个活人，可在他们眼里就是一堆会喘气的肉。"

太阳汗哆嗦起来，说："我看咱们还是远离这些家伙吧。"说完，就从山脚退往山坡。当他感觉安全了，又去观察战场。此时的战场，形势对他极为不利。他的第一道防线已支撑不住，正在崩溃。他看到猛烈冲击防线的敌人中，有两支分队骁勇异常，就如同镰刀割麦子，横扫一大片。

他不由得再度发抖起来，问札木合："那两支如马驹般活跃，如狂风般嚣张的是什么人？"

札木合"啊呀"一声道："这您都不知道吗？他们就是我们蒙古人三大超级打手的两个，兀鲁兀部和忙兀部！"

太阳汗右眼皮直跳："他们有多厉害？"

"他们一天不打仗，浑身就发痒，一天不杀人，眼睛就红肿。他们能把世界上最厉害的勇士打翻在地，骑到上面撕扯着耳朵、鼻子大吃。他们能轻易地把世界上最厉害的勇士的脑袋割掉当球踢，抢夺别人的财产就如同拿自己的东西一样。"

太阳汗左眼皮也开始跳起来，声音发颤地说："那还是离这些家伙远点吧。"

说完，他从山坡后撤到半山腰，下令尚存的三道防线同时后撤。

屈出律当时正在左翼，看到父亲和札木合在一问一答，问答结束后就后撤，实在有些莫名其妙。他派人提醒太阳汗，别再后撤了，此时应该居高临下反冲锋。千万不要让敌人死咬住咱们，使咱们发挥不了高处的优势。

太阳汗回话说："你懂个屁，敌人太凶猛，我们用后撤步步高的方式消耗他们的力量，当他们力量用尽之时，就是我们反击之时。"

用兵如神和用兵如猪的区别正是屈出律和太阳汗的区别，也是铁木真和太阳汗的区别。铁木真发现太阳汗连续两次后撤，大喜若狂。在进攻前，他就担心太阳汗会利用地势反攻，所以他要求所有部队死死咬住乃蛮军，千万不要给乃蛮军留下反击的空间和力度。

太阳汗的两次撤退让他看到胜利就在眼前，他亲自指挥特种部队死死咬住敌人，敌人后撤一步，特种部队就前进一步。人类战争史上从未有过这样的场景，低处的军队把高处的军队打得直后退。

太阳汗看到一人从山下猛冲上来，盔甲鲜亮，怒目圆睁。他问札木合："此人是谁？为何我一见到他连咳嗽都不敢？"

札木合两眼放光，不知是兴奋还是仇恨，他提高嗓门喊道："他就是我的安答铁木真，他的身体是熟铜所铸，用锥子都刺不进，他的骨骼是坚铁所成，连针都刺不进。"

太阳汗屏住呼吸，认真观察铁木真，不由得暗自赞叹："果然具备可汗气质啊！"

札木合的话像开了闸的洪水一样："我安答铁木真就是一只饥饿的雄鹰，扑他的任何对手都像是扑兔子。您不是豪言壮语过，如果有蒙古人来到你面前，你会把他们烧成灰吗？如今他来了，你看怎么办？"

太阳汗还未答话，早在他身边站立许久的屈出律大吼一声："札木合，你扰乱军心，我砍了你！"

札木合闭嘴不言，用挑战的眼神看着脸色铁青的太阳汗。

屈出律气吼吼地指责太阳汗："父汗你怎么如此懦弱，居然说看到铁木真都不敢咳嗽，难道他铁木真是止咳丸？他不过是血肉之躯，你怕他做甚？你如果下令，我现在就冲下去把他活捉来，送到你面前，你把他烧成灰。"

太阳汗的胆好像被吓破了，嘴里渗出苦涩的黏液："刀兵无眼，岂是儿戏，赶紧后撤。"

乃蛮军的防线再度后撤，此时只剩下两道防线，震天的杀声中，整个山体都摇晃起来，太阳汗扶着札木合站稳，懊恼异常的屈出律不由得发出阵阵冷笑。太阳汗似乎根本没听到儿子的冷笑，因为他被战场上的另一人吸引了，那人正在如变戏法一样地射箭，指哪射哪，潇洒凶狠的劲头让人叹为观止。

他指着那位神射手问札木合："此人是谁？"

札木合回答："这就是大名鼎鼎的神射手合撒儿，你看他身高三丈，一顿饭能吃一头三岁的牛，披挂三重盔甲，架着他那三头犍牛才能拉动的战车来了。你看你看，他正在吞噬你的士兵，一口一个。你看你看，他射出的箭能把山后的人射穿。伟大的合撒儿来了，哎哟！"

屈出律再也不能忍受札木合的胡说八道，他一拳挥过去，目标当然是札木合胖大的脸。可拳头在半路上被另一个拳头拦住了，这个拳头圆咕隆咚，像个小西瓜，两个拳头一撞，屈出律感觉胳膊发麻，不由得倒退几步。小西瓜拳头的主人正是撒卜勒黑，他才把屈出律击退，马上转身对太阳汗说："现在不是起内讧的时候，应该下达反攻令。"

太阳汗已是六神无主，突然看到战场上起了一阵旋风，旋风过后，一个粗大的汉子正挥舞着大刀跳跃着砍杀。太阳汗从嗓子眼里蹦出字来："这又是谁啊？"

札木合看了一眼，说："这是铁木真最小的弟弟帖木格，此人平时虽然懒惰，早睡晚起，可打架时从不落人后，有他的地方就有死尸。"

太阳汗魂飞魄散，发布他此生中最后的一道命令："后撤！"

他已到达山顶，乃蛮军的预备队已从山顶后撤到了后山腰，屈出律看着漫山遍野的蒙古人，长叹一声，掉头回到他的左翼，他等待一个机会，一个逃跑的机会。

札木合见太阳汗已如死人，也长叹一声，他观察了下四面八方，发现现在逃跑还有生路。于是，他二话不说，离开如一摊泥的太阳汗，来到阿勒坛和忽察儿军中说："太阳汗是个废物，被我几句话就吓得连连后撤，我们赶紧走吧。"

阿勒坛和忽察儿也这样认为，三人从后山腰逃跑前，札木合派了一名使者趁乱到铁木真军中传他的话说："我已用胡言乱语把太阳汗吓傻了，他的士兵士气已低落到极点，胜利已经属于你。好好干！"

札木合的心态实在让人莫名其妙。铁木真是他此生最大的仇人，可他连续两次帮助铁木真。合阑真沙陀之战时，他把王汗的军队部署与进攻计划透露给铁木真；这一次，他又充当铁木真传奇的解说员，把太阳汗吓得屁滚尿流。很难想象，如果不是他在太阳汗面前胡言乱语，太阳汗就不太可能步步高，从开战之前太阳汗的决心和气势上来看，太阳汗不可能一退再退，至少应该有一次漂亮的进攻或者反冲锋。

札木合在铁木真的人生戏剧中，角色是敌人，可偶尔会客串下好朋友。如果仅仅猜测他是顾忌安答之间的盟誓，实在是肤浅之臆。札木合不是个受诺言束缚的人，也许他只是想给自己留条后路，或者以君子之心度之，他有民族荣誉感。无论是合阑真沙陀之战还是这次的战役，铁木真都处于劣势，他当然希望铁木真被打败，可不希望败得那么惨。

无论如何，他又一次或多或少地帮助了铁木真。经过一天的冲锋，铁木真的力量已到极限，当他收到札木合的情报时，黄昏来临，他下令停止进攻，把纳忽山团团围住，他要恢复力量，全歼敌人。

太阳汗的灭亡

那天夜里，太阳汗两眼无神地看着苍穹，星斗低得吓人，似乎能碰到他的头。一颗流星划过，太阳汗吓得蹲在地上抱头大叫。屈出律和撒卜勒黑认定太阳汗已不能行使独立意志，于是担当起最高指挥官的重任。他们连夜制订计划，这个计划很具威力，如果太阳汗清醒过来，肯定会吓得再度神经错乱。

计划指出，明日太阳升到山顶俯瞰山下时发起进攻，这是借助地势的俯攻，毫无悬念会得到丰厚的回报。无疑，这个计划是想还原当初的阵形。在山脚下或者是半山腰构筑防御，后备部队则绕山突袭铁木真的大营。

变守为攻的先决条件必须是兵力雄厚，南乃蛮军有这个实力，在纳忽山其他的次要山头驻扎着塔塔儿等部残余，他们一直帮助着南乃蛮，同时还有和铁木真誓死为敌的脱黑脱阿、不亦鲁黑。虽然札木合与阿勒坛逃了，但他们的兵力有限，毫不影响南乃蛮的实力。

屈出律和撒卜勒黑的计划是完美的，但二人忽视了两件事：一、经过一天的不断后撤，部队士气荡然无存；二、铁木真的应对方案。

铁木真如同未卜先知的大仙，早就考虑到了第二天敌人的反攻，所以他也制订了看上去非常不错的作战计划。

第二天太阳升起，山上所有的动物都躲了起来，连鸟儿都飞得远远的。屈出律下达了反攻命令，乃蛮军从纳忽山顶冲下山，铁木真命令军队后撤。乃蛮军一到山脚，立即组织防御阵形，铁木真不可能给敌人这样的机会，向旁边一摆手，数个梯队中的第一梯队冲了过去，乃蛮军顽强抵抗，铁木真的梯队一个接一个，永不停止永不疲倦地冲击。铁木真本人则带领敢死队直冲屈出律和撒卜勒黑的大本营，太阳汗在里面眼神空洞，神经抽搐。

铁木真的几个梯队已经冲破了敌人的防线，开始向纵深发展，并向两翼扩展战果。屈出律发现士气真的跌入低谷，他昨天的计划已无法实施，只好见机行事，命令各山头的部队来解围。

铁木真等的就是这个。合撒儿率领的中军把敌人的救援部队拦腰截断，殿后军包围后一段，左前军包围了前一段，这就是中国兵法中的"围城打援"。

这支救援军很快就被铁木真军分割包围——歼灭。屈出律和撒卜勒黑张着大嘴，眼睁睁看着救援军灰飞烟灭，却无计可施。因为他们的大本营已被铁木真冲进来的各个梯队搅得鸡飞狗跳。

屈出律在杀声震天中突然听到老爹的声音，他凑到老爹耳边，真的是老爹在说话。这位伟大的太阳汗说的是："完了，完了……"

撒卜勒黑也探过头来听，他听到的是："撤吧，撤吧……"

两人互望了一眼，不约而同地点了点头，乃蛮军后撤，又来了次步步高，黄昏时分，他们重新回到昨天黄昏时的原点——山顶。

还有什么事比迷路更倒霉的？折腾了一天，仿佛转了个圈，这次的损失是昨天的数倍，乃蛮军的败亡只是时间问题了。

不亦鲁黑踏着月色从山后爬上了山顶，他对哥哥太阳汗精神上的偏瘫深表遗憾，然后对侄子屈出律说："铁木真的确不是省油的灯，我和他打过多次交道从来就未占过上风，我看咱们还是走为上，留得青山在不愁没柴烧。"

屈出律是个机灵的人，马上认识到这是此时此刻唯一的出路。他把命令传递出去，分成若干小队攀登山涧陡崖、野兽行走的小道遁逃。

这个计划是正确的，因为铁木真已把纳忽山围得水泄不通，后山的临崖山路是唯一一条可以逃命的路。可命令下达时，乃蛮军并没有严格遵守"一队一队逃跑"的命令，他们一窝蜂地涌到临崖口，你抢我夺，结果坠入山崖无数，在漆黑的夜里，发出凄惨的号叫。

屈出律要带着太阳汗离开，可太阳汗推开他的手，说："我不走了，我已经死了。"

屈出律猛然发现，父亲在这两天时间里苍老了几十岁，叹息一会儿，掉头逃了。撒卜勒黑和一批忠诚的卫士守护在太阳汗身边，听着士兵溃逃时的骚动和山崖下面的鬼哭狼嚎。

凌晨时分，山顶上只剩下了太阳汗和他的几百名卫士。太阳在地平线后面挣扎着浮起，太阳汗格外平静地问："都走了吗？"

撒卜勒黑一脸愧疚地点头："要是听您的话用斗狗法就好了。"

太阳汗脸上露出温暖的笑容："这是命运。"

撒卜勒黑突然升腾起从未有过的勇气："太阳汗，起来，让我们去厮杀！"

太阳汗艰难地摇了摇头。

撒卜勒黑大声叫道："美丽的古儿别速正盛装等您，起来，即使我们不去厮杀，您也应该回到她身边了！"

太阳汗毫无声息，像是死了一样。英雄末路之后，就不想见从前的美人。

撒卜勒黑看着围绕的卫士们，他们神情严肃，紧闭嘴唇，脸上呈现出成为烈士的颜色。他抽出刀，刀尖指向天空，大声说："我们现在就在太阳汗面前和敌人厮杀吧，让他看着我们对他的忠心！"

太阳汗喉咙里咕噜了一声，好像是哽咽，又好像是最后一口气。

撒卜勒黑和那群卫士们在他面前鞠躬完毕，转身背对着升起的朝阳冲下了山，最后全部战死。铁木真对这种勇敢行为大为赞赏，马上给身边的人上课说："有这样的士兵，太阳汗死而无憾了。"

没有人知道太阳汗是否死而无憾，铁木真的军队在打扫战场时看到了他的尸体，在一片娇艳的罂粟花丛中，正在加速腐烂。

铁木真对这位草原世界文明之国的国王毫无兴趣，他像看待战场上的其他死尸一样看了一眼太阳汗，突然就问身边的人："听说他的老婆，也就是他曾经的小妈古儿别速还活着？"

古儿别速是还活着，而且活得很有尊严，她在高大的帐篷里盛装浓抹，在等人。没有人知道她等的是不是太阳汗，当铁木真走进她的帐篷时，人们确信，她等的人可以是任何人，只要这个人是胜利者。

铁木真傲慢地指责她："你曾说我们蒙古人连奴隶都不配做，现在如何？"

古儿别速跪下去，说："我愿意做你的奴隶。"

铁木真有点得意忘形，哈哈大笑。他站在草原世界的文明之国南乃蛮的废墟上，把古儿别速收编到自己的小老婆群中。

接下来，他毫不犹豫地锁定了这场战争的漏网之鱼们。

美女忽阑

南乃蛮的联盟除了札木合、不亦鲁黑、脱黑脱阿逃走外，其他部落都归顺了铁木真。铁木真千方百计想把太阳汗的儿子屈出律消灭，可屈出律如有神助，在铁木真多支扫荡分队的搜索下逃出生天，一直向大西方逃遁了。

1204年秋，消化南乃蛮的行动结束，铁木真兵锋指向脱黑脱阿，这个让铁木真恨之入骨的蔑儿乞首领。

脱黑脱阿抢铁木真的老婆之前的人生中只有享受，抢了之后的人生变得整日担惊受怕，警惕铁木真的复仇。多年以来，他总是铁木真手下败将，可他有坚忍的意志和乐观的心态，他坚信总有一天会反败为胜，对铁木真取得决定性胜利。

他不明白的是，现在的世界是铁木真的世界，命运之神始终站在铁木真这边。铁木真和他的军队再次展开激战，脱黑脱阿一如既往地惨败，他的部众全军覆没，他本人只带了两个儿子和少数亲信逃脱。

脱黑脱阿的又一次失败让蔑儿乞三部之一的兀洼思部彻底绝望，首领答亦兀孙决心采用美人计摆平铁木真的继续征讨。他召集部落的长老们，让他们选出一位美女送给铁木真。可长老们百般推脱，他们的理由是，铁木真现在是草原霸主，他们的女儿根本配不上他的地位，部落里只有一个人的女儿能勉强配得上铁木真，这个人当然就是答亦兀孙。

答亦兀孙搬起石头砸了自己的脚，愤愤起来，他说："我们又不是真心投靠铁木真，这是美人计，你们不是把我女儿往火坑里推吗？"

有人马上反驳："嫁出去的女儿泼出去的水，你怎么敢保证你女儿嫁给铁木真后还会心在咱们这一边。她以后或许真心跟随铁木真，享受荣华富贵呢！"

还有人讥讽答亦兀孙："你很有攀龙附凤的潜力，干吧！"

答亦兀孙垂头丧气回到帐篷中，试探他的女儿忽阑。忽阑花容月貌，更聪明伶俐，对老爹说："铁木真现在是草原霸主，我们理应向他示好，我愿意去侍奉他。"

答亦兀孙看着女儿姣好的面容，不禁鼻子一酸，他转过头去，保持着父亲的威严说："那就这样定了，以后无论发生什么事，老天保佑吧。"

忽阑要去给铁木真当小老婆，说起来容易，做起来就难了。当时铁木真大军正在四处扫荡溃不成军的敌人，到处都是战场，一片混乱。答亦兀孙费了九牛二虎之力才联系上了正在他附近扫荡的一支铁木真军，指挥官就是那位因释放主人而被铁木真看重的纳牙阿。

纳牙阿先把答亦兀孙主动献女的消息传给铁木真，然后对答亦兀孙说："此时兵荒马乱，我看先在我这里住下，过段时间太平了，再启程去见成吉思汗。"

答亦兀孙认为这是万全之策，于是把女儿交给纳牙阿后就离开了，纳牙阿把自己的帐篷让给忽阑，三天后，通往铁木真兵营的路畅通平安，纳牙阿带着美女忽阑启程了。

铁木真一见到忽阑，两眼放出温柔的光，可看到忽阑身边英俊的纳牙阿，温柔之光立失。他怀疑地问纳牙阿："怎么这么晚才到？"

纳牙阿回答："路上不太平，我让忽阑先住在我的帐篷里，所以直到今天才到。"

铁木真目露凶光："你的帐篷给忽阑住，你住哪里？"

纳牙阿发现杀机四伏，顿时六神无主。人人都知道铁木真在女人的问题上最多疑，最自私。纳牙阿扑通跪到地上说："我一心侍奉您，所得敌人的美女和良马一律奉献，从不隐匿，若有歹心，甘心受罚。"

铁木真在女人问题上，从来都是宁信其有不信其无，他命人把纳牙阿关押，准备严刑拷问。然后他就气咻咻地来见忽阑。

忽阑太美了，美得让他窒息。当她听说了铁木真对纳牙阿的态度后，杏眼圆睁说："纳牙阿是为了我的安全才延迟来此，如果不是他，我是否能安全来还是问题。可汗不必问他，我由父母所生的身体，完璧无损，请可汗一试。"

铁木真果然就试，方法当然是最原始的方法。事后，铁木真相信了纳牙阿，重重赏赐了她。而经过他亲自检验的忽阑，从此成为他最爱的女人。

伴随忽阑而来的是蔑儿乞人，他们主动归顺铁木真。由于他们没有马匹，所以铁木真要他们管理后勤，蔑儿乞人的计谋得逞。铁木真领兵出门扫荡时，他们发动了叛乱，把铁木真积攒的财物一扫而空，重新回到故土，建立防御设施，准备和铁木真顽抗到底。

铁木真的愤怒可想而知，他要忽阑替她的族人解释这一切。忽阑流下让他爱怜的眼泪，诉说自己的无辜。铁木真被她感动，暗暗发誓要把蔑儿乞人从草原上抹去。

几天后，铁木真命令一支军队突袭蔑儿乞人，蔑儿乞人虽然有庞大的物资作为根基，但在战场上仍然一无是处，他们很快被击败，铁木真把活下来的蔑儿乞人拆解，分到各个将领手下充当奴隶。

脱黑脱阿这一支蔑儿乞人仍然有足够的力量骚扰铁木真，这是铁木真不能容忍的，1205年春，铁木真集结大军向脱黑脱阿的藏身地推进，脱黑脱阿试图利用当地的险要让铁木真无功而返。然而脱黑脱阿的运气太不好，在战斗中，一支流箭飞来，射中他的心脏，这个铁木真的死对头当场阵亡。

他的两个儿子没有时间和精力掩埋父亲的尸体，只能把他的脑袋割下携头而逃。虽然脱黑脱阿已死，可这一部的蔑儿乞人直到1217年才被铁木真彻底消灭。蔑儿乞人用冤鬼一样的执着书写了他们部族的传奇。

脱黑脱阿尸骨未寒，不亦鲁黑的厄运就当头罩下。

不亦鲁黑自从纳忽山战场逃回老家后，每天都生活在战战兢兢中，稍有风吹草动，他就魂不附体。1205年春天马上要结束时，铁木真大军快速翻越阿尔泰山，用三十余纵队对他发动全面进攻，在顽强抵抗了两天后，不亦鲁黑被活捉，结局是就地处决，北乃蛮灭亡。

不亦鲁黑也是个英雄人物，他此生最大的遗憾大概不是被铁木真杀掉，而是他没有得到小妈古儿别速。

那么，札木合的遗憾呢？

札木合之死

札木合最大的遗憾可能是，当初不该和铁木真联营。如果没有按此联营，铁木真就不可能迅速地发展起来。他是一支蜡烛，照亮了铁木真，燃烧了自己。纳忽山之战后，札木合的人越来越少，当他逃到唐努山时，身边只剩下五个人。他一贫如洗，要靠抢劫度日。唐努山周边少有人行，所以他的抢劫事业进展得也异常不顺，于是他又当起了猎人。

唐努山积雪皑皑，终年不化，猎物极少，札木合和他的五个同伴苦不堪言。五人怨声载道，札木合心知肚明，可他仍然以为自己还是当年的札木合，对五人的抱怨冷嘲热讽。

有一天，他们捕获了一只盘羊。这是一种体型庞大、四肢较短、躯体肥壮、羊角呈螺旋状的山羊。札木合兴奋异常，因为这只羊足够把他们的肚子填满。

在吃烤羊时，札木合冷眼看着五个大快朵颐的伙伴说："你们啊，跟随我之前能吃到这样的羊肉吗？居然还每天抱怨，人要知足。"

五个人互相看了一眼，把羊肉扔到地上说："我们真是受够这样的日子了，尤其是受够你的自以为是。"

札木合看到五个人站起来向他逼近，急忙把羊腿藏到身后，慌张地说："你们要干什么？"他以为对方要抢他的羊腿，其实对方是想抢他。

五个人一哄而上，把札木合掀翻在地，捆绑起来，说："我们把你献给成吉思汗，得到的好处肯定不止这只盘羊。"

从唐努山到铁木真扎营的鄂嫩河源头路途遥远，千山万水，五个人凭着顽强的毅力和对富贵的幻想精神终于抵达鄂嫩河源头。铁木真和札木合又正式见面了。

札木合虽然成为阶下囚，却保持了可汗的风范。他做的第一件事就是要铁木真杀掉他的五个伙伴。他用隐晦的语言说：黑乌鸦捕捉了黑鸭子，属民和奴隶侵犯了他们的可汗。我的可汗安答，你想想吧！紫鹃子捕捉了水蒲鸭，奴仆和家人侵犯了他们的主人。我贤明的安答，你知道该怎么处理！

铁木真是受过蒙古隐晦语言特殊训练的人，当然能听明白札木合话中之意：既然这五个人能出卖他们的主人我，那他们还能对谁忠诚？

这种话不必札木合暗示，铁木真一向鼓吹的就是对主人忠诚，所以他下令说："侵犯自己的可汗和主人的人，不可能再活在世上。"他命人把那五个怀揣富贵梦的人拉到札木合面前，让札木合下令处决。

五颗人头在地上乱转，睁着死鱼一样的眼睛看着札木合。札木合突然感觉到，他们在召唤自己。他没因产生这种感觉而心跳加速，因为在来见铁木真的路上，他早就预见到了自己的结局。

不过，他也聪明地意识到，铁木真不会单刀直入地杀掉他。他和铁木真都明白，在草原世界，两人都是大名鼎鼎的人物，而且还是好安答，铁木真不是那种愚蠢透顶的人，不会痛快地把札木合杀掉，而背负"杀安答"的骂名，他必须要给人留下宽宏大量的印象。于是，两人联合主演的一场好戏开始了。

　　两人喝酒吃肉，追忆往事。

　　铁木真先进攻："今天我们又在一起了，还要做朋友吧？我们曾经是同一车的两辕，你却分离出去了。我们虽然分手，你仍是我的好友。如今我们相合，谁忘了的，便去提醒，谁睡着了，便去唤醒。我们虽曾分手，在争战的日子里，你仍然惦记我；在厮杀的日子里，你仍然心疼我。譬如说，我与王汗在合阑真沙陀作战时，你把王汗的计划告诉了我，对我有很大帮助；再比如，我和南乃蛮厮杀时，你用大话吓唬他们，还报告了他们的情况，这都是有恩于我的。所以，我觉得咱俩应该冰释前嫌，重归于好。"

　　札木合笑了，反驳说："怎么是我离开了你，当初咱俩联营在一起，你一句话都不说，偷偷就溜走，是你离开了我啊。自从你离开我之后，我的运气就差了起来，我说不明白为什么跟随我的人后来都跟随了你。"

　　铁木真干笑两声，没有继续说下去。

　　札木合看到了铁木真眼中的杀气，马上吹捧铁木真："今天，你已经一统天下，四方之内，都是你的疆土；草原各部，都是你的臣民。长生天已指定你为王，万民已尊你为汗。天下已非你莫属，国统必由你来继承。你是天之骄子，人中俊杰，一世之雄。你说你要与我和好如初，这怎么可能？我现在一无所有，已不配和你称兄道弟。我穷途末路，难以掀起任何风浪，你要我这个朋友有什么用呢？"

　　铁木真继续干笑，他听得出来，札木合的意思是：你杀我和不杀我，没有区别，我已经是个废人了。

　　札木合继续为铁木真加深这一主题："你有圣明的母亲，有智慧的妻子，有多才的兄弟，因此我败在你手下，理所当然。再看看我，我从小就失去父母，没有一个智慧的妻子，也没有兄弟可以依靠，即使你现在给我一万雄兵，我也不是你的对手啊！"

　　铁木真毫无感情地说："我希望咱们能重归于好。"

　　札木合听到这样的话，如同听到了阎王爷的"有请"，他苦笑，说："算了吧，我如果活着你会难以入眠的。你还是杀了我吧，我只有一个请求，那就是让我死得体面一点，不要见到血。"

铁木真及时地叹了口气，马上出了帐篷，对正在帐外闻听的战友们说："我一心想赦他不死，他的尊严却不允许。札木合虽然和我分离，可从未听说他要残害我的性命。他有很多优点都值得我们学习。他现在求死，我们就只好杀他，但要有正当理由。"

铁木真的战友们不耐烦地说："还要什么正当理由？札木合到处挑拨离间，这种人就该死。"铁木真摇头。有人说："可汗您想杀他，最好的理由就是当初十三翼之战，他把您逼进峡谷，您险些死掉。这就是仇，你现在杀掉他复仇，名正言顺。"

铁木真叹息地点头说："那就按他的要求处死他吧！"

札木合微闭双眼，等待死神来。死神来了，帐篷外一阵骚动，帐篷被猛地掀起来，一阵腥气冲进札木合的鼻孔，他不由得浑身一颤。先进来的人矮胖而结实，他主动介绍自己，说自己是铁木真的侄子阿勒赤歹，奉伟大的成吉思汗之命来送札木合去见长生天。

札木合站起来，整理衣襟，要出帐篷。阿勒赤歹拦住他，笑了笑说："不必了，就在这里。"

帐篷又被掀开，札木合看到四个大汉携带着血雨闯了进来。他平静地说："不可见血。因为咱蒙古人的灵魂在血液里，我要带着灵魂去见长生天。"

阿勒赤歹把腰刀解下，也示意那四个大汉解下腰刀，向札木合点头说："趴下吧。"

札木合趴到地上，四个大汉分别按住他的四肢，阿勒赤歹一声令下，四个大汉用尽浑身力气，"咔嚓"一声，札木合的四肢断裂，札木合闷哼一声，眼里充血，青筋暴起。阿勒赤歹蹲到他面前，问："痛吗？"

札木合挤出笑容："痛。你们不必怜悯我，如果你们败在我手上，我也会这样对你们。"

阿勒赤歹点了点头，把他翻过来，从背后搂住他，双手扼住他的脖子，猛一用力，"咔嚓"一声，札木合脖子一歪，离开了人类世界。

铁木真下令："给好安答札木合最隆重的葬礼。"

随着葬礼的结束，草原世界再也没有强大的敌人了。铁木真迎来了长生天为他铺就的黄金大道，他将走上这条大道，继续他的征战。

札木合的死为人间贡献了一个奇异的传说。在他死去一年后，草原上生长了一种草，这种草年轻时青青如翠，味道鲜美，草原人称为"帖哈忽仑"（鸡腿菜）。可千万别等它长大，长大的它浑身是刺，枯老时随风滚动，到处飘游，绊脚，扎手，可谓是植物界中的恶霸。蒙古人于是给它起名为"札木合"，人们说，这种草是札木合的化身。

对于铁木真而言，札木合的确很像这种草，开始时，他青青如翠，是铁木真最好的朋友，后来，他浑身是刺，到处滚动，挑拨离间，几次三番让铁木真前途难卜、命运多舛。

铁木真和札木合的恩怨没有对错，所有的一切都是在草原这个舞台上，野蛮政治习以为常的表现而已，胜者为王败者为寇。

名副其实成吉思汗

1205年的冬天格外温暖，所以当1206年春天到来时，居然没有人发觉。鄂嫩河源头的铁木真在草长莺飞的天空下踌躇满志。这个春天因为即将发生的一件事而变得意义重大，这件事就是铁木真再次称成吉思汗、创建蒙古国。

光阴流逝到1206年春，铁木真已成了辽阔土地上无可争辩的主人。他所向无敌的骑兵控制了从南部戈壁到北极冻土地带、从东部中国的东北森林地带到西部阿尔泰山山脉的所有一切。天上飞的，水里游的，森林中跑的，只要他想要，这些生物的尸体就会摆在他面前。

然而这一切并非是他想要的，或者说，他并不仅仅想用骑兵统治这一切，他要给自己的统治以合法性，要达到这一目的，就必须召开忽里台大会。

他说干就干，下令给各个部落的领导人，让他们在1206年春天到肯特山的鄂嫩河源头参加忽里台大会，会议的主题是：选举他为蒙古高原的大汗。

没有人敢不来，所以鄂嫩河源头在那年春天成了草原世界有史以来聚集人数最多的地方。数列营帐以铁木真的营帐为圆心环绕出去，半径达到十几公里。为了供应大会的饮食，附近放牧的牲畜多达几万头。这场大会持续数天，除了其中一天有隆重而又庄严的大典礼外，其他的时间里都有运动比赛及吹拉弹唱等娱乐项目。白天由萨满巫师和他的助手们表演宗教歌曲，而傍晚则由乐师来演奏民族乐曲。在白天，凡是年轻的男人都要举行摔跤、赛马及射箭比赛，这些就是流传到今天的"那达慕"（运动会）。

隆重而庄严的称汗大典礼举行得有板有眼，铁木真站在一块黑毡毯上，萨满巫师阔阔出站在高处训诫他："现在授予你的所有权威都是来自于上天，如果你能充分公正地管理民众，长生天将保佑你的蓝图得以成功；如果你滥用权力，就将一败涂地。"铁木真表示同意，阔阔出又说，"长生天让我授予你'成吉思'称号，你称汗是长生天的旨意，你不得拒绝，他人不得挑战，从此以后，你将代表长生天在人间统治万民。"

众人开始欢呼，铁木真的部下将他高举到过头的毡毯之上，并将他送上大汗的宝座。然后，他们在铁木真面前九次下跪叩头，同时发誓信守他们对大汗许下的承诺。

最后，阔阔出和他的助手敲着鼓，颂扬长生天，并将马奶洒入空中和地上。群集的民众排着整齐的队列站着，手心向上，朝"长生天"做祈祷。他们以古老的蒙古习语"呼累、呼累、呼累"来结束祈祷，并把祈祷送向天空。

典礼仪式结束，成吉思汗正式降临人间。铁木真首次称汗只是蒙古部乞颜氏的统帅，而这次称汗则是成为蒙古部乃至蒙古草原的大汗。或者直白而言，上次称汗是诸侯，这次称汗则是天子。

现在，我们正式称铁木真为成吉思汗。成吉思汗随后颁布他的旨意说："我建立的这个国家将称为'大蒙古国'。所有的贵族都没有世袭的权力，所有的官职都属于国家，而不属于个人或家族。"

称汗典礼结束后，铁木真宣布他的国家意识形态是"长生天"，他不仅自己对长生天深信不疑，而且要所有的草原人都对长生天深信不疑。他的国家组织简单地分为两部分，一部分是宫廷，由四大斡耳朵（斡耳朵是后妃居住的群帐）组成，第一斡耳朵的一把手是孛儿帖，第二斡耳朵的一把手是忽阑，第三斡耳朵的一把手是也遂，第四斡耳朵的一把手是也速干。

第二部分则是政府，由五个部门组成。

第一部门是顾问团，蒙立克是老大，这个部门相当于古代政府中的宰相。

第二部门是监察部，相当于古代政府中的言官。成吉思汗对这个部门的官员说："从今之后，你们要把看见的和听见的，都毫不隐藏地告诉我，要把觉悟到的和想到的告诉我，你们就是我的眼睛、我的耳朵。"

第三部门是司法部，部长是胡土虎，此人就是当初成吉思汗在塔塔儿战败后看到的那个精巧摇篮里的小孩，他被诃额仑收为义子，成为成吉思汗的义弟。成吉思汗对他说："如今百姓初定，你替我做耳目。你的言语，任何人不许违背。如有盗贼诈伪等事，你自行斟酌惩戒，该杀的杀，该罚的罚，你判决的每一件案子都要记录在册。"由此可知，胡土虎有着至高无上的权力，可以对百姓生杀予夺。他自己立法，自己执法。他所断过的事，就类似今日最高法院的判例。

第四部门是秘书处，秘书长叫塔塔统阿。塔塔统阿颇具传奇色彩，成吉思汗创建大蒙古国的一年前，他还是南乃蛮太阳汗的得力助手。由于他聪慧，善言论，又懂畏兀儿文字，所以受到太阳汗的重用。象征着太阳汗权力的大印就是由他负责保管的。太阳汗死后，塔塔统阿怀揣大印向北方奔逃，不幸被蒙古人活捉送到成吉思汗面前。成吉思汗问他："乃蛮人的疆土和人民都已归我所有，你居然还抱着个徒有虚名的破印逃走，你是什么意思？"

塔塔统阿正色道："这是我的职责，我准备访寻故主屈出律交还给他，没有其他的意思。"

成吉思汗立即给他的战友们上课说："瞧瞧，这就叫忠诚！"然后对塔塔统阿说，"你跟我吧，我会让你才尽其用。"

塔塔统阿思考了一会儿，点头说："可以。"

成吉思汗把玩着那枚印，疑惑地问："这玩意有什么用？"

塔塔统阿心里叹道："哎，连印都不知道。"于是，他有点骄傲地回答："出纳粮钱，任命人员，事事都得用印，作为信验。"

成吉思汗恍然道："这东西好啊，我的蒙古政府也有此必要。"

不多时候，成吉思汗让人刻了他自己的印信，交给塔塔统阿，由他来管理。直到此时，蒙古才开始使用印章。

塔塔统阿的秘书长公务之内还有一项就是制造蒙古文字。塔塔统阿是个语言天才，他不仅懂畏兀儿语，还懂汉语。他本来想以汉语为基础创建蒙古文字，可成吉思汗看了汉语方方正正的样子，说："这东西很难写，还是以畏兀儿字为基础吧！"

自此，蒙古人有了自己的文字，但真正对文字感兴趣的人没有几个，包括成吉思汗的儿孙们，都对文字敬而远之。

成吉思汗政府的第五个部门就是怯薛（禁卫军），它是成吉思汗蒙古国最重要的一个政府部门。

成吉思汗在从前确定的军队十进制基础上重新编排他的军队，共为九十五个千户、五个万户，又从这些千户和万户中挑选出一万人作为他的禁卫军，也就是怯薛。当然，不是每个人都有资格成为怯薛军，他们必须是千户长、万户长的儿子和他们的忠诚伙伴。怯薛军必须要永远守卫在成吉思汗身边，日夜不离。怯薛军有四大怯薛长，他们就是名震遐迩的成吉思汗四杰：博尔术、博尔忽、木华黎、赤老温。

怯薛军不仅仅是成吉思汗的禁卫军，还是成吉思汗的"内廷"。他们随时按照成吉思汗的命令进入顾问团、秘书处、监察部和司法部，并且成为这个部门的一把手。成吉思汗曾说："怯薛犯了罪，必须经过我的同意才可审讯，否则就是犯罪。"

这就是成吉思汗大蒙古国奇异的政府部门——军队。那么，大蒙古的军队有多少呢？由于千户和万户的士兵数量并非名副其实，所以成吉思汗时代，蒙古国的全部兵力在十三万人左右，整个成吉思汗时代，这个数字没有过太大变更。

成吉思汗同时还创建了让人吃惊的快递乘驿系统，为的是情报的快速传达，使指定的接受者可及时接获命令。在整个蒙古高原上，成吉思汗大约每三十公里就设置一个驿站，每个驿站有专人管理，设有优秀的快马，一旦有事，这些驿站就发挥出巨大的效力，驿马以四蹄离地的速度狂奔，把最新的情报以最快的速度送达目的地。

几年后，伟大的帝王师耶律楚材评价大蒙古国军队时这样说："我朝铁蹄所至，天上天上去，海里海里去。"何以会有这样豪迈傲慢的定论，或者说，蒙古国军队为何所向无敌，从成吉思汗的军事创建中我们可窥见一二。

第一，蒙古军队都是骑兵，具备快速机动性；第二，无论是千户还是万户中的士兵，都不领军饷，也就是说，没有军费；第三，军队的军费是从战利品中支出，这就始终鼓动着军队的进取精神；第四，骑兵使用的是最上乘的马力，士兵只带少量的军粮，没有辎重；第五，驿站路线与情报机关的最大限度运用，为战略决策提供了迅捷的信息依据；第六，蒙古士兵无与伦比的战斗精神和集体行动的团体精神。

当然，蒙古军百战百胜的原因不是这几条就能概括的，针对各种战场情况制定出最佳战略，才是蒙古军所向无敌的根本原因。

以上的叙述还不足以证明大蒙古国是一个国家，至少不是个超级的军国。一个国家尤其是军国的基本基石是有法律，成吉思汗制定的法律表面看上去是粗糙的，但却是简单实用的，后人称成吉思汗口头制定或约定的法律为"大札撒"。

大札撒

"大札撒"是大蒙古国的宪法,从成吉思汗创建大蒙古国开始,经过二十多年的不断完善和修正,最终成为蒙古帝国的大宪章。

"大札撒"开篇第一句就裹挟着血雨腥风:不服从大札撒者,杀!

第二句是:天上只有一个看不见的天帝,地上只有一个可汗,唯一的可汗就是成吉思汗。

国民必须要尽义务:"蒙古人的天职为应我的召唤而来,随我的命令而去,视我指谁而杀。"国民的人生目标和幸福则是:"战胜敌人,掠取敌人的宝藏,使敌人的臣民痛苦呻吟,驾敌人的肥马而疾奔……"

"大札撒"中的这一条和下面这个故事异曲同工。这个故事说,成吉思汗问他的战友们,什么才是人生最大的快乐。有人说是征服世界,有人说是狩猎,还有人说是看着野兽狼奔豕突。成吉思汗却说:"我认为,人生最大的快乐就是到处追杀你的敌人,夺走他们的宝马,掠夺他们的财物,看着他们的妻儿在尸体旁哭泣,最后再占有她们。"

接着,他说了"大札撒"的重要性:"凡是一个民族,子不尊父教,弟不聆兄言,夫不信妻贞,妻不顺夫意,长者不保护幼者,幼者不接受长者的教训……这样的民族,窃贼、撒谎者、敌人和各种骗子将遮住他们营地上的太阳,这就是说,他们将遭到抢劫,他们的马和马群得不到安宁……"所以,成吉思汗要求宫中和府中所有人必须无条件遵守《大札撒》:"如果隶属于国君的权贵、勇士们不严遵法令,国家将动摇和停顿,他们再想找成吉思汗时,就再也找不到了。"

在国家制度方面,"大札撒"明确规定,国家的领导人由忽里台大会选举,否则就是无效。其中一条最重要也是最动人心魄的规定是,尊重任何一种宗教信仰,任何一种宗教都不得享有特权。这是大蒙古国在日后横扫地球的理论保证。

在社会管理制度方面,"大札撒"建立了户籍制度,每个人都分属于十户、百户和千户,并承担劳役,不得随便迁移,如有违抗命令者,当众处死。

在军事法方面,"大札撒"确定了以狩猎为基础的军事训练制度,有一条很有意思:狩猎结束后,要对伤残的、幼小的和雌性的猎物进行放生。这是为了明年的再狩猎。

对于战争期间,其中有一条规定,两国交战前应先行宣战,向敌方军民宣告："如顺从，则你们会获得善待和安宁；如反抗，则其后果唯有长生天知道，非我方能预料。"这一条就是后来蒙古军屠城的理论源泉，对那些不投降的人，他们只凭长生天的旨意行事。成吉思汗说，长生天的旨意就是杀光他们。

"大札撒"保证了成吉思汗大蒙古国的稳固，为草原人民带来了理想明灯，它使成吉思汗的子民紧紧地按照严格的秩序团结在其周围，让大蒙古国成了钢铁一块，成了能上天入地的神龙。

在中国古代帝王看来，成吉思汗1206年的忽里台大会不过是一次普通的登基仪式而已，但这是以己度人，并未站到成吉思汗的立场考虑问题。成吉思汗建立的大蒙古国在蒙古草原上是破天荒的，其重大意义不亚于嬴政建立君主独裁的大秦帝国。在他之前，从未有人考虑过君主独裁这种方式。我们不确定，成吉思汗这种智慧从何而来，也许是受金国的影响，也许是他性格中本身就有的。

在君主独裁之外，我们还注意到大蒙古国的基层民主。前面我们谈过，十户、百户的领导人是由底层百姓选举产生，这就在广大的底层制造了活泼的气氛，使他们更容易拥有进取精神。

自此之后，成吉思汗的蒙古国正如耶律楚材所说的那样，天上天上去，海里海里去，地球上再也没有任何力量可以阻挡蒙古国的铁骑。

泰加森林中的猎户

毋庸置疑，战争创造了大蒙古国。所以，成吉思汗把军队凌驾于一切之上。要想使国家延续下去，就必须时刻把战争当成目的和意义，正如屠宰厂要把杀猪当成目的和意义一样。大蒙古国的建立而膨胀起来的能量，不向外界喷发是根本不可能的事。1206年春天之后的成吉思汗站在蒙古高原上，傲视天地，目光犀利地寻找着他的敌人，寻找敌人其实就是寻找大蒙古国存在的目的和意义。

他很快就找到了敌人，那就是西伯利亚泰加森林中的北方狩猎人。这群隐藏在森林中桀骜不驯的猎户们给成吉思汗留下深刻印象。开国大典前，他曾派人知会过猎人们，猎人们把口水吐到地上说："什么狗屁成吉思汗，让他自娱自乐去吧！"

没有泰加森林狩猎人的大蒙古国是不完整的，至少名不副实，在蒙古高原上，恐怕只有这个敌人敢和他明目张胆地对抗。他必须要让他们俯首称臣。

这些森林部落从人种角度而言，都属于蒙古种族。不过由于生活环境和条件，他们和成吉思汗的蒙古族的生活方式大相径庭。他们不住在帐篷里，而是住在用树枝搭建起来的简陋棚屋里，他们也没有牲畜，在茫茫无际的深山密林中，这群矫健的人以狩猎为生，他们很瞧不起牧民。这种思想的源泉不知是什么，也许是他们认为，同样都是和动物打交道，牧民打交道的动物很老实，而他们打交道的动物很狂野。

1207年，成吉思汗派遣长子术赤领一万户兵，向泰加森林中的各部落发起进攻，第一个军事目标正是贝加尔湖西面的一支森林部落。

术赤的前锋部队提前三天出发，前锋部队的侦察班提前六天出发，当术赤主力部队抵达巴拉干草原时，前锋部队已送来情报说，这个部落在几天前就从巴拉干草原心急火燎地撤进森林。那是片广袤无垠的森林，桦树、杨树、雪松和冷杉遮天蔽日，骑兵在里面就如同陷入泥潭。

术赤说："到森林边缘，我们举行一场军事演习。"

一万骑兵在森林边缘开始各就各位，绕着森林纵横驰骋，马蹄震荡着大地，森林中鲜艳的杜鹃花，厚厚的苔藓浑身发抖。两天后，部落首领带着部众，手捧貂皮、灰鼠皮走出森林，虔诚地宣称他们效忠成吉思汗。

术赤不费一兵一卒就降伏了一支森林部落，这是从前想都不敢想的事。术赤深刻地感受到了大蒙古国的强盛和伟大，他命令部落首领为他们带路，去征服森林中的其他部落。首领答道："不必您说，我就是成吉思汗在森林中的向导，跟我来吧！"

这位森林中的向导先来到邻近部落，他夸张地说："成吉思汗的骑兵能排山倒海，我们不是对手，投降了吧！"邻近部落爽快地答应了。

森林向导又带着术赤军团向西来到了叶尼塞河流域，这里居住着一个叫作吉尔吉斯的部落。他们在狩猎的途中看到了术赤军团扬起的漫天灰尘，惊恐地咬起了舌头。根本没有等术赤来谈判，他们就放下武器投降了。他们有"推恩"的美好品德，在自己投降术赤兵团的同时，还把森林中大大小小的部落也拉了过来。

兵不血刃地解决了泰加森林中的三大部落，术赤的兴奋可想而知。当他把三大部落的首领带到成吉思汗面前时，成吉思汗更是大喜若狂，从前对森林猎户们的种种不快都抛之脑后，他特意对拘谨的部落首领说："你们不必害怕，我是个宽厚的人，你们从前参加反对我的联盟，我现在就忘记它，希望你们也忘记它。"

部落首领们趴在地上，浑身因激动而发抖。说道，他们誓死保护和传播成吉思汗在泰加森林中的权威。成吉思汗高兴地对首先归降的首领说："那咱们就联姻吧，我把我家族中的公主嫁给你的儿子，你把你的女儿嫁给我家族中的男人。"

首领不知说什么好，千言万语都不如趴在地上浑身发抖让人印象深刻，所以他就趴在那里浑身发抖了好久。

不久后，泰加森林中最后一个大部落也宣称归顺成吉思汗，整个泰加森林成了成吉思汗的囊中之物。

成吉思汗在兴奋之余又多了丝遗憾，这是因为他的大蒙古国兵团在这些敌人面前并未得到任何锻炼。

他必须要再次寻找敌人，或者说是练兵对象。这样的敌人在此时其实已并不容易寻找，在东方依然是茂密的森林，那是骑兵的禁地；在南方，是茫茫无际的戈壁和强大的金国，这个敌人有点儿硬，暂时还未有啃它的心思；在西方，是畏兀儿人，这是个让人摸不着头脑的神秘国度，成吉思汗暂时还不想冒险。他突然把目光停在畏兀儿人的东方、他的西南方，在那里有个国度，据说文明程度高度发达，但孱弱不堪，它应该是此时此刻最理想的敌人。

这个敌人就是西夏国。

试攻西夏

很久很久以前，有个叫党项的民族住在今青海省边缘，他们人数众多，英勇善战，随着时间的推移，他们也逐渐由甘肃、陕西北部向鄂尔多斯推移。十世纪末，该民族领导人李继迁利用中国五代时期的大混乱，以中国东北强大的辽国为靠山积极发展。十一世纪初，野心勃勃的领导人李元昊在对北宋的战争中占据优势，于是他宣布成立西夏国，他理所当然地做了皇帝。西夏控制着今宁夏全部、甘肃西部和陕西北部，是个在中原人眼中毫不起眼的国家。

"西夏"是个自负的国号，意思是，西方的华夏。这个国家受汉文化影响巨深，儒学深入人心。西夏的国土大都集中在黄河上游的山岳地带，沙地多。但由于控制着丝绸之路的通道，所以经济比较富裕。不过毕竟国境狭小，人口不多，所以西夏的常备军不过六七万人。西夏靠着"事大"生存，辽强盛时，认辽为宗主国；金取代辽后，西夏又承认金国是它的主子。

成吉思汗对这些情况早就了如指掌。这是因为克烈部和乃蛮部很久以来就同这个国家来往，成吉思汗只凭道听途说就可以知道西夏的基本情况。实际上，他在建国前一年就对西夏采取过军事行动。

　　这次军事行动的部队由三千人组成，目的是追击桑昆。桑昆在一年前逃到西夏，但没有人知道他是否还在西夏，成吉思汗的这支部队非说桑昆就在西夏，要他们交人。西夏人同他们无理可讲，战斗于是发生。

　　双方首次的交战发生在一个小寨，也是一个小型城防。这是蒙古人首次见到城墙，他们对着这些高大的建筑干瞪眼。在围困数日后，蒙古军终于在专业人士的指导下造出了简陋的攻城器械。西夏的守军不堪一击，寨子顷刻而下。蒙古军把城寨夷平、把敌人杀光后，继续向前推进。来到乞邻古撒城下，他们再度傻眼。这是一座严格意义上的城，有内城、外城、瓮城和护城河，守军在上面一阵乱箭，蒙古人拔马就跑。

　　一直跑出弓箭射程之外，才刹住马蹄，列阵之后，蒙古军队派使者到城下喊话，当然，身边跟着翻译。使者说："你们赶紧交出桑昆，不然我们就夷平城市，让城中鸡犬不留！"西夏人莫名其妙，问："谁是桑昆？"

　　使者说："先不讨论桑昆，你们赶紧贡献出若干粮食、若干马匹、若干美女。"

　　西夏人火了："你们无缘无故跑到我们地盘上要这要那的，当我们是什么人，赶紧滚蛋！另外，你们到底是什么人？"

　　使者回答："我们是伟大的成吉思汗的军队。"

　　西夏人都摇头："没听说过。我劝你们，哪来的就滚回到哪去，不然我们就把你们射成刺猬！"

　　使者从身后拿出一颗人头，扔到城下，西夏人用钩子从城墙上把人头钩上去，使者说："这是前一个小寨守将的脑袋，你们不开城门投降，他就是你们的榜样。"

　　西夏人似乎认出了这位同僚，哇呀呀怪叫，吼道："放箭，射死这个畜生！"箭如雨下，蒙古军看到他们的使者和翻译被箭雨遮蔽了身体，倒在地上，箭花绽放。

　　蒙古兵团指挥官下令攻击，一批骑兵下马，扛着攻城使用的云梯和长杆，发声喊，猛冲到城下。冲的时候有两百人，到城下后只剩下了几十人，这几十人霉运当头，因为手里除了三尺马刀外，空无一物。他们紧贴城墙，可怜巴巴地望向自己的队伍，还未等他们发出求救的呼声，滚沸的火油从城墙上泼了下来，他们被烫得哭爹喊娘，不多时候，就死掉了。

对于攻城战术，蒙古兵团是陌生的，不过他们是个有活力和学习力的团队，很快，他们就学会了如何攻城。首先让骑兵以"S"形在墙下快速移动，用箭猛烈地压住对方的弓箭手，然后攻城部队快速出击，来到城墙下，三个人紧握一根长杆，把士兵送到城墙上去。粗重的圆木也运到城门口，在猛烈的撞击声中，城门由瑟瑟发抖变成轰然倒塌，蒙古士兵扔掉圆木，抽出弓箭和弯刀，对着正在城门口魂不附体的西夏士兵一顿乱射乱砍。

乞邻古撒城就这样稀里糊涂地陷落，之所以这样说，是因为他们居然没有把护城河的吊桥拉起来。乞邻古撒城中的将士和百姓全被屠杀，蒙古兵团驱赶着大量骆驼与马匹走出城门后，一把火烧毁了该城。

蒙古兵团突然发现攻城其乐无穷，原本想继续推进，打到西夏老窝去，可成吉思汗传来命令让他们回草原参加忽里台大会。这支兵团只好驱赶着骆驼和马匹掉头回国，不过他们并未按来的路线回去，而是半途转了个小弯，来到落思城下。

落思城刚刚得到消息，一支野蛮如魔鬼般的兵团连下两个城池，他还未搞清这支兵团到底是什么来路时，蒙古兵团已兵临城下。

照例，蒙古人派出使者，向落思城守将宣读"投降从宽，顽抗死路"的警语。落思城守将认真地审视这群野蛮人，发现他们列阵有序，士气高昂，弓箭夺目，刀光闪闪，连一点抵抗的心思都没有，宣布投降。

蒙古人对这个识时务的城池很满意，牵走了城中所有的骆驼和马匹，高高兴兴地离开了落思城。

这就是成吉思汗兵团第一次打西夏的经过，成吉思汗在指挥官的夸张描述中产生了一种错觉，那些城池国家的城池并非坚如磐石，也并非不可战胜，和草原那群窝囊废部落一样，都不堪一击。尤其让成吉思汗对西夏产生浓厚兴趣的是，西夏富裕但脆弱，他的大蒙古国强大但贫穷，所以西夏很有可能成为他财富的源泉。

在这种思路作用下，建国后的第二年夏末泰加森林部落归顺后，成吉思汗命人给西夏皇帝李安全写信说："我是大蒙古国的成吉思汗，你是柔弱不堪的西夏国皇帝，听说你们信仰佛教，而我的国家也有人信仰佛教，咱们可谓是一家人。一家人就不说两家话，我看你的国家又小又弱，周边都是强国，很容易被吃掉。我可以保护你，但你必须要向我纳贡称臣。"

李安全是靠废黜先帝登基的，心理素质强大，不会被一个野蛮人威胁到，他的回信充满了对成吉思汗的不屑，他说："你们连自己的文字都没有，使用的还是畏兀儿文字，居然还敢丢人现眼，要来就来，我百万大军磨刀霍霍等你来。"

成吉思汗先是暴跳如雷，但很快就冷静下来，他开始进行周密计划，调动二十个千户和怯薛军，用一个月时间对军队进行攻城训练，同时派出数个侦察小组，离开主力几十里进行情报搜集和武力侦察。秋季的第一个月结束后，他的兵团如同神兵天降，兵临西夏国兀剌海城下。在此之前，他的侦察小组把一个西夏牧羊人放进了兀剌海城，传播这样的消息：成吉思汗兵团对于坚守不降的城池，破城之后必屠尽城中之人。

这是成吉思汗惯用的攻心战，传播恐惧，以达"不战而屈人之兵"的目的。但兀剌海城守将从未见过成吉思汗兵团的威力，所以对这种大话置之不理。兀剌海城虽不是高大壮丽的城池，可对于攻城经验匮乏的蒙古兵团而言，其防御功能已绰绰有余。

成吉思汗兵团猛攻几十天，毫无效果。他的部下生起沮丧情绪，成吉思汗想到了一个妙计。

他派人向兀剌海城守将提出下列要求：如果交出一千只猫和一万只小燕子，他就撤兵。

兀剌海城守将对这样滑稽的条件大为惊异，他不知道对方在搞什么鬼，不过守城很辛苦，他宁愿试一下。于是，兀剌海城中的猫和小燕子霉运当头，几天后，守将把成吉思汗要的猫和燕子如数奉上，并且疑惑地问："你们要这些东西做什么？"

成吉思汗笑而不语。这就是他的妙计，他让人在猫和燕子的尾巴拴上易燃的麻絮，点上火之后下令一起释放。可怜的猫和燕子因恐惧而疯狂地向自己的家跑，燕子叽叽喳喳地飞了进去，猫顺着城墙斜坡处疯狂地逃进城中，整个兀剌海城里顿时火光冲天，所有卫兵都在同猫和燕子搏斗，成吉思汗就在此时发动总攻，蒙古士兵像疯了似的在狂欢中攻破了兀剌海的城门。

成吉思汗占据兀剌海城后，四顾茫然。他不敢深入，因为那个人口稠密、河渠纵横的世界是陌生的。他只能在兀剌海城周边进行武装掳掠，随着冬天的来临，他面临着困难。西夏皇帝李安全已调动精锐在兀剌海城周边三十公里打击他掳掠的部队。春天即将来临时，成吉思汗认为自己还未准备好吞噬西夏，于是从兀剌海城撤退，撤走前，有人建议焚毁该城，成吉思汗却阻止说："下次来时，我们就拿它当据点，如果烧毁了，西夏人不重建，我们岂不是很被动。"

第二次打西夏让成吉思汗更深刻地理解了城池国家的特点，同时为第三次大规模、大纵深的进攻提供了条件。

水淹中兴府

1209年三月，成吉思汗发动了对西夏的第三次进攻，这次军事行动动用了五十余个千户和怯薛军，总兵力达六万人。此次作战思路和以往不同，成吉思汗兵团分两路，一路攻黑水城（今内蒙古额济纳旗南），为的是保障右翼安全，一路攻兀剌海城。西夏皇帝李安全得到消息后，派遣皇太子李承祯领首都军区五千士兵奔赴黑水城，这样，黑水城总兵力达一万人以上。进攻黑水城的蒙古兵团兵力为三万人，当他们来到黑水城下时，都张大了嘴巴。面对这个此生从未见过的壮丽大城，他们心中忐忑。兵团首领转换思路，以长击短。先是全线进攻，这种进攻在西夏人看来犹如儿戏，蒙古人丢下几具尸体便仓皇而逃。李承祯从未经过战阵，发现打仗原来如此容易，下令开门，他要扩大战果。

有人提醒他，术有专攻，别看这群骑马的汉子攻城不行，可打野战却是一等一的高手。李承祯读过很多书，坚信一个人如果一样不成那就样样不成的真理，所以他大开城门，驱逐士兵出门列阵攻击，还未等他列好阵形，蒙古兵团已如潮水般一波又一波地涌上来。他从未见过这样的打法：一波人对着他乱糟糟的队伍猛砍一阵，转身就走，另一波又来了。他想逃回城中，可城门口被人堵得连苍蝇都飞不进去，李太子大叫一声，提枪跃马，扭头就向南方跑，一直跑回都城中兴府（今宁夏银川）才停下来。黑水城就这样沦陷。

兀剌海城在上次被成吉思汗攻破后，进行了加固。成吉思汗未到兀剌海城下时，西夏皇帝李安全派遣的援兵已经抵达城中，成吉思汗的打法仍然是引蛇出洞，在几轮毫无质量的攻城后，下令后撤，兀剌海城守将没有李承祯的胆略，所以拒不出城攻击。成吉思汗见这招不灵，又重新返回，下令猛攻。兀剌海城虽然经过加固，可质量远不如黑水城，很快就在成吉思汗兵团的猛烈攻击下陷落。守城主将和从中央来的援兵守将奋起反抗，就在城中巷子里和蒙古人展开游击战。蒙古兵团伤亡惨重，当彻底扫灭城里的游击军后，成吉思汗下令屠城，兀剌海城血腥味直冲云霄。

搞定兀剌海城后，成吉思汗命令攻击黑水城的部队到兀剌海城会师，1209年五月，成吉思汗兵团逆黄河长驱直入，进叩贺兰山关口要冲克夷门。

克夷门在中兴府正北一百余公里处，是西夏首都的北大门。它地形险要，两山对峙，崖壁峭立，悬绝难登，可谓一夫当关万夫莫开。而且自黑水城和兀剌海城失陷后，西夏皇帝李安全派出帝国最能打的大将嵬名令公领兵一万前去协防。

成吉思汗率领大军离城五里扎营，派人去劝降，结果可想而知，嵬名令公把成吉思汗使者的头挂在了城墙上。

成吉思汗下令进攻，但毫无效果，嵬名令公从敌人的进攻频率上看出敌人已筋疲力尽。一个月后，成吉思汗再来劝降，嵬名令公狂傲地将使者的脑袋从城墙上扔下来，而且还射了几箭。成吉思汗再下令进攻，嵬名令公在城墙上几乎没碰到任何有质量的惊险，他轻松起来，传话给皇帝李安全："这群野蛮人对攻城一窍不通，拿着几个破杆子和破弓箭像是流氓无赖，皇上您尽可歌舞升平，我等很快就会凯旋。"

这正是李安全想要的，更是成吉思汗想要的。成吉思汗一直在象征性地攻城，他的真正目的不是攻城，而是让嵬名令公放松戒备，引诱他出城。

嵬名令公在一个黄昏中发现敌人正在陆续撤军，他的部将们大喜若狂说："敌人撤兵，正是我们出城攻击的大好时机，荣华富贵就在眼前！"嵬名令公不是小孩子，他说："这是敌人在引诱咱们出城，不要上当。"

成吉思汗始终在不紧不慢地撤兵，撤了几天后，他发现敌人没有上当。于是，又换了思路，一面撤军，一面调动骑兵在兀剌海城前进行袭扰战，同时还进行叫骂战。于是，嵬名令公和他的将士们就成了蒙古人口中的胆小鬼、懦夫、无能之辈。嵬名令公有智慧，却没有度量，他被骂得头昏脑涨，热血上涌，终于在两个月后大开城门，出城击杀蒙古人。

蒙古人的一支小分队正在城下叫骂，好像根本没想到他会突然出城，仓皇之间掉马就跑。这更让嵬名令公坚信蒙古人的确无计可施而撤兵了，他拼命地追，追到龙骨山右侧山麓丘陵地带时，突然从丘陵阴暗处杀出一支兵团来，嵬名令公暗叫不好，急忙下令回城。但此时已是出城容易进城难，成吉思汗兵团在这里埋伏了一个多月，怎么可能让他回城。成吉思汗采用穿凿战术，三个纵队直攻他的中军。西夏军队果然不善野战，顿时大乱，嵬名令公在乱军中被人活捉，克夷门陷落，通往中兴府的门户顿开。

在克夷门进行了短暂的休整和派出各路侦察小组，并且得到中兴府的大批可靠情报后，成吉思汗兵团于1209年七月末向中兴府开进，之前派出的小股兵团已把中兴府外围防御彻底铲除，所以成吉思汗兵团毫无障碍地兵临中兴府城下。

面对中兴府，成吉思汗和他的兵团傻眼了。和中兴府相比，他们曾攻陷过的黑水城、兀剌海城与克夷门简直就是栅栏。中兴府是西夏经营了近两百年的都城，西夏皇族选择这个地方，当然是看重了它的地理优势。西北有贺兰山，黄河绕其东南，形势便利，土地肥沃，可攻可守。中兴府完全是按照中国古代王朝都城的样式建造的，城墙由巨石垒砌而成，城高墙厚，护城河宽十丈，西夏百分之九十的驻军都在城中，实在是根难啃的骨头。

虽然丢失了北大门，可西夏皇帝李安全没有半点忧虑，他自信满满。这缘于中兴府的铜墙铁壁和敌人的无能。据他所知，敌人在攻城技术上一塌糊涂，他们没有可以把电线杆一样的箭射出去的三弓床弩，也没有大型弩炮，当然更没有装满黑火药或熔化金属以便燃烧引起爆炸的炸弹，他们有的只是那些骨瘦如柴的马匹和射程不足两百米的弓箭。李安全听说，敌人军营中的确有攻城器械工程师，可他们都是半吊子专家，只能制造不堪重用的云梯和简陋的撞城器械，好像听说敌人兵团中有喷油火器械，但中兴府是石城，不是木头城，这些东西显然都是垃圾。

成吉思汗自看到中兴府的第一眼，就意识到此次军事行动要泡汤。不过他和他的兵团有着饱满的战斗热情，从来都是明知不可为而为之，他还是决定试一试。他把一个军官俘虏放进中兴府给李安全带个口信，口信说："只要你称臣纳贡，我们马上撤兵。"

李安全也给他带回了口信："呸，要攻就攻，不攻赶紧滚回老家去！"

成吉思汗的战友们劝他，咱们的经验在于机动性和速度，攻城不是咱们的强项，尤其是这样高大的城，还是回师，沿途搜刮点战利品，回草原后，征招真正的攻城器械专业人才，卷土重来。

成吉思汗沉思片刻，他突然看到黄河之水如从天上来，奔流到海不复回。他突然听到风在吼，马在叫，黄河在咆哮，黄色污浊的大浪拍打着脆弱的河床。

一个完美的计谋诞生了。

几天后，中兴府守军发现成吉思汗兵团放下武器，当起了农民工，他们在城外修筑堤坝，伶俐的人马上意识到，敌人想用堤坝储存黄河水，灌溉中兴府。

成吉思汗这一招是急中生智，体现了他头脑灵活、随时随地都能生出大智慧的智力水平。中兴府城外是平坦的农田，只要水量足够，必能均匀地从四面八方漫过中兴府城墙。

李安全心急火燎，如果真让成吉思汗把堤坝建成，他的末日就来了。情急之下，他鼓足勇气，派遣一支精锐兵团缒城而下，袭击敌人的农民工。成吉思汗早就料到他有这一招，埋伏在四周的骑兵轻易就把他们打跑了。李安全发现搞破坏不是解决问题的方法，他只能乞灵上天保佑，九月的黄河水不要暴涨。

上天没有保佑他，1209年九月，黄河水如约暴涨，成吉思汗建成的堤坝被洪水挤压得嘎嘎作响。看着储备量已足，成吉思汗下令开闸放水。洪水从四面八方围住了中兴府，水位加速度上升。

中兴府城内乱起来，无论是达官显贵还是平民布衣，都开始准备凫水器材，李安全坐立不安，每天都有人报告他水位情况，每听到水位上升了几寸，他就好像肝胆已裂。有人提出为今之计，向老大哥金国求援。

换作任何一个西夏皇帝，金国都会马不停蹄来救援。可李安全没有这个待遇，因为他是靠废除他堂哥上位的，而且上位后没有给金国任何表示。所以当他的人突围跑到金国求救时，金国的皇帝完颜允济居然兴奋地说："太好了，你们快成乌龟啦！回去告诉你们的狗屁皇帝，他和那个成吉思汗都是我们的敌人，敌人互相咬，我们乐还来不及，怎么可能去解救？"

李安全得到这样的噩耗后，晕倒在龙椅上，众臣手忙脚乱，用中医理论掐人中，跳巫舞，才把他从死亡之谷底拉了上来。他缓缓睁开眼，鼻涕眼泪齐流说："我都城自建成以来，从未有敌人兵临城下，想不到一有兵来，居然就是这副悲惨模样。"

有臣子说："横竖都是死，不如点起所有人马，出城杀个痛快！"

李安全垂头丧气地摇头说："哪里打得过人家啊，我看，只有求老天保佑吧！"

老天大概是看李安全太可怜了，1209年十二月的一天，它大显神灵，天崩地裂般一声巨响，连金国西边境哨所的卫兵都听得一清二楚，成吉思汗辛苦修建的堤坝自行崩溃，洪水倒灌进他的阵营，所有的帐篷、行动力迟缓的马匹和大车都被冲走。成吉思汗兵团只好后撤到高处，大家都站在上面看脚下的洪水翻滚四溢。

发生这样的事，其实在情理之中。堤坝是百年工程，几个月修建起来的堤坝出问题是迟早的事，成吉思汗用自己修建的堤坝淹了自己，实在让人对这位天骄哭笑不得。

这是成吉思汗一生中干得最蠢的一件事，他损失惨重，由于周边洪水泛滥，他的营地和军粮都成了问题，所以他下令回军。就在回军途中，他释放了被俘的嵬名令公，要他回中兴府劝说李安全纳贡称臣。

这在外人看来，无疑是天方夜谭，因为所有的事实都证明他是失败者。可嵬名令公在成吉思汗军营中待的这几个月，使他深刻地认识到了成吉思汗兵团的纪律和强大。他对李安全说："成吉思汗已具备了天下之主的素质，他虽然这次失败，可下次还会来，他是个不达目的誓不罢休的人，我们何必要惹这样一个人呢？现在，金国已抛弃我们，我们没有力量和成吉思汗周旋，不如向他纳贡称臣。况且，这也是我们西夏国的国策啊！"

李安全见成吉思汗已撤兵，立即恢复勇气和伟大。他说："我们西夏是有'事大'的传统，辽国、金国好歹也算是个文明大国，成吉思汗算什么，一个暴发户！"

嵬名令公摇头叹息说："不能意气用事，坚持廉价的自尊，最后受伤的只能是自己。"他邀请李安全到城墙上去，指着烂泥塘的城外问，"如果成吉思汗把堤坝建造得牢固一点，现在我们在何方？"

李安全不寒而栗，终于同意和成吉思汗签订不平等条约。

然而李安全向成吉思汗俯首毕竟是心不甘情不愿的，所以在条约中，他使用了智慧。条约说："我们对成吉思汗的皇威惊恐不已。而今您御驾亲征到来，我们敬畏皇威。如果您对金国动武，那我将成为您的右手，给您增添力量；如果你对西方的国家动武，那我就成为您的左手，给您增添力量。"

然后笔锋一转："可是，我们是定居国家，有城池隔断，不能紧急动员，也不能立即奔赴战场。若蒙您成吉思汗恩赏，我们愿意把特产骆驼送给您，把精美的丝绸和布匹献给您，把驯化好的猎鹰敬献给您。"

成吉思汗收到这样的保证后，说："请把你的女儿嫁给我。"

李安全咬牙切齿把女儿送进了成吉思汗的帐篷。自此，西夏成了成吉思汗的财富源泉，在之后的几年时间里，西夏不得不将各种各样的物资源源不断地送到草原上。

不过，除了物质财富外，成吉思汗并未得到西夏国的军力支持。西夏人在条约中说得明明白白，他们的紧急动员能力差，所以有的战争可以出兵，有的战争不能出兵。至于什么样的战争可出战或不能出战，最终解释权归他们所有。

以成吉思汗的智慧，不可能看不出西夏人在条约上的小动作。也许成吉思汗还有别的事，懒得和西夏人计较；更有可能的是，成吉思汗暂时只想让西夏人提供物质财富，至于对方的军力，成吉思汗根本没看在眼里。

他眼神如电，寻找着下一个敌人。他的兵团在他身后摩拳擦掌，热血沸腾。有这样一支猛兽般的兵团，如果不打仗，对它实在太不公平了。

成吉思汗的敌人就如同听到了他的召唤一样，一个华丽的鹞子翻身，蹦到他面前，张牙舞爪，不可一世。

这个敌人不是从外部来，而是从其内部迅速崛起，这个敌人就是那位在1206年建国大典上出尽风头的巫师阔阔出。

通天巫的野心

阔阔出这个敌人是成吉思汗亲手制造出来的。阔阔出是蒙立克七个儿子中最聪慧狡黠的一个，从小就发现萨满教巫师是个有前途的职业，所以发奋图强、力争上游。据说他经常赤身裸体出没于荒野深山，回家后就对人说："我刚和长生天交谈，它带我在天上遨游。天上的美景真美！"

蒙古人信仰萨满教，信奉长生天，可很少有人这样胡说八道。为此，他经常挨老爹蒙立克的耳光。但他越被打越神叨，想不到真让他折腾出了名堂，他的信徒遍布草原，到处都传颂着他草原第一巫师的美名。

自从他老爹重新回到成吉思汗身边受到信赖后，他在成吉思汗心目中的地位也与日俱增。他常对成吉思汗说："你就是长生天在人间的代言人。"有一次，他神秘兮兮地对成吉思汗说："昨天夜里，我到森林中去和长生天谈话，他对我说，'我已把整个地面赐给铁木真以及他的子孙，命他为成吉思汗，教他如何这般实施仁政。'"

成吉思汗马上跪倒地上，感谢长生天的赏赐。成吉思汗对长生天的深信不疑，是阔阔出飞黄腾达的根基。人类历史上从来没有一位君主会像成吉思汗那样毫无条件地信仰上天。他每当要作出重大决策时，必有一位萨满巫师提前为他占卜吉凶，而阔阔出就是他唯一的御用巫师。阔阔出说什么，他就办什么。当然，阔阔出打着长生天的旗号做出的各种有利于成吉思汗的预言，也为成吉思汗聚拢民众、树立权威提供了绝对的理论保障。

所以1206年的开国大典，阔阔出被成吉思汗封为大蒙古国第一巫师，阔阔出又别出心裁，为自己的名字加上"帖卜腾格里"的前缀词，意为"通天巫"。我们下面的叙述中就称阔阔出为通天巫。

通天巫拥有巨大神奇的"权力"，他是长生天的天使，也是成吉思汗的精神导师，更是大蒙古国的指路人。在所有决定战争与和平的会议上，通天巫和他的助手们总是和成吉思汗的忠诚战友、亲兄弟坐在一起，成吉思汗在采取任何公开步骤之前都要和通天巫正式进行商讨，而通天巫的意见总是得到成吉思汗最大的尊重和服从。

在如何对待通天巫的问题上，成吉思汗显得异常谨慎，这有两方面原因。一方面是通天巫的确预言了很多确凿无疑的事，一方面，对长生天深信不疑的他认为通天巫真有神奇的法力和权力，如果稍对其不礼，会引来杀身之祸。

所以说，有时候无条件地信仰也不是件好事，它会使你成为奴隶，亦步亦趋，不敢有突破。

通天巫伶俐异常，当然明白自己在成吉思汗心目中的地位。他对成吉思汗说："你现在拥有的一切，都是长生天所赐，其实也就是我代表长生天赏赐给你的。"成吉思汗小心翼翼地说："恐怕还有我和战友们发愤图强、英勇战斗的功劳吧！"

通天巫愣了一下，随即笑道："当然，长生天不会照顾无能的人，但你要记住，没有长生天，没有我，你的一切都将消失。"

成吉思汗恭敬地点头说："我记下了。"

通天巫和他的六个兄弟和无数信徒在茂密的森林中交谈，通天巫说："我应该和成吉思汗平起平坐。"

众人问："为什么？"

通天巫说："是在我的主持下，他才登上的汗位，他能登上宝座应归功于我的那些预言和咒语。"

他的六个兄弟说："我们支持你！"

通天巫扫了一眼满树林坐着的信徒们，信徒们异口同声："我们支持你！"

通天巫仿佛一夜之间神魔附体，开始表现得有恃无恐、肆无忌惮起来，事情自然而然就发生了。有一天，通天巫和他的六个兄弟与成吉思汗的弟弟合撒儿参加宴会，宴会到达高潮时，通天巫和他的六个兄弟喝得不辨东西、神经错乱，于是和合撒儿吵嚷起来，合撒儿才还一句嘴，通天巫就大喊一声："给我打！"

他的六个兄弟一起上前，对合撒儿一顿老拳伺候，合撒儿鼻青脸肿地来找成吉思汗告状。合撒儿当时并未还手，这足以说明通天巫的权力之大。成吉思汗看了看猪头样的合撒儿，因为无法解决这件事而老羞成怒："你不是经常吹嘘能以一敌十吗？怎么今天被六个人揍成这副德行，难道他们用了长生天的法力？"

合撒儿张着嘴，眼含热泪，看到愤怒得直转圈的老哥，他默默地起身走出帐篷，放眼望去，草原茫茫，天高地阔，于是一气之下骑马飞驰而去。谁也不知道他去了哪里，三天后他才淤青着脸回来。

人们见到他时，发现他性情有所变化。他变得很神秘，经常在夜间到亲密战友的帐篷里通宵达旦地谈论。通天巫为此举行了一场占卜，占卜完毕，他失色道："合撒儿正联合其他人准备把我搞掉。"

六个兄弟抽出刀子说："咱们先下手为强。"

通天巫嘿嘿道："何必用刀子。"

六个兄弟齐声问："那用什么？"

"用长生天！"

通天巫跑到成吉思汗的帐篷，神秘兮兮地说："昨夜和长生天聊天，他透露个惊天信息给我。"

成吉思汗正襟危坐，问："什么信息？"

通天巫回答："长生天说，成吉思汗将继续主宰天下，但长生天又说，合撒儿也可主国。"

成吉思汗心绷紧了，合撒儿的野心在多年前就风传草原，这个弟弟精明强干，而且是个神射手，长生天都说他将主宰国家，那就是肯定的了。

那天夜里，成吉思汗左思右想，认为通天巫得到的启示是真实的。他是个一想到就马上去做的人，命令他值班的怯薛长带领值班武装团，直奔合撒儿的营帐。合撒儿刚从战友的营帐回来，正准备休息，突然看到老哥硬闯进来，不由得吓了一跳。

成吉思汗冷笑两声，问："你曾消失三天，做什么去了？"

合撒儿莫名其妙，回答："散心啊！"

成吉思汗又冷笑两声，猛地绷起脸："给我拿下！"

合撒儿吵嚷起来，成吉思汗命人堵住他的嘴，直送进囚笼。也许是兄弟情谊作祟，成吉思汗没有马上下令处置合撒儿，这就给了合撒儿一个活命的机会。

合撒儿的两个亲信急忙跑到诃额仑处报告了成吉思汗怪异的举动，诃额仑马上叫人牵来一头骆驼驾车，当夜就驱车上路，奔成吉思汗大帐而来。

黎明时分，成吉思汗正在审讯合撒儿，突然外面喊声大起，有人向他报告，诃额仑来了。

成吉思汗急忙把诃额仑请到帐篷里，诃额仑怒气冲冲，脸色阴森可怖，连看都没看他一眼，就走到合撒儿面前，为他松绑。成吉思汗见到母亲是这般模样，早已吓得手足无措、狼狈不堪。

诃额仑解开合撒儿，盘腿往地上一坐，三两下就解开胸襟，掏出一对干瘪的乳房，命令成吉思汗："你跪下！"

成吉思汗双膝一软，跪到地上，合撒儿也跟着跪下。诃额仑轻蔑地扫视了帐篷中的审讯人员，然后对成吉思汗和合撒儿说："看见了吗？你俩一同吸吮的乳房就在这里。铁木真你有智慧，合撒儿有力气。他帮你建下了赫赫功业，你现在安稳了，难道容不下合撒儿了吗？"

成吉思汗是个大孝子，历来成大事者似乎都孝顺父母，中国儒家在这个"孝"字上用功极深，可见不是没有道理。他急忙用膝盖行走到母亲大人面前，惭愧地低下头说："我错了，再也不这样了。"

诃额仑又把"兄弟同心，其利断金"的话说给成吉思汗听，成吉思汗唯唯诺诺，可当诃额仑一走，他又翻脸无情，把之前分给合撒儿的百姓从4000人减为1400人，并且剥夺他参政的权力。成吉思汗为何敢违背母亲的意愿，和他相信通天巫以长生天名义给他的启示有关，他只相信长生天，不相信合撒儿。据说，诃额仑听到这个消息后，精神受到重击，很快衰老而死去。

成吉思汗对合撒儿的处理让通天巫更加肆无忌惮，他坚信一条，成吉思汗离不开他，因为在草原上，一国之主或者一个部落首长和巫师是不可分的，国王必须要和巫师合二为一，才能得到合法性。

合撒儿被处理后，成吉思汗的威名顿时扫地，有人认为成吉思汗的权力完全来自通天巫，所以都跑到通天巫手下听他的差遣。甚至有人对成吉思汗丧失信心，偷偷跑到西伯利亚去流浪。

这些事情都在缓慢发生，成吉思汗似乎遇到大困境，无法施展智慧解决这个难题。随后不久，又发生了一件事，更让他陷入泥潭不能自拔。

这件事仍然是由通天巫扮演主角，他的对手则由合撒儿换成了成吉思汗的幼弟帖木格。起因是这样的：帖木格的百姓陆续跑到了通天巫那里，拥有百姓的多少不但是权力的象征，同时还是富裕的象征，所以帖木格派人去和通天巫交涉，要他交出属于自己的百姓。

通天巫狂笑，说："百姓们是自己主动来的，又不是我去抢的，你这行为很不美，长生天知道了会特别不高兴。"

帖木格的使者刚争辩两句，通天巫怒目圆睁，大手一挥，他的几个兄弟就跳上来把帖木格的使者一顿臭揍，揍累了，就把一张马鞍绑在了使者背上，让他驮着马鞍离开。

帖木格一见自己人被辱，大发雷霆，亲自跑到通天巫处要人，通天巫二话不说，命令手下人把帖木格从马上拉下来，暴打一顿，然后命令帖木格给他下跪认错。帖木格是个能屈能伸的人，满足了通天巫的虚荣心后跑到成吉思汗那里告状。

帖木格冲进成吉思汗的帐篷，跪倒在地，鼻涕一把泪一把地说："即使是咱们小时候总被人欺负，可也没有被人欺负到如此程度。呜呜，他通天巫欺负咱们家族可不是第一回了，老哥你要为咱们家族、为我做主啊！"

成吉思汗当时在孛儿帖的帐篷里刚起床，听完帖木格的叙述，他一言不发，坐在那里发呆，但脸色已是极其难看，像是铁一样。过了一会儿，他搓着手，面露难色，叫帖木格先起来。帖木格"哎哟"地叫起来，说被通天巫打得浑身疼痛，起不来。

其实帖木格是在撒泼，如果成吉思汗不为他做主，他有可能跪到世界末日。成吉思汗手足无措，他不知道该怎么处理这件事，脑袋里空空如也。

正当他打转，帖木格摆出跪到地老天荒的神情时，帷幕后有人说话了："这事很简单。"

说话的人是孛儿帖，声音很低，但异常刺耳，成吉思汗和帖木格都听得清清楚楚。但两人谁都没有搭话，帖木格不搭话，是因为成吉思汗还没有搭话，成吉思汗不搭话，是因为他脑袋空空，意乱神迷。

半天工夫，孛儿帖见成吉思汗没有回音，一把将帷幕拉开，大声说道："那个阔阔出和他的兄弟竟然放肆到如此程度！先前，他们殴打合撒儿，今天又强迫帖木格下跪，这还有没有王法了！我们贵为皇族都受此遭遇，别人可想而知。可汗您还在，他们就敢殴打您的亲兄弟，如果有一天您不在了，他们岂不是要把咱们家族成员都斩尽杀绝？到那时，您辛苦聚拢起来的民众会是什么结果？可汗请从他现在的表现推测将来，他将来能真心实意地让咱们家族成员当这一国之主吗？您为何对外人迫害您的亲兄弟无动于衷呢？"

孛儿帖越说越激动，忍不住泪流满面，啜泣不止。孛儿帖的这段话和当年在札木合营中的那段话一样，给成吉思汗很大的震动，也和从前一样，他如梦方醒，眼前清晰出现的图画中，他的家人和百姓正遭受着通天巫的皮鞭，他辛苦建立起来的大蒙古国正像烧纸一样化成灰烬。

他大叫一声，浑身舒畅，并且充满了正义的力量。这力量并非来自长生天的使者通天巫，而是来自长生天本人。对通天巫那能掐会算、可改变命运的神秘权力的恐惧荡然无存。他终于恢复了人们印象中那种敢作敢为的男子汉和果敢的政治家的形象，他用能让沸水成冰的威严的声音命令帖木格道："起来！去通知阔阔出来我大帐，说有要事相商。"

通天巫之死

成吉思汗下定决心干掉通天巫，孛儿帖功不可没。如果没有孛儿帖，成吉思汗恐怕还在他和通天巫关系的烂泥坑中挣扎着，任何人，包括长生天都不知道通天巫接下来会干出什么石破天惊的大事来。

成吉思汗要帖木格去通知通天巫来之前，告诉帖木格："通天巫来到后，凭你处置。"这句话顶一万句，帖木格擦干眼泪，神情冷酷地走出孛儿帖的帐篷，找来三个大力士，对他们说："可汗要铲除通天巫，你们等会儿看我的眼色。"

三个大力士是帖木格的忠实奴仆，正因为主人受辱而心如刀绞，听到可以复仇，不禁兴奋异常。帖木格嘱咐三人："通天巫有神力在身，不可轻视，一定要快刀斩乱麻。"

通天巫来了，昂首挺胸，目不斜视，迈着不可一世的步伐。他身后跟着那六个兄弟，甩着膀子，踏着狗仗人势的碎步。通天巫进到帐篷，一屁股就坐到桌前，六个兄弟站在他身后，俨然葫芦兄弟集体亮相。

通天巫一看到帖木格朝他坏笑的脸，就不高兴起来。他腾地站起来，对刚走进来的父亲蒙立克说："帖木格为何在此？难道咱们商量事还有他参与的资格吗？"

蒙立克还未说话，帖木格也腾地站起来，上前抓住通天巫的衣领，恨恨地说："你昨天让我下跪，今天我要讨回公道！"

通天巫冷笑，他身后的六个兄弟已挽起袖子要冲上来。帖木格扯下通天巫的帽子，摔到地上说："有本事咱们单打，仗着你兄弟多算什么本事！"

通天巫也抓住帖木格的肩膀说："好，我还怕你不成，来啊！"

帖木格说："这里地方太小，难以施展，咱们去帐篷外面。"

通天巫说："好啊，我今天非摔死你不可！"

两人拉扯着像螃蟹一样冲出了帐篷，蒙立克捡起通天巫的帽子，突然一种不祥的预感从帽子传递到他手上，他惊慌地看向成吉思汗，成吉思汗面色平静，不发一言。

通天巫和帖木格刚一出帐篷，通天巫还未来得及用绝招，他身后就冲上来三个大力士，这三个人同时发力，能把一头大象一折为二，通天巫当然不是大象，也没有什么神奇法力，所以三个大力士同时用力，把他折成了两截。

一代传奇巫师就此告别人间，至于他是否被长生天所接纳，就是另一个世界的事了。

帖木格杀掉通天巫后，装模作样地走进帐篷对成吉思汗和蒙立克说："昨天阔阔出叫我跪地悔过，我二话都没说。今天我和他摔跤，把他摔倒在地，居然装死不起来，可见他是个输不起的人。"

蒙立克手一颤，通天巫的帽子掉在地上，他知道儿子已经死了。不但儿子已死，他也有性命之忧，于是急忙含泪向成吉思汗求情："当您的国土还像土块那样大的时候，我就是您的同伴；当汹涌的大江还像小溪的时候，我就和您相识了。"

蒙立克这话简直不要脸，他曾抛弃过成吉思汗一家，后来见成吉思汗有了起色才又跑回来的。但成吉思汗是个仗义的人，所以向他温和地点头，其实是告诉蒙立克：我不搞牵连，你放心。

蒙立克以情动人，他的六个儿子却没有这样的宽厚，他们也意识到伟大的兄弟已死，马上采取行动，三个人挡住门口，三个则上前撕扯成吉思汗，成吉思汗龙颜震怒："大胆！滚开！"

就在他们惊住的刹那，成吉思汗一个箭步，冲出了帐篷，帐篷外的禁卫军马上把成吉思汗团团保护起来，六个人见大势已去，都垂下肩膀，溜到老爹蒙立克身后，低头不语。

我们叙述这件事心平气和，其实当时杀机四伏。通天巫未死之前的势力已登峰造极，史书说他的信徒成千上万，有九种语言在他的基地流行，俨然是个小联合国。他的信徒已经渗入到成吉思汗的禁卫军中，如果当时不是成吉思汗大吼一声震住他们，后果不堪设想，因为从始至终，我们都没有见到成吉思汗的禁卫军进到帐篷里。直到成吉思汗跑出帐篷，被更多的禁卫军保护起来，那些潜在敌对分子才又重新忠诚起来。

下面的事更证明了通天巫的势力之强。成吉思汗命人把通天巫的尸体搬运到一个旧帐篷中后，马上下令移大帐到别处。他的担心不是多余的，通天巫的信徒们很可能会趁着教主新死的悲愤情绪挑事。

当他在别处重新展开帐篷后，开始思考这件事的后期处理。通天巫并非一般人，他的身份决定了他的地位和势力。把他杀掉容易，可要彻底根除他的影响是件难度很大的事。在草原人眼中，通天巫是长生天的使者，拥有神奇的权力，这样的人居然被成吉思汗所杀，那就说明成吉思汗背叛了长生天。背叛长生天就明示了成吉思汗可汗之位是违法的，不是天授的，这对任何一个国家的最高领导人而言，都是件危险的事。

要想证明自己是合法的，那只有一个办法，证明通天巫是违法的。按照这个思路，成吉思汗眉头一皱，计上心来。

他下令说，三天后要为通天巫举行盛大葬礼，在此之前，通天巫遗体必须严加看管，他鼓励大家去见通天巫的尸体。一批批通天巫的信徒来了，他们悲伤得不能自已，他们搞不清楚，伟大的成吉思汗为什么要杀伟大的通天巫，他们不是一体的吗，成吉思汗的君权神授不正是通天巫告之的吗？

守卫通天巫遗体的小队由三个百户组成，还有一群信徒自发在帐篷外聚集。通天巫遗体的帐篷被围得水泄不通，连只苍蝇都飞不进去，也飞不出来。

举行盛大葬礼的前一天晚上，帐篷突然神秘地抖动起来，人们看到帐篷摇晃了三下，里面发出通天巫的怪叫声，帐篷的天窗突然打开。信徒们惊恐地跪下，守卫们遵从成吉思汗的严嘱不敢去看。幸好，只一会儿工夫，帐篷恢复了平静。

第二天凌晨，成吉思汗带领通天巫的信徒们打开帐篷，信徒们惊愕万分。通天巫的尸体不翼而飞，残存的月光从天窗透下来，让此情此景更为可怖。

成吉思汗大吼大叫，发誓说要派人严密调查通天巫的尸体去向。几天后，成吉思汗当众宣布调查结果：阔阔出大逆不道，所以长生天不爱他，把他的生命和尸体都取走了。

通天巫的信徒们对此深信不疑，因为如果不是长生天，没有人能从防守严密的帐篷中搬走尸体。他们于是确信，通天巫是个坏蛋，长生天不喜欢他，所以先借帖木格之手取走了他的命，又拿走了他的尸体。

整个草原上都开始风传这样的信息：通天巫是违法的长生天使者，成吉思汗是长生天在人间的合法代理人。

当然，通天巫尸体不可能被长生天拿走，拿走他尸体的只能是成吉思汗。成吉思汗在通天巫信徒面前演了一场好戏，至于他是如何拿走通天巫尸体的，史书没有记载。在那种情况下，恐怕只有一种可能：挖地道。

无论如何，经过这场好戏的编排和表演，成吉思汗消除了通天巫的影响，强化了自己的身份和权威。可是，草原人不能没有巫师，就如天竺不能没有佛教一样。成吉思汗很快就发布命令说，长生天又派了一位巫师来，他就是老实巴交的兀孙老人。和阔阔出一样，兀孙老人也来自蒙古部落的望族，而且是高明的萨满教徒，从他出生那一刻起，就一直在和长生天沟通。所以，他就是我们大蒙古国的新巫师。

草原人又有了精神导师，不禁欢欣鼓舞。成吉思汗偷偷对兀孙老人说："好好做，不要学阔阔出。"

兀孙老人满脸流汗地说："您就是长生天，您可传递旨意给我！"

成吉思汗又叫来蒙立克，语重心长地对这位丧子的老人说："你呀什么都好，就是在家庭教育方面不怎样。如果我知道你的儿子有这样的野心，我早就让你一家和札木合一样的结果了。"

蒙立克老泪纵横，跪下求饶。

成吉思汗扶他起来道："不过我已有言在先，你们可犯九次罪，我如果现在治你们的罪，那会叫人耻笑。但我又不能不作出惩罚，我收回你们的赦免九次之恩，你们再犯罪，就别怪我不客气了。回去，好好学习家庭教育吧。"

蒙立克千恩万谢，自此，他和他的六个儿子退出了成吉思汗的舞台，玩安静老实的独舞去了。

成吉思汗现在把王权和神权牢牢掌控在手，恐怕只有长生天才能剥夺他的权力，但他还是让兀孙老人说："长生天给成吉思汗的权力是永恒的。"

他的权力从此的确是永恒的，如万有引力，永恒而生，永恒而在。

西方邻国的热情

成吉思汗成为草原名副其实的主人翁后，威名四震。尤其在他对西夏连续三次用兵后，西部邻国更是对他刮目相看，纷纷来投。

第一个向成吉思汗宣誓效忠的是畏兀儿人。畏兀儿人是唐代回纥人的后裔。回纥汗国曾经在唐朝中后期大展神威，让唐王朝精疲力竭，只能以和亲换和平。不过回纥很快内乱，分为三支，其中一支辗转迁移到今新疆吐鲁番一代，逐渐成为当地的主要弥足。北宋时期，它臣服于辽，辽被金所灭后，它又臣服于西辽。

西辽是辽国的延续，犹如南宋是北宋的延续。1123年，金国灭辽，辽国皇室成员耶律大石率领二百骑兵西逃，到达今新疆乌鲁木齐时，发现敌人没有追击，于是大展神威，号召曾是辽国附属的十八部落和他一起反攻复国。这十八部落虽未亲眼见过金国的实力，但从耶律大石的仓皇而来中就断定金国不好惹，所以只勉强给了耶律大石几百士兵。耶律大石在乌鲁木齐誓师，发了一通豪言壮语，但他并没有带着这支军队回东方收复失地，反而向西推进。这一推进让耶律大石发现了以前做梦都不敢梦到的宝藏——西方各个小国和部落软弱无力，在他骑兵的冲击下，纷纷臣服。当他推进到今乌兹别克斯坦的撒马尔罕时，兵力已达数万。西域几十个伊斯兰教国家对这个东方来的怪物都大为惊骇，集结十几万兵力和耶律大石在撒马尔罕郊区决战，耶律大石再显神威，击垮了这群乌合之众。

当他发现自己已离东方故国越来越远，又发现可以在西方称霸时，他就不再有恢复河山的想法。1124年，他在撒马尔罕建国称帝，历史学家称他建立的这个国家为西辽。

耶律大石在龙椅上坐了二十年，把他的帝国打造成了西域最强大最光辉的一个帝国。但到了耶律大石的孙子耶律直鲁古继位后，由于长期对外战争，西辽的国力逐渐衰落。

1209年，成吉思汗进攻西夏，庞大的阵容让畏兀儿的国君惊叹不已。他说："西辽盘剥我们多年，我们自己的力量不能和它对抗，但我们可以借助别人的力量。我看成吉思汗是个厉害人物，格言说，跟对人才能有发展，我要向成吉思汗抛媚眼。"

畏兀儿从未和成吉思汗接触过，所以他不知道这位草原霸主希望什么样的伙伴，如果贸然去投奔成吉思汗，一旦对方不收留，西辽方面又知道了这件事，那他就是吃不了兜着走了。

畏兀儿国君稳重地进行他投奔成吉思汗的计划，第一步就是让成吉思汗知道自己的真心。当脱黑脱阿的儿子火都流窜到他的地界时，他派人追杀火都，并且还把火都派来的使者杀掉了。他用这种方式告诉成吉思汗，您的敌人就是我的敌人。

成吉思汗得到这个消息后，称赞畏兀儿人说："他们是咱们的好邻居，希望他们能继续努力，做出更大的成绩来。"

畏兀儿人果然很努力，很快就给成吉思汗递上了投名状。在一个月黑风高之夜，一群畏兀儿人把西辽派驻其国的监察官办公室推倒，把对方砸成了肉酱。西辽监察官是西辽主权的延伸，相当于今天各国在他国的大使馆，对于这种公然挑战对方主权的行为，畏兀儿人当然知道后果。所以马上派出使者到大蒙古国，向成吉思汗报告这一情况，希望成吉思汗能当他们的保护人。

成吉思汗比他们还着急，畏兀儿的使者还未出发，成吉思汗的使者已到。

使者告诉畏兀儿那位准备弃暗投明的聪明国君："成吉思汗很希望你能当大蒙古国的卫星国。"使者又说，"你这个投名状真是厚重，成吉思汗肯定会让你得偿所愿。"

畏兀儿国君让使者把话带给成吉思汗，马屁拍得咚咚响："我从来往的人们那里听到了您这位世界征服者、宇宙之主的强盛和伟大，便起来造了西辽的反。我正要派人去向您表示归顺之意，却不料您的使者已经到来，我仿佛觉得天空中乌云驱散，晴日当空，在阳光照射下，江面上冰封尽消，一江净水，我整个身心欢腾起来。自今以后，我要献上全部畏兀儿国土，做成吉思汗的奴隶和儿子！"

成吉思汗高兴地给了回复："如果你真诚为我效忠，就从你的财产中分出一部分来进贡。"

畏兀儿国君得到成吉思汗这句话后大喜过望，1211年，他按照成吉思汗的意思，亲自携带大量珠宝到草原上见成吉思汗。双方见面，成吉思汗拉着他的手说："你不必拘谨，草原是我家，从此之后也是你家，大门常为你打开。"

畏兀儿国君感动得流下泪水说："蒙您垂青，顾念臣下，我听到消息后马上就赶来，我每年都会把我的财产给您一半。我只有一个心愿，请您满足。"

成吉思汗问："什么？"

畏兀儿国君兴奋地说："可否让我做您的女婿？请让我做你四子之外的第五子。如果真能如愿，我将更加顺从，尽犬马之力。"

成吉思汗毫不犹豫地说："我把女儿嫁给你，你就做我的第五个儿子吧！"

畏兀儿的归降使成吉思汗打通了通往西方的通道，为他日后的西征铺平了道路。畏兀儿西边的小国哈剌鲁闻听庞然大物的畏兀儿都归顺了成吉思汗，马上做出选择，从西辽国的怀抱跑到成吉思汗的怀抱。

成吉思汗现在站在鄂嫩河源头，放眼西望，一眼就能看到西辽国，如果他的眼光够漫长，还能看到花剌子模。不过，他收回眼光，看向了南面。

南面是金国，正如一头在悬崖边的巨兽，茫然地行走着。

成吉思汗开疆拓土的功业如果不从这里开始，那就是没有天理。

第六章
和金国开战

成吉思汗的口水

成吉思汗在1211年春向金国宣战，可谓时机正好。因为金国已走出了活泼的青春期，向暮年滑落。

金国到第三任领导人完颜亶时就出现了问题。完颜亶嗜酒如命，不理朝政，又性格阴狠，大肆屠杀功臣，政治一片混乱。丞相兼亲王完颜亮发现做皇帝的时机已到，立刻采取军事行动，杀掉完颜亶，自立为帝。人们以为朝政会在完颜亮的主导下清明起来，想不到完颜亮比完颜亶还混账，大诛宗室，荒淫无度，加重赋税，金国境内盗贼蜂起。1153年，完颜亮抽风一样同南宋全面开战，结果出其意料地大败，其部下趁此良机杀掉了这个昏庸皇帝，立亲王完颜雍为帝。完颜雍面对的是个烂摊子，他发愤图强，矢志把帝国从衰败中拯救出来，在他有生之年，表面上的确做到了这点，人们称他为小尧舜，不过，这只是表象，真正的危机并未消除。

金国在衰落，成吉思汗早就知道。因为他身边有了解金国的人，此人叫耶律阿海，曾是金国的中级官员。多年前，他以金国使者身份到王汗处谈合作时见到成吉思汗，据说他一溜烟跑回临时住所对家人说："我平生见过很多牛人，却从未见到过像铁木真这样的牛人，跟着他，必是富贵到极致，繁华不落空。"于是，奇迹的一幕发生，耶律阿海脱下金国政府的官袍，心甘情愿地跟随了铁木真。耶律阿海的忠诚无懈可击，曾和成吉思汗共饮过班朱尼河水。

1207年，才华横溢的他建议成吉思汗对金国动手。成吉思汗当时正和西夏交战，对攻击城邦国家的困难程度印象深刻，所以不置可否。

耶律阿海就把金国外强中干的情况说给成吉思汗听，最后总结说，可以对金国动兵，而且绝对可以取得胜利。成吉思汗相信耶律阿海的话，他只是不知道金国到底衰弱到什么程度，是真的轻轻一推就能让这个国家覆灭，还是要进行旷日持久、持续不断的打击才能摧毁它。

仅凭感觉，成吉思汗就知道金国不同于蒙古草原上的那些部落和王国，更不同于西夏，金国是个庞然大物，而且城池众多，这是他有生以来最大的对手，所以必须要谨慎从事。在准备和西夏进行第二次交手期间，成吉思汗打着金国边防司令的旗帜南下，名义是向金国进贡，实际上是想亲自一探金国的虚实。

成吉思汗要来金国，在金国内部引起了剧烈的回响。成吉思汗这几年的凌厉发展始终牵动着金国的心。第六任帝完颜璟召开紧急会议，商讨对策。有人提出，不能让成吉思汗进入中原，他绝对是不怀好意，就让他在塞外进贡。至于在塞外什么地方，按照传统，应该是净州。

完颜璟认为这是个绝好的主意，于是派出兄弟、卫王完颜永济到净州接见成吉思汗。以当时的审美观点，完颜永济是个美男子，他身高绰绰，白面红唇，加上一副漂亮的胡子，望去有神仙之姿。不过良好的外貌和性格不成正比，据说完颜永济优柔寡断，懦弱无能，完全不符合亲王的身份与地位。

所以当他和成吉思汗一见面，就被后者一眼看穿。成吉思汗问他："我来进贡，为何在这荒无人烟之地待我？"完颜永济憋红了脸，直捋自己的长须。

他的顾问们见主人如此，只好奋勇上前，对成吉思汗说："按传统，非经皇上同意，你们这群蛮子进贡只能在此，你做了我大金这么多年的边防司令，连这一点都不懂吗？"

成吉思汗笑道："时移事往，你们的规矩该换换了。"

完颜永济马上发抖，退后一步，转身要走。他的顾问们堵住他，对成吉思汗说："不要以为手下小弟多了就自以为是，你根本不明白金国是如何控制你们的。"

成吉思汗当然明白，金国对草原多年来的权威并非取决于军事威力，而是取决于他们对流入游牧部落的货物强大的掌控力，这些货物来源于整个中原的作坊和城市。草原可汗的地位，取决于他赢得战争以及确保稳定的商品供给能力。塔塔儿人当年就是草原名副其实的霸主，只是因为他们拥有金国赏赐的货物。成吉思汗现在要想成为草原的霸主，只有两条路可以走，一是效仿塔塔儿人，当金国的走狗；二就是从金国那里抢夺货物。

对于第一条路，拥有强大自尊心的成吉思汗决不会走，金国对蒙古人有血海深仇，蒙古联盟的可汗曾死在金国的酷刑之下，另外，金国在几十年时间中始终执行一种残酷的政策：减丁。这种政策就是每年都会派遣部队到草原上捉拿蒙古人杀掉，即使成吉思汗不在乎这种政策，全体蒙古人也会在意。

成吉思汗想走的自然是第二条路，这是完颜永济和他的顾问们一眼就能看穿的。完颜永济的顾问们一看穿成吉思汗的心思，马上就冷笑道："你可以试试，在我们大金和你们部落之间有数不清的武装据点和长城，你要突破这些，必须要付出高昂的代价。"

成吉思汗不想付出高昂的代价，他已心中有底。所以当会晤结束后，他扔下了几车残破的贡品动物皮毛，拍马就走。完颜永济站在冷风中，本来想接受成吉思汗的行礼，想不到居然只得到了成吉思汗狂傲的后背和马屁股。这使他雷霆大怒，回到京城后，他向老哥完颜璟强烈提议要征讨成吉思汗，完颜璟当时正在生病，而且对成吉思汗的礼数不周行为也没有多大的感觉，所以此事不了了之。

完颜永济的性格促使他很快也忘记此事，他本以为和成吉思汗的仇恨到此为止，想不到羞辱很快又来了。1208年，完颜璟去世，由于没有儿子继承帝位，所以完颜永济捡了个大便宜，坐上龙椅。

1209年，完颜永济派出使者通知各个国家自己登基的事。出使蒙古的金人见到成吉思汗，勒令其彻底臣服新君。臣服仪式是屈辱的，臣服者必须谦恭地跪在地上，深表谢意，承认自己是个低能的蒙古奴隶，完全无力报答以前数代家族所接受的皇帝恩惠；然后郑重表面自己要恪尽职守，竭尽绵薄之力；最后，他要转身朝着金国首都的方向伏地叩首，感谢皇恩。

成吉思汗不想再对任何人叩头，除了父母和圣山肯特山以及长生天。他也不再是任何人的蒙古奴隶，他再也不想感谢从未存在过的金国的浩荡皇恩。

他脸色阴沉地问使者："新皇帝是谁？"

使者向着南方拱手道："卫王。"

成吉思汗夸张地朝地上吐了一口口水："我以为中原皇帝都是天上人，想不到是懦弱无能之辈，我拜这样一个废物做什么？"说完，跳上马背疾驰而去，留下金国使者在风中大凌乱。

自此，成吉思汗和金国彻底断绝关系，开战只是时间问题了。完颜永济听闻成吉思汗的羞辱后，在龙椅上跳起来，胡须乱颤，他说他要御驾亲征这个蒙古奴隶。但他只是随口一说，几天后，他就把这件事忘得一干二净。

成吉思汗当时正在对西夏用兵，所以吐完口水后也毫不在意，直到1210年年末，耶律阿海又向他提出对金国动兵，成吉思汗才想到口水事件。由于看到金国对他的不敬毫无反应，所以他情绪激动地反应起来。

1211年春，成吉思汗召开忽里台大会。忽里台大会实际上是蒙古王国的民主大会，参加会议的人有权否决可汗的提议，所以成吉思汗必须要说服他们对金国开战。他胸有成竹。

在召开忽里台大会前，成吉思汗就从畏兀儿人和汪古人，还有游走世界各地的穆斯林商人口中得到了金国最详细全面的情报。他知道，金国的主体民族女真只有300万人，它要统治4000万汉族农民。他还知道，金国的人口比他的大蒙古国要多10倍，金国可以在短时间内征召数十万的骑兵和步兵，而其城市也设有坚固的城防。两个巨大的堡垒守卫着通往首都的道路，而首都对于正面进攻实际上可以说是固若金汤。

忽里台大会成员也有这种担心，他们的骑兵对攻城战几乎一窍不通，金国虽然国力衰退，可他们有训练有素的军队，加上坚固的城池，这是一场生死未卜的战争。

成吉思汗语重心长地对他们说："对金国开战是长生天的要求，金国谋害我们的祖先，屠杀我们的族人，这是血海深仇，我们必须要报。同时，金国有数不清的金银财宝和美女，我们在报仇的同时还能获得巨额财富，何乐而不为。困难是有的，但只要制订完美的计划，就一定能成功。人生在世，如果不大胆地挑战困难，那活着还有什么意思？"

忽里台大会成员被他说动，他们又去鼓动属下们，属下们又去鼓动自己的属下们，最后，全体蒙古人达成一致：和金国开战利大于弊。如果非要说个开战的理由，除了美女和金银财宝之外，那还有个哲思的理由：之所以向金国开战，因为金国就在那里。

成吉思汗在得到全体蒙古人的支持后，又命令西夏和畏兀儿的使者来草原，他需要两个国家的保证，在他对金国动武时要老老实实。畏兀儿人拍着胸脯说："绝对没有问题，而且我们还会出兵相助。"西夏人咬牙切齿道："当初他没有帮我们，现在我们手舞足蹈还来不及，我们也愿意出兵帮助你。"

成吉思汗最后做的一件事是，一个人偷偷到附近的山上祈祷。他取下小帽和腰带，在"长生天"之前跪下，并向神的守护者诉说自己的处境。他依次叙说了几代部众对女真人的不满，而且还详细叙说了祖先被女真人杀害的痛苦。

他解释说，自己并不想反对金国皇帝，也并不想引发争论，他只是做长生天要求他做的事。

在山上祈祷了三天后，他走下山，对众人说："长生天让我们尽快出发，到金国那里获取本应该属于我们的一切。"

整个蒙古沸腾了，金人得到蒙古要和他开战的消息后，哄堂大笑。完颜永济装出惊异的样子说："我们的帝国如海洋般广大，而他蒙古如一盘散沙，他们是不是疯了？"

蒙古人是否疯了，完颜永济很快就得到了答案。答案是残酷而惊骇的，他根本无法接受。

野狐岭之战

1211年阴历二月，成吉思汗在克鲁伦河上游誓师，宣告南下伐金，报父祖世代之仇。大蒙古国所有士兵除三千骑兵留守老家外，全部出征。成吉思汗本人率领长子术赤、次子察合台、三子窝阔台和幼子托雷组成中军和右军，木华黎领左军；早已出发多日抵达阴山地区的侦察兵团哲别、耶律阿海为前锋；汪古部首领为向导。十万骑兵浩浩荡荡奔向金国边境。

成吉思汗兵团行进方式是奇特的。它不是以传统长纵队的方式，而是在一辽阔的区域上，分几批依次展开前进。传统长纵队行军方式有个致命弱点，以东晋时期前秦和东晋的淝水之战为例，前秦百万大军征讨东晋，先头部队已在安徽和东晋军队交火，可后备部队刚出首都陕西长安。成吉思汗兵团的进军方式其效如神，首先，能给牲畜提供充足的牧场和水源；其次，可以给士兵增加打猎的机会；最后，可以给侦察的敌人以震撼，当敌人看到如此庞大的行军阵容时往往会不寒而栗。

行军过程中，成吉思汗的中军居中前行，右军掩护西侧，左军掩护东侧。一支小部队担任军队前卫，而另一支军队则行走在后方，护卫军队的后备牲畜。大分队中，万户长居于其千户部队的中央前进，在他的周围环绕着九个千户长和其部队，这种行进中固定的模式可以让熟悉该模式的人迅速地找到指挥部。

蒙古兵团所以能快速机动，就是因为他们没有辎重，伴随士兵左右的只有马匹，每个士兵可分配两三匹马，前进途中，他们挤动物奶解渴，并且宰杀它们作为食物，或者通过打猎和抢劫自给。一个平常的蒙古骑兵可以连续行军十天而不必停顿下来生火做饭，渴饮马血，每人随身携带10斤干奶团，每天的食物就是一斤干奶团。有人认为，蒙古士兵从不生火做饭，这是扯淡。他们只是在黄昏时刻、天地一色时生火做饭，这样可以用周围的环境掩藏他们的炊烟，当然，这种情况很少。大多数情况下，他们都以干奶团和干肉为食物。当他们休息时，会三五成群，隐蔽在低洼处，第二天早早就起床，先不动，认真地观察周围情况，然后才整理兵器，拍醒战马，情报人员此时已经回来，报告前方的情况，依据情况，指挥官作出决策。

这就是成吉思汗兵团的特征，这一特征使他们在一百多年的时间里成为地球霸主，也为人类军队史注入新的传奇。

成吉思汗兵团就是用这种方式无声无息地穿过了800公里的戈壁，来到了金国边境。所谓金国边境，实际上是一条绵绵千里的长城。

金国北部长城东起布西城（今内蒙古莫力达瓦旗），西南过庆州（今内蒙古林西县）北境，经化德（今内蒙古化德县）直到河套以北，长达1500公里。金国在长城的关键地段修建了防御堡垒，派精兵守卫。但1500公里的边防线太漫长了，金国的兵力有限，所以求助于长城之外的部落。塔塔儿人、汪古人，包括成吉思汗的娘家弘吉剌部都为金国守卫过长城。汪古人守卫的地段是金国长城的西北，当成吉思汗跨过阴山和汪古部汇合时，金国根本不知道汪古部已经和成吉思汗联合了。

由此可见金国政府的颠顶。当成吉思汗在阴山制订作战计划时，金国才知道了汪古部的站位。皇帝完颜永济惊慌失措，在龙椅上浑身发抖地看向群臣。

绝大多数臣子对成吉思汗的突然兵临边境大为诧异，他们实在想不到成吉思汗真的来挑战他们了。从前，他们可以和皇帝一样冷笑，质疑成吉思汗的力量，可现在，他们没有这份勇气了。完颜永济要臣子们拿出建议，有臣子说："长城西北一直是汪古人替我们守卫，现在汪古人叛变，门口洞开，我们毫无准备，只能求和。"

有臣子附和说："成吉思汗大概就是要点东西，给他点东西，很容易就打发他了。"

完颜永济马上派人去向成吉思汗求和，得到的却是成吉思汗冷酷的答复："此次为复仇而来，你们不要胡思乱想，还是擦拭你们的武器，到战场上来交流吧！"

完颜永济问使者："成吉思汗军容如何？"

使者摸着脑袋想了半天，才回答："都是骑兵，三三两两地围在一起，像是乡巴佬饭后聊天，没啥大出息。"

完颜永济刚要放下心来，宰相独吉思忠叫道："成吉思汗统一蒙古草原，并非等闲之辈，我们不能掉以轻心。"副宰相完颜承裕也说："成吉思汗狡诈多端，这是'以能示之不能'，我们必须早作准备。"

完颜永济马上焦虑起来，独吉思忠急忙为他分忧："蒙古兵团都是骑兵，不善攻城。我们只要修筑要塞，顽强坚守，他们就会知难而退。"

按独吉思忠的思路，可在两个地方加强防御力量。一个是西京（今山西大同），另一个则是抚州（今河北省张北县）。完颜永济完全同意独吉思忠的建议，独吉思忠抵达抚州后，把防御线向北推进到30公里外的乌沙堡（今河北省张北县公会乡）。为了把蒙古人完全阻挡在防线之外，独吉思忠又在乌沙堡西南方修建支援基地乌月营，乌月营储备大量粮草，完全可以支撑到世界末日。

独吉思忠经略抚州防线时，完颜承裕也在西京加固城池，一方面迎接蒙古人的进攻，另一方面可在合适的时机出兵同独吉思忠一道夹击蒙古人。

对于金国经略抚州防线，成吉思汗从情报人员那里早已得悉。所以1211年三月初，他下令左军统帅木华黎对乌沙堡发动进攻。乌沙堡被金国经营十年，城墙坚固，尤其是面对不善攻城的蒙古兵团时，它就成了不可摧毁的城池。木华黎猛攻三个月，独吉思忠顽强死守，乌月营的支援源源不断，木华黎寸功未取，独吉思忠气定神闲。

木华黎垂头丧气地对成吉思汗说："金国很难搞啊！"

成吉思汗说："中原人有句话叫釜底抽薪，独吉思忠能坚守乌沙堡这么久，全因为乌月营源源不断的供给，只要我们抄了乌月营，独吉思忠就没戏唱了。"

成吉思汗的分析很对，早在攻打乌沙堡之前，他就派出术赤、察合台和窝阔台去围攻金国的西京，金国西京不可能分兵出来支援乌沙堡，此时的抚州防线，只有乌月营是独吉思忠的强大靠山，失去了乌月营，独吉思忠就等于失去了利喙的老鹰。

这并不是个妙计，否则成吉思汗不会在围攻乌沙堡三个月后才想到这样的计策。乌月营在乌沙堡西南方20公里处，通过一条暗道向乌沙堡运送粮草、军械和兵源。的确，作为支援基地的特质，乌月营没有坚固的防御，可它异常隐蔽，甚至连独吉思忠的下级军官都不知道它的确切位置。等于说，袭击乌月营并不难，难度在于找到它。

成吉思汗原本不想在寻找乌月营上浪费时间，然而乌沙堡久难攻克，他不得不浪费时间来寻找乌月营。耶律阿海出谋说："那么大个军事基地，不可能完全隐蔽。我们可派小股骑兵四出搜集情报，只要捉住当地百姓，他们纵然不知道乌月营在什么位置，也会提供一些情报的。"

很快就有情报传来，乌沙堡西南方大约20公里处时常能见烟尘滚滚，当地百姓最近几个月内经常可看到金国军队赶着大车向东北方向前进。成吉思汗当即断定，乌月营就在那里。负责突袭乌月营的任务交给了哲别和耶律阿海，两人带领三千骑兵，趁夜色黑暗，衔枚疾进，在拂晓时分突然兵临乌月营。乌月营在毫无准备的情况下被轻易攻占，消息传到独吉思忠那里时，他正在向乌月营写一道运送粮草和箭矢的命令。听到消息后，独吉思忠大惊失色，笔掉到桌子上，瘫软在椅子里。

"太快了，太不可思议了！"他语无伦次地念叨。

军官们都站在他面前，面色凝重，人人都明白丢失乌月营意味着什么。十分钟后，独吉思忠终于缓过神，气息奄奄地问众将："计将安出？"

众将只有一计："南逃！"

独吉思忠笑起来，笑得温情脉脉，这个时候他还能有这样的笑容，可谓有大将之风。他笑完，就把嗓门最大的两个人推了出去斩首，然后他对众将说："必须要把这场戏在乌沙堡唱完！"

独吉思忠要把戏在乌沙堡唱完，简直是异想天开。乌沙堡的确坚固异常，可成吉思汗兵团已改变了进攻战术，这一战术是蒙古兵团最残忍也最有效的攻城战术之一。他们把在乌月营捉到的俘虏驱赶到战场，走在最前排。这就是人肉盾牌，乌沙堡的守军面对的是他们的战友，甚至是亲人，如果他们大义凛然向他们射击，那就是在屠杀同胞；如果他们顾及同胞之情而不动手，那就是叛国。总之，任何人在蒙古兵团这种进攻方式面前都想不出可行的方案，怎么做都是错。

独吉思忠现在就面临这样的问题，在扭扭捏捏的抵抗下，乌沙堡多次面临被攻破的危险，又加上粮草、弓箭的断绝，独吉思忠最后决定，这场戏不唱了，放弃乌沙堡，放弃抚州防线后撤。

独吉思忠南撤在金国中都（今北京）引起轩然大波。有人指出，独吉思忠贪生怕死，还有人说，独吉思忠根本不懂军事，他应该在恒州（今内蒙古正兰旗北）、昌州（今内蒙古太仆寺旗西南）、抚州重新组织防线，这三地城墙坚固，三面有山，完全可以阻挡住成吉思汗的骑兵团。

独吉思忠是有苦说不出，三地固然有防御优势，可兵力稀少，又无后援，一旦被围困就是死路一条。金国的主力都布置在豫陕前线，防御南宋，短时间内根本无法抽身来防御北面。至少在独吉思忠看来，成吉思汗十万骑兵是帝国北部边防的几万人无法抵挡的。所以，独吉思忠不但带领乌沙堡军队后撤，还把恒、昌、抚三地的主力守卫部队带着后撤。成吉思汗心花怒放，连下三州，而且还招降了定州（今河北定州）守将郭宝玉。此人是名门之后，祖宗是唐朝大名鼎鼎的抵抗外族英雄郭子仪。郭宝玉为金国在河北地区效力十余年，对河北了如指掌，他的投降使成吉思汗如虎添翼，蒙古兵团在郭宝玉的指引下趁势南下，攻克白登（今山西省阳高县），打通了通往金国西京的道路。

金国三州尤其是恒州的丧失，使其永远失去了和蒙古兵团分庭抗礼的资本，因为恒州是金国的牧马场，当时恒州至少有十万匹战马被成吉思汗笑纳。成吉思汗就用这些战马快马加鞭，加速度地向南挺进到长城要隘野狐岭（今河北省万全县西北）。

野狐岭山势高峻，风力猛烈，大雁飞到此地，遇到强风都要坠落，是自古以来的兵家必争之地。

金国在此处的守将是名将定薛，人数大概在一万人左右。不过凭借地势，这一万人可当十万人使用。三州丧失后，金国皇帝完颜永济撤销了独吉思忠的北方防御司令职务，改由看上去很有智慧的完颜承裕接替。完颜承裕到野狐岭召开军事会议，有人提议，蒙古人正在纵兵大掠，可以派一支轻骑兵趁其不备猛攻成吉思汗大营。完颜承裕魂不附体地摇头说："你们不知蒙古骑兵的厉害，怎么可以有这样不现实的想法？"

他的想法很现实，把兵力遍布野狐岭长城各个地方，他则坐镇中央，凭借山势和长城之险要，阻挡蒙古人。山势和长城固然能加强军队的防御能力，但同时也分散了兵力。他不知道成吉思汗最善于集中兵力实行中央突破战术，所以他的这一布局等于是给成吉思汗送上了一道晚餐。

完颜承裕做完这样的布局后就望向远方，有人告诉他，三州和周边的地主豪族都派人来要求和他合作，共同对付蒙古人。完颜承裕摇头说："他们有个屁用，我们现在最要紧的是留好退路。"

这种论调让野狐岭的守将定薛大将军大为沉沦。他知道，失败已注定，只是不知道失败何时会来。失败的到来迫不及待，成吉思汗大军一抵达野狐岭就发动了进攻。蒙古骑兵全部下马，木华黎亲自率领敢死队冲锋在前。成吉思汗采取的是集中突破战术，所有力量都用到了完颜承裕的中军大营。完颜承裕面对成吉思汗的猛攻，意识到了自己的布阵失策，然而要挽回已来不及，因为兵力过于分散，联络调度已大成问题。

在城破的最后时刻，完颜承裕流着眼泪放弃抵抗，带领残余灰溜溜地退出野狐岭战场。当他继续南逃前，站在狼烟四起的战场边缘，对身边的人沙哑着嗓子说："天亡我也。既生了我，又生成吉思汗干甚啊！"

完颜承裕的托大改变不了任何事。成吉思汗一占领野狐岭，一刻未停，如雪崩一样南下进击。

野狐岭之战其实没有震天动地的战斗，完颜承裕本无必战之心，在成吉思汗的中央突破战术面前毫无抵抗之力。这场战役之所以名留史册，是因为野狐岭的长城为南北分界点，也是金国和草原力量的分水岭。如今，它被成吉思汗控制在手，金国的大门已经敞开一条缝隙，成吉思汗已进了金国的大院。

金国此时才深刻认识了成吉思汗，成吉思汗继续为金国加深这一印象，猛追野狐岭溃退之敌。

完颜承裕从野狐岭带走了至少3000人，但路上逃亡了一大半，走到野狐岭百里外的浍河川时，手底下只剩了1000余人，完颜承裕失魂落魄，就在他黯然神伤时，成吉思汗兵团驾到，双方未等厮杀，完颜承裕已丢下他的士兵逃之夭夭。当他逃到浍河堡（在今河北省怀安县）各寨后，兵力突然又得到了恢复。因为在这里驻扎了一支一万余人的精锐兵团，兵团成员由女真人、契丹人和汉人构成，在北方以能打硬仗驰名。

这支兵团的确非同小可，成吉思汗兵团在猛攻数轮后，仍动不得其分毫。但完颜承裕面对如野兽般的蒙古人，不由得慌张起来，他摊开地图，寻找继续后撤的最佳位置。这种行为直接导致军队士气低落，木华黎故技重施，亲率敢死队千人，猛攻浍河堡的中军大营。成吉思汗也亲自上阵，带领三千怯薛军在各个堡垒前制造烟雾，主力军随同木华黎的敢死队奋勇向前，浍河堡杀声震天，十几公里外都能听见。

终于，木华黎的敢死队在敌人防御最脆弱处撕开一个小口子，敢死队在前，主力纵队在后，猛冲进对方阵营，然后如鲨鱼进了沙丁鱼群，左冲右突，金国这支精锐被冲得七零八落，完颜承裕大叫一声，带着卫队几百人向东南方的宣化溃逃。

浍河堡战役是野狐岭战役的延续，它本身的意义证明了金国在北方的机动部队已不堪一击，从此后，成吉思汗的骑兵进金国北境如入无人之境。

兵临中都

在浍河堡全歼金军后，成吉思汗下令围困金西京的三个儿子，对目标发动最后攻击，同时命令哲别向东追击完颜承裕，他本人则南下再向东对金中都实施迂回包抄。

围困金西京的术赤、察合台和窝阔台几个月来始终围而不攻，或者是进行小规模试探性进攻，完全是在执行成吉思汗的命令。成吉思汗只是想牵制西京的兵力，他尽量避免两线作战。野狐岭之战的完胜让他下定决心解决西京战事，他的三个儿子开始对西京发动猛攻。

西京防御司令胡沙虎不是个统帅，甚至连将才都算不上。几个月来，蒙古人在城下围而不攻，他干瞪眼看着，毫无行动。西京城防司令抹撚尽忠对胡沙虎畏敌如虎的丑态极度鄙视，二人产生矛盾，当保卫战打响后，二人发生激烈的争吵，就在两人的争吵声中，西京北城被蒙古人攻破。胡沙虎大叫一声，带领七千人出东门，直奔定安县（今河北省蔚县黄梅乡定安县村），试图从这里撤回中都。抹撚尽忠没有走，而是顽强死守，金国西京正是在这位名将的守卫下一直坚持到1214年。

胡沙虎的运气很不好，就在他逃到定安时，恰好遇到南下实施迂回包抄金中都的成吉思汗本人。双方一经接触，胡沙虎的七千人就如羊群遇到虎群，战斗从黄昏开始，傍晚来临时，胡沙虎只带了几百卫队向南逃至紫荆关。再从紫荆关西逃，终于逃回中都。完颜永济接见了这位逃跑名将，令人惊异的是，完颜永济不但未降罪胡沙虎，反而殷勤地慰问了他。

完颜永济对待胡沙虎的态度让臣子们哗然。他们说："擅自弃城理应斩首，纵然死罪可免，活罪也难逃。皇上你不但不治罪，还对他如此殷勤，这是负面激励。"

完颜永济没有心情理会这些议论，他如坐针毡，因为据情报说，成吉思汗大将哲别正向居庸关挺近。当时居庸关守将完颜福兴以浩然正气向完颜永济表示，誓死守卫居庸关，让居庸关成为蒙古人的噩梦。

这位庸才并非吹牛，居庸关本来就是一夫当关万夫莫开的险地，尤其对手是不擅攻城的蒙古人时，居庸关就成了毫无悬念的不破之要塞。

完颜永济不担心居庸关的防御，他担心的是蒙古人的狡狯。近一年来，蒙古人在各地所实施的军事进攻策略让金人大开眼界，也让他们胆战心惊。他千叮咛万嘱咐完颜福兴：只需死守，其他什么都不要做。

完颜福兴对这道命令的理解是很随意的，所以当他轻易击退哲别的一次小规模试探性进攻后，傲慢膨胀，理智正在悄悄溜走。他说："我想不明白，这样不堪一击的敌人怎么会长驱直入到我的门口。"言外之意是，除他之外，其他同僚都是饭桶。

完颜永济派来的监军曾在野狐岭战役中见识过蒙古人的勇猛和智慧，所以他脸色大变，说："将军千万不要轻视敌人，他们诡计多端，每个将领都用兵如神。"

完颜福兴鄙夷地看了监军一眼，嗤笑道："这也叫用兵如神，那傻子都成名将了！"

哲别不是傻子，是名将。他对居庸关做了一次试探性进攻后，立即断定居庸关绝不能硬攻，只能智取。智取的办法是诱敌人出关，打野战。

要完颜福兴出居庸关，难度系数很低。完颜福兴傲慢，浮躁，没有头脑。哲别在发动了几次小规模的进攻后，就扔下些兵器和马匹，向东"逃跑"。完颜福兴在城上看到蒙古人逃跑的风姿，豪情万丈地下令："出关！"

监军阻拦："小心有诈。"

完颜福兴狂笑："你们是被蒙古人吓破胆了。你看他们明明就是逃跑，给我追击。咱们现在太需要一场胜利了！"

很多人不理解，战争史那些诱敌之计为何屡屡成功。没有经历过战争的人永远不懂，人在战场上会热血沸腾，会走火入魔般地寻求胜利，所以当敌人退却之时，总会头脑发昏，认为敌人就是在逃跑。久经战阵的人都知道，消灭最多敌人的地方就是在追击途中。

完颜福兴下令开城门追击，居庸关守军一万人全部出动，他们追得越远，信心就越强，因为蒙古人在半路上丢下了太多的东西，甚至连干奶酪都扔了。完颜福兴几乎是奋不顾身地跑在最前面，他想全歼这支蒙古兵团，他要把胜利桂冠戴到头上，在万众瞩目下被皇上接见，光宗耀祖，这就叫富贵逼人。

看上去，他的确能完成理想。因为在追击途中，他捉到了几个蒙古士兵，讯问之下，蒙古士兵向他坦承老巢出了问题，所以急忙撤兵。

完颜福兴激动地跳起来，连饭都不想吃，狂追。追到鸡鸣山时，他审视这座险峻的山，得意洋洋地对身边的人说："蒙古人要是在这里埋伏，那咱们可就惨了，哈哈，可惜他们太蠢。"

正当他洋洋得意、自命不凡时，猛地听到一阵马嘶声，鸡鸣山如同被掀翻的蚂蚁窝，突然从山腰冲下来无数蒙古人，完颜福兴派头顿失，像个强盗头子遇到政府军一样，掉马就逃。他的一万人马本是金国在北方除浍河堡之外最精锐的部队，可在他的先逃下溃不成军，哲别兵团轻而易举地在追击途中将他们歼灭大半，剩下的人恨不得生四条腿，闭着眼睛向居庸关逃。

这还不是哲别最厉害的战术所在，就在埋伏之前，他已让一部分蒙古士兵装扮成金国士兵模样，混在逃兵行列中向居庸关"逃跑"。完颜福兴直到逃进居庸关、下令关闭城门后才惊魂甫定。他对监军说："蒙古人果然狡诈多端，如果不是我机动性强大，恐怕此时已做了鬼。"

监军搓着双手，焦急地询问："现在可如何是好？"

完颜福兴恢复了傲慢："放心，他们进不了关。从今之后，我要一心一意地守关，决不离开居庸关半步。"

他正侃侃而谈时，突然听到营中有人大呼："蒙古人占领居庸关啦，快跑啊！"

完颜福兴跑出来观看，果然看到蒙古人的军旗正飘扬在居庸关城墙上，这是那批装扮成金兵的蒙古人搞的鬼，完颜福兴当然不知道，他以为蒙古人真的攻陷了居庸关，大哭起来，然后赶紧从关后逃跑，一直跑到了中都。

居庸关就这样被哲别占领。哲别占领居庸关后，长驱南下，围困中都。成吉思汗则进驻昌平龙虎台，命令哲别进攻中都，同时令围困西京的三个儿子从西京撤退来昌平，众将士就在中都外围四处掳掠。

1211年九月，成吉思汗在龙虎台对众将士发表讲话，完颜永济在中都也召开紧急会议，会上，他发表了自己的看法："蒙古人势不可当，我们应避其锋芒，放弃中都南下。"

副宰相梁樘是汉人，有汉人的风骨，他以头抢地，哭诉道："中都被我大金经营多年，已成了政治、经济、文化中心，万不可随意放弃。中都城高墙厚，蒙古人都是骑兵，不懂得工程技术，所以不善于进行有步骤的攻坚，而且冬天来临，他们不适应这里的气候，肯定会自动撤退，我们只要死守中都，并命各地部队勤王，必能逢凶化吉，苦尽甘来。"

败军之将完颜福兴紧张兮兮起来，说："蒙古人有如神助，非同儿戏，我看皇上的看法相当正确，我们应该早做打算。"

梁樘退一步说："实在不成，也可议和，但南下绝对不可。"

朝堂之上分成两派，一派认为马上南逃，一派认为死守中都。完颜永济骨子里可怜兮兮的勇气突然冒出，他说："那就守卫中都，祖宗留下的家业不能随便丢弃，命令各地军区速来勤王！"

完颜永济焦头烂额时，成吉思汗正在龙虎台优哉游哉。他对战友们说："想不到中原人如此不堪一击。"众人都认为成吉思汗说得对，可哲别却有保留意见。

哲别说："金国野战是乏善可陈，可他们龟缩在高大的城池里，我们就无计可施。比如眼前的中都吧，咱们根本没有办法攻下来。"

成吉思汗立刻收起喜悦的脸，严肃地说："你提的这件事正是我的心事，城池是我们的禁地，必须要打破这种局面。"

木华黎说："这不是一朝一夕的事，必须要有所准备。"

成吉思汗问："怎么准备？"

木华黎说："把中原人里的能工巧匠统统带回草原，要他们为我们制造攻城器械。"

成吉思汗说："这是个好注意，马上去办。"

成吉思汗的命令一下，拉开了蒙古兵团中特殊部队"工兵营"的大幕，从此后，成吉思汗兵团无论到哪里，后面都跟着一群工兵，他们的任务是就地取材，制造攻城器械。而这些人都来自金国沦陷区，蒙古兵团在之后的扫荡中，遇到工匠就会捆绑起来，送到大营。1211年冬天，成吉思汗在龙虎台宣布撤兵，当然，是带着大批工匠和从附近搜刮来的金银财宝走的。

完颜永济听说成吉思汗撤兵回草原后，庆贺三天，他对他的帝国子民说："蒙古人被我们击退了。他们在我们的城池面前一筹莫展，灰溜溜地逃跑啦！"

事情远非他说的那样，这肯定也不是他内心最真实的想法，所有金国臣民都知道，蒙古人这次的撤退只是为了下一次的卷土重来。只是没有人知道，下一次会在何时。

成吉思汗中箭

成吉思汗第一次对金国开战，效果显著。金国的大部分地区均遭到蒙古兵团的蹂躏和摧残，短时间内不可能恢复秩序和繁荣。有人说，成吉思汗的第一次攻金，只是试探性进攻，终极目的是为了抢夺财富。这种说法实在值得商榷，成吉思汗在肯特山前对金国复仇的誓言犹在我们耳边回响，以成吉思汗说到做到的性格特点，他不可能只是为了抢夺财富而掀起战争。

成吉思汗之所以在1211年年末就利落地结束这场战争，原因是，蒙古兵团不善攻城。蒙古人生活和战斗的草原一马平川，也没有高墙厚城，他们没有经验，也用不到这种经验。这次战争对成吉思汗而言是个大教训。他并未讳疾忌医，回到蒙古草原后，立即命人把从金国掳掠来的工匠编入工兵营，工兵营的任务就是制造攻城武器和讲解攻城时的注意事项。

　　成吉思汗开始为下一次战争做起了充足准备。

　　完颜永济也在为迎接成吉思汗下一次的冲击作准备，然而他的准备工作很艰难，不仅现在的内蒙古、河北、山西大部分地区一片瓦砾，就是中都郊区都被成吉思汗搞得残破不堪。完颜永济眼见短期内不可能恢复，不禁大发雷霆。更让他大发雷霆的是，在他祖先的龙升之地辽东，契丹余部开始上蹿下跳，要游离出去。

　　金国灭契丹，对于金国而言已是久不提及的荣光，对于契丹人而言，也成了遥远的梦魇。风平浪静下，契丹人已把自己当成是金国的一分子，可风暴来临时，有野心的契丹人就想起了祖先的耻辱，于是振臂一挥，举起了反叛金国的大旗。

　　在这些人中，最伟大的天才人物当属耶律留哥。耶律留哥是契丹贵族，实际上他出生时，契丹灭亡许久，他应属于金人，而不是契丹人。由于才能出众，耶律留哥年纪轻轻就当上了金国北部边境的一名千户。在他的部下眼中，耶律长官是个很难捉摸的人，他经常陷入沉思，然后仰天长叹。成吉思汗对金国开战，并驻扎昌平龙虎台后，完颜永济担心境内契丹人趁势作乱，下令每契丹一户，以二女真户夹居。耶律留哥认为这种维稳方式是对尊严的侮辱，于是带领家丁跑到隆安（今吉林省农安县）举兵，宣誓要恢复契丹的光荣。

　　完颜永济对耶律留哥的叛变大为震怒，下令当地军队剿杀。耶律留哥轻易地击退剿匪军，并和另一位契丹遗民耶的联合，声势顿时壮大，对外宣称有十万之众，这是吹牛皮，很快，他就露出马脚。1211年十一月，他被金国一支军队围追堵截，被迫向西逃窜。在逃亡途中，他遇到了成吉思汗的一支扫荡兵团，兵团指挥官拦住耶律留哥的去路，问他是哪部分的。

　　耶律留哥回答："我是契丹兵团，想去投奔大蒙古国。"

　　成吉思汗的指挥官大喜道："我就是大蒙古国的将领，你愿意效忠成吉思汗吗？"

　　耶律留哥说："当然，成吉思汗现在如日中天，连金狗都恐惧他，能攀上这样的大国，是我的福分。"

于是二人下马指天为誓，成吉思汗得到这一大好消息后，心花怒放，从此他不计代价地支援耶律留哥，让他在金国的老家辽东制造各种麻烦。1212年春，金国已被成吉思汗大力支持下的耶律留哥搞得头昏脑涨。

　　1212年秋，成吉思汗认为再次攻金的时机成熟，于是誓师，二次攻金。此次出兵思路和上次大有不同，成吉思汗兵分数路，从第一次进攻的路线突入金国领土，大肆进行骚扰战，而他本人则率领二十个千户直奔金国西京。

　　完颜永济焦急如焚，在宫廷里团团转。宰相奥屯襄上书说："西京防御虽不比中都，但城高墙厚，完全可坚守三月，给我一支精锐，我和守军南北夹击，定让成吉思汗有去无回。"

　　奥屯襄是在豫陕前线发迹的，也就是说，他是在和南宋的交战中脱颖而出。如你所知，南宋军队脆弱无能，畏金如虎，所以在这种战场上取得战绩并不是难事，由此也可推断出奥屯襄的军事能力。

　　完颜永济非常认可奥屯襄的才能和建议，于是命令他带领一支兵团去解西京之围。直到奥屯襄出中都城时，金国内部都不知道西京战事到底到了何种程度。

　　其实，成吉思汗在西京城墙下一筹莫展。本来他这次进攻金西京，是为了把此地当作灭亡金国的基地，所以自然是有备而来。除了二十个千户外，他还带了几千人的工程部队。同时，命令一支偏师攻击德兴县（今河北涿鹿），以牵制敌人的援军。让他大失所望的是，工程部队在西京城下制造的攻城器械，不能实现他的理想。据工程部队的人说，西京城墙外倾，极不利于攻城。

　　成吉思汗大为恼火，连续斩杀工程师数人，可屠杀解决不了问题。就在他望城兴叹，处在"攻也不是，走也不是"的尴尬境地时，传来了奥屯襄援军正来的消息。

　　成吉思汗大喜过望，说："打不下西京，就歼灭奥屯襄好了！来了多少人？"情报人员回答："三万人。"成吉思汗鼓掌叫起来："太好了！"众将问计，成吉思汗说："由一支小部队把他们引诱到设置好的埋伏圈，全歼他们。"

　　埋伏圈设置在了西京城东南方二十里的密谷口，该地地势险要，双峰直插云霄，峰下一隙，仅容一人一马通过。成吉思汗担心西京守军会和奥屯襄夹击他，所以让五个百户留在城下，同时留下一万匹战马，马上竖起树枝和乱草制作的假人，每天都在城下游荡。他则率领主力快速奔向密谷口，设置完埋伏圈后，命令一支小部队去迎击奥屯襄。

　　奥屯襄翩翩而来。他骑着一匹河北特有的高头大马，虽然秋风已凉，但手上仍然摇着一把诸葛亮标志的鹅毛扇。正当他自命不凡时，先锋官慌张地跑来报告，前方发现蒙古军队。

奥屯襄紧张地问："多少人？"

先锋官回答："有三百人。"

奥屯襄轻轻地摇起扇子，带上威严口吻训斥先锋官："混账，三百人就把你吓成这样，命令大部队给我进攻！"

奥屯襄的三万人马绝不是小数目，列阵后同时冲击，有石破天惊之效。很快，先锋官就派人来报告说，蒙古人死伤一大半，剩下的正在夹着尾巴逃跑。

奥屯襄轻摇鹅毛扇，假装思考，思考许久，从嘴里吐出一个字："追！"

军事顾问提醒他："咱们是去解西京之围，还是赶紧去西京吧，况且，蒙古人狡诈，也许这是诱兵。"

奥屯襄点头说："我这个人胸怀最宽广，兼听则明。你说的话不是没有道理，不过，请问，蒙古人向哪里跑了？"

先锋官回答："西北方。"

奥屯襄得意说道："我们去西京的方向也是西北方，追击他们和去西京没有冲突。所以，赶紧给我追，我要活捉他们，剥他们的皮，抽他们的筋。"

我们由此可知，奥屯襄是个充满想象力的人。他的部队也充满想象力，追击起来速度惊人，奥屯襄的三万人马渐渐拉开了距离，前锋部队追击到密谷口，已过了成吉思汗的埋伏圈时，后续部队才陆续赶到。

奥屯襄在马上气喘吁吁，问飞奔而来的前锋官："追上否？"

回答："他们跑得比兔子还快，不过过了密谷口，应该就能追上。"

奥屯襄一挥手："过。"

军事顾问扯着嗓子喊："小心啊，蒙古人一旦在这里设下埋伏，咱们就是死路一条！"

奥屯襄拼命地打扇子，说："溃逃之敌就在眼前，你这是扰乱军心，给我追！"

三万人簇拥着，挤进了密谷口，挤进了成吉思汗的埋伏圈，挤进了鬼门关。

我们还是无法想明白，为什么在战场上那么多将领都容易中诱敌之计、中埋伏。恐怕只有一个原因能解释，那就是鬼迷心窍。

奥屯襄的三万人马一进入埋伏圈，成吉思汗的人马已一哄而起。密谷口外是一望无际的平原，正是蒙古骑兵最擅长杀敌的场所，成吉思汗兵团仍然使用中路突破战术，猛冲奥屯襄的中军，只一轮攻击，奥屯襄中军就被冲毁，整个阵列乱成一团，蒙古骑兵展开了马上屠杀，奥屯襄扔了鹅毛扇，夹马掉头就跑。他跑得实在是太快，蒙古兵团没有追上，但他所带的三万人马全部被歼。伟大的幻梦成为泡影，奥屯襄一溜烟跑回了中都，等待他的并不是严厉的审判，而是完颜永济的呆若木鸡和所有朝臣的唉声叹气。

成吉思汗虽然歼灭金国的援军，可对金西京的进展毫无帮助。他重返金西京城下，继续发动毫无意义的攻城战。

西京城防司令抹撚尽忠有条不紊地防御城池，没有一点破绽。在成吉思汗发动猛攻的半个月后，抹撚尽忠突然搜索到了成吉思汗的指挥所，正在弓箭的有效射程内。他不动声色地把城内所有弓箭手都集中起来，向他们指出成吉思汗的所在，然后是密集地、有力地持续了十分钟的抛射。

箭如雨下，成吉思汗霉星高照，一支流矢射中了他，所幸没有伤到要害，但这已足够让他有理由从西京城下撤兵。撤退时，蒙古兵团小心翼翼，很担心抹撚尽忠会趁势出城攻击。不过西京城毫无动静，甚至连庆祝的呼喊声都没有。

成吉思汗在西京城下的黯然退场，让他意识到攻击城池国家的难度。他对人说："自我领兵以来，经历战阵无数、成功无数，也遇到过困难，可从没有一次如今天这样的困难，我看不到解决它的方法。"看不到方法，并不代表没有方法。成吉思汗深思熟虑了好几天，终于一拍脑门喊起来："我想到了，金帝国的城池并非是坚不可摧。关键还在于我们！"

他总结出的失败经验只有一条：工兵营人员不合格，或者说，所有工程师们还没有达到他的要求。其实，问题就出在成吉思汗和他的兵团身上。

成吉思汗和他的兵团在金国沦陷区挑选工匠时给人的感觉是，饥不择食。由于此时，蒙古人已经开启屠城的按钮，除了美女和工匠之外统统杀掉，所以很多女人都冒充美女，很多男人都冒充工匠。蒙古人有审美眼光，很多丑女都没有得逞，可对工匠技能的鉴别却很愚蠢，于是，只要有人说自己是工匠就会得到赦免。偶尔有时候蒙古人会作检验，但声称自己是工匠的人随便比划几下拉锯的动作就能过关。于是意料之中地，蒙古工兵营中混入些滥竽充数的工匠，他们制作的器械当然不可能合格。

就在成吉思汗忧心忡忡时，耶律留哥从辽东送来了大批出色的工匠，这让成吉思汗大喜过望。同时，耶律留哥还送来一份建议书，要成吉思汗攻击金国的东京（今辽宁辽阳）。

哲别轻取辽阳

1212年秋，成吉思汗已意识到首次攻金的战略纰漏，那就是攻而不占，这导致首次攻金除了掠夺大批财富外，毫无其他战果。整整一年时间，成吉思汗都在思考消灭金国的战略，最终他拿出了这样的前期战略：切断金国中都的左膀右臂，左膀是西京，右臂则是东京。

西京，他尝试过，除了带回箭伤外毫无成果；但在东京上，哲别为他展现了光明。其实自蒙金开战以来，很多有识之士都在密切关注着东京。第一次攻金时投靠成吉思汗的契丹人石抹也先献策说："东京是金国开国的基地，若能把这块基地铲平，那中原地区则可传檄而定。"完颜永济的幕僚则向完颜永济提出，辽东是国家的根本，距离中都数千里，万一蒙古人侵犯辽东，周围的郡县只能观望，等待朝廷的诏令才敢采取行动，这样战机容易耽误，政府应在辽东设立行省，派遣得力干将镇守，如此可保东京不虞。

完颜永济没有采纳幕僚的提议，成吉思汗却敏锐地接受了石抹也先的献策，所以当他带着箭伤回到草原，耶律留哥向他提出建议时，他马上问："哲别呢？"

哲别很忙碌。1212年秋天对金国的二次攻击开始后，哲别兵团故技重施，绕过金国残破的防线，直趋居庸关。但这一次他没有上次那么幸运，居庸关守将死不出城，哲别在居庸关外如孤魂野鬼游荡抢掠，正在这时，他接到了成吉思汗要他东进、攻击金东京的命令。

1212年深秋，哲别兵团从居庸关向东突进，出抚宁，沿渤海西岸东北行，从冰上渡大凌河、辽河，1212年十一月，哲别兵团如神兵天降到东京城下。

东京是金国开山老祖完颜阿骨打登基称帝之处，据说城上常有云气变幻，如楼台宫阙状，近了看则是郁郁葱葱，又如烟并庐舍，万家屯聚，进入城中视之，什么都没有了。它是金国神圣的象征，正因此，它的防御措施非常坚固，没有任何一支兵团可以靠蛮力攻占它。

哲别怀着敬畏之心观察东京城，最后他确定一件事：这座金国伟大的城池不可能靠硬攻而取，只能乞灵于诈术。所以他连一次小规模攻击都懒得发动，就派使者到城中和金人谈判。

谈判的内容让金人丈二和尚摸不着头脑：议和。

金人探寻地问使者："还没有打就议和，这是什么套路？"

蒙古使者回答："我们将军从北到南、从西到东攻占了你们数不清的城池，如今来到贵地，发现你们的城池如天神修建，所以不想开战。不过我们千里迢迢而来，不能空手而回，只要你们赔偿我们些军费开支，我们马上就走。"

东京城的最高领导人模棱两可："还没有打，你们就要钱，这恐怕不符规矩。我家皇上要是追查起这笔钱财的去路，我不好说嘛。"

使者紧逼："蒙古兵团威震四方，你们恐怕已有耳闻，如果你们不同意，我们死也要攻下这座城，到时鸡犬不留。"

金人没有因受到威胁而愤怒，反而小心地赔着不是说："你们蒙古兵团所向无敌，我们早有耳闻，议和可以，不过没有军费赔偿。"

蒙古使者愤恨离开，金人恭敬地送出城门，城门一关，他们哄堂大笑。有人说，蒙古人太不要脸，还想不劳而获；也有人说，也不看看他的德性，他们以为东京是那些三流城市呢，还想动我们的主意。

东京最高领导人用了甩头，一本正经地说："我们要创造奇迹，密切注视他们的动向，等他们一撤，我们就攻击。"

这一想法马上遭到某些聪明人的反对，他们说："蒙古人狡诈，最善用诱敌之计，即使他们撤退，我们也不能出城追击。"

最高领导人说："你说得有道理，那咱们就严守城池，快春节了，安稳地过个节，也是人生一大快事。"

东京城开始张灯结彩时，哲别正在制定下一个计策。为了让敌人放松警惕而制定的"议和"策略没有奏效，哲别故技重施，把在居庸关的模式复制到东京城下。

他后撤五十里，设下埋伏圈，派出小分队去袭扰东京城，然后伪逃，东京城不为所动；他又后撤一百里，设下埋伏圈，派出几支小分队去袭扰东京城，然后伪逃，东京城不为所动。

哲别惊呼："中原人什么时候拥有智慧了？"

顾问指点他："中原人智慧有限，我们可继续深化策略。"

哲别点头道："舍不得孩子套不住狼，让士兵每人携带金银财宝，从东京城到埋伏圈给我沿路散播。"

金人看着蒙古人撤退时散落在地上的金银财宝有些动心了。但理智告诉他们，这是蒙古人的斗狗之计，千万不能上当。据探子回报，蒙古人在前方一百余里之地大量集结，这显然是埋伏圈啊！

哲别无计可施了，春节前一天，他拿出了最后的诱敌之计：后撤五百里，用三个千户的兵力猛攻东京城。意料之中地，蒙古军队死伤惨重，剩下的人则仓皇而退，兵器和金银散落一地。

东京城这回彻底放心，因为据探子报告，蒙古兵团已在五百里之外，看来蒙古人真是黔驴技穷、知难而退了。

最先要出城的不是东京城守军，而是市民。因为有人告诉他们，蒙古兵团的金银财宝安静而豪放地躺在地上，无人问津。他们认为这是上天赏赐，不能不接受。于是在全城所有居民的要求下，东京最高领导人下令大开四面城门，市民们蜂拥而出，沿着蒙古人撤退的路线收集金银财宝。

他们越走越远，很快就有士兵也偷偷出城跟在百姓后面捡漏。每个人脸上都洋溢着春节的喜气，从东京城到哲别兵团驻扎地的路上，到处荡漾着东京百姓的欢声笑语。

哲别的情报小组快速及时地传递着情报。当哲别确定可以攻击时，迅速下达了攻击命令。一支五百人的轻骑兵卷起滚滚尘土，飞奔向东京城。沿途他们看到东京城百姓正在捡拾金银财宝，脸上洋溢着心满意足的笑。蒙古骑兵向他们招手，淳朴的百姓们很有礼貌地回敬他们，回敬他们的敌人。五百轻骑兵之后，哲别的大部队紧跟而来，当那群捡金银财宝的百姓正要和他们敬礼时，蒙古兵团射出了如雨的箭矢，可怜的百姓手握财宝魂归地府。

五百人蒙古轻骑兵驰行一昼夜，黎明时分，他们汗水淋漓却精神饱满地出现在东京城下。东京城毫无防备，当他们发现蒙古骑兵准备关闭城门时，却被城外拥挤而入的市民挡住，蒙古骑兵轻而易举地就冲进了东京城，然后直奔城墙，斩杀守卫，换掉旗帜。就在东京城中一阵大乱时，哲别的大部队已抵达，顺利进城，东京城就这样稀里糊涂地沦陷了。

哲别在东京城实行了残酷的屠杀政策，几天之内，尸体堆积如山。哲别在洗劫了东京城、毁坏了东京城的防御设施后，携带大量金银财宝迅速撤回草原。当然，这些珠宝中也包括他们扔下的那些作为鱼饵的金银。

哲别轻取东京，是蒙古兵团战争史上最光彩的一幕。成吉思汗虽没有完成剪除金中都左膀的计划，但哲别却完成了剪除中都右臂的计划。哲别虽然撤出了东京城，然而已把东京城强大的防御全部拆除，东京城已是有名无实。

1213年秋，成吉思汗作了充分而稳当的准备后，向金国发动了第三次进攻。

偷袭紫荆关

成吉思汗在1213年七月发动的第三次攻金的目标是彻底打通从草原到金中都的道路。实际上，这条道路在一年前就已开始清扫，蒙古军把宣德（今河北宣化）以北的金国防御设施彻底摧毁，当然包括金国的战略要地野狐岭，当成吉思汗主力进军到野狐岭时，白骨累累，千里不闻鸡鸣。

成吉思汗的第一个攻击目标就是宣德，此时的蒙古兵团已配备了现代化攻城器械——对准城墙投掷石头、燃烧液体以及其他有害物质的弹射器和先进的抛石机，同时还装备了惊心动魄的弩炮，它是一种可同时发射大量箭镞的机械装置，所发出的箭能破坏射程内的各种建筑设施，消灭所有的人畜。

宣德城在这些现代化攻城器械面前不停地颤抖，最后俯首投降。成吉思汗攻陷宣德后，毫不停留，迅疾向西南的德兴县挺进。宣德沦陷的情报几乎和成吉思汗大军同时到达德兴府，德兴府守军面对汪洋大海般的蒙古兵和夺人魂魄的攻城器械，不禁心胆俱裂，在无意识地抵抗了一个时辰后，竖起白旗投降。1213年八月，成吉思汗大军进驻镇州（今北京市延庆区）和河北怀来之间的妫州，虎视眈眈居庸关。

不过要入居庸关，先要过镇州。当时的镇州守将是金国的出色人物术虎高琪，头脑冷静，敢作敢为，是个强劲对手。术虎高琪在前线还未惊慌，完颜永济在中都却神经紧张起来。

人人都告诉他，镇州防御没有问题，可完颜永济却认为一定有问题，所以他命令丞相完颜纲紧急抽调豫陕前线十万精兵到镇州协防。

这简直异想天开，从豫陕前线到中都，纵然是平原，纵然是速度超绝的蒙古兵团，也要一个月时间，当有人告诉他，这是不可能的事后，他又说，把五万中都卫戍部队调到镇州协防。

完颜永济此时已成惊弓之鸟，丞相完颜纲只好硬着头皮领兵出中都。出兵之前，有人对完颜纲说："您如果不去，金国还有胜算，您这一去，必败无疑。"

完颜纲不明白这种逻辑："请教。"

对方就说："术虎高琪手下三万人马都是骁勇善战的契丹乣军，足够应付蒙古人，纵然镇州城破，蒙古人也会伤筋断骨，又有居庸关天险，他们不可能打到中都来。另外，术虎高琪为人高傲，你这一去，他断不肯交出指挥权，而您也是独断专行之人，肯定会为了指挥权分裂，到时岂不是给敌人以可乘之机。

您亲自去，不如派援兵去。"

完颜纲马上横眉："他术虎高琪的军事才能岂能和我比，想当年我在豫陕前线指挥百万大军如同儿戏，如果他有自知之明，就该让出指挥权。"

说话的人"啊呀"一声，再也无话可说。

完颜纲一抵达镇州城，就和术虎高琪发生了矛盾。术虎高琪一口咬定他是镇州城的最高指挥官，完颜纲质问："那你把我放在哪里？"

术虎高琪说："朝中正需要您这样足智多谋的人物，我看你把兵留下，马上回中都。"

完颜纲愤怒了，发了一通邪火，然后凭借多年的官场经验冷静下来，他命令带来的中都卫戍部队原地不动，等着看术虎高琪的笑话。

术虎高琪没有笑话给他看，成吉思汗兵团发动进攻时，术虎高琪指挥若定，用有限的兵力来回调度，轻松地防御住了成吉思汗兵团的多方位进攻。

完颜纲对术虎高琪开始刮目相看，不过对于指挥权，他仍然耿耿于怀。防御一星期后，术虎高琪在成吉思汗兵团强大的攻城器械面前有点力不从心。他满怀深情地对完颜纲说："国家兴亡，你我有责，镇州城不能丢失。"

完颜纲摆出一副无赖的样子来："你是指挥官，你跟我说这些干什么？"

术虎高琪忍住怒火，请求他："让你的人上城墙。"

完颜纲仍旧是一副无赖样："他们是听你指挥啊还是听我的？"

术虎高琪回答："当然是听你的，但……"

完颜纲已经跳起来，整理下盔甲："早说嘛，看把你累的。"

人多未必力量大，因为人一多，思想就复杂，不能统一思想，人越多力量越弱。

术虎高琪认为应该把防御重点放在镇州城东北角，那里已被蒙古人的弩炮轰出了一个大口子。完颜纲则认为，把太多兵力放在一个危险的防御地点是笨蛋所为，不应该被动防御，应该变被动为主动。所以他一上城墙就把弓箭手集合到一起，向城下的蒙古人猛烈射击。用他的话来说这叫激怒敌人，让敌人来攻击他防御最强的地方。

但世界上没有如完颜纲所意淫的愚蠢敌人，成吉思汗在战场上简直就如成了精的狐狸，他很快就发现了镇州城防守最脆弱的地方，于是，在抛石机的呼啸声中，蒙古兵团分为数路，猛攻缺口之外的任何地方，术虎高琪和完颜纲在城墙上各自指挥，往往是术虎高琪发布的命令马上被完颜纲否决，完颜纲发布的命令又被术虎高琪忽视，整个镇州城上看似人马众多，其实已成了乌合之众。就在数支兵团把敌人的注意力吸引住时，成吉思汗派出了最精锐的一支兵团，直攻那个缺口。

术虎高琪要抢救时，已来不及，缺口处很快涌进了蒙古士兵。这群人如饿狼一样，扑向乱作一团的金守军，城墙上一乱，蒙古数路部队借着云梯统统登上城墙，惨烈的白刃战开始，金守军步步后退，蒙古兵步步紧逼，最后终于将他们逼进了街道和巷子，城门下的守军已四散而逃，蒙古士兵大开城门，镇州城陷落。

镇州城陷落之前，术虎高琪和完颜纲已带领精锐从城墙上逃下，然后从南门仓皇逃出，完颜纲想看术虎高琪的笑话，现在如愿以偿。

两人使出吃奶的力气南逃进居庸关才放下心来，成吉思汗紧追不舍，但在距离居庸关百里之地止住马蹄，因为前方已无路可走。

居庸关有南北两道关口，分别称"南口""北口"。其两侧是崇山峻岭，中间形成约四十里的沟谷，称为"关沟"，居庸关就雄踞在关沟之上。沿居庸关东西两边延伸出去的就是名震地球的长城，居庸关和长城构成了金国北部无懈可击的防御。

两年前，哲别用计夺取居庸关撤退后，金人立即加强了居庸关的防御。首先是派遣精兵，然后是把铁汁灌进了"北口"的关门，似乎是决心从此后永不开启此门。最后，在北口关外一百里范围内布满铁蒺藜，这种东西可以刺伤马蹄，有点类似现代战争的地雷，古代战争中常常使用它阻挡并延缓敌人骑兵的速度。

成吉思汗止住马蹄的地方正是铁蒺藜在居庸关北口延伸的终点，这是一个了不起的障碍，任何人都知道，克服它必须要付出高昂代价。成吉思汗不想付出这不必要的代价，于是请教高人。高人叫阿剌浅，是个地理专家，常常在居庸关附近玩极限运动，所以对该地地理了如指掌。

阿剌浅告诉成吉思汗，几年前他在居庸关西面追赶一只兔子，追进了一片黑树林，黑树林深处有一条狭窄的小路，当地人称它紫荆口，这条小路只能容一马通过，大军可趁夜色偷过紫荆口，进入长城内，一旦成功，居庸关就成了摆设。

成吉思汗闻听此言，满眼是光。他调兵遣将，自己和哲别在阿剌浅的引导下去紫荆口，主力部队则继续驻扎原地等待下一步指示。

成吉思汗兵团在傍晚进入黑森林，由于森林里光线暗淡，意外发生了。阿剌浅看哪里都像是那条小路，如果当时能俯瞰那片黑森林，就会看到一支骑兵在森林里像无头苍蝇一样钻来钻去。这可急坏了成吉思汗，最着急的当然是阿刺浅，如果在天明之前还找不到那条小路，他的脑袋恐怕不保。他向苍天祈祷能出现一只兔子。

他的祈祷似乎很灵，在暗夜中，一只雪白的兔子从马腿下蹿了出来，在原地站立一会儿，仿佛是给阿刺浅反应的时间，然后一个纵身向森林深处跑去。阿刺浅如同见到神灵，欣喜地低喊道："跟着兔子——"

兔子把他们引上正路，他们小心翼翼地前进，终于在第二天黎明时分出现在紫荆口。意料之中，金军没有在这个兔子才会走的路口设置重兵，只有一支懒散的巡逻队在呼呼大睡。成吉思汗的士兵就在他们睡梦中割掉了他们的头颅。由此，蒙古人轻而易举地突破了中都北面的长城防线。

完颜永济得到消息后，暴跳如雷。按他的说法，他早就知会过胡沙虎要他关注紫荆口，可胡沙虎像只病猫一样毫无动作。胡沙虎大叫冤枉，因为自从他从西京逃回中都后就始终未受重用，他根本不记得皇上和他说过防御紫荆口的事。

完颜永济不能解决紫荆口丢失的难题，就把所有的邪火倾泻到胡沙虎身上，胡沙虎被骂得狗血喷头，恨不得找个地缝钻进去。

领导骂下属，实属正常，但高明的领导会挑选没有危险的下属骂，完颜永济就不明白这个道理，胡沙虎可不是能随便骂的，自从完颜纲带领中都卫戍部队在镇州战败回中都后，负责禁卫军的胡沙虎就成了军界老大。这位军界大佬回家后越想越气，一拍桌子，命令禁卫军进攻皇城，完颜永济被活捉。完颜纲才表现一点不满，胡沙虎就下令诛杀其全族。魂不附体的完颜永济问胡沙虎："你要杀我？"

胡沙虎说："是的，你这个废物，看你把好大一帝国搞成什么样了，你不配活。"

完颜永济一命呜呼。

胡沙虎杀了皇帝，举目四望，一片茫然。他虽自称卫国将军，大权在握，却不知道该如何解决当前蒙古兵团压境的困境。有人马上向他献策，应该再立个皇帝，让他来承担一切。

胡沙虎就把完颜永济的侄子完颜珣赶上龙椅，他警告这位皇帝："小心做你的皇帝！"完颜珣是个肯忍辱负重的人，所以他恭敬地对待胡沙虎，一切事情都要胡沙虎作出裁决。

胡沙虎对成吉思汗偷渡紫荆口一事的裁决是派兵迎击，被派出的领军人物则是大名鼎鼎、一年前救援西京而被蒙古兵团伏击的奥屯襄。

奥屯襄出发前特意定制了一柄质量上乘的鹅毛扇，此时已是深秋，北方温度极低，但丝毫不影响他轻摇羽扇的风姿。奥屯襄摇着扇子抵达五回岭时命令停止，他说此地就是蒙古人的葬身之地。众人认真审视了一遍，丝毫看不出哪里像蒙古人的墓地。了解奥屯襄的人都知道，他这是在虚张声势，由于这里是一片平原，大家都了解蒙古人的野战能力，所以开始了逃跑的准备。

成吉思汗率军很快赶到，未等奥屯襄排列阵形，哲别已经率军发出震动天地的冲击，奥屯襄军队顷刻间溃败，奥屯襄本人扔了鹅毛扇，惊慌地向中都逃回。

成吉思汗兵团趁机攻陷涿州（今河北涿州）和易州（今河北易县），中都的西南方自此完全暴露在蒙古人的兵锋下。不过，成吉思汗大部队还在居庸关"北口"，为了让大部队进关，成吉思汗命哲别进攻居庸关"南口"。

从防御角度而言，居庸关"北口"是个全身披挂的武士，那么"南口"就是一丝不挂的乞丐。居庸关"南口"只驻扎了一支民兵部队，这大概很好理解，因为任何人要想到"南口"就必须过北口，金人从未预料到成吉思汗会绕路紫荆口。

"南口"在哲别兵团的大声吆喝中陷落。"南口"一失，"北口"就成了摆设，哲别兵团在"北口"守军的屁股后面发起猛攻，同时在"北口"百里之外的蒙古大部队骑马沿山脊向前缓慢进发。当他们抵达"北口"时，"北口"城墙已插上了蒙古兵团的旗帜。自此，居庸关第二次被蒙古人攻占。

成吉思汗攻陷居庸关后，从居庸关逃回中都的术虎高琪气得险些晕倒。因为他看到没有了效忠目标，完颜永济已成死尸，坐在龙椅上的竟然是完颜珣。完颜珣特别理解他，对他说："我和完颜永济都是完颜子孙，你效忠谁不是效忠？值此危难之时，你更应该拿出全副身心效忠我，苍天可以见到。"术虎高琪浑身发抖，指着站在完颜珣身边活蹦乱跳、耀武扬威的胡沙虎，"哇呀"吐出一口血来。

蒙古军扫荡战

成吉思汗抵达中都城下时是1213年十月末，他远望中都城的那天，彤云密布，扬扬洒洒地飘下漫天雪花来。身边的人听到他发出一声叹息，然后他一勒马缰，回帐篷了。那声叹息在雪花中飞舞，席卷了整个蒙古军营。凡是看到中都城的人都会发出这样的叹息。

中都城是个固若金汤、设计诡异的城池。中都城分内、外两城，内城是围绕着中都的完整城池，外城则是独立分布在内城四大城门之外的四个寨堡。每个寨堡驻守4000名士兵，寨堡之间没有城墙相连，呈正方形，长、宽各三里，前后开有城门，左右紧闭。里面修建粮库和军火库，并有地道和内城相通。内城的兵力和物资可以经地道源源不断地供给外城。

这是完全按保卫战模式设计的，如果敌人攻内城，外城的四座城堡就从背面攻击，使敌人受夹板气；敌人若是攻外城，内城就配合援助外城，既可登城发炮，发箭攻击，也可从地道把兵力和物资输送给外城；如果外城无法抵挡敌人，寨堡的人则从地道撤回内城，然后堵住地道口，把外城丢弃，再登上内城炮击外城。也就是说，敌人攻陷外城毫无意义，不攻击它，又会受到它的重击，这是一座能把敌人气歪的城池。

中都城内城的墙基约有15米厚，共有13个门，每隔15米就有一个岗楼，总计超过900个岗楼。三条由昆明湖供水的护城河构成一个边长约四公里，总计环绕15公里的长方形来保卫城墙。

这已经是难以攻克的防御阵地，但让敌人不寒而栗的还有防御武器。可将一支三米长的箭射出一公里的三弓床弩，这种防御武器可将它击中的任何东西摧毁。还有超级投石器，约十米长的杠杆架在大车上，杠杆的一端装上石头，另一端拴着绳子。在一个站在墙上的炮兵指挥下，六人一组紧拉绳索，可将50斤重的大石头弧线抛出300米。这种大石头一旦抛出，力量和外太空来的同等重量的陨石相当，被它砸中的无论是人还是建筑物，都会成为一张饼。

当然，城墙上还有已经普及开来的火药防御武器，火箭是代表性武器，当把它放到三弓床弩上射出去，和今天的迫击炮没有两样。

蒙古军抻长脖子望着中都城时，成吉思汗已作出英明的决策，对中都城围而不打，全面扫荡金国，铲平金国有生力量，希望可以让金中都在震骇中不战而落。

除了围困金中都的部分兵力外，成吉思汗把所有兵力都用到了扫荡上。他兵分三路，右路军指挥官术赤，扫荡山西高原、黄河以北地区，左路军指挥官合撒儿扫荡东北，他自己则带领中路军扫荡华北平原和东南方的山东半岛。

先看成吉思汗的中路军。扫荡战一起，成吉思汗就从涿州南下，因为被扫荡地区是大平原，所以成吉思汗分兵数纵队，并列前进，在一百余公里的战线上同时扫荡前进。蒙古骑兵在庄稼地和果园中纵横驰骋，所过之处，农场化为飞烟，草垛成了飞灰。在这片广阔的地面上，成吉思汗兵团遇城摧城，遇堡毁堡，当他们通过河北省中部以及东部地区，进入山东半岛时，河北全境只有十来个要塞城市凭借坚固的城防和顽强的抵抗精神未被他们攻陷。

成吉思汗一进入繁花锦绣的山东半岛后，就被眼前的一切迷住了。他在山东境内广大肥沃的平原上快马扬鞭，刀光血影，这一切编织成一幅幅血腥的诗画。当扫荡部队推进到济南城下时，他如饥似渴地想要进城。一些很有诗意的谋士们对他说："济南城里有车轮那么大的睡莲，有古木森林，有数不清的佛陀像。难怪成吉思汗您这么想进去。"

成吉思汗大摇其头："你们说的这些，我毫无兴趣。我最感兴趣的是丝绸和美女。我听说山东美女都是天仙下凡，任何人都抵挡不了她们的回眸一笑。"

谋士们立即顺着他说："岂止有美女，还有堆积如山的金银财宝，更有您从未见过的五花八门的小商品。哈哈。"

"哈哈，"成吉思汗放肆地笑，下令，"给我赶快进攻！"

他的总攻令一下，蒙古兵团数路纵队冲锋在先，工程部队让先进的攻城器械发挥极限作用。但济南城太坚固，济南人民的抵抗决心比泰山还高，比山东肥沃的土地还深厚。

成吉思汗拿出了蒙古人的看家本领，把在周边俘虏的山东人推向战场，走在最前列。济南城守军从人群中看到了自己的七大姑八大姨，握着兵器的手开始颤抖。他们虽然还在抵抗，可已经没那么无所顾忌，蒙古人终于攀上城墙，济南城沦陷。济南城是山东半岛的精神之城，它的沦陷使得其他城池都放弃抵抗，成吉思汗在山东半岛大肆洗劫，一城一城的人被驱赶到城外遭到残酷的屠杀，鲜血染红了黄海，染红了太平洋。

成吉思汗在山东半岛掳掠大量金银财宝、丝绸和牲畜以及成千上万的美女之后，命令一支纵队押解着战利品回到中都城下，而他本人则继续向西扫荡。一直扫荡到黄河以北才停住脚步回到中都城下。黄河水宽浪急，他无法过河，不然，他的战果还会扩大十倍。

扫荡大军右路军指挥官术赤的扫荡路线是沿太行山向南到达黄河北岸后，来一个大旋回，自天井关入山西，由南向北，攻取潞州（今山西长治）；然后分兵一支，西取平阳（今山西临汾），渡过汾河，自河西地区北上；主力则自潞州，扫荡太原一带的城池。

这支扫荡军最引人注目的战果就是攻取太原城。太原城繁华盖世，是金国的经济中心之一，所以金国对其经营也非常在意。太原城城墙高而坚，护城河水深而宽，几乎是个永不陷落的城市。

术赤侦察太原城时，已发现了这个困难，不过他也惊喜地发现太原城防御部署有问题。他对手下说："太原守军肯定认为我们会从北面，也就是西京方向进攻，所以都把注意力集中在北线。我们如果从南线进攻，他们肯定就傻眼了。"

这招出其不意，攻其不备，马上产生奇效。太原城南线守军都是歪瓜裂枣，而且人数稀少，术赤轻而易举地攻陷了太远城。

蒙古人在太原城中大肆洗劫，毁掉农场，屠杀农民，烧掉粮食，做下了数不清断子绝孙的坏事。术赤如此残忍，一方面是蒙古兵团的习惯，另一方面，他从中都城来到山西高原的路上，遇到了不少抵抗，这自然而然地激发了他的兽性，不仅是太原，山西高原凡是被他攻陷的城池命运都一样惨。

术赤从涿州南下抵达彰德府（今河南安阳）时，遇到顽强抵抗，攻击一个月后，术赤垂头丧气地留下一部分兵力继续攻城，他则向前推进，走到潞州时，又遇顽强抵抗，好不容易攻陷潞州，抵达沁州（今山西沁县）时再遇顽强抵抗，术赤几乎是举步维艰，每一分钟都有惨烈的战斗，这就是他为何在山西高原搞丧心病狂屠杀的原因。

左路军比右路军顺畅得多，他们从中都城下出发后，沿海岸线，过平州，向东北方向进攻，沿途攻陷了山海关和德兴县。顺风顺水之下，他们乐呵呵地跑进女真人的大本营，在嫩江、松花江、黑龙江流域如入无人之境。不过他们带回的战利品远没有成吉思汗多，因为东北地区当时虽然是金国的老家，可贫穷落后，没有值得抢的东西。

成吉思汗组织的这场扫荡战是以中都为圆心，向四周辐射的一次客场作战。蒙古兵团扫荡了长城以南，黄河以北，太行山以东、以西的中原腹地。用时一个月，扫荡了九十多座城池，范围包括今天的河北、山东、山西、河南、辽宁五省，扫荡范围广、规模大，即使在今天的军事史上，也叹为观止。

金国军队不是没有抵抗，但效果可以忽略不计，数千里疆土在蒙古军飓风的袭击下，顷刻土崩瓦解。五省中的近百城池中，只有中都等十一座城池没有陷落，然而也只是时间问题。

成吉思汗用一个月时间的扫荡战终于完成了他的目标：摧毁金国黄河以北的绝大多数城堡，捣毁了该地区的军事防御设施，孤立了中都。

中都城在蒙古人的虎视眈眈下开始震颤，或许是高压下精神紧张的缘故，中都城就在蒙古人的三尺垂涎下爆发了一场军事政变。

政变由胡沙虎和术虎高琪联袂主演。术虎高琪看不惯胡沙虎的嚣张，胡沙虎也受不了术虎高琪的傲慢，二人势如水火，两个只能活一个。

术虎高琪先下手，他带领那支契丹特种兵，在一个深夜突然包围胡沙虎的私宅，并发动猛烈进攻。胡沙虎从噩梦中惊醒，已没时间召集宫里的军队，所以急忙寻找逃路。逃路只有一条，就是他家后院的一道矮墙。这道矮墙非常矮，一头发疯的猪都能跳过去。可胡沙虎的重量等同于两头猪，行动力迟缓，好不容易爬上矮墙，一个不小心，栽了下去，摔到了胖头，还摔断了一条腿。他从未受过如此重的伤，自然号叫起来，术虎高琪的士兵被杀猪似的惨叫吸引过来，见正是目标人物，于是一刀砍下了他的大头颅。术虎高琪拎着他的大头颅闯宫，扔到胡沙虎的军队面前，军队缴械。

完颜珣魂不附体时，术虎高琪把他从床底下揪出，扶上宝座，召集群臣说："胡沙虎挟天子以令众臣，罪大恶极，现已被处决，皇上的权威完好如初，我们应同心协力保家卫国。"

众臣都向完颜珣叩头，自然也向站在完颜珣身边的术虎高琪叩头。

政变完成，紧迫的事也就摆到面前，蒙古人正在城外吆五喝六，如何驱逐他们、保中都平安自然是头等大事。

蒙金议和

中都肯定会平安，因为成吉思汗面对铜墙铁壁的中都城，根本没有进攻的心思，但平安必须要用代价来换取。那个地理通阿剌浅身负成吉思汗的使命大摇大摆，进了中都城。

完颜珣和高级官员们谨慎地接见他，阿剌浅传达成吉思汗的话："你帝国的山东、河北州府已尽为我所有，还在你们手里的只有一个中都，天已削弱了你，如果我再痛打落水狗，天会怪罪我。我想撤军，你们是不是要犒师以弭平我将士们的愤怒之情？"

宰相张行信冷哼一声，先于完颜珣开口道："这可真是杀完人还要磨刀钱。"

阿剌浅看向完颜珣，完颜珣的脸本来洋溢着兴奋之光，可一听张行信的话，马上就黯淡下去。阿剌浅当即断定，完颜珣有议和之意，但他不能独立自主。他再看向术虎高琪，术虎高琪非常镇静，从他的脸上根本看不出态度来。

阿剌浅最后扔下了一句话让他们先来个窝里斗："给你们半个月的时间考虑。"

阿剌浅一走，金政府马上讨论和战问题。当然，最先说话的肯定不是皇上完颜珣，最先说话的应该是当时最有影响力的人，这个人当然就是术虎高琪。

术虎高琪脸如铁板，语气坚定地说："蒙古人兵力已疲，应该决战。"他的话虽然简短，可人人都能听明白，蒙古人在中原扫荡一个月，的确有疲惫的嫌疑。但是，他只检查了敌人的弱点，却没有审视自己的缺陷。两年前丢掉居庸关的完颜福兴审视了自己的缺陷："不能再战了，城里的士兵家属都在外地，经过蒙古人扫荡，生死未卜。他们焦急如焚，恨不得插上翅膀飞出城去看望家人。只要出城作战，士兵肯定一哄而散，我们不但让蒙古人看笑话，城池还会轻易丢失。"

完颜福兴这段话，并非是他被吓破了胆，而是有事实依据。

蒙金开战以来，金军中的逃跑主义就流行无阻。的确有抵抗精神，但和漫天的逃跑主义相比就显得另类。金军将士的逃跑和中国传统文化中的"孝"有关，很多人逃跑都是为了家中父母和妻儿，他们不明白的是，没有国就没有家，当然，指望他们明白这一点，是痴心妄想。完颜福兴只是看到了这一弊端，而无法解决，所以他希望和蒙古人议和，虽然不能解决根本问题，至少能暂时摆脱困扰。

张行信听了两位将军的话，很想骂娘。他不无讥讽地说："帅臣统数万众，不能出城一战，这和自缚请降有什么区别？"

他的助手也帮忙："中都城还有数万士兵，即使不出城作战，守卫也不成问题。人家随便放个屁，要我等投降上贡，我们就乖乖地听从，我大金国的脸都丢尽了。"

完颜珣出来调和："马上投降进贡是有损我帝国尊严，可无论是出战还是防守，对我们都不利。中都现在成了孤城，蒙古人只要围困几个月，咱们就完蛋了。先不说别的，只说粮食问题，你们谁能解决？"

张行信当然明白困城是怎么回事，他缓和了下语气对完颜珣说："所谓议和，是双方力量均等的情况下才能发生。我不是不同意议和，但议和能否成功，咱们必须要拿出点实力让蒙古人不要轻看我们。"

术虎高琪在旁冷笑，说："怎么拿出实力？"

张行信哑口无言，他是嘴巴主义者，说的比做的多。

大家再进行讨论，讨论了三天，终于做出了皆大欢喜的决定：议和。

成吉思汗得到这个消息后，众将士都说，趁他们现在丧失警惕，我们猛攻中都，一举拿下。成吉思汗大摇其头，直到那时，他还认为进攻中都城时机不成熟，他向金国提出议和，并非是他放过金国，而是另有打算。这个打算在议和之后开始实施，其效如神。

成吉思汗的议和条件是，金国需向他交出500名童男女、3000匹马以及10000匹绸缎。同时还必须要完颜家族贡献一位公主给他。

在从前，这些条件对老大的金国而言不过九牛一毛，不过1213年年末，金国已今非昔比。500名童男女容易，金政府可从百姓那里索取，10000匹绸缎也容易，完颜氏的宫廷中除了女人就是绸缎，但3000匹马有点难度，因为他们的马场早被成吉思汗据为己有。完颜珣在无计可施之下求助军队，术虎高琪只好命令军队交出3000匹马。最后一项是公主的问题，在完颜珣眼中，成吉思汗就是个禽兽，把自己的姐妹和女儿嫁给这样一个禽兽，实在良知不允，所以他把叔叔完颜永济的女儿送进了禽兽的怀抱。这个完颜皇族的女子被称为歧国公主，据说她被出嫁那天，哭得昏天黑地。可见到成吉思汗后，立刻被后者的魅力所吸引，心情舒畅地跟成吉思汗回了草原。

成吉思汗在得到这些贡品后，从中都撤军，中都并未因成吉思汗的离开而恢复力量，实际上，中都已虚弱不堪。

蒙古军一个月的扫荡战已让金国北方成为废墟，中都孤立无援，成了无本之木。粮食问题是完颜珣和他的政府面临的迫在眉睫的问题。成吉思汗围困中都时，中都城就已出现粮食紧张，大多数百姓都缺少粮食。

有臣子出个馊主意，百姓可用粮食买官。问题是，粮食本来就缺少，纵然有人想要做官，也要能拿出粮食来，所以这个办法很快就失效。金政府见巧取不成，就豪夺。完颜珣发布命令，中都城百姓每户除留下两月粮食外，其余全部交给政府。告示一出，中都城百姓开始骂街，从骂街到和政府征粮队对抗，冲突大规模爆发。

完颜珣立刻发现他有陷入人民战争中的危险，马上取消命令，中都百姓放下了锄头和菜刀，政府的粮食问题却没有得到解决。

另外一个问题则是北方防御，蒙古人撤走后，居庸关等北方的边城、关隘成了历史遗迹，术虎高琪对完颜珣说："虽然和蒙古人议和，但蒙古人反复无常，万一再来，又是历史重演，必须要把北部边防加强起来。"

这当然毫无疑义，可当完颜珣命人去修复和守卫边境时，没有人愿意去。金政府没有人去，各地土豪兵团捡了大便宜，纷纷把那里当成大本营。

土豪兵团是蒙古人进入中原后许多百姓自动自发组成的武装，他们痛恨蒙古人，始终站在祖国金国的一边。如果能把这些武装收编，那北部边防至少不会成为摆设，可在收编的问题上，金政府居然愚蠢透顶。完颜珣要术虎高琪去收编他们，术虎高琪不屑一顾地说："这群人根本就不是打仗的料，收编他们等于收编了一群废物。"

完颜珣大吃一惊，因为据他掌握的情报，土豪兵团并不是小数目，即使他们战斗力很弱，但只要在居庸关长城一线守卫，至少能起到缓冲蒙古冲击中都的作用。术虎高琪的清高让金国永远失去了北部边防重建的机会。

中都城还要解决一个危机，是关于军队的。金国军队是混合兵团，有女真人，还有契丹人和汉人。在军队中，女真人当然是毋庸置疑的老大，其他民族的士兵自然处于从属地位，由于女真人总要老大威风，所以其他民族的士兵总受排挤和压迫，这就造成了金国军队内部的不和谐。

这种状态在最近几年内有所改变，最大的改变就是术虎高琪带领契丹人为主体的红袄军干掉胡沙虎后，契丹人在军队中的权势升起，女真人的地位受到冲击。双方之间不怀好意，在外有敌人的情况下不知团结，互相排挤和攻击，军队之间的裂痕越来越深，战斗力自然无从谈起。完颜珣和他的顾问们当然注意到这种情况，他们狭隘的民族观决定了视界，希望女真人能在军队中压倒契丹人，重拾权威。但这在短时间内不可能，就连术虎高琪都承认，他现在都无法控制红袄军。

最后一个危机并非发生在中都城，但比近在咫尺的其他危机更深重，这就是金国北方遍地而起的、投靠了成吉思汗的政府官员。

我们前面提到成吉思汗解围中都城后的打算，源头就在这里。成吉思汗在1213年的大举攻金和后来的扫荡战中，不仅取得了军事方面的重大胜利，摧毁了金国数省的政权基础，更重要的是吸收了许多降将。这些降将成了蒙古人日后灭金、灭南宋统一中国的资本。这些降将有百人之多，很多人后来都成了蒙古国的功臣，其中最主要的代表人物就是耶律留哥。

成吉思汗回蒙古后，大批降将并未跟随，而是就在其居官地为蒙古人效劳。由此可知，金国中都实在是处在火山口，可谓危机四伏。

恐怕只有一个办法能让完颜珣放心，那就是离开这个讨厌的中都，永远地离开它，用官方说法是：迁都。

1214年五月初，金南京（今河南开封）留守仆散端和河南军区司令长寿联合上书完颜珣，请求他迁都开封，用他们的话说，一旦迁都开封就会安枕无忧，阻长淮，拒大河，扼潼关以自固。

完颜珣如获至宝，急忙召集官员们议论此事。绝大多数对前途不抱希望的官员都同意迁都，只有少数人不同意，重臣徒单镒是其中之一。他说，一旦迁都，河北不一定是蒙古人的，但绝对不会再是金国的。河南地狭土薄，又是四战之地，南宋、西夏都在周边虎视眈眈，难以固守。

完颜珣不怀好意地问："不迁都，你可有办法守卫中都？"

徒单镒支吾半天，拿不出任何办法，但他依旧有话说："祖宗坟墓都在这里，怎能忍心弃之不管而轻易离开？"

完颜珣继续问："爱卿可有立足中都之法？"

徒单镒闭上嘴巴，痛心疾首地发出数声叹息。

事实已明摆着，金政府如果不南迁，只有等死，这是连神佛都解决不了的问题。

完颜珣感觉胜券在握，下令中都城内各个部门独立讨论，然后呈递意见书。这是在搞小动作，但各个部门还是进行了热烈的讨论，讨论结果呈送后，完颜珣颁布圣旨说，众人都认为应该迁都，看来不迁都是违背民心，所以要迁都。

1214年五月十一日，完颜珣下诏南迁。七天后，他启程。但他表面上并未彻底放弃中都，而是命令完颜福兴和太子完颜守忠留在中都。

完颜珣的迁都任务是艰巨的，也是引人注目的。满载金银财宝的三千匹骆驼和装载着档案文书与皇家财产的三万辆大车，南行六百公里，历时两个多月才到达开封。

现在，中都城舞台上只剩下了完颜福兴和脆弱不堪的太子完颜守忠，两人鼓足勇气，暗暗发誓要把这场曲终人散的戏唱完。

还未等二人开口唱，巨变发生了。

成吉思汗攻陷中都

第一个巨变由完颜珣引起。完颜珣南迁团队走到良乡时，扎营休息。完颜珣心事重重地把术虎高琪叫进帐篷，神色凝重地说："红袄军是群畜生。"

术虎高琪一愣。完颜珣气咻咻的："无组织无纪律，此去南京，路途遥远，一旦他们叛乱，我们岂不是要死在路上？"

红袄军是术虎高琪的资本，所以他坚决不认可完颜珣对红袄军的评价。完颜珣从民族主义角度入手劝术虎高琪："他们毕竟是契丹人，对我们女真人怀有仇恨。你现在是三军总司令，天下军队都在你手中。如今正是生死存亡之际，千万不要给自己设置炸弹，我觉得红纨军就是一枚炸弹，一旦爆炸，你我都要飞上天。"

术虎高琪认为完颜珣的话有着极深刻的道理，于是莽撞地下令：红纨军缴出战马和武器，听候下一步指示。

红纨军闻听此令，顿时炸窝。其中几个心机深沉的中级官员聚到一起商议说："要我们交出战马和武器，下一步肯定是屠杀我们。我们不能坐以待毙，反他娘的。"

有人问："反他娘的容易，可反了之后去哪里？"

已经确立领导地位的人回答："趁中都城中空虚，先去打中都，如果他们有了准备，咱们就去投成吉思汗，或者去投咱们的同胞耶律留哥。"

主意不错，这群契丹人说反就反，杀掉了还效忠于术虎高琪的红纨军指挥官，然后风驰电掣地向中都前进。

他们的速度的确够快，可完颜珣的速度更快，他派人快马加鞭把红纨军造反的消息通知了完颜福兴。完颜福兴和他助手抹撚尽忠商议许久，决定迎击红纨军。

完颜福兴亲自带队到卢沟桥布防，红纨军瞬间杀到，双方展开惨烈厮杀。如果他们把这种战斗精神拿到和蒙古人对战上，蒙古人未必能势如破竹。结局是，完颜福兴大败而回。但红纨军并未追击，因为他们知道中都城已有了戒备，所以他们潜伏起来，给成吉思汗和耶律留哥同时写信，请求归顺。

成吉思汗得到完颜珣迁都的消息后，大发雷霆道："既然议和了，又迁都，这是在诓我，岂有此理！"

成吉思汗的话简直是强盗逻辑，双方议和的条款中没有规定金国不允许迁都，人家迁都是人家的事，关你屁事。成吉思汗所以发这样大的火，其实是他以己度人。

成吉思汗向来喜欢玩"以退为进"的把戏，他以为完颜珣迁都也是这样，把南京当成复仇基地，多年以后卷土重来。

当然，他也立刻意识到下面的问题：中都被金政府抛弃了，此时正是拿下它的大好时机。

他煞有介事地派阿剌浅到中都问罪。完颜福兴热情地接待了阿剌浅，大概阿剌浅也知道这次问罪毫无理由，所以谈话始终在双方心平气和的情况下进行，谈话要结束时，阿剌浅才对完颜福兴说："备战吧，我们可汗要重新开战。"

完颜福兴无可奈何地笑了笑说："欲加之罪何患无辞，那就打吧！"

完颜福兴是硬着头皮在表态，中都城当时根本没有力量抵抗成吉思汗兵团，完颜珣走时已把主力带走，中都城里守军不到一万，粮食仅够一月。完颜福兴对着曾孤守西京达三年之久的抹撚尽忠流下热泪，他说："中都城全靠你我二人，我把军权放手给你，希望你不要辜负了皇上和帝国的重托。"

抹撚尽忠满脸都是忠义的颜色，他向完颜福兴保证：一定和中都城共存亡。

1214年九月，成吉思汗兵分两路，决心彻底消除金国的统治。第一路军总指挥撒木合、副总指挥石抹明安，向金中都进兵。第二路军总指挥木华黎征讨金国在北方最后的根据地辽西。

第一路军副总指挥石抹明安身先士卒，早早和那支金国造反的红袄军会合，并且在后者的引导下，兵临大都城下。石抹明安的思路相当清晰，用主力围困中都城后，兵分数路扫荡中都外围防御，几个月时间内，石抹明安就一鼓作气荡平了顺义、密云的金军防线。不过，这并没有对中都完成绝对的包围。中都的粮库在其东面的通州，要想在短时间内拿下中都，必须断绝其粮食供给。

1215年正月，石抹明安对通州发动猛烈的进攻。这是自成吉思汗围攻中都以来从未发生过的事，在从前，蒙古兵团都是从北面和西面进攻，从来未从东面发起过进攻。通州守将蒲察七斤顽强抵抗了三天，写信给完颜福兴：通州不能再守，我已经尽力。

完颜福兴大叫不好，慌忙写信给蒲察七斤："再支持几天，援兵马上就到。"

蒲察七斤看着这封不靠谱的信，吐出一口血来，对身边的人说："即使真有援兵到，我也已成死尸。我成死尸不要紧，通州百姓何辜，我必须马上投降，以免蒙古人屠城。"

通州城竖起白旗，石抹明安带领蒙古兵团进驻通州城。石抹明安打通州是锁喉策略，中都已危在旦夕。

作为中都的粮库，通州当时是中都的精神和物质支柱，通州一失，中都城人心大乱。完颜福兴在给完颜珣的求救信中这样说道：七斤既降，中都城中已无斗志。我虽决心以死守城，可鬼都知道不能持久。凡有点头脑的人都可预见到，中都一失，辽东、河朔必非我所有，请皇上赶紧派大军前来支援，或许还有挽回的可能。

这种话根本不用完颜福兴说，完颜珣和他的高级顾问术虎高琪心知肚明。完颜珣得到完颜福兴的信后，顿足长叹道："我真不该对红衪军缴械啊！"

术虎高琪酸溜溜地说："是啊，我当时想提醒您来着，可看您乾纲独断的雄姿，我被吓到了。"

两人都假装不明白一件事：纵然没有红衪军当带路党，蒙古人扫清中都城外围，或者说是拿下通州也是必然之事。

但完颜珣必须要派救兵，因为中都城里有他的儿子。正因此，所以他决定分两步走。第一步，调集一支很唬人的援军。援军总司令由大将完颜永锡担任，庆寿担任监军，二人率领步骑混合兵团四万人向中都进发。同时命令监察院副院长（御史中丞）李英担任后勤部长，向中都城运送军粮。

为了显示诚意，救援军每位士兵只背三斗米，连监军庆寿和后勤部长李英也以身作则，在繁琐的官服外背了三斗米，至于吃不吃，那就是另外一回事了。

1215年三月，救援军抵达霸州（今河北霸州），就地驻扎，观察情况。用完颜永锡的话来说，他们是在等待李英的运输部队。

李英的运输部队之所以落在后面，是因为他很忙。这位始终自诩智慧超群的人一路上收编各处的义军，当他快抵达永清（今河北永清）时，人数已达数万之多。他禁不住激情万丈，看着蓝天白云说："何必要援军，看看我们的子民，是何等的爱国，只要把他们团结到一起，蒙古人早跑回老家去了。"

他只注意到数量，却没观察义军的质量。义军漫无纪律，作战能力奇差无比，但饭量却超群。所以李英的军粮日渐稀少，走到永清时，他给义军规定了饭量。这引起了义军的不满，因为他们振振有词地说，不吃饱就没办法打仗。李英对这个棘手的问题大为愁闷，多年以来，他解决愁闷有一个奇妙的方法，喝酒。

李英是个重度酒精依赖者，喝起酒来如渴驴饮水，喝酒之后就要酒疯，连天王老子都不放在眼里。他喝得昏天黑地时，石抹明安的机动部队已向他靠近。

其实，石抹明安自得到河南援军来的消息后，就密切注意这支援军。他发现援军驻扎在霸州按兵不动，就知道肯定在等粮草。他的侦察兵很快就告诉他，一支运输部队已抵达永清，正向霸州方向移动。

石抹明安善于釜底抽薪，认为人是铁饭是钢，只要让敌人没有饭吃，一切都可迎刃而解。于是他亲自带领500精骑的机动部队直奔永清。

烂醉如泥的李英得到前方出现蒙古人的消息后，酒醒了一半，他慌忙问蒙古人的人数。当得知只有500人时，酒壮熊人胆的他下令出击。那群正等饭吃的义军一听说要打仗，一哄而散。李英只好带着他的3000人运输部队攻击石抹明安，一攻之下，李英大喜过望，因为蒙古人实在不堪一击，纷纷溃逃。

酒精开始发挥作用，他已没了思考的能力，所以勇猛直追。追到霸州北面的青戈寨时，石抹明安埋伏下的士兵四面而起，李英的士兵从未中过这样的埋伏，全军覆没，李英也在迷醉中被乱军踩死。

石抹明安不费吹灰之力就得到了金援军的几千大车军粮，这是个巨大的胜利。而对完颜永锡和庆寿来说，这是个晴天霹雳。给他们重击的不仅是军粮的丧失，还有蒙古兵团的实力，居然能如此轻易地夺到军粮，其战斗力可真不是浪得虚名。

完颜永锡的手不由自主地哆嗦起来，庆寿努力保持着镇定。两人对望，希望能从对方的眼中看到希望。但两人同时失望，庆寿小心翼翼地问完颜永锡："军粮已失，进中都城又如何？"

完颜永锡拍大腿道："你的话正合我意，撤退，撤到安全地带，观察情况再作定夺。"

李英殉职、完颜永锡逃到安全地带的消息传到开封后，完颜珣拍着龙椅咆哮不止。愤怒之下，他的第二步计划马上被扔到群臣中：让太子回开封。

群臣哗然，有人反对说，太子在中都，可助声势，一旦太子离开，中都城必失。

完颜珣气急败坏，指着群臣说："你们这群鸟人，儿子都在身边，不能推己及人，拿别人的性命开玩笑，谁要是敢阻拦我召回我儿子，我就杀了谁的儿子！"

没有人肯为国家的利益贡献出自己儿子的命，完颜珣找到了人性的弱点，于是他成功了。于是，太子完颜守忠经过复杂的化装后，历经风霜来到了开封。父子相见，抱头痛哭。

在此危急时刻，完颜珣充分展现了父爱的伟大。用他的话说，中都城的陷落不是一个太子所能决定的。所以他召回自己的儿子在情在理，问心无愧。

完颜永锡和庆寿就没有这样强大的心理素质，二人在霸州心神恍惚。庆寿有天早上不知抽什么风，对完颜永锡说："我们身负重任，应该尽责，我想攻击蒙古人。"

完颜永锡手一抖，茶碗落地，他浑身发出剧烈的颤抖，盯住庆寿，用一副世界末日的语调说："你疯了吗？"

庆寿眼光顿时黯淡下去，垂头丧气地说："我一说，你一听，何必较真。"

两人担惊受怕了一个月，最后达成共识：进中都城毫无意义，不如保存实力，退回开封。

当这一决议作出后，两人如释重负，脸上都露出久违的笑容。当夜，二人拔营，心急火燎地离开霸州，跑回开封去了。

完颜福兴和抹撚尽忠在中都城得知援军原路返回的消息后，一屁股坐进椅子里，拍着桌子说："完了，一切全完了。"

抹撚尽忠很快从绝望中恢复，提醒完颜福兴："再向皇上请救兵吧！没有救兵，中都城绝对保不住。"

完颜福兴长叹一声："没有救兵了，全靠我们自己了！"

抹撚尽忠气急败坏："靠个屁啊，城中早已发生断粮，易子而食现象不胜枚举，士兵每天只能吃一顿饭，照这样下去，我们只能投降！"

完颜福兴突然两眼怒睁，盯着抹撚尽忠："你再说一遍。"

抹撚尽忠冷冷一笑："不必这样，大家都知道即将发生的事。"

完颜福兴当然知道，所以他狠毒的眼光马上消散，死灰一样的眼睛看着窗外的天空，天空暗淡。抹撚尽忠从那双灰尘一样的眼睛里却看到了一丝异样，像是希望，像是如释重负，像是看淡人生。

几天后，抹撚尽忠回想这个画面，才明白到底是怎么回事。

完颜福兴的确已有了打算，一个人心中一旦有了主张，眼前所有的困难就都是不值一提的烟云了。他换上私服，走到中都城的大街上。

中都城中到处可见饥饿的人群，正在买卖自己的儿女，完颜福兴对眼前悲惨的一切似乎无动于衷，他走出很远，突然发现自己站在遍地饿殍的大街上，不禁一愣。正当他琢磨为何陷入这一境地时，一个长胡子的人向他走来，扶住他颤巍巍的身体，轻声细语地说："大人，保重啊！"

完颜福兴吃了一惊，他审视了这个年轻人，年轻人满脸菜色，但眼神炯炯，浑身上下充盈着贵族气，他问："你怎么知道我的身份？"

年轻人嘴角挑出一丝笑来："大人，不记得我了？我是员外郎耶律楚材啊！"

完颜福兴苦笑，摇头："忘记了，一切都记不起来了。"

绕过年轻人，向前走，他听到年轻人喊道："大人凡事三思！"

完颜福兴没有听懂这句话的意思，他也没有心情思索这句话，因为他有更重要的事要做。他回到家中，找来抹撚尽忠，底气十足地说道："你我二人受浩荡皇恩，应该殉国。"

抹撚尽忠看到完颜福兴眼神里的杀气，不禁心上一动，急忙答应道："当然，我这就回去准备。"

一个时辰后，有人来报告完颜福兴，抹撚尽忠正收拾细软和家人准备逃跑。完颜福兴大怒，痛骂抹撚尽忠猪狗不如。但他毫无办法，因为军权在抹撚尽忠手里，他已没有权力调动任何军队。

不能对付抹撚尽忠，但能对付比抹撚尽忠弱的人，他叫来抹撚尽忠的亲信完颜师姑，问道："抹撚尽忠答应我和我一同殉国，现在却准备私自逃跑，这件事你知道吗？"

完颜师姑头脑发昏，回答："我知道，他今天晚上就走。"

完颜福兴再问："你的行李准备好了吗？"

完颜师姑霉运当头，回答："已经准备好。"

完颜福兴脸色一沉，手按剑鞘："社稷怎么办？"

完颜师姑发觉杀机四起，但已没有辩解的可能，马上跪倒在地，高喊饶命。完颜福兴不可能饶他，完颜师姑被拖出去处决。

处决了一个小角色，并不能挽救中都城，更不能制止抹撚尽忠的逃亡。完颜福兴借酒浇愁，并且请来好友赵思文，要其代他办一件身后事。

赵思文不仅是完颜福兴的好友，还是他的老师，完颜福兴有良好的儒家教养全是赵思文的功劳。对于完颜福兴的殉国，赵思文从儒家角度为他分析，并作出肯定的判断。完颜福兴就写了一封长信给皇上完颜珣，在信中他苦口婆心地劝完颜珣要亲君子远小人，这种儒家的陈词滥调得到了赵思文的击节赞赏。

那天晚上，完颜福兴把一口上好的剑按到脖子上，狠狠地一抹，壮烈殉国。

那天晚上，抹撚尽忠带着他的老婆孩子和一车金银细软出了城，出城前，完颜珣的小老婆们拉住他的大腿，请求他带她们一起走。抹撚尽忠担心人多走起来麻烦，所以欺骗这群美丽的女子："我去前方探路，回头来接你们。"

这群美丽的女子绝不会想到大将军抹撚尽忠会欺骗她们，纷纷让开一条道路，抹撚尽忠打马而去，当他逃出中都城抵达安全地带时，回首望中都，不禁为自己的智慧沾沾自喜道："要是带着她们，我们岂能逃出，哈哈！"

做完颜珣的手下，有个特别的好处，无论你做出多么出格的事，也不会丢命。抹撚尽忠逃到中都后，居然大受重用，这只能证明一件事，完颜珣已是非不分，不具备人类的智慧了。

完颜福兴自杀，抹撚尽忠逃遁，中都城群龙无首，陷落已是时间问题。虽然是时间问题，但蒙古人还是受到不小的打击，中都城军民自动自发地组织抵抗，那四个孤立出去的城堡发挥了巨大作用，他们先把蒙古人引到正城门前，四个城门的守军把各种攻城器械毫不保留地用在了城下的蒙古人头上，最厉害的当数火油，当头浇下，蒙古士兵如杀猪一样号叫。

中都城中连行动自如的妇女都上了城墙，城陷之前，一大批妇女为了不受凌辱，纷纷从城墙上跳下，几年后，花剌子模使者考察中都城时，据他们说，还能听到那些自杀妇女的哭声。

世界上从来没有攻不破的城，1215年五月，中都城终于在蒙古人的猛烈攻击下陷落。双方在城中展开惨烈的巷战，蒙古人每进一步都要付出代价，而金人付出的代价十倍于此。

战斗终于在一周的惨烈搏杀后结束。有人劝成吉思汗进城展现威力并观赏下这座城池的美好，成吉思汗笑道："它已经是我的了，将来有很多机会进城，何必急在一时？况且，它现在的模样不是我喜欢的。"

就这样，他神色凝重地站在中都城外很远的地方，短暂地扫了几眼，然后发出冷酷的声音："让这座城市消失吧！"蒙古兵团都知道"消失"是什么意思，一时间，抢劫、屠杀和放火次第进行，这个金国引以为傲、当时世界上最荣华的首都很快就成了泡影。

先是抢劫。抢劫伴随着屠杀，大批无辜市民因不奉献财宝和奉献的财宝太少而遭到杀戮，中都城的皇宫是蒙古人抢劫时特别关注的地点，成吉思汗对抢劫或者说是收缴战利品有着浓厚的兴趣，于是中都城一陷落，他的特使就进了城，直奔皇宫。

戏剧性的、同时可以展现成吉思汗律法的一幕出现了，被派去收缴战利品的有三人，成吉思汗的义弟失吉忽拒绝了金国降臣从府库里拿出的礼物，而另外二人坦然接受。成吉思汗后来问失吉忽："你为什么不收下礼物呢？"失吉忽用夸张的声调说："在攻下中都之前，这里的一根绳子、一块手帕都是金国皇帝的。现在我们占领了这里，一切东西就都属于成吉思汗了。金国的臣子们怎么可以用成吉思汗的东西送人？所以我什么东西都没要，也不应该要。"

成吉思汗也用夸张的声调对群臣说："失吉忽识大体！"然后，严厉责备了另外二人，并且要他们把吃掉的东西吐出来，战利品分配时二人什么都没有得到。

成吉思汗始终坚信一条，任何人都可以靠教育成才，任何人都必须随时随地接受教育。他早就说过战利品分配原则，而直到如今还有人违背，这是无论如何都不能被他容忍的。他没有对二人进行体罚，已是汗恩浩荡了。

成吉思汗到底从中都城拿走了多少财富，没有人知道。有一个现象可以证明他绝对成了超级富翁，运送金银财宝的骆驼和牛车商队从中都城绵延到蒙古草原达几百公里，大量丝绸因没有地方运送，只好用它们来捆绑财宝箱。中都城中一切值钱的东西都被成吉思汗装上牛车和骆驼的脊背，像是一条河流缓缓而绵长地流向蒙古高原。

史学家说，成吉思汗完全把中都城掏空，连妇女用的香水都不放过。他的战利品越多，就越激发将士们继续征战的狂热，将士们的狂热越高，征战的可能性就越大。用庞大的战利品刺激将士们开疆拓土的雄心，正是成吉思汗能成就伟业的一个重要原因。

中都城的财物被掏空后，成吉思汗下令屠城和放火。或许是担心被冲天的火光烤到，他撤到长城外侧的多伦附近。中都城皇城火光冲天，熊熊大火持续了一个月。如果不是石抹明安的劝阻，整个中都会化成灰烬。

蒙古人对一座城池的惩罚，石抹明安早就见识过。一般情况下，蒙古人在攻占一座城池后，会将那里的居民驱赶到郊外杀掉，然后返城焚毁民居。这是因为中原地区的城池会阻碍他们返回时的速度，增加难度。成吉思汗还有个高深的想法，他要把所过之处制造成一片广阔空旷的地带作为大牧场。这种思想在后来成吉思汗的继承者头脑中仍占一席之地，蒙哥夺取南宋大部分领土后，就想把当地的人都驱逐，然后种草，想把整个江南变成草场。

石抹明安对成吉思汗说："一旦屠城，其他各城市就会顽强死守，如果不屠城，甚至保护这座城池，可达到传檄而定的效果。"

这是一种新思想，让成吉思汗耳目一新，他同意了石抹明安的建议，并且让石抹明安当中都城的一把手，要他好生治理中都城。

毁灭后再给予生存的权利，这就是成吉思汗的做派。

木华黎的第二战场

当成吉思汗沉浸在攻陷中都城的喜悦中时，木华黎正在辽西战场势如破竹，高歌猛进。

每当木华黎横刀立马在蒙古兵团前列，淡淡地欣赏战场时，人们就会看到他强健的体魄、卷曲的胡须；当他设计战场时，人们则会被他缜密的谋划能力折服；当他参加战斗时，人们更为他高超的射艺而瞠目结舌。木华黎是成吉思汗有生以来最亲密的战友和合作伙伴，1214年他出发去横扫金国根据地辽西时，已经45岁，这是个让有志者羡慕的年龄。无论是阅历、经验还是智慧都已沉淀，随便一个平台，都能让他发挥耀眼的光热。

木华黎制定了无懈可击的战略，由西向东，先攻金国上京临潢府（今内蒙古巴林左旗）。临潢府守将在抵抗一天后，开城投降。木华黎按"投降从宽"的原则没有屠城，在设置了自己政府的官员后，继续向西抵达高州（今内蒙古赤峰郊区），高州本是辽国所设，金国灭辽国后，把此地当成战俘营，主要关押朝鲜战俘。高州还有个特点，就是富得流油。高州守将攸兴哥曾在蒙金开战以来，屡次领兵出城攻击蒙古人的侦察部队。木华黎在高州城下得知这一切后，大为震怒，于是传令高州城内，谁把攸兴哥的头颅砍给他，他就赦免高州城全城军民的死罪。不然，城下之日，就是屠城之时。

高州城军民始终把攸兴哥当成英雄人物，所以他们不为木华黎的宣传所蛊惑，倒是攸兴哥本人心情沉重起来。他知道自己无法抵抗木华黎大军，而且蒙古人都是说到做到的主，一旦城破，全城人民的性命就成飞灰。攸兴哥是个无私的人，他经过权衡得出结论，全城人的性命高于自己的脑袋。

于是，他开了城门，要城外围困的蒙古人通知木华黎，他亲自为木华黎献上他的脑袋。让他大为吃惊的是，木华黎没有杀他，还表扬他是壮士，并且重用他。

攸兴哥死里逃生的事告诉我们，命运的确捉弄人。

高州城一下，木华黎就在城中召开军事会议，那个始终关注金东京的石抹也先发言说："此时应派一支军队突袭东京。"

木华黎陷入沉思，他本来兵力就不多，再分出一部分兵力，这是很冒险的。石抹也先发现了木华黎的担忧，连忙热情起来。他说，只需给他几千人，他就能拿下东京。即使拿不下来，也可以牵制敌人。

木华黎又沉吟了一会儿，认为这个险可以冒，于是他同意了石抹也先的请求。

石抹也先带领一支兵团昼夜驰骋，绕过城镇，直奔东京。大概是他的指挥能力有限，或者是他的这支兵团人数很少，总之，他在东京城下进展迟缓，不但如此，突然有一天还被东京城守军突袭，经过两个月的围困，石抹也先发现自己不可能攻陷东京，所以西回。

石抹也先在东京城下一筹莫展时，木华黎正顺风顺水。1214年十月中旬，木华黎攻陷成州（今辽宁义县北），正当他思考下一个目标是正西方的懿州（今辽宁黑山县）还是西南方的锦州（今辽宁锦州）时，锦州方面突然有变。锦州城守军中级军官张鲸干掉了他的长官，自称辽海王，派人来投木华黎。木华黎对张鲸在关键时刻的识时务大为赞赏，宣称保留他的辽海王称号，让他替成吉思汗管理锦州。

锦州的不战而得，让木华黎兵团士气高涨，推进到西面的懿州城下时，木华黎很随意地派使者到城中劝降。懿州城中有硬汉，最高军政长官高闾山断然拒绝木华黎的劝降。惨烈的攻城战开始。木华黎带着蒙古兵团中最精锐的工程部队，高闾山的抵抗意志很快被瓦解，决定以死殉国。他的血还没有停止喷涌，城就被攻破。

当木华黎在懿州休整时，石抹也先灰头土脸地跑来，两人合兵一处，木华黎听取了石抹也先对金东京的报告，决定放弃东京，突袭金北京。

要突袭北京，必须要过兴中（今辽宁朝阳），木华黎派使者到兴中城劝降，一把手兀里卜严词拒绝。木华黎的使者才走，兴中城中的官员和土豪们就商议说："蒙古人都是野兽，不投降城池的人全被屠杀，兀里卜这是充当我们的代表，他有什么资格决定我们的生死，先让他死去吧！"

他们知行合一，商议完毕马上就做。兀里卜当时正在办公室里研究地图，突然一群士兵冲进来，将他乱刀砍死。兀里卜的死说明两件事。第一，蒙古兵团的"投降从宽，抗拒全杀"宣传其效如神；第二，别总想着代表人民，否则后果很严重。

兴中城里的土豪和官员联合干掉了最高长官后，共同推举超级土豪石天应为他们的领导。石天应屁股刚坐到兴中城最高领导人的位置上，就马上向木华黎抛媚眼。木华黎兴奋地迎向他的媚眼，石天应做奴才的热情高涨，请木华黎兵团进兴中城，他要犒军。

木华黎回复说："你的忠心苍天可鉴，你的热情我心领，但我还有要事，所以不进城了。我代表成吉思汗封你为兴中城的一级长官，好好干。等我凯旋时再到兴中城和你相见。"

木华黎不进兴中城，一方面是他认为兵贵神速，必须马上去解决北京，一方面他对兴中城没有多大兴趣，他最大的兴趣是北京城。

兵团迅速上路，从兴中城郊区快速通过，1215年正月，木华黎抵达北京城外，在扫荡了外围防御后，蒙古兵团把北京团团围住，连最矫捷的鸟都飞不出来。

北京城内有我们熟悉的人，此人正是那位喜欢拿鹅毛扇的奥屯襄。有人说他是福将，每次都战败，每次都活着。完颜珣后来再也不想看到他的嘴脸，所以要他到北京防守。这位诸葛亮的超级粉丝一到北京城，就跑上城墙，效仿诸葛亮焚香弹琴。1215年正月，木华黎兵团抵达北京城下时，正是乍暖还寒时节，他不顾低温，潇洒地在城墙上挥舞鹅毛扇。这番表演让木华黎哭笑不得，不过北京城和中都城的防御相差无几，所以木华黎先不硬攻，而是采取诱敌出城之计。

仍然是千篇一律的试探性攻城，然后撤退，主力部队设置埋伏圈，把敌人诱进埋伏圈。奥屯襄像头蠢猪一样中计，出城追击，踏进木华黎的埋伏圈，孤身一人逃回城里，鹅毛扇也丢在了战场。

奥屯襄面临生命危险，但危险不是来自敌人木华黎，而是来自北京城内部，他的同僚。众所周知，奥屯襄没有军事才能，从他喜欢扮演诸葛亮就可以得出结论，他在性格上有些清高自傲，不太合群。他以颓废中央特派员的身份进入北京城，肯定难以服众。尤其是当皇上完颜珣逃到开封后，作为中央特派员，奥屯襄的身份极为尴尬，再加上他出城惨败而回，仅有的一点权威如他的鹅毛扇一样消失不见。

最先向他发难的不是北京当地官员，而是和他一起来的监军完颜习烈。军事会议上，完颜习烈提出投降的建议，这是奥屯襄那颗忠君爱国的心绝不能接受的，所以两人发生剧烈争吵。奥屯襄吵完后就回家制造鹅毛扇，完颜习烈却没有这样的闲情，他集合一批对他忠肝义胆的兄弟，闯进奥屯襄的住所，将奥屯襄杀掉。

但完颜习烈也是个愚蠢透顶的人，杀掉奥屯襄后，他独揽大权，将向蒙古人投诚的事抛之脑后。北京城土著官员们大为不满，他们又杀掉完颜习烈，推举两位军界资深人士为领导人。两位领导人宣誓就职后马上向城外的木华黎兵团投降。

北京城就这样悄无声息地陷落了。木华黎进城后，突然起了邪火，认为北京城投降太晚，应该按照规矩屠城。石抹也先急忙劝阻说："北京城主动投降，天下人皆知，不可坏了咱们的规矩，否则将来如何取信于人？"

木华黎认为石抹也先的话很有道理，北京城逃过一劫。东京城马上进入木华黎的作战视野。1215年三月，木华黎兵团从北京城向东北方迅猛推进，兵团绕过所有城池，保存战力兵临东京城。东京城戒严，以一副与城池共存亡的面目呈现于木华黎眼前。

木华黎决定强攻，吃过东京城墙亏的石抹也先劝阻说："只能智取，绝不能强攻。"

木华黎问："计将安出？"

石抹也先暂时还没有计策，几天后，石抹也先就有了计策。完颜珣的开封政府在得知东京遭受攻击后，马上派出一位据说是非常善于守城的官员奔赴东京。从开封到东京，路途遥远，危险丛生，谁都不敢保证这位官员能顺利到达。可这位官员却出人意料地躲过所有危险出现在东京城五十里的地方。但他没有逃脱蒙古巡逻队，当场被活捉。

石抹也先得知这个消息后大喜过望，他拿出了计策：自己装扮成这名官员，进入东京城，要东京城撤销防御。

木华黎认为这个计策很冒险，因为东京人见过石抹也先。石抹也先却一意孤行，他说，几个月前，他在东京城下失败了，现在他要争回面子。

计划很快实施，石抹也先经过化妆师的妙手，成了另外一个人。他进入东京城，拿出开封政府颁发的委任状，东京官员们相信他就是前来的救世主。让东京官员们想不到的是，这位救世主提出的一个拯救方案是：开门投降。

正当东京官员们愕然之时，他已经登上城墙，撤回了城墙上所有的部队，毁掉了防御武器，然后打开城门，木华黎兵团就这样未遇任何抵抗地走进了东京城，夺取了该城的十万人户和够十万人吃一年的粮食，还有大量先进武器。

史书说，石抹也先智取东京可谓是人类战争史上最惊险的一幕，这话言过其实。木华黎从北京奔袭东京时，东京方面就已经得到可靠情报，整个辽西已尽入蒙古人掌中，东京城实际上已成孤城，人在困境之下，只要有一点出路，他们就会毫不犹豫地走进去。所以当石抹也先在东京城中撤销防御时，没有人阻拦，更没有人发表异议。因为他们知道，这可能是最好的结局。

整个1215年，蒙古兵团以金中都为中心，向外全方位辐射，攻取金国大小城池862座，把残破、空虚、早已疲惫的河北地区尽纳版图。

耶律楚材

1215年秋，成吉思汗回到蒙古草原，战利品如山，美女如云，不过在这些庞大的战利品中，成吉思汗最钟情一个战利品，这个战利品不是物品，而是一个人。此人正是完颜福兴自杀前在中都城大街上遇到的那个年轻人耶律楚材。

耶律楚材是契丹人，先祖本是辽国开山老祖耶律阿保机的长子，东丹王耶律倍。耶律楚材是耶律阿保机的九世孙。辽时期，耶律楚材的祖先们可谓无限风光，家族中出了四个太师。辽国被金国所灭后，和大多数耶律皇族一样，耶律楚材的祖宗们也为金国效力，他的爷爷、父亲都是金国政府的中级官员，他本人同样如此，成吉思汗攻陷中都城时，他是以金国中央政府员外郎的身份被俘虏的。

有人推荐耶律楚材给成吉思汗时，成吉思汗只是例行公事地说："随便给他个官职吧。"这是他长期以来对契丹投降分子的一贯思想，但推荐耶律楚材的人说："您还是应该见他一下，此人非同凡响。"

成吉思汗不动声色地问："怎么个非同凡响？"

介绍人就把耶律楚材的家庭背景说了一遍，然后详细介绍了耶律楚材本人的情况。据他说，耶律楚材是中国传统文化领域的大师级人物，当然，但凡一个中国知识分子，只要肯下苦功，都能成为中国传统文化领域的佼佼者。耶律楚材有所不同，他不是个纸上谈兵的传统文化大师，而是个知行合一的传统文化大师。

比如学习佛学，他首先把自己锻造成一个虔诚的佛教徒，这就是知行合一。再比如他学习老庄哲学，第一步就是效仿庄子，精神和肉体到处逍遥游；他要学习天文，就自制放大镜和望远镜；他学习地理，就在家中的院子里用泥土制作模型；他学习金国的法律，在看教科书的同时还去监狱里做实地考察，翻检刑部的所有案宗；他学习术数，对，关键就是这个，耶律楚材这家伙会预知未来，是个半仙。

成吉思汗越听越有兴趣，最后听到耶律楚材能预知未来时，心潮可就澎湃起来了。草原人也喜欢占卜，不过层次很低，烧几块羊骨，从烧后羊骨上的裂纹预卜吉凶祸福。成吉思汗每次出征或者是有重大议题之前，都会烧羊骨。

他马上派人去请耶律楚材，耶律楚材一进来，成吉思汗就被其相貌所震撼。耶律楚材身长八尺，眼神如炬，一把漂亮的胡子直到胸口，讲起话来声如洪钟，不卑不亢，始终保持着最出色的贵族气质。

成吉思汗只看了一眼，就马上喜欢上这位契丹汉子，他问："身上带羊骨否？"

耶律楚材反应不过来："动物的尸骨带之何用？"

成吉思汗点醒他："听说你会预卜，为何随身不带羊骨？"

耶律楚材明白了，恭敬地回答："我预卜吉凶祸福，是靠看星卜卦，非靠羊骨也。"

成吉思汗兴奋起来，说："你卜算一下，我大蒙古国最近有何战斗？"

耶律楚材掐指一算，说："西北有战事。"

成吉思汗又惊又喜，惊的是西北的确已不稳，喜的是，对方真就占卜出来。

耶律楚材对成吉思汗的惊喜反应平淡，如果你是个高明的魔术师，表演一段魔术后，面对观众的惊喜，也会和耶律楚材一样反应平淡。

成吉思汗又迫不及待地问："我何时能取得全中原？"

耶律楚材没有掐指，而是平静地说："不必卜算，金国已穷途末路，被可汗您消灭指日可待。"

这话成吉思汗很爱听，不知是什么原因，他坚信眼前这个人是长生天赏赐给他的，在1215年的最后三个月，他和耶律楚材几乎形影不离，友情一日千里。耶律楚材向这位不知文明为何物的人灌输文明，小心翼翼地告诫他不要嗜杀，尽可能地保留中原文明。

成吉思汗每次都不停地点头，但他的兵团仍然在攻陷的城池里烧杀掳掠，他的士兵仍在摧毁各个城池里的文明建筑。唯一不同的是，他已经有意识地告诫他的兵团司令们，该克制的时候要克制。而兵团司令们是否为了扩大战利品违背他的命令，他离战场太远，管不到那么远。

成吉思汗太喜欢耶律楚材了，几年后他对未来的接班人三子窝阔台说："耶律楚材是天赐我家的奇才，你必须要好好对待他。"喜欢一个人，就愿意为他出头，有一天，成吉思汗对耶律楚材说："你们契丹人和女真人是世仇，我可以为你报仇！"

耶律楚材当即回答："我的爷爷、父亲和我本人都在金国政府做过官员，从儒家思想的角度来说，我们都是金国皇帝的臣仆。臣仆如果想着报复主子，那就是欺君之罪。"

这番话拨动了成吉思汗的心弦。成吉思汗的品性中有一项特别值得推崇，他敬重一个人的忠诚情操，即使这个人是他的敌人。

成吉思汗向耶律楚材说的那句话，透露给我们这样一个信息，当然，这个信息也是我们之前看到过的：成吉思汗有仇必报，尤其是国仇家恨。

耶律楚材的回话也并非是全部原因，辽国被金国所灭已过去百年，耶律楚材早已成了金国的人，那个遥远如幻梦的辽国已不是他的菜。

实际上，让耶律楚材名垂青史的并非是和成吉思汗在一起的那段时间，他最耀眼的时代是在窝阔台时期，而在成吉思汗时期，他不过是个幕僚。虽然如此，他已经知道该如何把这个野兽般的军事王国拉到文明的轨道上。

有一次，一位擅长制作弓箭的西夏人在成吉思汗面前说，国家正是需要武力之时，要个书生何用？

耶律楚材马上说："制造弓箭尚且需要弓匠，为天下者怎么可以不用天下匠？"

这话柔中带刚，那位西夏人被噎了个跟头，成吉思汗则对耶律楚材的话大为赞赏，从那之后更为信任这位书生。因为成吉思汗隐约地感觉到，一个庞大的国家没有书生实在是不敢想象，尤其是像耶律楚材这样能掐会算的书生。

潼关之战

成吉思汗自得到耶律楚材后，经常和他一起探讨天下大势。耶律楚材有问必答，答则必中。成吉思汗很不喜欢两面作战，所以从1215年回到草原后，始终没有出兵，因为当时木华黎正在经营东北战场。可耶律楚材却说，应该配合木华黎的东北战场，从西夏境内进陕西，攻潼关，对开封城实施压迫。他最后补充说，如果此时不对开封城进行大攻势，当开封城积聚力量反攻黄河以北，后果将不堪设想。

成吉思汗认可耶律楚材的分析，1216年八月，成吉思汗命令大将撒木合率领蒙古兵团十个千户从西夏境内进入关中，威胁开封的右侧。撒木合兵团进入关中后，势如破竹，成功攻陷京兆府（今陕西西安），在京兆府，蒙古兵团大肆洗劫，京兆府千百年文明毁于一旦。1216年十月，蒙古兵团抵达潼关，迅速展开猛攻。潼关位于渭水与黄河交汇处，处于华山与黄河之间的峡谷中，是开封阻挡一切敌人的军事重镇。这座军事重镇发挥了巨大的作用，撒木合只能对着它叹息。

叹息之后，撒木合撤军，从南路迂回进军抵达汝州（今河南汝州），汝州瞬间而下，蒙古兵团乘胜又拿下了密州（今河南新密），逼近距开封城西十公里的杏花营。

开封城里鸡飞狗跳，完颜珣急命山东方面救援。山东方面早被成吉思汗兵团折腾得奄奄一息，没有兵力可派。大将郭忠头脑灵活，和活跃在当地的义军花帽军取得联系，并最终得到了他们的信任，于是这支义军被拉进了河南战场。

双方在杏花营展开激战，难分高下。撒木合发现金国居然还有如此骁勇的兵团，于是退出杏花营战场，带领兵团西退，从陕州（今河南陕县）境内渡过黄河到北岸稍作休整。

等于说，撒木合是被花帽军赶到黄河北岸的。这是蒙古军自和金国开战以来，第一次受到强有力的阻击。撒木合重新调整思路，认为还是应该先攻潼关。1216年十月，他第二次来到潼关。不过他没有发动一次强攻，而是绕小道去攻打潼关南面的屏障——禁坑。

禁坑被蒙古人称为禁沟，一条南北走向长15公里的天险深谷，南端始于秦岭蒿岔峪口，北到潼关南面两公里左右的石门关。沟谷势如壁立，灌木丛藤夹杂其间，少有人迹。在禁沟西侧，金军修建了12座连城，形成一道人工屏障，自豪地拱卫着潼关。撒木合第一次攻潼关时，禁沟守军就总是趁他不注意时袭击他，搞得他经常心神不宁。所以他最终认定，要攻克潼关，必须拿下禁沟。

拿下禁沟，说来容易，做起来实在太难。撒木合靠硬取是妄想，要拿下禁沟必须偷袭，而偷袭的唯一办法只能是攀上高峰，居高临下地袭击金守军。

通往高峰的路上连鸟都不愿意走，据当地人说，那条若隐若现的羊肠小道中野草丛生，里面都是史前爬行类动物，青天白日就能听到鬼哭。尤其要命的是，山涧峻谷，除了飞行以外，别无他法。但蒙古人不会飞，于是他们就把数支铁枪捆接起来，在山涧峻谷上搭起"桥梁"，纵然是这种情况，走在上面，向下一望，也是心惊胆战，魂魄尽飞。蒙古人克服险境的精神充分展现，他们经过艰难的跋涉后，终于登上高峰，控制了制高点，当所有蒙古士兵都进入阵地后，猛攻开始了。

金守军发现头顶有敌人的同时，遭到了剧烈的攻击。没有人知道蒙古人是如何把攻击机械运送到山顶的，金守军只是感觉到从天而降无数的致命石头。他们被这群天外来客吓得魂飞魄散，扔掉武器，玩命地逃命。撒木合轻而易举地攻陷了禁沟，没有了禁沟的保护，潼关此时如被吓傻的孩子一样哭泣。潼关危在旦夕，完颜珣命令那位曾救援中都城而半路逃回的完颜永锡紧急救援潼关。

完颜永锡和他的父母相拥而泣，这位名震遐迩的大孝子对父母说，蒙古人简直不是人，是野兽，自己这一去恐怕就是永别。

一家人抱头痛哭，把在外准备出征的将士们哭得六神无主、士气全无。救援潼关本刻不容缓，完颜永锡却不紧不慢，走到渑池（今河南绳池）时，他下令全军就地待命。谁都不知道待什么命，他的幕僚问他，他也不回答，只是望着开封方向眼含热泪。

三天后，他下令上路继续前进，军队对他已不抱希望，逃兵已成群结队。这是个恶性循环，完颜永锡越是精神不振，逃兵越如滚雪球，逃兵越多，他越是精神不振。

当这个萎靡不振的废物进入京兆府时，又下令就地待命。他的幕僚们和完颜珣派来的监军大为恼火，要他速速前进，救援潼关。因为一封接一封的情报传来，潼关如果再无救兵，必失无疑。

完颜永锡拿着那些情报，抖着给他们看，声音发颤："我跟你们说过，蒙古人全是野兽。我见过他们的威力，咱们去救援是羊入虎口。"

幕僚们问："那你说该怎么办？"

完颜永锡被问住了，半天才憋出一句没骨气的话来："看天命吧！"

天永远照顾那些奋勇直前的人，比如撒木合。撒木合知道开封城有援兵来，所以他使出了吃奶的劲，对潼关进行疯狂的攻击。潼关终于在撒木合的攻击下失陷，蒙古兵团吼叫着进入潼关时，完颜永锡还在京兆府望着开封方向满眼流泪。

有人声泪俱下请求他救援潼关，他被逼得没有办法，只好撒谎说："皇上有令，要我在此等候，哪可轻易出兵，难道皇上不如你们聪明吗？"

当潼关陷落的消息传来后，完颜永锡居然如释重负地吐出一口气，说："终于结束了。走，咱们回开封！"

金国政治史上一幕戏剧上演。监察官们认为完颜永锡坐视潼关失守，应该判处死刑，以警示全军，振作军威。

完颜永锡虽然是个酒囊饭袋式人物，但有个大优点，就是善于处事，所以他的人缘特别好。于是，先是金国军界强烈反对，接着是一百多名宗室向完颜珣请愿，要求酌情量刑，宽赦完颜永锡的死罪。

完颜珣突然头脑清晰起来，断然拒绝，冠冕堂皇道："完颜永锡一年前救援中都不战而回，使中都失陷，罪当诛杀，那时我就宽赦了他，给他官复原职，掌握军权。今天又犯这样的罪状，朝廷哪可再行宽赦，法律哪容私情践踏？完颜永锡两次救援都是不交一战，让我大金国颜面尽失，不杀他，天理不容。"

术虎高琪马上站出来，保护他的好朋友："完颜永锡是个忠孝人物，杀了他恐寒了众臣的心。"

这话说得很有水平，完颜珣到开封后，开封官员是主力，由于时间太短，还没有对他形成效忠心理。完颜永锡对他可是忠心耿耿，天下人都知道。如果这样一个人被他杀了，将来还有谁肯效忠他？

一想到这里，完颜珣马上换了副嘴脸，说："死罪可免，活罪难饶，削他的官和爵位，让他老实在家反省。"

他不明白的是，金国政府所有人都应该反省，尤其是他，第一个要反省，金国是怎样沦落到现在这一步的。

当然，这种意识，完颜珣和他的政府官员们没有，所以金国江河日下。

撒木合攻取潼关后，并没有马上采取行动，而是连营数十里休整。金国政府有人提供建议说，应该在他们休整时突袭他们。可完颜珣否决了这个建议，他隐约能听到潼关方面传来的人喊马嘶声，这种声音让他魂魄不安，所以他把任何主动的行为都视为不祥的妄动。

撒木合则认为，任何主动进攻都能获取好运，所以大军休整之后，他就派出一支先锋部队，从小路直趋汝州，然后抵达汴京城西郊，开封之战就此打响。

徒劳攻开封

撒木合攻陷潼关的捷报送到草原时，成吉思汗正和耶律楚材聊天。二人聊得很开心，直到成吉思汗听了那份捷报。他脸色凝重，耶律楚材自跟随这位战争之王以来，从未见过他面对战况时有如此的神情。

许久沉默，成吉思汗终于发出一声叹息："撒木合这场仗不好打啊！"

耶律楚材问："为什么？"

成吉思汗回答："开封城是他们最后的据点，必是死守到底，他们兵力强大，守城绰绰有余。撒木合只有一万人，强攻显然不可能。中原人和咱们打过多次交道，知道咱们的用兵策略，所以诱敌之计也不能奏效，所以我说，撒木合这场仗不好打。"

耶律楚材没有作声，大概是因为这是纯军事问题，他没有能力参与，成吉思汗也没有让他拿主意的意思。就在那天晚上，成吉思汗调派了二十个千户，飞奔开封战场。同时命令西夏出兵三万，协同作战。

西夏此时的皇帝是李遵顼，他在1211年干掉了叔叔李安全称帝。他未当皇帝之前是状元郎，当上皇帝后，他用实践验证了"知识并不等于智慧"这条格言，西夏在他的统治下，摇摇晃晃。

成吉思汗的命令一到，正在作诗的李遵顼扔了毛笔，立即调派三万人马奔赴开封战场。撒木合对这三万人马不抱任何希望，因为看上去，这三万人好像都是杂牌军。

其实，撒木合的眼光太高，西夏这三万人马是货真价实的正规军。只是和蒙古兵团一比，他们就显得超级杂牌了。

撒木合现在虽然有六万人马，可开封城和周边的驻军保守估计有二十万，所以，撒木合这场仗还是不好打。当兵团推进到离开封城三百公里的渑池时，撒木合遇到了驻扎在此的金国兵团。兵团司令蒲察阿里不逊严阵以待，虽然面对撒木合兵团背脊发凉，可他暂时没有退却。

撒木合命令西夏兵团发动进攻，西夏兵团狂呼乱喊，毫无章法地发起冲锋，蒲察阿里不逊大喜过望，对顾问们说，如果敌人都是这种素质，那大金就有望恢复中都，打到他们老巢去了。

双方一经接战，西夏兵团惨败，发出震天动地的哭喊。蒲察阿里不逊信心百倍，下令追击残敌。撒木合等待多时，在他沾沾自喜时下令蒙古兵团冲锋。

两支兵团根本就不是一个级别的，蒲察阿里不逊面对蒙古兵团就如拳击手被绑上了双手，连抵抗之力都丧失。他在乱军之中好不容易找到一条逃路，拍马就走，临走之前，特意把他的情妇也带走了。

撒木合兵团如狂风般追击残敌，一直追到开封郊区，才停下脚步。开封城里马上乱哄哄，完颜珣照例召开紧急会议，商讨对策。

术虎高琪勇担重任，全权负责开封城防御，他的方法是紧闭城门，顽强抵抗，城门只有一种情况会开，那就是被敌人攻破。此种情况下，撒木合纵然有神助，也拿不下开封。所以他选择另外一种方略，主力紧紧围困开封，数个小分队攻打开封城周边的卫星城，并骚扰周边的村庄，孤立开封。

术虎高琪对开封城外的一切事情视而不见，他的心里、眼里只有开封城本身，在撒木合兵团的猛烈攻击下，开封城发出吱呀吱呀的声音，但屹立不倒。

撒木合此时黔驴技穷，他只是知道开封城至少有二十万守军，却不知道开封城的后备资源匮乏。开封城的城墙远比中都差，粮食储备只有中都的十分之一，养活二十万人勉强维持一个月。撒木合用了多次诱敌出城之计，但都没有效果。术虎高琪像是被钉死在开封城，无论使用什么计策，他就是一动不动。

其实，术虎高琪并没有完全做到不动如山，他的敌人除了撒木合外，还有政府里的监察官们。所有监察官都指责术虎高琪"畏敌如虎"，任凭蒙古人在开封城外围扫荡。他们的意见是，派遣一支骁勇的部队突破蒙古人的围困重新取回潼关，再派一支骁勇的部队到渑池，这样，渑池和潼关是犄角，开封是牛头，三方面合力把蒙古人消灭于开封城下。

完颜珣在监察官们旁征博引的论述下认定，术虎高琪应该支持睿智的监察官们的意见。术虎高琪听了完颜珣的话，懒洋洋地说了一句话："监察官们对军事一窍不通，知道个屁！"

这句话在监察官群体中引起了剧烈的震荡，他们纷纷上书请求完颜珣解除术虎高琪的职务，让一名有胆有识的人代替他。完颜珣征求术虎高琪的意见，术虎高琪还是懒洋洋地回答："蒙古人走之前，我不会解除任何职务，也没有人可以解除我的职务。"

完颜珣很平静，他仅有的智慧告诉他，术虎高琪这人得罪不起，他手握重兵，在军界是说一不二的人，危难时期，他这样的人就是佛祖、就是上帝。

术虎高琪的保守防御很快见到效果，撒木合在开封城下团团转。但撒木合团团转的同时，完颜珣也团团转，因为开封城的粮食已见底，他征求术虎高琪的意见。术虎高琪还是那副半死不活的样子，说："求和。"

完颜珣派人去跟撒木合求和，撒木合把消息通知给成吉思汗。成吉思汗看着开封城的方向说："我们已经打尽了所有的鹿和野兽，只剩下了一只兔子，我们为什么不该放过它呢？"

成吉思汗说这段话时，他的战友们都在旁边，听到这句话后，他们异口同声地叫道："只有当皇帝不再是皇帝，而是大汗您忠实的仆人时，才会有和平。"

成吉思汗对战友们的精神大为欢喜，可他知道撒木合的艰难。于是他说，撒木合在前线可见机行事，对中原人的战争还将继续，但不必非要在开封城下一较高低。

撒木合接到成吉思汗的口信后，失魂落魄。他对没能攻陷开封城感到羞耻，所以他对金国的议和提出苛刻的条件：把河北、山东等地的城池统统交给蒙古，完颜珣去掉帝号，成吉思汗可封他为河南王。

完颜珣接到这样的条件后，气得死去活来。他回信给撒木合说："你这条件，即使我答应你，我的祖宗也不会答应，我的祖宗答应你，我的臣民也不会答应。如果我答应你的条件，你让宋人怎么看我，西夏人怎么看我，朝鲜人怎么看我，西方的那些国家怎么看我！"

撒木合现在骑虎难下，只好再对开封城猛攻。但很多人都看得出，他的心思已不在开封了。术虎高琪敏锐地发现了撒木合对开封城的心不在焉，于是派出情报人员到还有救兵的地方搬救兵。

国难当头，必有忠臣义士。河东行省最高长官胥鼎命人带领一万人马渡过黄河，救援开封。与此同时，各地的义军也在术虎高琪"高官厚禄"的忽悠下，纷纷带兵前来。这些人脸上呈现着忠义颜色，似乎要为皇上完颜珣贡献鲜血乃至生命。

这些救援军在胥鼎的指挥下，分五路夹攻撒木合。撒木合发现如果再不撤退就会陷入被围殴的危险，于是迅速撤离黄河，这次撤退是人类军事史上战略转移的一个奇迹。撒木合兵团在两个月内后撤了800公里，这种速度可与一支机械化部队相提并论。

金国的任何一支军队都没有追击，因为他们从长期和蒙古人的战争中深刻了解了蒙古人。金国军界对蒙古兵团的认识已经深入骨髓。在他们看来，蒙古人善于在运动中作战。也就是说，无论是进攻还是撤退，蒙古人都会消灭他的对手。所以，你根本搞不清楚，蒙古人的撤退到底是逃跑还是战略转移，他们到底是在诱惑你追击还是真的在逃跑。蒙古兵团在后撤时往往会扔下金银财宝，或者是将泥沙抛向空中，又或者在马尾系上树枝，扬起灰尘。

追击蒙古部队是个惊险的活，因为你稍不留意就会失去他们的踪迹，更大可能是，他们突然掉头向你猛冲来，你会突然发现，他们的人数比逃跑时多了好多倍。

金国军界一想到蒙古兵团时，总会和"神出鬼没""来去如风""如同闪电"联系起来，或许这些词汇都不是他们想说的，他们最想说的是，这是群凶狠的幽灵，无论是进攻还是后撤，你都要为他们的行为付出惨重代价。

撒木合在战略转移途中，七窍生烟，这是他有生以来打得最窝囊的一场仗，他不想就这样极不光彩地结束这场仗，所以他快速行军，以闪电般的速度来到平阳府（今山西临汾）城下。

1216年年末，撒木合把未能凯旋的怒火全部倾倒在平阳府城墙上。他太不走运，平阳府当时的一把手是胥鼎。胥鼎面对六万敌人，毫无畏惧，把一场保卫战打得有声有色，打出了金国的威风，打出了气势，同时也打出了风格。

撒木合在围攻十天后，见毫无取胜的希望，只好北撤。胥鼎在平阳城墙看着他北撤，微笑着。随着撒木合的北撤，黄河两岸重新平静。撒木合的战绩非凡，践踏了陕西、河南、陕西，牵制了河南的金国力量，有力地配合了木华黎在辽西战场的所向披靡。

当他回到草原后，成吉思汗为他举行了隆重的庆功宴。撒木合在宴席上喝得烂醉。金国就在他烂醉如泥时，开始重新部署潼关防御，部署黄河南北的防御。

成吉思汗和他的战友们也在部署，不过不是防御，而是进攻。

臣服高丽

高丽是918年由王建在朝鲜半岛建立的国家，936年，高丽先后灭掉半岛上的另外两个国家新罗和百济，统一朝鲜半岛。13世纪成吉思汗横行天下的时候，高丽开国已接近三百年，任何一个朝代，时间一长，肯定有大问题。高丽的问题归结到一点就是，皇帝昏庸，朝政腐败。

1216年八月，耶律留哥手下大将乞奴、金山、统古、鸦儿、喊舍，率领一批契丹人背叛耶律留哥，由于恐惧耶律留哥的报复，所以他们渡过鸭绿江，侵入高丽国土。这支契丹军几乎如入无人之境，渡过鸭绿江后南下，在高丽都城平壤以北大肆焚掠。十一月，又渡过大同江，入高丽西海道。十二月，攻陷黄州城，屠城。这支契丹军队并非能征善战，实在是高丽军队太弱，只龟缩在平壤城中浑身发抖。

契丹军尝到甜头，更是奋不顾身。1217年春，他们进逼开城，然后分为两股到处流窜。五月，其中一股攻破铁原、原州。直到此时，高丽才出了位英雄人物，大将金就砺用闪电战收服原州，击溃契丹军。这支军队越过太白山脉，向东逃窜，金就砺尾追不舍。追来追去，金就砺发现两股契丹军又合二为一，金就砺此时恰好患病，契丹军没有了克星，再度猖獗，连破高丽两个重镇豫州、和州。

契丹人在朝鲜半岛如此猖狂，使高丽人觉得除非天老爷下凡才能干掉这群强盗。天老爷没有下凡，契丹人却开始自相残杀起来。金山对乞奴总装老大很看不惯，所以干掉了他。他当起老大，统古又看金山不顺眼，于是干掉他，自己成了老大。喊舍认为统古不配做老大，所以把统古干掉，自己做了老大。喊舍做掉前任后，就攻陷江东城，作为老巢。高丽政府对敌人内讧这么大的事居然毫无反应，这让喊舍凭空多了无数自信，他对士兵们说："将来这就是咱们的家啦！"

高丽政府很生气，却无可奈何，从前，他们还能求助于宗主国金国，现在金国自身都难保。然而白白把朝鲜半岛献给这群契丹人，实在天理难容。高丽政府最后想到一招：有请蒙古大汗成吉思汗。

成吉思汗在1217年时对朝鲜半岛没有兴趣，他正专注于西北。高丽国使者来时，成吉思汗认为他们求错了人。他说："蒙古和你们高丽毫无瓜葛，我对你们那地方也毫无兴趣，你哪来的回哪吧！"

耶律楚材给成吉思汗使了个眼色，偷偷对成吉思汗说，高丽的地缘政治很重要，将来蒙古要灭金国，或者向更南、更西发展，必须要保证东方的稳定，高丽是稳定的源泉。

成吉思汗马上对使者说："回去告诉你们国王，蒙古兵团很快就进朝鲜半岛。"

蒙古兵团让高丽政府等得好苦，直到1218年秋，成吉思汗才命两员大将带领两万人马在鸭绿江边集结。

同时命两年前归顺大蒙古国的东夏国国王蒲鲜万奴出兵协助。关于这个东夏国和蒲鲜万奴，需要做补充如下。

蒲鲜万奴发迹于成吉思汗建大蒙古国的1206年，发迹地在南宋和金国的战场上。他当时率领一支偏师冲破了南宋军的防线，追击中斩首二万，得到金国政府的嘉奖。1211年，成吉思汗和金国开战，他被从南线调到北线，参加抵抗成吉思汗的战争。从此，和大多数金军将领一样，到处都是他逃跑的身影。1213年，耶律留哥叛乱，蒲鲜万奴作为完颜承裕的副手进入辽东，开始攻击耶律留哥。但耶律留哥在成吉思汗的强有力支持下，屡屡击败他们。1215年，完颜承裕离开，蒲鲜万奴趁势宣布独立，建立东夏国，自称天王。第二年，他被经营辽西的木华黎和耶律留哥夹击，失败后投降成吉思汗。成吉思汗真心实意地顶他，使他很快就拥有了今吉林、黑龙江省大部，在东北地区，他成了一股不可忽视的力量。

成吉思汗在1218年秋要他出兵时，他正悠闲地过着天王的好日子，闻听成吉思汗要他出兵，他不禁欢喜起来。他对幕僚们说："拿那群笨蛋高丽人练兵，我喜欢。"

蒙古兵团在1218年秋冬之交渡过鸭绿江，从麟州（今新义州东）向东南方向推进。

高丽政府得到蒙古兵团已进入朝鲜半岛的消息后，又惧又喜。惧的是蒙古人会不会沿途烧杀掳掠，喜的是，所向无敌的蒙古兵团来了，那些坏蛋契丹人的末日也就到了。在这种复杂的心情支配下，高丽政府派出一支三人组成的使团迎向蒙古兵团，他们的任务是对蒙古人的品格进行测评。蒙古兵团司令哈真和大多数蒙古将领一样，是个粗犷人物。他一见高丽政府只派了三个贼眉鼠眼的人，可就怒起来。他说："我们大汗派我们来拯救你们，你们这群王八蛋就是这种态度，实在寒了我们壮士的心。我们这一路走来，军粮所剩无几，却秋毫无犯，你们连碗水都没有？"

三个使者浑身发抖，跑回平壤，把蒙古人的品格大肆渲染一番。高丽政府半信半疑，但还是按哈真的要求，调遣一千士兵运送千石大米到蒙古军营。哈真又提出要求："你们再出一万人，和我们一起攻江东城。"

高丽政府只好同意，派刚从病榻上复活的大将金就砺带领临时凑起来的一万人马来和蒙古军汇合。金就砺眼神锐利，在军事会议上一眼就看到耶律留哥，并且认出了他。这是因为耶律留哥自单干后，经常冲击高丽国境线，金就砺还知道把朝鲜半岛搅闹得天翻地覆的那群契丹人，正是耶律留哥的手下。

他从椅子上跳起来，再跳到桌上，要和耶律留哥拼命。哈真用浑厚的胸膛挡住他，提醒他，此时正是精诚合作之时，闹内讧可不好。况且，耶律留哥来此正是劝降那群契丹人，他的用处大大地！

耶律留哥勉强露出抱歉的表情，金就砺这才重新坐回椅子。哈真相貌粗鲁，但心智却深，他看到金就砺虽然身子坐回椅子，可愤怒的情绪始终未消。于是他作出下面的决定：高丽人马担任后备部队，不必冲锋在前。

在高丽人充当向导的情况下，哈真兵团迅速推进到江东城下，与此同时，蒲鲜万奴兵团在攻陷和州后，也来到江东城下，两军胜利会师。江东城黑云压城，喊舍神经紧绷。

此时，已是1218年十二月，大雪纷飞，严寒骤降，江东城下的蒙古人、女真人和高丽人被冻得蜷缩一团，根本无力攻城。哈真让耶律留哥打头阵，耶律留哥当然不会在这种恶劣天气下发动军事进攻，于是他把舌头当武器，劝喊舍投降。喊舍在城墙上和耶律留哥相见，寒风怒号，两人把嗓子都喊哑，可谁也没听清楚对方的话。

喊舍不明白耶律留哥怎么千里迢迢跑到这里，不过他很快就明白了，耶律留哥派人送来书信，要他投降。据耶律留哥的判断，喊舍是在自作孽，身为他从前的长官，他有责任把喊舍拉回正轨。喊舍回复耶律留哥："去你的吧，你不配做契丹人，你和蒙古人勾肩搭背，坏了祖宗的名声，我要为我大契丹正名！"

耶律留哥苦着脸对哈真说："我这次算是白来了，他根本油盐不进。"

哈真看看外面的天气，说："那就狠狠揍他吧！"

1219年春天，冰雪正准备消融。蒙古兵团、蒲鲜万奴的女真兵团、高丽兵团、耶律留哥的契丹兵团在江东城四面同时发起进攻。

金就砺很快就发现，蒙古兵团对攻城一窍不通，再仔细观察，他发现蒙古人根本就没有用心攻城，最后他得出结论，成吉思汗这家伙真狡猾，因为蒙古人不强攻坚城。

金就砺的判断非常正确，成吉思汗自建大蒙古国以来，在出兵上非常节约，从不浪费本民族兵力。这次前来的两万人马，蒙古人不超过五千人，其他都是被他收服的女真人、汉人和契丹人，还有汪古部的五千人。成吉思汗也知道其他民族的战力不如蒙古人，可蒙古人兵力太少，死一个就少一个，他必须要借助他山之石。

攻城战在十天内结束，蒲鲜万奴的女真兵团先攻破江东城，其他三支兵团相继入城，喊舍在城破之前选择体面地自杀，城内几万还活着的契丹人被哈真送给了耶律留哥处理。

蒙古人成了高丽的救星。现在，救星开始向被拯救者索要报酬了。

哈真带着蒙古弯刀甩着膀子进了高丽国王的卧室，告诉高丽国王，他已把高丽从契丹人的烧杀抢掠中解救了出来。所以，高丽国王现在必须要拿出酬谢。

高丽国王在惊恐万分之下，同意了蒙古人提出的苛刻条件。高丽必须每年向蒙古纳贡，至于贡品嘛，蒙古人说了算。从此，高丽完全臣服蒙古，每年纳贡不绝。我们可以从成吉思汗的弟弟帖木格向朝鲜的一次索贡为例来证明蒙古人的索取之重：水獭皮一万张、绸三千匹、苎麻两千匹、宣纸十张、棉花一万斤以及颜料、桐油等杂物无数。

这种无度的索取肯定要出问题。1225年阴历十二月，蒙古受贡使臣在义州被高丽人所杀。当时成吉思汗刚从西方班师，第二年又征西夏，无暇东征高丽，两国绝交达七年之久。窝阔台即位后，重启蒙高战争，高丽再度臣服。

高丽在成吉思汗时代的短暂臣服，不过是成吉思汗征战生涯中一朵小浪花，滔天巨浪不在大蒙古国的东方，也不在南方，而是在西方。

两股灰烬的复燃

现在，让我们把时钟拨到1215年。这年，成吉思汗从中都带着如山财宝回到克鲁伦河行宫，有三件事需要解决，迫在眉睫。

第一件事是残余蔑儿乞人又出现在成吉思汗的视野中。我们在前面讲过，蔑儿乞人自被成吉思汗荡平后，最高领导人脱黑脱阿的儿子火都带领一批残余侥幸西逃。火都逃进畏兀儿境内时，曾派两个使者去和畏兀儿人谈判，至于内容，肯定是和畏兀儿人联合反击成吉思汗有关。火都会作出这样的决策，并非是慌不择路。从前，蔑儿乞人和畏兀儿人是朋友，想不到，畏兀儿人这个朋友大出火都意外，杀掉他两个使者，投靠了成吉思汗。

当火都拿到两个使者的人头时，畏兀儿人还给他带来一句话："看在从前是朋友的面子上，我让你跑出一百公里，再追杀你。"

火都哇啦一顿臭骂，跳上驴背一路向西狂奔，他被畏兀儿人像驱赶牲口一样赶到更西面的伊犁河流域。伊犁河流域水产丰富，火都放下公子哥的身段，开始当起了渔夫，但心中那熊熊的复仇之火始终没有熄灭。他密切关注成吉思汗的动向，不放过任何可以向成吉思汗复仇的机会。成吉思汗接二连三对西夏用兵，让他看到希望。他以为西夏会让成吉思汗绊个跟头，想不到西夏懦弱无能，成了成吉思汗的附属国。1211年，成吉思汗对金国宣战，畏兀儿人和西夏人都出兵相助，消息传到伊犁河流域时，火都扔了鱼叉，手舞足蹈地同跟随他的几百号从前的战士、现在的渔夫说："咱们恢复荣光的时机来了，金国必然会让成吉思汗吃不了兜着走！"

于是，他马上召集流亡在外的蔑儿乞人，潜回阿尔泰山，焦虑地等待时机攻击成吉思汗。成吉思汗攻金，的确是倾巢而出，不过留了三千人驻守大本营。就是这三千人，火都也没有办法对付，在这三千人不停的扫荡下，火都东躲西藏，围着蒙古西境转圈。最后，他灰心丧气，重新钻进阿尔泰山，开始和成吉思汗的扫荡军玩起了游击战。

游击战的本质是逃跑，它只能勉强保存自己，却不能给敌人以任何杀伤。所以，火都虽然活着，却越活越消沉。对于火都这个萎靡不振的废物，成吉思汗从未掉以轻心。他担心的不是火都本身的力量，而是担心火都勾结西辽国，骚扰大蒙古国西境。当他击败金国返回蒙古草原后不久，就制订了彻底消灭蔑儿乞人的作战计划。不过这一计划未等实施，金国迁都，蒙金战争重启。成吉思汗和他的战友们暂时全身心关注中原，火都在阿尔泰山又活动了很久。成吉思汗攻陷中都后，立刻把目光瞄向了上蹿下跳的蔑儿乞人。

成吉思汗悲愤地对战友们说："你们都知道，本人与脱黑脱阿父子有不共戴天之仇。脱黑脱阿在我孤苦无依时，带着篾儿乞部的精骑偷袭我，抢走我的妻子，将我全家围困于肯特山，多年来，一直想把我置之死地。再后来，脱黑脱阿父子带着篾儿乞部几乎参加了每一次反对我们的战争，这是不共戴天之仇。现在脱黑脱阿虽然死了，可他的儿子却仍不安分，如果不把他们消灭，我便寝食难安，大蒙古国也寝食难安。"

速不台晃着肩膀站出来，拍着胸脯说："把这个任务交给我，当年我追击蔑儿乞人，未曾把他们斩尽杀绝，现在，我要彻底完成大汗这件心事。"

成吉思汗赞赏速不台的有始有终，立刻批准他的请求。在出兵数量上，速不台说只要一万人马，因为火都的乌合之众不过三万人，用一万蒙古骑兵对付三万乌合之众，绰绰有余。

成吉思汗说："不要轻视这股敌人，他们在暗，我们在明，他们如落叶四处漂泊，没有固定活动地点，此次必须要用最大力量将他们消灭干净。"

速不台问："那我该带多少人马？"

成吉思汗伸出手掌："五万人。同时，我再给你一件特殊武器，它叫铁车，用铁皮包裹的车厢和车轮经久不坏，无论翻多么高的山，越多么险峻的岭都不会磨损，可用它运载足够的军需物资，你该明白我的意思，你必须要全力以赴，彻底消灭蔑儿乞人。"

速不台出发前，成吉思汗又郑重其事地嘱咐他："这次劳师远征，山高路远，途中到处都是禽兽。可令士卒捕猎禽兽，弥补军粮的不足，但不可放纵士卒沿途打猎取乐，使人困马乏，贻误军机。若有违令者，我认识的，押回来给我，由我裁处；我不认识的，你就自己执行军法。"速不台点头。成吉思汗最后说："无论这伙仇敌躲到空中，还是钻入地下，或者藏入湖海，逃到天涯海角，你都要将他们抓获。为防止他们再次逃脱兴风作浪，抓获后可将其就地处死！"

成吉思汗对蔑儿乞人如此重视，并非他看重蔑儿乞人的作战能力，而是他恨蔑儿乞人入骨。

速不台当然明白成吉思汗的心情，火都倒不明白，为什么隔了十几年，成吉思汗还会如此兴师动众来捕杀他们。

速不台抵达火都活动区域后，众将士纷纷要求大规模进军。速不台头脑冷静，决定采取偷袭。侦察小组马上派出，第一支小组很奇特，组长是应变能力和观察能力强大的阿里出，小组成员包括一百名蒙古骑兵和当地的一批妇女、儿童和老人，这些人化装成逃难的老百姓，从正面向火都接近。同时，他又派出另外几支侦察小分队，扮作猎人，从四面迂回侦察火都势力范围，为即将发动的突袭侦察进军路线。

侦察小组很卖力，当然工作量也异常之大，因为火都像只狡猾的兔子，常常移动他的大本营。功夫不负有心人，经过一个月的全方位侦察后，各侦察小组带回了火都目前大本营的位置，同时，也探明了隐蔽接近、迂回包围他们的进军路线。

速不台把拳头敲到桌子上说："可以开始了！"

蒙古兵团兵分四路，由侦察小组带领，夜色沉沉之后，黎明时分，四路大军进入各自阵地，将火都围个水泄不通，准备太阳一升就发动攻击。

速不台为了防止善于逃跑的蔑儿乞人再次逃脱，特意把一千名敢死队员交给阿里出，要他在大军发起进攻后，心无旁骛地直趋火都的指挥部，必要把火都擒拿或是斩杀。

直到太阳升起时，火都和他的三万乌合之众才确切知道自己已成了瓮中之鳖。蒙古大军以撼动天地的喊声冲破了他们简陋的防御阵地，冲进了他们的营地。屠杀以老天都不忍目睹的方式展开，在包围圈中的所有活物都被杀掉，用速不台的说法就是，包围圈里不能有一个喘气的东西。

交战从天明开始，中午结束，速不台大军大获全胜，战场上全是蔑儿乞人的死尸，帐篷的浓烟滚滚，直冲云霄。

火都光荣战死，据说他一听到喊杀声四起，就如释重负地说了一句："咱们的日子到了。"说完这句话，他就带领卫队冲出帐篷，迎向专门对付他的蒙古千人敢死队。

蔑儿乞部从此成为历史，无论是对成吉思汗还是对蔑儿乞人来说，这场屠杀都是灭族之战，蒙古人毫无怜悯，尤其是成吉思汗，对蔑儿乞人的主旨只有一个：全部杀光。

当速不台凯旋路过术赤的驻地时，术赤请他喝酒，恭喜他的成功。速不台谈起这场战争时，偶然说出一个人的名字，这个人叫忽勒秃罕，是脱黑脱阿的第三子。术赤听过这个人，如果把蒙古草原的神射手做个排名，此人称第二，没有人敢称第一。

术赤问速不台此人可还活着。

速不台点头："就在囚笼里，我留下他献给大汗，他可是脱黑脱阿唯一的后代，大汗肯定会高兴。"

术赤爱才之心勃发，说："可否一见？"

速不台叫人把忽勒秃罕押到术赤面前，术赤要他表演箭术，果然名不虚传，百发百中。术赤惊叹不已，立刻派人去见成吉思汗，请成吉思汗将此人赏赐于他。

成吉思汗咆哮起来："对仇敌，绝不能心慈手软，必须斩草除根，除恶务尽！"

这是成吉思汗带给术赤的第一个口信。当术赤正在沮丧时，成吉思汗的第二个口信到了："术赤你亲自砍下忽勒秃罕的头，派人送来给我！"

术赤对父亲的命令从不违抗，也不敢违抗，就这样，人类历史上最后一个蔑儿乞战士的脑袋离开脖子，成吉思汗终于让蔑儿乞人为几十年前的事付出了高昂的代价。

解决了蔑儿乞人后，成吉思汗面临着第二件事。

这件事是关于泰加森林的。1207年，术赤降伏泰加森林中几大部落。蒙古兵团攻陷中都的1215年，泰加森林中的秃马惕人反叛。秃马惕人归顺成吉思汗，只是有口无心。多年来，秃马惕人仍然保持着独立自主的地位，除了每年向成吉思汗献上可怜兮兮的贡品外，看不出有任何尊重成吉思汗的地方。

成吉思汗对这个部落的真心臣服也没多大兴趣，因为秃马惕人居住在泰加森林最茂密之处，一支军队要想和秃马惕人针锋相对，必须要手持利斧，披荆斩棘而进，不然就像是困在蜘蛛网中央的苍蝇一样，寸步难行。成吉思汗的兵团都是骑兵，在这种地方行军比登天都难。进入的人有难度，出来的人同样如此。而且他们的贡品只是些动物皮毛，毫无吸引力。

成吉思汗对这个部落始终睁一只眼闭一只眼，可有人并不赞成，此人就是成吉思汗第一次称汗时，贡献巨大的萨满豁儿赤。

豁儿赤当时向成吉思汗提出要三十个美女，成吉思汗痛快地答应了。豁儿赤好像眼光超高，多年以来，始终没有凑齐三十个。秃马惕人归顺后，这位老萨满披荆斩棘，历经千难万险来到秃马惕人部落，要他们交出三十个美女。秃马惕首领不想因为女人得罪成吉思汗的红人，所以给了他五个英姿飒爽的女猎人。豁儿赤大大爽快了几年，又跑到秃马惕人那里要女人，但每一次，秃马惕人都给的很少，这让豁儿赤很郁闷。1215年，豁儿赤发誓最后一次钻原始森林，要秃马惕人补足三十个年轻女猎人。

当时的秃马惕首领已死，领导人是其遗孀。这位女中豪杰早就对豁儿赤的色心极度不满，所以不但未满足豁儿赤的要求，还把豁儿赤捆绑起来，一顿皮鞭。

豁儿赤的侍从运气大好，趁乱跑掉，把消息通知了成吉思汗。成吉思汗闻听大怒，对于那些敢挑战自己权威的人，他向来不留情面。他咆哮着要亲自出征，他的战友们拦下他，对他说，秃马惕大本营山高林密，而且这件事大概是豁儿赤的不对，不如先文后武，派人去与他们谈判，看是否有缓和的余地。

成吉思汗勉强同意这样的主张，不过他气咻咻地说："你们看着吧，去谈判的人一定是肉包子打狗！"

果然，一位泰加森林各部落的专家一进了秃马惕人的地盘，马上就消失不见，如同被森林吞没一样。成吉思汗下令对秃马惕人动武。

机灵鬼纳牙阿被任命为统帅，纳牙阿听到这个消息后，马上翻倒在床，说自己头痛欲裂。这当然不能证明纳牙阿是胆小鬼，而是人人都知道，秃马惕人英勇善战，又在丛林深处，此行凶多吉少。

纳牙阿不去，成吉思汗就下令"四杰"之一的博尔忽挂帅出征。博尔忽得到消息后，问他的战友们："这是你们在大汗面前举荐的我，还是大汗自己想让我去的？"

大家异口同声："是大汗。"

博尔忽叹息道："我去为成吉思汗谋幸福，但我是代替别人去的。"

这话很伤感，博尔忽似乎预示到此去不可能再回来，所以临行前，他把家人托付给成吉思汗。成吉思汗认为博尔忽是小题大做，安慰他说："中原人那么强大，不也被你打得抱头鼠窜！你还怕几个猎户吗？"

博尔忽拍着胸脯说："我什么时候怕过，但如果这次阵亡，实在不值啊！"

成吉思汗大咧咧地说："等你回来，咱们痛饮三天。"

博尔忽走后，成吉思汗对耶律楚材说："博尔忽老了，居然怕上战场。"

耶律楚材回答："还是谨慎为妙，您的兵团在森林中可是英雄无用武之地啊！"

成吉思汗笑了，他根本就没把秃马惕人当回事，秃马惕人却把成吉思汗兵团看得很严肃，男女老少齐上阵备战。

博尔忽抵达战场，在这片陌生而神秘的原始森林面前，他多年来的万丈豪情顿时气焰全无。他沮丧地对军事顾问们说："这场仗没办法打啊！"

军事顾问们摊开手说："那也得打啊！"

博尔忽重新振作，带领三个护卫到森林深处侦察。这是博尔忽的一个优点，在多年军旅生涯中，他从来都是亲自去侦察战场的，当然，这也是个坏习惯，因为很容易被敌人"擒贼先擒王"。博尔忽厄运当头，在他专心侦察时，早被秃马惕人的巡逻队进行了反侦察，当秃马惕人发现他们完全可以活捉博尔忽后，马上从树上跳下来，活捉了博尔忽。

博尔忽被带到秃马惕首领遗孀面前，这位女中豪杰讯问博尔忽："来了多少人？"

博尔忽梗着脖子："都来了，二十万人马，把你们统统杀光。"

女中豪杰再问："成吉思汗来了吗？"

博尔忽狂笑："对付你这样一个娘们，还用大汗出马？我是大汗的手下最弱的，所以我才来到这里。"

女中豪杰一挥手："拉出去砍了！"

有人提醒他，此人是成吉思汗四大智勇双全大将之一，杀了他肯定激怒成吉思汗。

女中豪杰淡淡一笑："咱们已经激怒了他，何必畏首畏尾。"

博尔忽在咒骂声中被砍下脑袋，扔出了原始森林。蒙古兵团马上把消息送回草原，成吉思汗悲怒交加，捶胸顿足地表示要亲征秃马惕人。博尔术和木华黎苦苦相劝，他才冷静下来，下令要朵儿边部落的朵儿伯多黑申挂帅，摆平秃马惕人。

朵儿伯多黑申在大蒙古将星璀璨的军界并不引人注目，成吉思汗用他，让很多人莫名其妙。不过很快，大家就叹服成吉思汗的用人之能。朵儿伯多黑申这位青年将才用实际行动证明了成吉思汗的眼光。

朵儿伯多黑申是个用脑子比用蛮力多得多的军人，他抵达前线后，马上开始做战前准备。他要士兵们准备大斧、手斧、锯、凿等工具，士兵们大惑不解，以为这位将军要做伐木工。更让士兵大为疑惑的是，朵儿伯多黑申还让他们准备十根树条。

一个深夜，朵儿伯多黑申下达命令，主力部队跟他走，剩下一支偏师在森林外的大路上来回巡逻。他带着主力沿着一条只有兔子才能走的小路进入原始森林。士兵们终于知道，他们的大斧、手斧、锯、凿子是干什么用的了。斧子砍密枝荆棘，锯子和凿子消灭那些阻挡人马的大树。而那十根树条则是惩罚工具，朵儿伯多黑申规定，谁不肯向前，就抽出他本人携带的树条抽打。当十根树条用完后，此人就会被处斩。

原始森林中幽静得可怕，地面松软的泥土如同史前沼泽，人在其中，肺部忍受着窒息的气息，没有阳光，只有树叶偷偷讲话的声音。朵儿伯多黑申鼓励大家，只要一直向北，别迷路，就能胜利。

十天后，蒙古兵团终于走完这条没有人走过的路，如神兵天降一样出现在秃马惕人的背部。

秃马惕人面面相觑，简直不敢相信自己的眼睛。女中豪杰派人告诉朵儿伯多黑申："你不可轻举妄动，我们手里有人质豁儿赤，他可是你们成吉思汗的红人。"

朵儿伯多黑申把口水吐到地上说："我来是摆平你们，从来没听过大汗还有什么红人在你们手里。"

女中豪杰立即发现她真的激怒了成吉思汗，同时也发现豁儿赤这个色鬼毫无用处，她下令全族备战，要和蒙古人玉石俱焚。

双方力量悬殊，人人都看得出，硬拼只能带来灾难。所以，一部分秃马惕人马上投降，就在这些投降分子的引路下，朵儿伯多黑申兵团迅速攻陷秃马惕人的大本营，活捉了那位女中豪杰。豁儿赤获得自由，对她咬牙切齿，要挖了她那双美丽的大眼睛。

朵儿伯多黑阻止了这个色鬼，说："大汗自有安排。"

成吉思汗的安排是除了投降者外，只留下那位女中豪杰和三十名美女，还有一百名壮劳力，其他秃马惕人全部杀掉。三十名美女给色鬼豁儿赤，一百名壮劳力给博尔忽的家人做奴隶，不用猜就知道，这给仇人当奴隶的一百人日子肯定不好过。至于那位女中豪杰本人，先到了草原，成吉思汗大概没有看上，于是就把她赏赐给了秃马惕人的投降者之一。

秃马惕人从此彻底臣服于成吉思汗，他们不是真心实意的，只是因为力量太弱，已没了反抗的能力。很多人臣服一个人，其实都是这个原因。

秃马惕人的反叛让成吉思汗注意到国家西北方还存有隐患，在消灭秃马惕人后，成吉思汗命令长子术赤进入泰加森林，把那里的部落从头到尾用武力重新梳理了一遍，这其中有压迫，有屠杀，就是没有慈悲。

耶律楚材从文人的角度劝成吉思汗说："应用仁慈来管理百姓，武力只能解决一时。"

成吉思汗笑道："一时的安宁就足够了。"

耶律楚材当时不明白这句话的深意，直到几天后的军事高级会议结束后，他才明白了成吉思汗这句话的意思。

哲别轻取西辽

1217年三月，成吉思汗召开重要军事会议，商讨西辽国的问题。西辽国在1212年之前没有任何问题，它只是西部一个看上去很强大的帝国。但1212年，问题来了，这个问题和成吉思汗有直接关系。问题就是，西辽国换了皇帝，而这个皇帝是外来户，名字叫屈出律，也就是那位被成吉思汗消灭的南乃蛮太阳汗的公子。

南乃蛮自被成吉思汗消灭后，屈出律向西流亡。他从一国的储君沦落为盲流，其心境昏暗可想而知。1208年，他带着几十个衣衫褴褛的护卫辗转西逃进西辽国境，命运之神夸张地眷顾了他。

屈出律精明透顶，在被允许去拜见西辽皇帝直鲁古时，他让一个护卫扮成自己进宫，而他则站在宫门外，以防有变可迅速逃跑。

屈出律虽然落难，王子气度却不减，在皇宫外等待侍卫回复时，引起很多人的注目，这些人中就有直鲁古的皇后。这位皇后捻着佛珠把屈出律叫到轿前，如同未来的丈母娘见女婿一般审视了他一番，然后满意地点了点头，把屈出律带进后宫。

她问屈出律："我看你相貌非凡，气度恢弘，必是非常之人，请问你是谁？"

屈出律未语泪先流，带着轻柔颤音诉说了自己的出身。西辽皇后大为惊讶，想不到面前这位仪表堂堂的男子居然是大国的储君，同时她也为屈出律的坦白表示感动，于是把屈出律介绍给了丈夫直鲁古。

直鲁古对屈出律的遭遇深表同情，看到屈出律隐约公子哥的模样，兴奋地问道："都会玩什么？"

屈出律对玩乐没有兴趣，所以对直鲁古很失望，因为他来西辽，是想借助西辽的力量恢复祖国的。可他马上欣喜地意识到，直鲁古喜欢玩乐的性格正是他大展宏图的机会，这个宏图就是拥有西辽国。

直鲁古好像在暗中帮助他，几天后，他认屈出律为干儿子，同时把女儿嫁给干儿子。屈出律开始不动声色地实施自己的计划。

首先，他在政府中竭尽心力地结交权贵，用礼贤下士的手法获得了很多掌权人物的好评；其次，他请求直鲁古允许他到伊犁河附近召集四处流亡的乃蛮部族，把他们编成一支军队；最后，他和西辽的劲敌花剌子模国取得联系，相约共图西辽，事成之后，把西辽国的西部数州割让给花剌子模。

当时人人都知道屈出律在招兵买马，图谋不轨，只有呆头呆脑的直鲁古不相信屈出律会如此忘恩负义，但很快，他就不得不相信了。

1209年，西辽国撒马尔罕王斯曼造反。直鲁古大怒若狂，集结军队讨伐斯曼。屈出律认为时机已到，举兵反叛，从他的驻地直趋都城虎思斡耳朵（今吉尔吉斯斯坦虎思斡耳朵）。直鲁古气得死去活来，终于相信世界上有白眼狼这回事，他慌忙召回讨伐斯曼的远征军来对付屈出律。就在都城下，屈出律和他恩人的军队展开惨烈的厮杀，结局是他被打得狼狈而逃。

屈出律虽然战败，但元气未伤，对虎思斡耳朵城依然虎视眈眈；直鲁古虽然胜利，但他的厄运正快速地逼向他。斯曼因没有遇到直鲁古的远征军，所以联合花剌子模军轻易地越过锡尔河，攻击西辽国的边防重镇怛逻斯，西辽边防军如山崩一样溃败，向都城全线溃逃。不知什么原因，斯曼、花剌子模联军并未追击西辽残兵，但直鲁古看到哭爹喊娘的残兵来到城下时，心慌意乱。屈出律抓住这个千载难逢的机会，亲自带领一支机动部队，绕过城镇，兵临都城。在猛攻三昼夜后，都城城陷，屈出律以西辽国最高领导人身份进入该城，他成为皇帝，直鲁古则被他奉为太上皇。现在，屈出律达到了他人生的巅峰，从一个流亡的王子升华成一个帝国的皇帝。

不过，屈出律很快就用事实证明他是个毋庸置疑的蠢材。辽宗室一向信奉佛教，但西辽国的百姓大都信奉伊斯兰教。耶律大石和他的继任者主张信教自由，所以西辽征服领土的百姓还能忍受这些外来者。可屈出律登基后命令帝国百姓只准信奉佛教，伊斯兰教徒必须无条件地改信佛教。

只有愚蠢透顶的人才会干涉别人的信仰自由，屈出律很快就陷入伊斯兰教徒抵触的惊涛骇浪中，他运用高压手段为他的政策保驾护航。当他攻陷效忠直鲁古的城池后，立即召集该城的伊斯兰祭司们，命令他们改信佛教。那些不同意信仰佛教的伊斯兰祭司们很快就被钉死在伊斯兰教堂的大门上。

有智慧的人已经看到，屈出律正坐在火药库上，只需要一点火花就能把他送到西天佛祖的怀里。但屈出律浑然不觉，当他发现西辽的大部分地区都纷纷独立，而他只控制着可怜的一点点领土时，厄运之神已来到他身边。

屈出律有一天坐在龙椅上望向东方，忽然就想起了自己的故国乃蛮，又忽然想起了灭亡故国的成吉思汗，他马上就从龙椅上跳了起来，发布总动员令，他要东征，消灭成吉思汗，恢复乃蛮王国。

也就是在他准备大展宏图时，火都的游击队和他的边防军接上头，两人都有雄心壮志，但实力上却是半斤八两。不过他们都信奉"团结就是力量"的格言，开始向巨兽大蒙古国边境做侦察式的持续不断的攻击。

成吉思汗当时正和金国全面开战，臣服金国后，先是蔑儿乞人问题，然后是朝鲜半岛问题，接着是泰加森林问题，直到把这些问题彻底解决后，他才严肃、正式地面对屈出律的西辽。

战争计划很快被制订，担当进攻西辽重任的是哲别。这件事没有一点难度。成吉思汗对西辽的了解恐怕比屈出律本人要深，畏兀儿和西辽是邻居，自从脱离西辽后，就成了成吉思汗忠实的爪牙和情报员。西辽的一举一动都被畏兀儿人一字不落地传递到大蒙古国，所以成吉思汗知道，西辽此时人心不稳，城池也不坚固，确切地说，哲别这次西征，最艰巨的不是战争，而是地理环境。

从克鲁伦河到西辽国，路途达26000公里。先要穿越蒙古草原，然后要翻越海拔3000米的阿尔泰山，之后还要经过天山高高低低的山地，那里绝大多数山峰高达海拔5000米。最后，他们会来到离西辽都城东方80公里处的伊塞克湖。艰险的路途和高原反应，是蒙古人必须要克服的重大问题。

成吉思汗只给了哲别两万人马，同时要求畏兀儿人出兵两万，成吉思汗对哲别说："这四万人马足够灭亡西辽。"哲别谨慎地回答："应该是。"成吉思汗提示他："打出信教自由的旗帜，你的士兵都不用拔刀，西辽就会被他自己的人民灭亡。"

哲别对成吉思汗的话从未有过半分怀疑，他带领兵团从西辽东境进入，真的是未费吹灰之力就得到了西辽国大部分城池，很多城池的百姓高喊欢迎的口号迎接哲别进城，这就是宗教信仰的力量。

屈出律此时终于为他干涉别人的信仰自由付出惨重代价，本来西辽军队就不是蒙古兵团的对手，再加上哲别"信仰自由"的政治宣传，屈出律已四面楚歌。

哲别兵团在敌人的帮助下，迅速推进到西辽国都城下，屈出律平时的威风荡然无存。他开始神经兮兮起来，先是下决心顽强死守，当还忠诚于他的首都卫戍部队加强防御工事时，他又下令放弃首都，准备西逃。就在他方寸大乱时，哲别远征军找到西辽都城的防御弱点，发起猛攻。意料之中地，都城陷落，屈出律在陷落前带着几百卫士逃出城，蒙古扫荡部队紧追不舍，当他跑到帕米尔西端的一座山下时，被当地的伊斯兰猎户捉住，割下脑袋献给了哲别。

哲别看着这颗死不瞑目的脑袋，感慨万千。一个人被强大对手击倒后，不站起来，有人骂他软弱，但站起来后其实会更惨，因为强大对手会把他再击倒，直至把他打死。

屈出律的后半生是个悲剧，表面看，他做了西辽的皇帝，其实他自坐上龙椅时就把成吉思汗的注意力吸引了过来。凭成吉思汗当时的力量，屈出律纵有天神之才，也不能对抗他强大的敌人。

他死了，西辽灭了。成吉思汗虽然高兴，却没有心花怒放，因为他将面临下一个对手，一个传说中的超级大物，一个在西方世界被视为世界中心的大国——花刺子模。

西辽一灭，大蒙古国和花刺子模国接壤，两个强国做邻居，世界上从来没有这回事，所以，蒙古帝国和花刺子模的生死搏斗已是命中注定。

第七章
万里西征

两巨头的切磋

　　"花剌子模"这个国名是我们今天从《元史》中直译出来的，蒙古人称它为"撒儿塔兀勒"，意为外商，原因很简单，在蒙古人眼中，花剌子模人都是经商高手。花剌子模人每每谈到祖先建国的艰难，都会流下激动的泪水。

　　花剌子模本是西域阿姆河下游的一个古老国家，由于它既小又弱，在乱世中只注重商业而不注重军事力量，所以经常以周边强大国家的奴隶身份而为人所知。做了几个世纪别国奴隶，到了塞尔柱帝国统治时期，连老天爷都看不下去了，于是让花剌子模出了一个叫纳失·的斤的人。此人做了十几年塞尔柱帝国国王的奴隶后，凭借战功获得主人的欣赏，于是封他为花剌子模最高军政长官，他成了花剌子模第一个货真价实的国王，也是花剌子模帝国的开山老祖。

　　花剌子模的前途一片光明，因为塞尔柱帝国正在衰败，对他已无法实行有效控制。但老天爷又玩弄了他，强大的西辽国开始在西域横冲直撞，它要求花剌子模臣服。纳失·的斤的后代冲冠大怒，1124年，花剌子模和西辽国开战，结果惨败，只好承认西辽是它主人这一事实。11世纪末，纳失·的斤的第五代孙帖乞失大发神威，灭掉塞尔柱帝国，将领地扩展到波斯西部，1200年，帖乞失的儿子摩诃末继位，这是花剌子模历史上第一位也是最后一位英主，他自身的光辉更因为和成吉思汗成为对手而名垂史册。

　　摩诃末是个扩张狂人，在他继位的短短几年内，他就将帝国的疆域扩张了三倍。这个时候，他实力雄厚，已经有资格和西辽谈独立自主的问题了。

1209年，西辽国按惯例派使者到花剌子模收取高额的贡赋，摩诃末热情地接待了使者，并且用被他征服的国家的特产食物招待他的敌人。西辽使者立即发现了这个明目张胆的暗示，于是拿出了老大帝国使者的架子，向摩诃末咆哮起来。摩诃末等的就是这个，他命人把使者杀掉扔进阿姆河，下令攻击西辽国边境。

西辽国当时已是枯枝败叶，摩诃末的进攻马上取得成效。1212年，西辽国已被屈出律取代，摩诃末顺利完成了花剌子模帝国的独立自主，他重新把他的帝国投入战场，开疆拓土，几年间便将花剌子模发展成一个强大的帝国，在整个中亚、西亚，似乎已没有国家可以与其抗衡。摩诃末志得意满，突然就把目光投向遥远的东方。

在东方，和他几乎同时创造奇迹的成吉思汗已征服金国。摩诃末在成吉思汗征服金国前制订着一个惊人的东征金国计划，可当他的计划才制订一半时，就传来了金国被一个蒙古人征服的消息，这让他如丧考妣。他不相信世界上还有比他强大的人，为了探听虚实，1215年春，他派出一个间谍使团，来到刚被成吉思汗占领的金国中都。

成吉思汗对花剌子模的了解程度远比摩诃末对大蒙古国要深许多。多年来，成吉思汗一直通过西方的商人来打探西方的消息，花剌子模的风生水起给他留下深刻印象。在他看来，如果能和这个商业帝国建立友好关系，他的大蒙古国将获益匪浅。

于是，他在北京附近热情地接见了这个使团，使团团长对成吉思汗吹嘘了一会儿他们的君王摩诃末，成吉思汗没有吹嘘自己，而是让使团参观中都。在这次由几个蒙古人充当导游的参观中，花剌子模人受到强烈的震撼。他们眼中的中都城已成人间地狱，到处都是尸体和正在运送尸体的独轮车，四处可见的烟火正在焚烧着这座世界名城。花剌子模人一面参观，一面用手捂着鼻孔，以抵制漫天的恶臭。

参观完毕后，成吉思汗问他们："我的力量如何？"

使团团长惊恐地点头。

成吉思汗微笑，语气轻柔地对他们说："回去告诉你们国王，大蒙古国和花剌子模国的疆域没有直接冲突，因此应该和平共处，保护彼此的商业往来。"

使者团心有余悸地回到花剌子模，摩诃末立即召见他们，问："中国那边到底如何？"

使者团团长沉痛地回答："已被成吉思汗征服，整个中国北方都已是蒙古人的天下了。"

摩诃末摇头叹息说："既生我，何生什么成吉思汗啊！"

使者团团长又说："成吉思汗希望和我们建立商业往来，以我之见，他是真心实意的。据我观察，蒙古境内商业匮乏，全靠抢劫度日。成吉思汗英明，把抢劫来的钱财放高利贷给各地商人，这是他希望用商业振兴国家的明证。"

摩诃末从沉思中醒过来，摇头说："按你们所说，蒙古人都头脑简单四肢发达，恐怕他们本人也知道自己不是经商的料，所以成吉思汗到底打什么鬼主意，你们还没有搞明白。"

摩诃末分析得非常有道理，在花剌子模人的心中，蒙古人就是群不会用脑的野蛮人，打架斗殴可以，让他们经商，也太勉为其难了。花剌子模人还把蒙古看成是荒僻贫穷之地，而蒙古人则是些没见过世面的乡巴佬。

下面发生的这件事就是这一刻板印象的明证。三个花剌子模商人想穿越蒙古到金国，但金国北方已成了蒙古人的领土，所以他们没有被带到金国皇帝面前，而是被带到了成吉思汗的帐篷里。

成吉思汗热情地招待他们，宴会举行到高潮时，成吉思汗让他们把携带的商品拿出来一看，他说如果自己看上了什么，价钱不是问题。

三个商人鄙夷地一笑，就把随身携带的缕金织丝等手工品摆放到桌子上，当成吉思汗指着一个玉镯询价时，其中一个商人喊出了比市场价高出十倍的价钱。

成吉思汗一愣，这个商人就傲慢地说："这些东西只有我们花剌子模有，所以价格高在所难免。"成吉思汗冷笑，命人带着这个人到他的府库中去看他收藏的那些贵重织丝物品，这个自大的商人顿时被眼前如山一样的商品惊得目瞪口呆。

这名商人回到饭局上时，已不能说话，脸色苍白如纸，双手哆嗦像是得了羊痫风。另外两名商人发现苗头不对，所以面对成吉思汗的询价，死都不说价格，并且狡猾地说，相信成吉思汗会慷慨地给出合理价格。

成吉思汗注意到了花剌子模商人的狡猾，但的确满足了他的自尊心，于是他给出了非常高的价格，购买了三位商人所有的物品。

宴会结束，成吉思汗带着三个商人来到他的珍贵物品储藏室，这里有如海洋般的丝织品，比他们带来的要强一万倍，还有如棒球一样大的黄金球、篮球一样大的水晶球，三个商人完全傻眼，回到花剌子模后几个月内都没有恢复心智。

三个商人回国前，成吉思汗语重心长地对他们说："不要看我那些珍品堆积如山，可它们都是收藏品而不是流通货物。我们蒙古人是游牧民族，缺少太多的商品，所以我希望贵国人民能和我们建立商业往来，你们尽管放心，我将会给你们极大的优惠。"

三个商人走后，成吉思汗认为来而不往非礼也，摩诃末曾派使团来过，他也应该还礼。于是，1217年年末，他派了一个使团，带了大批珍宝和一封他给摩诃末的信，去了花剌子模。

使团的三个领导者都是花剌子模人，为成吉思汗效劳几十年，成吉思汗派他们出使花剌子模，可能是想借助他们的籍贯拉近他和花剌子模人民，特别是摩诃末的距离。

1218年春，使团抵达花剌子模首都撒马尔罕。他们携带的礼物由一百匹骆驼和一辆涂饰鲜艳、驾着两匹西藏才有的牦牛的大车载来，从他们在撒马尔罕的临时住所一直摆到摩诃末的皇宫。这些礼物都是摩诃末非常在意的，几吨黄金、玉石、象牙，尤其是轻如蝉翼的丝织品，实在让摩诃末开了眼界。

不过他毕竟是强大帝国的君主，所以他不能像小孩子一样对着如山的财宝手舞足蹈。他告诉自己，应该表现出一个强大帝国君主的气质来，态度冷淡，若有所思地坐在高大的椅子里，半阖着眼帘。

成吉思汗使者团中一个叫马哈木的人站出来，向摩诃末鞠躬，然后高声说道："大蒙古国君主伟大的成吉思汗派遣我们特别使团到这里来敦睦邦交，联络友好和平关系。成吉思汗备些礼物送给花剌子模君主表示心意，嘱咐我们转达他的意旨。"

摩诃末半阖的眼帘跳了一下，示意使者们可以开始。

马哈木展开一张羊皮纸卷，宣读道："我根据各方报告，知道你圣位崇高，国势强盛，统治了世界上一大部分国家的土地。因此，我觉得和你摩诃末敦睦邦交是我的义务。因为我爱你，就如同爱我最小的儿子一般……"

"什么？！"摩诃末半阖的眼猛地弹开，比平时要大一倍，他的胡子抖起来，脸色像是被人兜头罩下一盆狗血，泛着青紫的光，"他妈的，我是他儿子？"他从椅子上欠着上身，好像要站起来，但终究没有站起，这就是大国君主的风范。

马哈木没有被摩诃末的表情吓到，继续念道："当然，你也应该知道，我已征服中国，又和你做了邻居。你应该比任何人都更明白，我已地大物博，不必再去侵犯任何人的土地。伟大的摩诃末，如果你同意你我两国在各自的地盘上替对方的商人开放一条自由通路，那么，我相信对双方都有利，在这方面我们双方都会心满意足。"

摩诃末端坐不动，并不是他气已消，而是他仍然不知成吉思汗到底在打什么鬼主意。他的气不消，完全可以理解。在蒙古人语境中，"儿子"一词并没有骂人的意思，而是希望双方建立友好关系。可在其他人的世界，当然也包括摩诃末的世界，这就是句骂人的话。然而，摩诃末能忍住，没有把这群使者拉出去斩首，足以证明他不是个平常之人。

当他端坐不动时，他的顾问及时提醒了他。他马上缓过神来，懒洋洋地仿佛要驱赶眼前苍蝇一样地挥挥手。马上有人扯起嗓子喊道："觐见完毕，使臣撤开，等候命令——"

当天傍晚，摩诃末的命令就悄悄来到使团暂住地：命马哈木深夜觐见。

深夜，马哈木跟着一个摩诃末的亲信，走过沉睡的撒马尔罕大街，进了一堵有铁门的厚墙里。马哈木知道这是摩诃末在皇宫之外的一处隐秘场所，他神经有些紧张，不知道为什么会有这一神秘的觐见。

进了一个点满蜡烛的光明的房间，马哈木看到摩诃末端坐在一个缎垫子上，微闭着双眼。听到脚步声，他睁开眼，指着面前的一个缎垫子，命令马哈木："坐！"

马哈木不由自主地坐了下去，摩诃末盯着他，语气很低，但字字入耳："我查过你的底细，你就出生在这座城市，你是个虔诚的伊斯兰教徒。你很年轻时就躲避战乱去做生意，后来跟了成吉思汗。成吉思汗很器重你。"

马哈木连连点头。

摩诃末突然提高了音量："作为伊斯兰教徒，你应该向我表明你的灵魂、智慧和事业是站在哪一边的，是伊斯兰世界这一边，还是伊斯兰的敌人那一边？"

马哈木用伊斯兰传统，摸着胡子说："我对胡子起誓，我以我的整个生命替伊斯兰土地上的统治者效劳，万死不辞！"

摩诃末很满意，从手腕的金镯上摘下一颗大珍珠，递给马哈木："如果你回答我所提出的一切问题，这颗珍珠就是你的了。"

马哈木接过珍珠，珍珠立即发出耀眼的光芒，摩诃末的声音又响起："如果你敢对我撒谎，我就让你见不到明天的太阳。"

马哈木把珍珠恭敬地放到膝前："您问吧，凡是我知道的，绝不保留。"

摩诃末问："成吉思汗是个什么样的人？"

马哈木回答："他的个子并不高，前额高耸，有着长而窄的胡须和黄色而不转动的眼珠，当他兴奋或者愤怒时，眼睛会放出耀眼的红光。他现在已经六十多岁，他步伐沉重，举止迟缓，像一头狗熊。但他狡猾却像狐狸，狠毒得像沙漠里的眼镜蛇，孜孜不倦如同骆驼。所有的将军和士兵都敬畏他，比敬畏烈火和雷霆还要厉害。如果他命令一个战士向一百个敌人攻击，那这一个战士会毫不迟疑地拔刀而起……"

"难道他的士兵都不怕死吗？"摩诃末打断马哈木的话。

"怕死，可他们都相信会打胜仗，因为成吉思汗永远都打胜仗。"

摩诃末半信半疑地笑了笑："我也是久经沙场，从来未遇过百战百胜的人。你还是说说他是如何发迹的吧！"

马哈木添油加醋，先把成吉思汗的青少年时代说得凄惨无比，接着把成吉思汗的发迹史说得如天神下凡，最后把成吉思汗的功成名就说成了天命所归。摩诃末越听越不耐烦，制止了马哈木的吐沫横飞，问道："成吉思汗说他现在已是强大中国的主人翁，并且占领了中国的京城。这是事实还是瞎吹牛？"

马哈木激动地回答："这是千真万确的，这样重大的事如何瞒得住呢！"

"就算是这样吧！"摩诃末轻描淡写地说，"不过你可知道，我的国土有多么广大，我的军队比海里的水滴还多，他怎么就敢把我称为他的儿子呢？你老实告诉我，他到底有多少兵力？"

马哈木看到摩诃末的眼里露出了杀气，急忙恭敬温顺地回答："您的兵力如果是太阳，那成吉思汗的兵力不过是一轮月亮。"

摩诃末死死盯着马哈木的眼睛，盯了几分钟，终于确信马哈木没有撒谎，这才露出得意、满意的笑容。摩诃末一直以来深信自己的军队是当时世界上最强大的军队，这有持续不断的胜利作为论据。花剌子模的士兵主要有两种人，一种是突厥与波斯混血的土库曼人，一种是康里的突厥人。尤其是康里兵团，骁勇善战，能以一敌十，让西域各小国闻风丧胆。他只要随便一个命令，就能迅速集结起四十万精兵，这四十万精兵在他看来，能横扫当时所知的世界。

他那紧绷的神经此时终于松懈，心情一好，他的语气也好了很多，他让马哈木收起那颗珍珠："你要为你的祖国做点事，回去后要充当我的间谍，把成吉思汗的一举一动随时向我报告。"

马哈木连连点头，走出摩诃末的密室，来到大街上，他从怀里掏出珍珠，举起对着黑暗的夜，冷笑："这破玩意，成吉思汗给我的比这要大十倍，还想收买我，我呸！老子的国家是大蒙古国，不是什么花剌子模。"

摩诃末在第二天就给了使者团模棱两可的答复："成吉思汗的提议不错，你们回国吧！"

马哈木错误地估计了摩诃末的诚意，他以为摩诃末同意了成吉思汗提出通商的要求，于是兴奋地回到了大蒙古国。自然，成吉思汗要他报告这次的收获。

马哈木就把摩诃末想收买他的事先说给成吉思汗听，然后对花剌子模国情做了一番陈述。成吉思汗和摩诃末不一样，他不喜欢听长篇大论，他喜欢听要点，可有些人陈述事情时往往说不到要点上，所以必须要等待别人的发问。

成吉思汗问马哈木："据你的观察，花剌子模军队如何？"

马哈木敏锐地回答："花剌子模能迅速集结起至少五十万人马，精锐部队都来自康里，但康里兵团居功自傲，纪律败坏，恐怕不能成事。"

成吉思汗微微点头，马哈木突然想到另一个重大问题："摩诃末的母亲居然不住在撒马尔罕，显然，母子二人有矛盾。据说这位老女人手腕强硬，性格泼辣，恐怕是花剌子模的一个致命缺陷。"

成吉思汗大为赞赏，说："你这个情报很好。"又问，"摩诃末本人如何？"

马哈木回答："有能力但没有魄力，和大汗不是一个级别的。"

成吉思汗笑了笑："人人都有魄力，只不过被一些杂事缠绕，给人的感觉是没有魄力罢了。"

马哈木皱眉细思，突然叫起来："摩诃末的确有杂事，而且很不容易处理呢！"

摩诃末的弱点

马哈木说摩诃末有很难处理的杂事，至少有两件。第一件是宗教政治问题。花剌子模身处伊斯兰世界，但摩诃末却莫名其妙地同伊斯兰的宗教领袖哈里发纳昔儿发生了矛盾，这令摩诃末头痛不已。摩诃末面临的第二个麻烦事是他的母亲秃儿罕。秃儿罕因自己曾在摩诃末打拼天下时出了不少力，而极为专横，不仅大力蓄养自己的势力，而且对摩诃末指手画脚。花剌子模军政两界中的康里势力就是她亲自培育出来的。她并不和摩诃末住在撒马尔罕，而是住在花剌子模旧都玉龙杰赤（今土库曼斯坦库尼亚-乌尔根奇）。也就是说，摩诃末最大的敌人，不是哈里发，也不是成吉思汗，而是秃儿罕。

摩诃末送走成吉思汗的使者后，首先解决第一个麻烦：哈里发。他在撒马尔罕集结兵力，决定亲征报达（今伊拉克巴格达）。

就在此时，成吉思汗派来使者告诉他："我要对西辽国动武，请您不要干涉。"

摩诃末笑了起来，说："这是你们的事，放手去做吧。因为我也有特别重要的事，哈哈！"

成吉思汗进攻西辽，顺风顺水。摩诃末远征报达城，却是倒霉透顶。他的前锋部队由于没有携带御寒服装，所以在伊朗群山中遇到大风雪时冻死很多人马。这是一次不小的损失，当他撤兵回国时，又被塞尔柱王朝的残余势力库尔德人袭击。摩诃末举头问真主："是不是您动怒了？"

真主没有回答他，所以他沉默寡言，在回国途中思考帝国的未来。于是他想到了成吉思汗正在进攻西辽，西辽国土那么多，他和西辽是邻居，理应和成吉思汗瓜分。于是，他派快马先回国，集结大军，准备趁火打劫西辽。让他大为惊骇的是，撒马尔罕送来消息，蒙古人已控制西辽全境，一支规模不小的兵团正向康里地区挺进，声称是追击蔑儿乞残余。

摩诃末惊愕起来，说："想不到成吉思汗的兵力如此强悍，如此短的时间里灭亡了一个大帝国。耳闻不如眼见，我想会会他们。"

摩诃末说到做到，带领帝国精锐康里兵团沿锡尔河南下阻击蒙古兵团。在锡尔河下游，他和正在追击西辽残余的蒙古兵团迎头相撞。

蒙古兵团司令速不台正奋勇向前，快乐地追击，突然侦察兵报告说，前方出现一支庞大整齐的兵团，这让他吃了一惊。当他得知是花剌子模的军队时，马上派人去向摩诃末说："我们正在追击蔑儿乞人，收获很多，可将所有战利品双手奉上，希望能让出一条路来。"

摩诃末冷笑说："你说的这是屁话，你追击蔑儿乞残余，为什么要追击到我的康里地盘上来。你这是越界，赶紧原路返回。"

速不台狂叫起来，回话说："你怎么知道我们要去康里，我们还没有到康里，你们就来了，说明你们是故意来找茬儿的。"

摩诃末再回话说："别废话，你有两个选择，一、把战利品留下，原路返回；二、和我们打一场。"

速不台说："我们成吉思汗不许我和你们作战。"

摩诃末暴跳如雷："成吉思汗命你不打我，可真主却命我揍你们。我要把你们这群野蛮人灭了，以报答真主对我的保佑。"

速不台此时面临选择，要么和摩诃末打一场，但这违反了成吉思汗的命令；可如果不打，就无法追击蔑儿乞人。最终，他觉得消灭蔑儿乞人是最重要的，于是，他同意了摩诃末的请求。

摩诃末采用他的传统阵法，自己指挥中军，他儿子札兰丁在右翼，速不台一眼就看出摩诃末的中路军是主力，右翼也不可小觑，只有左翼力量弱小，可以攻击。号角一响，速不台的一支偏师直奔摩诃末中军，吸引摩诃末的注意力，而他本人则率领主力发挥蒙古骑兵的快速能力，直攻摩诃末的左翼。摩诃末的左翼还没有来得及作出反应就被击溃，摩诃末急忙分出一支中军去救援左翼，这正中速不台下怀。他的主力在击溃摩诃末左翼后，穿过乱哄哄的战场，绕到了摩诃末中军背后，发动猛烈穿插式攻击。摩诃末中军大乱，他本人也急忙向他儿子的右翼逃跑，幸好他儿子札兰丁是个英雄人物，迅疾调动机动部队及时阻挡了速不台兵团的强烈攻势。

当天夜里，双方休兵。摩诃末心有余悸地制订第二天的作战计划，可惜速不台没有给他这个机会，就在那天夜里，他命人在营地点燃无数篝火，虚张声势，趁着摩诃末全军戒严不会发动夜袭时，速不台带领兵团悄悄离开，沿锡尔河北上，继续追击蔑儿乞人了。直到第二天拂晓，才有人发现蒙古军已凭空消失。摩诃末感叹良久，对他儿子说："我遇过许多大敌，从未遇到过这样凶狠和狡猾的军队，他们将是我们的劲敌。"

他儿子札兰丁镇定，自信，气度非凡，他不以为然地说："父亲你太多虑，他们这次只是侥幸成功，如果有下次，我定让他们全军覆没。"

摩诃末没有多虑，他总觉得早晚要和这个素未谋面但却是深不可测的成吉思汗交手，只是他没有想到，会来得那么快。

速不台扫灭蔑儿乞残余回草原后，向成吉思汗报告了摩诃末那次不礼貌的行动。成吉思汗问速不台，他的兵力如何，速不台回答："很强悍，如果不是我出奇制胜，恐怕很难全身而退。"

成吉思汗沉思，说："花剌子模国力雄厚，军力强大，商业繁荣，我们暂时还是应该和他们通商。而且，摩诃末也答应了通商。"

正是出于这一良好的愿望，成吉思汗派出了一支由伊斯兰教徒组成的五百人商团带着无数金银、丝绸等物品前往花剌子模。他们需要换到花剌子模的珍品，诸如链甲、钢盔、钢盾和阿拉伯弯刀等物。这五百人中绝大部分是花剌子模商人，还有已经灭亡的西辽人，所以他们对花剌子模很熟。当他们走到花剌子模东方的边城讹答剌（今哈萨克斯坦奇姆肯特市）时，守将亦纳勒出黑拦下了他们。

　　亦纳勒出黑是摩诃末的强势母亲秃儿罕的族人，属于皇亲国戚，是个烂污人物。商队里一个花剌子模人和他很熟，就主动和他打招呼，但这人已有几年没回祖国，不知道此时亦纳勒出黑已被封王，所以仍然称他从前的官职。亦纳勒出黑马上感到廉价的自尊受到侵犯，把和他打招呼的同胞捆起来，痛打五十鞭。这人马上以蒙古国特使的身份来压亦纳勒出黑，亦纳勒出黑咆哮如雷，同时发现这些人带的货物很诱人，于是把所有人都关押起来，私吞了一半的货物，把另外一半派人送给了摩诃末。

　　同时他给摩诃末写信说："这些穿着商人服装的人，根本不是商人，而是成吉思汗的奸细。他们态度傲慢，举止无礼，在城中引起骚动。我派人暗中观察他们多日，发现他们经常向居民打听完全无关贸易的事。更要命的是，他们总是用低沉的声音威胁我们的人民，说大事马上就要发生了，花剌子模将血流成河。"

　　这封信到底是真实情况，还是亦纳勒出黑贪图财宝而编造的谎言，已不得而知。成吉思汗派遣的五百商人中肯定有官员和士兵，这是国际政治不可避免的。但亦纳勒出黑说他们在城中引起骚动，显然不符事实，因为成吉思汗在那时根本没有想过要和花剌子模开战。

　　摩诃末接到亦纳勒出黑的报告信后，气得青筋暴露，下令把蒙古商团囚禁。他的将军和顾问们都劝他，此事要慎重，蒙古人不是好惹的。

　　这句话立即让摩诃末想到前段时间在锡尔河下游的败绩，于是他暴怒道："我巴不得成吉思汗也在那商队里，这样就可以把他砍成肉段了！给我下令，处决那个商团，一个不留！"

　　他的命令下得有点晚，亦纳勒出黑在送出那封信时，就把这个商团成员全部处决，只有一人从囚禁的地牢里逃走。此人昼夜不停地奔驰回到大蒙古国，把商队成员的命运讲给了成吉思汗听。

　　成吉思汗先是惊骇，接着是怀疑。他不相信摩诃末出尔反尔，更不相信摩诃末如此没有脑子，会屠杀他大蒙古国的商团。出于这种心理，他派遣三名使臣出使花剌子模。三名使臣都是伊斯兰教徒，两人是蒙古人，另外一个是花剌子模人，名叫巴合剌。

　　按成吉思汗的精密嘱咐，三位使臣一见到摩诃末，巴合剌就语气严峻地开口道："我是奉成吉思汗命来提醒你，上次我们的商团来到你们国家后突然消失，后来才知道被你们所杀，你明明已同意保护对方的商人，为何要下此毒手？你竟干出这种让真主不耻的事来，真让人心寒！"

摩诃末大喊起来："你这个卖国贼，你是花剌子模人，跑到野蛮的蒙古人那里做奴才，现在反过来责备你的君主，你的良心大大的坏了！"

巴合剌扫了一眼在场的人，有花剌子模最出色的将军、最顶级的文臣，还有一位气得脸红脖子粗的国君，阵势很大，但他毫不惧怕，继续质问："您是不是杀了我们的使团？"

摩诃末想起了锡尔河的败绩，想起了马哈木描述的瘆人的成吉思汗脸谱，突然气焰矮了下去，颓唐地说："是我的手下亦纳勒出黑擅自做主，跟我无关。"

文臣武将们哗然，巴合剌冷笑道："那就请把凶手亦纳勒出黑交出来，让我们成吉思汗处置他。如果你说半个'不'字，那就等着打仗吧。想必你也见识过蒙古兵团的威力，只要他们认准目标，矛头必定插进目标！"

什么是强国外交，这从巴合剌的外交辞令就能看出，绝不转弯抹角，直接给你两个选项，而你必须要选一个，要么执行我的命令，要么就打。

巴合剌的强硬辞令并未让摩诃末恼怒，他连一点生气的样子都没有，而是沉思起来。他明白这样一个道理，强国从来不对一个耍嘴皮子的使者动怒，强国只需要拿出一个选项就可以了。

他正在思考该选哪一个，是把亦纳勒出黑交出去，还是向成吉思汗宣战。

他的将军们震怒了，其中一个五大三粗的将军一脚把巴合剌踢翻在地，然后一顿乱踹，一面踹，一面对摩诃末说："我的国王，他在威胁咱们，咱们是受威胁的人吗？您要知道，亦纳勒出黑可是您母后的侄子，难道你真准备把您母后的侄子交给这群野蛮人？"

所有的将军们都咆哮起来："杀了这个狗娘养的卖国贼！"

另外两个蒙古使者脸色大变，但不敢动，只能眼睁睁看着巴合剌在地上翻滚惨叫。摩诃末讨厌朝堂无秩序，大手一挥："住手！"

他从椅子上弹起来，走到巴合剌面前，举止优雅地扶起已满脸血污的大蒙古使者，看着他的眼睛，一字一顿地说："亦纳勒出黑，我不交。至于你嘛……"

他使了个眼色，身旁早已有人摩拳擦掌，跳上来，先揪掉了巴合剌的胡子，巴合剌一面惨叫，一面嘶喊："大家都是穆斯林，不能揪胡子啊！"

没有人理他，他的胡子全被揪掉，一把短剑就按到他的脖颈上，一抹，巴合剌双眼一瞪，死了。

摩诃末看完血腥的一幕，对两个蒙古使者说："回去告诉成吉思汗，要打就来！"

两个蒙古使者已魂不附体，转身要走，又上来两位将军，把他们的胡子烧光，伊斯兰教徒对胡子特别看重，我们说用生命担保，伊斯兰教徒则说用胡子担保，烧掉一名伊斯兰教徒的胡子，就是对他最大的羞辱。

两个没有胡子的蒙古人满脸污垢地跑回蒙古草原，把巴合剌之死和摩诃末的态度详细禀告了成吉思汗。

成吉思汗像野兽一样怒吼起来，他如同疯了一样把沙子往头上乱撒，用两手搓着脸，眼泪夺眶而出。接着，他又扑向前去，重心不稳地在路上跑起来，所有在场的人也都跟着他跑。路上很快形成一条人流，如同马拉松。成吉思汗跑到了拴马桩旁，解开缰绳，跳上马背，向前狂奔。其他人也跳上马背一窝蜂地跟着他跑。这是个吊诡的场面，人人都在跑，可人人都不知道为什么跑。

跑在后面的人问跑在前面的人："为什么跑？"

前面的人回答："不知道。"

前面的人问最前面的人："为什么跑？"

最前面的人回答："不知道。"

成吉思汗一直跑到肯特山上，在一块松树之间隆起的山地上跳下马来，人们远远地看到他摘下帽子，把腰带悬挂在脖子上，"扑通"跪倒在地。离他近的人听到他悲愤的声音道："长生天，你要拯救正义的人，惩罚罪人！正义的人是我那五百人商团，罪人则是摩诃末。他杀了我的商团，还把我的使者的胡子烧光，现在，我的邻居不给我和平，我只能自己去争取和平。长生天，在你的指示下，我要向花剌子模国开战。杀光他们，烧光他们，抢光他们！"

说完这些，他给身边的耶律楚材发布命令："我要在这里待上七天，祈求长生天保佑我们讨伐成功。叫卫队封锁现场。"

七天之后，成吉思汗从肯特山神清气爽地走下来，看了看他冷若冰霜的卫队，又看了看他的战友们，从嘴里蹦出一句话："给摩诃末下战书！"

战书并不难写，很快，他的顾问们就把一封长长的战书送到成吉思汗面前，成吉思汗说："念！"

一名顾问就念了起来："长生天立我做天下的可汗，我用了十年时间完成了人类不可企及的事业，自有人类以来从未有这样的帝国。长生天告诉我，我的职责就是摧毁不恭顺的国家，让它的臣民在血泊里号叫。只要我的大军一到，凡有国家之处必须要俯首。你，摩诃末，居然敢对我无礼，我要对你进行最残忍的打击……"

成吉思汗从宝座上扑下来，夺过顾问手里的战书，扔到火堆里，说："废话太多，我说，你写！"

顾问心惊胆战地拿起笔和纸，成吉思汗一字一句道："你要战——便作战！"

一千多年前，和成吉思汗比肩的汉武帝给匈奴单于的战书上也只有寥寥数语：战，则来；不战，赶紧滚（单于能战，天子自将待边；不能，亟来臣服）。

两份战书异曲同工，威严八面。

二巨头备战

1219年年初，成吉思汗备战。留下三万人给木华黎，要他继续对金国进行蚕食战。留下一万人给弟弟帖木格留守大本营，剩余九万五千蒙古兵团和八千人的工程部队和他西征。同时，又命令畏兀儿人和西夏人出兵两万随军作战。畏兀儿人积极响应，西夏人却对成吉思汗的使者说："你们大汗既然力量不够，何必称汗？"

说这话的人叫阿沙敢不，是当时西夏的大臣，有消息说，西夏已控制在他手中。成吉思汗对西夏人的桀骜大为震怒，如果不是西征在即，他非要对西夏进行第四次征讨不可。不过，成吉思汗还是把这件事牢记在心，西夏灭亡的导火索已经点燃。

成吉思汗对西夏的不忠不义暴跳如雷时，有个南宋人就站在离他不远的地方，这个南宋人叫赵珙，一个月前，他以南宋使者身份来到大蒙古国。在他看来，这位草原帝国的主人很容易动怒，特别是当别人背信弃义时。

几个月后，赵珙回到南宋，画下了成吉思汗的画像，我们今天常见的成吉思汗画像就出自赵珙之手，这幅画像可能是经过艺术想象的，但也许就是成吉思汗留给赵珙的真实印象：脸庞丰满，耳朵富态，眼睛慈祥而敏锐，安详的嘴边长着稀疏而发白的胡子。

这个时候的成吉思汗已经58岁，赵珙不得不承认，虽然他已经很老，但他浑身上下充满着精力、洞察力和理解力。

赵珙说，成吉思汗老先生无论是出征还是宴会，身边总会带着成群的美女，据说这群美女出自他的美女集中营"斡耳朵"。她们艳绝人寰，来自五湖四海，能歌善舞，口才超群，惹得受理学教育多年的赵珙不禁羡慕嫉妒。

赵珙还说，成吉思汗的大蒙古国是朴实无华的。有一天，成吉思汗问他："昨天打马球怎么不见你来？"赵珙回答："因无陛下召唤所以未来。"成吉思汗说："既然来到这里，那就如同家人。在宴会、打马球、狩猎的时候请不客气地一同游乐好了，何必每次都要我去请你呢？"

赵珙惊慌起来，这在他们的帝国可是永不可能发生的事。成吉思汗看着他说："打马球你不来，这是失约，按草原规矩，应该自罚六大杯。"

赵珙毫无办法，只能连喝六大杯，大醉而回。赵珙离开蒙古草原回南宋时，正是成吉思汗专心致志准备西征之时，他对赵珙说："有生之年，你我再见面，当痛饮三大杯。"接着他对恭送赵珙的官员说："在良好的城市要带他多停留五六天。有了美酒，要让他痛饮。有了美味的菜肴要尽情招待。让内行的乐队，好生吹奏款待。"

赵珙感动得直想流泪，这位南宋人不知道，蒙古人向来就这样朴实热情，纵然面临如山一样的考验时，都不会对客人有半丝怠慢。

1219年春的成吉思汗，面临着重大考验。一方面是和强敌花剌子模的开战，另一方面则是也遂提出的问题。有天晚上，也遂在床上对成吉思汗说："您就要西征远方，将要和伟大的敌人作战，一旦您遭遇不测，国家该由谁来掌舵？"

成吉思汗从半梦半醒中突然惊觉，他握住也遂的手，说："你虽然是个女人，可眼界比许多男人都高，的确，我不能忽略这个问题。"

第二天，他召集他的兄弟和儿子们，说："也遂给我敲了个警钟。各位兄弟、儿子们，你们谁也没有提出过这样的问题。我也觉得自己好像永远不会死一样，但这是幻觉，此次西征关系重大，我必须要在你们中间确定一个继承人。你们有什么想法，都说出来吧。"

没有人说话，和成吉思汗一样，在座的诸位都认为成吉思汗不可能老，甚至不可能死。成吉思汗打破了沉默，指着术赤说："你是长子，你先说。"术赤还没有来得及开口，二太子察合台露胳膊挽袖子暴跳吼了起来："父亲问他，莫非是要叫他继承汗位吗？他可是蔑儿乞种，我们如何让他管？"

术赤听了这话，像炮仗一样爆了起来，一把捉住旁边察合台的衣领，怒目圆睁："汗父都没有把我当外人看，你凭什么这样说？你比我有什么本事？你不过性情暴躁、行为专横而已！"

察合台一跳三丈高，尤其是当他发现术赤说的是事实时，更是怒不可遏，两人互相扭打着，就要出帐外分个胜负。成吉思汗始终一声不吭，其他人却坐不住了，木华黎和博尔术急忙跑出来劝架，察合台的顾问阔阔搠思也走出来批评察合台："在你们出生前，天下大乱，连上床睡觉的工夫也没有。大地翻腾，连进被窝睡觉的工夫也没有。天下扰攘，人不安生，所以你的母亲不幸被蔑儿乞人捉去，你居然说你大哥术赤是蔑儿乞人的种，这不是伤了你母亲的心，难道你们不是亲兄弟吗？"

这番堂而皇之的话让察合台马上冷静下来，成吉思汗这才缓缓开口道："术赤就是我的长子，以后谁都不许这样说。"术赤听了父亲的话，也马上冷静下来。大家又重新坐好，察合台虽然不吵闹了，但仍然反对术赤继承父亲的汗位。他决心和术赤同归于尽："术赤是有才能的人，术赤和我都是父亲的长子，我们二人都愿为汗父效力。如果有谁逃避，就打破他的脑袋，如果有谁落后，就砍断他的脚跟。窝阔台仁慈宽厚，可以推举他，让他成为父亲的继承人。"

成吉思汗马上问术赤："你怎么说？"

术赤还能怎么说，他如果不同意察合台举荐窝阔台，那就是有做大汗的野心，他只能同意。成吉思汗深知，术赤和察合台是在两败俱伤的情况下和好的，这是极不稳定的情感。他试图抚平二人的异见："你们二人以后不必做同一件事，也不必在同一个屋檐下，世界之广，江河众多，你们可以各自统治自己的封国。我现在就要你们发誓，即使不友好，也不要互相侵犯，否则天将降罪于你们。"二人同意，成吉思汗又给了他们额外的赏赐——两处百姓众多的领地。

成吉思汗也只能做到这些，以后的事就不是他所能控制的了。他用寄予厚望的眼光看向窝阔台，正如察合台所说，窝阔台仁慈宽厚，有君王气度。窝阔台迎接父亲的目光，说："既然两位哥哥都说我可以，我难道能说自己不行吗？我要全身心地去做！"

成吉思汗满意地点头，转向他最小的儿子拖雷。拖雷马上捶着胸说："我愿效忠在汗父所提名的兄长跟前，他忘记的，我就让他记起；他睡着了，我就让他醒来。我要做他的传声筒，做他的骑马鞭，参加他指挥的一切战斗！"

成吉思汗微笑着点了点头，这是一次成功的布局，蒙古帝国在他去世后强劲不衰，正是他挑选了个合格的继承人。

摩诃末没有成吉思汗那样的担忧，他没有多余的儿子，只有一个已被多次证明最适合继承他基业的儿子札兰丁。他的担忧是即将到来的战争，当他收到成吉思汗那六个字的宣战书后，就开始召集大型会议，商讨对策。

他的顾问和将军们提出了四个应对方式供他选择。第一个是积极方案，集结全军在锡尔河上游，拒成吉思汗于国门外；第二个是半积极方案，也称诱敌深入，那就是分兵把守帝国境内重镇，逐渐消耗敌人的有生力量；第三个是半消极方案，放弃锡尔河以南全部领土，把主力驻扎在阿姆河渡口，和成吉思汗打一场旷日持久的攻守战；最后一个是完全消极方案，退守可疾云（今阿富汗加兹尼），随时准备逃往忻都。

对于强大的花剌子模而言，后两个方案简直丢人现眼。摩诃末正在深思熟虑，他儿子札兰丁把拳头猛地敲到桌子上说："集结全军在锡尔河上游，把那群野蛮人消灭在国门之外！"

摩诃末谨慎得让人发火，他慢吞吞地说："在国门之外和蒙古人开战，即使战胜，也要伤筋动骨，不如用第二个方案，分兵把守帝国境内重镇，消耗成吉思汗的力量。当他精疲力竭时，我们就可发动反攻，将他们消灭在境内。"

札兰丁失望地叹口气，摩诃末对儿子和他的属下们说："成吉思汗远道翻山越岭而来，必是疲惫不堪，只要我们加强锡尔河沿岸各城防御，顽强抵抗，把成吉思汗死死钉在那里，当他们寸功未取，又疲惫不堪时，我们就在撒马尔罕集结全国兵力，对其致命一击。从现在开始，就准备吧！"

摩诃末的命令当然就是真主的命令，整个花剌子模帝国开动起来。摩诃末下令星夜赶工，在首都撒马尔罕周围筑起坚固的城墙，周长达84公里。遗憾的是，这项巨大工程才进行一半，成吉思汗已兵临撒马尔罕城下，整个工程前功尽弃。同时他再发出命令，锡尔河沿岸军事重镇都要模仿他在撒马尔罕的行为进行修筑城池的运动。为了这笔巨额开支，他强迫预征了三年的捐税。花剌子模百姓怨声载道。摩诃末当然知道，但大敌当前，他已顾不了那么多，只要能把蒙古人打败，他完全可以还给他的人民更多。

那段时间，摩诃末像个陀螺，不停地四处转悠。他必须要视察那些军事重镇，心里有数。他的儿子紧跟其后，既像未来的国君，又像是出色的保镖。在讹答剌城中，摩诃末视察后对札兰丁说："这是座坚固的城墙，没有人可以攻陷它。"

札兰丁意志坚定地点头说："纵然蒙古人真的攻陷它，我也能把它夺回来。"

摩诃末哈哈大笑，拍了拍札兰丁的肩膀，轻松地说："我的儿，你多虑了，蒙古人只要进了我们的国家，就有来无还，别说攻陷城池，连个栅栏，他们都要绕道走。"

札兰丁疑惑不解，问老爹："为什么？"

摩诃末笑道："因为他们很累。"

札兰丁再问："您这样肯定，有什么科学依据吗？"

摩诃末当然有，可惜，都是错的。

他得意洋洋地说："且不说别的，只说成吉思汗大军走到咱们家门口，就是个巨大的挑战。蒙古人先要翻越飞鸟绝迹的阿尔泰山，涉过遍地尸骨的大沙漠白骨甸，再沿着阴晴不定的天山山脉西行。阿尔泰山海拔3000米，即使是盛夏时节，山顶也是飞雪连天、冰冻千尺，根本就没有路径可走。即使蒙古人受得了，他们的马也受不了。我觉得他们可能会死在路上。"

摩诃末不知道的是，蒙古人最能吃大苦耐大劳，能耐受意想不到的恶劣环境的侵凌。至于蒙古的马，虽然体型矮小而多毛，其外观和速度，皆不如阿拉伯世界的马匹，但蒙古马的持久耐劳能力，举世无双。虽长途跋涉，不定时喂食，缺乏休息时间，仍能保持着充分的体力。这是因为蒙古人养马有秘籍，没有战事时，蒙古马的唯一任务就是大吃大喝。秋时，蒙古马肥如猪，蒙古人开始骑着它们到处乱窜，水草减半，一月后，肥肉变成肌肉。骑行数百里，也不会出汗，所以出战时，蒙古马就成了机械马，根本没有劳累一说。

在摩诃末的印象中，成吉思汗是游牧部落，所以只善野战，不善攻坚战，甚至不善架桥修路，所以他说，蒙古兵团翻越阿尔泰山和天山是异常艰难的事。可他不知道的是，成吉思汗早就组建了一支工程部队，这支部队把架桥修路当成小儿科。

摩诃末还不知道的是，成吉思汗的战法可不是一根筋地在城下做莽夫似的攻击。成吉思汗的战法往往是以一部兵力，围攻或监视当前敌人的城池，主力则钻隙迂回，深入敌人后方，迫使敌人在不预期的时间和地点，在不利的态势下，仓皇应战，从而一举歼灭敌人的主力。

可以说，摩诃末对成吉思汗几乎一无所知，在不明敌情的情况下，摩诃末做出了错误的战略，用坚固城池消耗成吉思汗的力量，当其力量被消耗殆尽时，他则从撒马尔罕集结主力向对方发动反攻。他的希望是美好的，但我们知道，他的希望必将破灭。

摩诃末对成吉思汗一无所知，成吉思汗对摩诃末却了如指掌。当他得知摩诃末的战略后，马上制定针对性的战略。这个战略构想是以一支部队施行大张旗鼓的正面攻击，吸引敌人的注意力，主力以及次主力则分从南北二处，克服天然障碍大胆迂回，由敌人不可料到之处突然出现，直捣敌人的心脏。

具体实施起来就是这样的：正面攻击由三个纵队担任，任务是扫荡锡尔河沿岸各个城市的敌人，同时封锁情报，掩护主力行动；第一纵队司令术赤，先将锡尔河下游地区清扫完毕，然后北上直奔花剌子模军事重镇毡的（今哈萨克斯坦克孜尔奥尔达东南）；第二纵队司令察合台与窝阔台，进攻谋杀帝国使者的城市讹答剌；第三纵队司令阿剌黑，进攻花剌子模在锡尔河东南的军事重镇浩罕城（今乌兹别克斯坦浩罕），三个纵队完成任务后在浩罕城附近汇合，一直向西参与围攻花剌子模首都撒马尔罕的战役。

次主力司令哲别翻越帕米尔高原，从阿姆河发源地顺流而下，自东南方迂回向北围攻撒马尔罕。

主力军司令则是成吉思汗和拖雷，他们在正面三个纵队发动攻击吸引敌人注意力时，秘密渡过锡尔河，进入红沙漠，迂回前进，从西北方攻击撒马尔罕的西大门、军事重镇布哈拉城，成功后则向东和其他各路纵队围攻撒马尔罕。

这是个非常冒险的计划，红沙漠对西域的所有人而言都是人间地狱，酷热难耐，忽然飞沙走石，三米之内不见物，很少人能徒步穿越。但成吉思汗认为这个险值得一冒，因为一旦成功，那就如神兵天降于撒马尔罕的背后。

1219年春夏之交，成吉思汗在蒙古草原誓师，宣布西征。人类历史上最光辉的一次远征的序幕缓缓拉开，它当然不是结束，只不过是蒙古多次西征的第一次。

一个意外发生在誓师大会上。祭旗那天凌晨，万里无云，军队集结完毕，正要宰马时，突然黑云压顶，狂风暴雪从天而降，半个时辰，雪深三尺。

成吉思汗信仰长生天，当即断定这是长生天的警告。他犹疑起来，蒙古勇士们纷纷跪倒在雪地里，口呼长生天。耶律楚材不信鬼神，对手足无措的成吉思汗说："再不祭旗，过了时辰就不好了。"

成吉思汗有点生气："现在就不好啦！你看这雪，这可是夏天啊，怎么来这么大的雪！"

耶律楚材发现只能以毒攻毒，假装掐指算了一下，看看白茫茫的天，说："玄冥之气，见于盛夏，克敌之征也。"

成吉思汗盯着耶律楚材，半信半疑。耶律楚材加重语气道："此乃克敌之兆也！"

成吉思汗沉吟半晌，抽出腰刀，向天一振，吼道："祭旗！"

几个刀斧手同时抡起大刀，对准马的脖子，咔嚓一声。雪突然停了，太阳奋不顾身地钻出云层，照得整个草原明亮刺眼。

成吉思汗命令三太子窝阔台先出发，去负责阿尔泰山的修路工程，一个月后，又命令二太子察合台出发，沿着窝阔台完工的山道涉过白骨甸沙漠，到天山修路架桥。

这是人类工程史上最艰难的工程之一。窝阔台在阿尔泰山修路架桥时正值盛夏，但山峰飞雪，冰冻千尺。窝阔台必须要先破除寒冰，再开凿道路，幸好他们有炮工部队，虽然艰辛，但最终还是圆满完成了任务。

1219年秋，蒙古各路兵团陆续来到花剌子模国门前东方一百公里处，完成集结。两个当时世界上的超级大国之战开始，龙争虎斗上演。

讹答剌城的陷落

当摩诃末在1219年秋天得知蒙古人已兵临帝国东大门时，不禁大惊失色。他想不到成吉思汗会来得这么快，他在短时间内意识恍惚，居然不能接受这个现实。

在札兰丁的提醒下，他才从恍惚中清醒，急忙调派一支三万人的部队，但不知道该向哪里增援。札兰丁又提醒他，成吉思汗必先攻讹答剌。摩诃末这才要那支三万人的部队迅速奔赴讹答剌城。大概是被成吉思汗的速度吓到了，他还是不太放心，又调派能征善战的哈剌察汗领兵一万去增援讹答剌。加上讹答剌城的两万人，计为六万人。摩诃末这才放了心。

他给自己打气，也给他的将军们打气："伊斯兰世界联合起来，会把成吉思汗打成肉泥！"

他的将军们也互相打气："是啊，只要哈里发和太后一声令下，整个伊斯兰世界就将称霸！"

摩诃末和他的将军们又犯了不明敌情的毛病。就在开战之前，成吉思汗让人写出了两封信，一封是给身处报达的哈里发的，一封是给摩诃末母亲秃儿罕的。

给哈里发的信中，成吉思汗说："摩诃末一直想把你干掉，而且还向报达城进军过，这已不是你们伊斯兰世界的家事，而是大逆不道的国际事件，我需要你的合作，纵然你不想和我这个异教徒合作，也不要干涉。"哈里发幸灾乐祸地回信："你打那个畜生，我挺你！"

这封信让成吉思汗避开了伊斯兰世界大联合的风险，哈里发是伊斯兰世界的领袖，只要他喊一声"圣战"，那成吉思汗将会陷入伊斯兰战争的汪洋大海中。

给秃儿罕的信中，成吉思汗说："您与您的儿子常有政见和人事上的冲突。我们无意进攻您的居住地玉龙杰赤，待我完成花剌子模各地征服后，当以富裕强大的呼罗珊（今伊朗东部阿姆河以南）奉献给您。"

秃儿罕没有回信，可成吉思汗确信这位老女人不会对摩诃末伸出援手。后来的事实也证明了这一点。

这封信让成吉思汗避开了进攻布哈拉城时可能受到的来自玉龙杰赤的背后袭击。

而这一切，摩诃末浑然不知。当察合台和窝阔台纵队开始向讹答剌城发动进攻时，他还在盘算着联合哈里发和母后的最佳时间。

那位斩杀蒙古五百人的讹答剌城守将亦纳勒出黑面对蒙古兵团，毫不心惊，因为讹答剌城有兵有粮，城墙坚固，还有他这位高智商的指挥官。他说："守个三年不成问题，我要把蒙古人活活气死在城下。"

察合台和窝阔台一来到讹答剌城下，什么都不说，就用炮兵轰了几个回合，讹答剌毫发无损。察合台开始发起试探性的攻城，由于只是试探性的进攻，所以亦纳勒出黑很容易就击退了这群蒙古人。这让亦纳勒出黑产生一种错觉：蒙古人的战力稀松平常。在接下来的几天时间中，蒙古军并未发动像模像样的进攻。在间歇期，亦纳勒出黑偶然发现对方军营的士兵正在砍伐木头，搬运巨石，亦纳勒出黑莫名其妙，他开始以为这是蒙古人准备砍伐森林开拓空地种庄稼，进行长期围困，不过很快他就发现不是他所想象的那样，蒙古人砍伐木头和搬运巨石是为了制造抛石机。这是蒙古军的一个特点，行军时从不带笨重的攻城器械，而是就地取材。

抛石机很快就发出尖利的叫声，把十几人才能搬动的大石头抛向城中。亦纳勒出黑先是用巨大的网防守，但石头太重，把他的网冲得稀巴烂。接着他想到不理睬那些巨石，而是专心致志地让士兵对付正用云梯的蒙古士兵。三天后，蒙古人没有一人能登上城墙。

窝阔台乞灵于思想攻势，他对讹答剌城的士兵说，他们只想要杀害蒙古帝国使者的凶手亦纳勒出黑，这件事是私人恩怨，和他们这群即将成为炮灰的士兵无关。讹答剌的守军不为所动，因为在他们看来，这就是赤裸裸的侵略，而且，他们也没有看到任何危险。窝阔台发现这些人冥顽不灵，就发狠道："如果你们再顽抗，城破之日，比车轮高的人统统杀了！"威胁可不是战斗，所以讹答剌城嗤之以鼻地用火箭回应他的威胁。

两个月后，察合台暴躁起来，攻势一次比一次凌厉，亦纳勒出黑的防守则一次比一次顽强。看上去，这是一场势均力敌的攻防战。其实从兵力对比而言，亦纳勒出黑远胜蒙古军。察合台和窝阔台只有三万兵力，亦纳勒出黑的兵力却接近五万，而且是防守方占了极大优势。三个月后，讹答剌城中的激进指挥官们提出一个看上去相当诱人的计划：开门出击。他们对这一计划有很深刻的见解：蒙古人在城下碌碌无为了几个月，士气低到冰点，这是天赐的大好时机，而且自己的人比蒙古人多，只要出城和攻击的速度够快，绝对可以把他们打回老家。

亦纳勒出黑是个容易被眼睫前的胜利冲昏头脑的人，他居然采纳了这个建议。哈剌察汗死活不同意，几年前，蒙古远征军灭西辽时，他驻扎在西辽和花剌子模边境线的一个小城中，亲眼见到了蒙古帝国的野战力。他绝不相信他们讹答剌的守军能快速击败蒙古军，他更不相信韧性十足的蒙古人会丧失斗志。亦纳勒出黑冷笑，他瞧不起这个帮手，在守城过程中，哈剌察汗负责的城门总险象环生，这说明一个问题，哈剌察汗是个笨蛋，勇者不能和笨蛋探讨事情。

出城攻击确定在一个阳光灿烂的下午，亦纳勒出黑所以选择这样一个时段，是因为太阳落向西方，刺眼的阳光正射向蒙古人。这可能是亦纳勒出黑一生中犯过的最致命的错误，窝阔台一直就在等待这个时机。窝阔台没有先见之明，他只是凭多年来战场上的经验，感觉到亦纳勒出黑会在某个时刻出城发动攻击。于是，他暗暗地作着准备，骑兵分为几个支队，轮流骑在马背上，箭在弦上，刀在手中，安静地等着敌人出洞。

窝阔台终于等到了，那天下午，阳光照射到蒙古军每个人的脸上，讹答剌城三个城门突然开启，一队队骑兵突然冲出，窝阔台早已准备好的骑兵还未等他们全部出城门，就呼啸一声，发动冲锋。

亦纳勒出黑在城上原本是想看蒙古军的笑话的，让他惊骇的是，表面看上去乱糟糟的蒙古军营中突然冲出一队队整齐有序的骑兵，速度之快前所未见。他虽然开了三个城门，但蒙古骑兵全部都攻向一个城门。出城的骑兵还未来得及列阵，蒙古骑兵已到跟前，就如公牛进了瓷器店一样，一阵掩杀，如果不是亦纳勒出黑反应迅速，下令关闭城门，蒙古骑兵恐怕已冲了进来。

这当然不是窝阔台最拿手的，当亦纳勒出黑惊魂未定时，蒙古军突然对讹答剌的所有城门发动全面进攻，抛石机和火炮震天响，讹答剌守军手忙脚乱，蒙古军已有人抢上了城墙，挥刀砍断了军旗。在一阵艰难的厮杀中，蒙古军终于被击退，亦纳勒出黑气喘吁吁，脸色惨白。此战过后，形势急转直下。

蒙古人的攻势比从前几个月猛烈了数倍，讹答剌城每天都要受到数次被攻破的考验。无论是亦纳勒出黑还是哈剌察汗都知道，城破只是时间问题。哈剌察汗神情沮丧地向亦纳勒出黑建议说："向蒙古人投降吧，或许还能有一条活路。"

亦纳勒出黑决绝道："如果我们都不忠诚国王，就难以为自己的变节辩解，就不是个合格的穆斯林。"他所以这样说，并非因为他真的忠诚于摩诃末，也并非他是虔诚的穆斯林，而是因为他知道自己即使投降，蒙古人也不会饶恕他。他只有一条路，就是顽抗到底。

哈剌察汗没有亦纳勒出黑的苦衷，所以当蒙古军的攻城战进行到最激烈时，他带着几个卫兵逃出讹答剌，投靠了蒙古人。察合台接见了这个敌人的叛徒，哈剌察汗主动介绍自己，并希望能让他为成吉思汗效力，因为他对花剌子模国了如指掌。察合台和所有蒙古人一样，最恨的就是叛徒，他对哈剌察汗表示很遗憾："你们连自己多年的主子都不忠诚，我们怎么敢保证你肯忠诚我们！"哈剌察汗被拖出帐外斩首，他的卫兵也无一幸免。

哈剌察汗的出走在他那一万士兵中引起冰冷的回响，他们为主帅抛弃自己而难过，为了迫在眉睫的危险而惊恐，蒙古军就在他们又痛又惧中，迅猛地攻陷他们所守的城门。亦纳勒出黑的士兵闻听城门已被攻破，霎时星散，城里只剩下亦纳勒出黑的万人卫队，退守内城。

窝阔台命令进城扫荡。亦纳勒出黑和蒙古扫荡军开始了惨烈的巷战，他的万人卫队越打越少，但就是在这种情况下，这位困兽还发起过几次反扫荡，蒙古军第一次遭到劲敌，这场巷战持续了一个多月，直到亦纳勒出黑只剩下他自己。

他先是用弓箭，箭用尽，再用大刀，大刀卷刃用匕首，匕首折断用石头。这是个被逼出来的英雄人物，他意识到总归都是死。但最终，当蒙古军活捉他时，他却失去自杀的勇气，而是被像带一条死狗一样拖到了窝阔台与察合台面前。

两人把他装进囚车，送到成吉思汗处。成吉思汗一见亦纳勒出黑，大怒道："你无缘无故杀我使者，无非就是为了图财，我今日就成全你。"说完，命人把烧好的银溶液灌进亦纳勒出黑的口耳中，亦纳勒出黑惨叫多时才死去。

他应该在下辈子得到一个教训：图财可以，但别害命，否则，"财"就兜回来害他的命。

讹答剌城的陷落让摩诃末魂不附体，按他从前的看法，讹答剌城支撑三年都不成问题，想不到只支撑了五个月。摩诃末认为他这回真的是碰上了此生最厉害的对手，他必须要全身心地谨慎起来。

横扫锡尔河

窝阔台和察合台在讹答剌城下疯狂进攻时，术赤也在疯狂地由东向西横扫锡尔河下游的花剌子模各据点。

术赤的开局异常顺利，兵团所到之处如入无人之境，直到抵达昔格纳黑城（今哈萨克斯坦奇伊利东南），他才遇到点小麻烦。昔格纳黑城是锡尔河下游一个不大不小的城池，居民不超过三万人，本来应该由一支千人的康里兵团守卫，可全国备战期间，摩诃末认为这个小城并不重要，于是把这支康里兵团调到别处协防，于是，城中只剩下了一支人数稀少的杂牌军。当术赤兵团抵达城下时，由于恐怖气氛的重压，这支军队居然一哄而散，不见踪影。术赤认为一个没有正规军守卫的城池根本不必发动军事进攻，所以他派了一个叫哈散的花剌子模人进城谈判，希望可以和平解放昔格纳黑城。

哈散是个虔诚的穆斯林，朝觐过圣地麦加，同时也是个出色的商人，成吉思汗统一蒙古高原时，他就主动投靠成吉思汗，并成为成吉思汗最信赖的外国人之一。哈散进城前，术赤叮嘱他，就在城门口向他们劝降，一旦情况有变，马上撤出来。哈散没把这关心当回事，他认为城里都是自己的同胞，而且大家都是伊斯兰教徒，他还是为数极少的伊斯兰朝觐者之一，无论从哪一方面说，这个城市的人都要给他几分面子。

这一傲慢的想法害了他。他进了城后，就直奔城中央的广场，站到高处向他的同胞们发表演讲说："我也是花剌子模国国民，这次来是奉了蒙古帝国统帅的命令奉劝你们赶紧投降，可保生命和财产的安全，如果你们不投降，后果恐怕只有真主知道了。"

哈散的话激怒了他的听众，这些人都是昔格纳黑城中的无产者，他们只有一条贱命没有财产，所以都是奋不顾身之徒。这群人大吼一声，把哈散从高处拖下来，你一脚我一拳，哈散很快就陷入了拳脚的汪洋中，一命呜呼。

这些人为了表现自己忠诚于祖国和摩诃末的决心，把哈撒的脑袋割了下来，当球一样踢出了城外。术赤暴跳如雷，下令百道攻城。蒙古兵团昼夜不息，连攻七天七夜，昔格纳黑城陷落。术赤进城后，先把杀掉哈散的凶手残忍地挖掉眼睛和鼻子，再砍断四肢，直到痛苦地死去。然后下令屠城，连比车轮矮的孩子都没有赦免。

术赤的残暴屠城起到良好的效果，在接下来的进军中，所过城池都纷纷投降，这些不放一箭一矢就投降的城池，居住的大都是商人，他们有财产有家人，有钱人都爱惜生命，所以他们不可能因一个国家的虚名而为国出力。当术赤兵团抵达额失纳思城（废墟在今哈萨克斯坦克孜勒奥尔达市东南）时，由于国民身份不同，所以反应自然就有了不同。

额失纳思城江湖氛围异常浓厚，城中百姓以练习搏击和飞檐走壁为主业，所以很多百姓都是武林中人，当时到中国的西域武林高手可能都出自这个城市。术赤派人到城中劝降时，接待使者的人就是这群武林高手，他们还未等使者说话，就各出神技，把使者卸成好多块，扔给了术赤兵团。术赤想不到世界上居然有这种不自量力的人，马上下令总攻，并且提前声称，城破后，鸡犬不留。

如你所知，武林高手的单兵作战能力很强悍，可面对必须要团结作战的军队时，他们就成了马戏团的猴子，只有观赏性没有实战力。况且，他们对守城的基本常识一无所知，甚至有高手提议把蒙古人放进城，大家来个擂台比武。意料之中地，额失纳思城很快陷落，武林高手们发现蒙古人不讲江湖道义，喜欢群殴，马上准备逃跑。但当时城池已被围得水泄不通，所以他们不能得逞，全被屠杀。

额失纳思城陷落后，毡的城近在眼前，人人都在预料，如同在讹答剌城下一样，一场惨烈的攻防战要上演。可就当术赤认真地作攻坚的准备时，一个消息传来，毡的城的守军司令带着他的卫队逃跑了。术赤大喜过望，派人到城中招降。招降使者对毡的城的百姓说："要么主动投降，蒙古人不会伤及无辜，要么就死守，蒙古人肯定会攻破城池，到那时候，只有真主知道会发生什么。"

毡的城虽然失去了主将，但百姓可不是吃素的，作为锡尔河流域仅次于讹答剌城的第二大城市，这里的百姓都有荣誉感，当他们发现这个要他们投降的使者就是他们的同胞时，愤怒起来，大骂他是花剌子模的"汉奸"——花奸，跃跃欲试地要杀掉他。该使者幸好有急智，他把昔格纳黑城因杀死使者而被屠城的事讲给那些激动的百姓听，同时又把几个主动投降的城市的平安情况说给他们听，这一鲜明的对比让那些百姓们安静下来。使者急忙跑出城，向术赤报告说，城中没有像样的军队，只有一群毫无战斗经验的百姓准备死守，所以很容易就可攻陷。

术赤下令作攻城的准备，军士们开始填塞城壕，架设撞城器械、投石机和云梯。毡的城的百姓全都涌上城墙，看着蒙古军忙碌的样子，非常奇怪，他们互相询问："这么高的城头，他们怎么能爬上来？"询问完发现没人知道答案，于是他们断定，这是个反问句，蒙古人根本爬不上来。得到这样的好信息后，毡的城的百姓们就跑下城墙，开始继续过他们的太平日子。

直到术赤兵团把云梯架得和城墙一边高时，毡的城的百姓才发现，原来那个称为云梯的东西居然有这样的威力，他们这才急匆匆地跑上城墙，准备迎敌。这是人类军事史上最荒诞的一幕。他们一直在叫喊，希望用叫声把蒙古人从云梯上喊落地面，他们拉弓射箭，根本不看目标。当他们震恐蒙古人抛石机的威力时，偶然发现城墙上也有抛石机，他们现学现卖，把一块巨石放到抛石机上，几个人大叫一声，放开绳索。但巨石并没有飞向目标，而是垂直飞起，又垂直落下，把抛石机砸了个粉碎。就在他们"自娱自乐"时，蒙古人已从四面八方爬向城墙，打开城门，毡的城稀里糊涂地陷落了。

术赤简直不敢相信这是真的，一个如此重要的城池居然顷刻而下。大概正是这轻而易举的成功，所以让他产生了慈悲之心，毡的城中除了几个得罪招降使者的人被处决外，其他百姓都保住了性命。

当术赤在毡的城中庆祝胜利时，他的一支分遣队也攻陷了西距花剌子模仅两天路程的军事重镇养吉干城（故址在今哈萨克斯坦锡尔河入阿拉尔湖口处），花剌子模在锡尔河下游的所有城池皆被蒙古军占领，术赤圆满完成任务。

最艰难的战斗

蒙古帝国正面攻击最艰难的战斗发生在阿剌黑的第三纵队。第三纵队只有五千人，按当时成吉思汗的想法，这一路的正面攻击用五千人就足够，因为沿途实在没有坚固城池，可阿剌黑很倒霉，虽然未遇到铜墙铁壁，却遇到了比铜墙铁壁难啃数倍的花剌子模智勇双全的民族英雄帖木儿灭里。

其实，阿剌黑一开始的运气就不好。他的兵团推进到别纳客忒（今乌兹别克塔什干南）城下时，派到城中劝降的使者痛快地被守将处决，头颅被射成了筛子扔给了阿剌黑。阿剌黑气得哇哇怪叫，他正准备攻城时让他意想不到的事发生了：对手居然打开城门，突然冲出和以野战闻名世界的蒙古军打起了野战。阿剌黑虽然击退了对手的突然攻击，但却后退了十几里。这时他才让情报部门提供情报，情报很快告诉他，该城的守军是花剌子模帝国的一支精锐部队，守将是花剌子模帝国的一员名将。阿剌黑提醒自己必须要小心应对。

阿剌黑似乎多虑了，攻坚战到第四天时，别纳客忒城守将发现他的几百人根本无法全方位守卫城池，在一次战斗中，守将霉运当头，被流矢射中面颊，当场死亡。他的士兵在百姓的起哄中打开城门。阿剌黑把士兵和居民分为两排，士兵全被屠杀，居民中的工匠被硬塞入炮工部队，年轻人则被充当炮灰"哈沙儿"。

"哈沙儿"是成吉思汗的蒙古军缺乏人性的一个军事制度，由战败国的百姓组成，主要工作是冲锋在前和冒着生命危险在蒙古军的对手营垒前劳作，成吉思汗的将军们把这些人编成千人队、百人队、十人队，说白了，他们就是炮灰。阿剌黑洗劫了别纳客忒城后，马上向西北方向的忽毡城（今塔吉克斯坦苦盏）进军，他的劲敌帖木儿灭里在这里已等候多时。

帖木儿灭里是花剌子模国军界中少壮派的典型代表，相貌英俊，爱国，尽职尽责、头脑清醒，能在战场复杂的形势下作出正确判断，以最小的代价获取最大的胜利。帖木儿灭里从蒙古帝国三个纵队开始发动进攻时就不停地搜索情报，这些情报让他惊呼："蒙古人果然骁勇善战！能和这样的军队作战是我的荣幸。"他的指挥官们深为动容，全部义愤填膺，就是战到一兵一卒，也要誓死守卫忽毡城。

帖木儿灭里开始备战，先把全城百姓迁到内城，他则昼夜不停地大兴土木，在城北的锡尔河中间河水分流为两股的地方修筑了一座高大坚固的城堡。这是个非常高明的手段，由于城堡在高处，所以河边仰攻的弓弩和投石机无法对城堡造成伤害，但城堡中的弓弩和投石机射程却可以轻松地打击河边的敌人。

阿剌黑的前锋部队在河边就受到了乱箭的射击，伤亡惨重。阿剌黑发现不能马上组织进攻，因为他的人太少，而且他的炮灰哈沙儿也不多，所以他向成吉思汗请求援兵。

成吉思汗得到这个沮丧的情报后，没有别的办法，只好把已结束了讹答剌城战斗的窝阔台和察合台的部队调到忽毡城。现在，阿剌黑得到庞大的两万人援军，同时来的还有讹答剌城的一万哈沙儿。他信心满满地下达了攻城的前奏，执行这个倒霉任务的自然是炮灰"哈沙儿"。至少有一万"哈沙儿"被蒙古军用武器驱赶着搬运石头想填平锡尔河边的浅滩，只要他们进入弓弩和投石机的射程内，就可发动山摇地动的攻击。

帖木儿灭里没有攻击"哈沙儿"，因为那些人都是他的同胞，况且，攻击他们没有多大用处，而且还消耗弹药。他采取了主动出击的方式，命人把十二条战船覆盖湿毡，上面再涂抹浸过蜡的黏土，只留下几个窗口作窥视和放箭之用。

太阳初升时，他派出战船驶近岸边的蒙古人，向蒙古人射箭。蒙古人当然还击，但羽箭对他的装甲战船毫无用处。帖木儿灭里不但向蒙古人射箭，还把填入河中的石头搬走。于是就有下面的场景：夜晚时，蒙古人的"哈沙儿"拼命地向河里搬运石头，第二天早上，帖木儿灭里的战船又把石头清除，阿剌黑两眼直冒火，更让他气得死去活来的是，帖木儿灭里趁着"哈沙儿"搬运石头场面乱糟糟时，趁机发动了几次夜袭，蒙古军时时处于精神紧张中，疲惫不堪。

虽然帖木儿灭里的战术让蒙古人大为头痛，但他人数太少，船只也少，蒙古人每天搬运十块石头，他凌晨时分只能挪走一块，随着时间的推移，石头逐渐增多，填平了锡尔河沿岸，正继续向前伸展。帖木儿灭里知道，蒙古人接近他的堡垒只是时间问题了。他决定撤退，把伤员和辎重分载船上，他自己则率领一队士兵登上一只超级战舰，趁一个月黑风高的夜晚，燃起冲天的火把，闪电般地沿河而下。

阿剌黑下令追击，由于他们没有船只，所以只能沿河追赶。而每当大批蒙古兵出现在岸边时，帖木儿灭里就飞快地把船靠近岸边，用弓箭射他们，正如打野鸭子一样，箭不虚发。

蒙古军自诞生以来第一次如此狼狈，帖木儿灭里居然就在沿岸两万多蒙古军的目送中一路推进到别纳客忒城。在这里，蒙古军为了阻挡帖木儿灭里的战舰，用铁链提前封锁了河道，大概是铁的质量不过关，帖木儿灭里居然神奇地把铁链砍断，冲杀了过去，一直冲杀到毡的城境内，蒙古军始终拿他没有办法。

这是一幅让人啼笑的画面，只有几百人的帖木儿灭里船队在如沙子般多的蒙古军的围攻下，从容自若地游走在河中，昂首独步，目空一切。

术赤当时正在锡尔河下游欣赏自己的战绩，听闻帖木儿灭里直奔他而来后，马上在锡尔河下游架设浮桥，准备弩炮，设置下重兵守株待兔。帖木儿灭里比他技高一筹，就在蒙古军设伏地点之前的一个地方舍船上岸，转向荒野继续行走。他让部队先行，自己殿后，蒙古军得知他上岸后，心花怒放，认为岸上就是他们蒙古人的地盘。一支小分队紧追不舍，帖木儿灭里掉转马头积极应战，双方一接触，蒙古军就知道自己想错了，这是个两栖动物，在陆地上的战力并不比他们蒙古军差，经过多次小规模的交战，由于帖木儿灭里的士兵的确太少，所以在持续不断的消耗战中，他只剩下了自己和三支箭，据说其中一支箭还是断箭。就在他仰天长叹"天亡我也"时，三个蒙古人悄悄地接近了他，他首先拔出那支断箭射瞎了一个人的眼睛，然后对另外二人说："我还剩两支箭，刚够你们二人消受。你们如果强烈要求，我就成全你们，但我舍不得用，你们最好逃命去吧！"

两个蒙古人绕着他转了几圈，都因为畏惧他的箭法不敢上前，最终，他们只能眼睁睁看着帖木儿灭里逃走。

他的英雄故事还将继续，然而那是以后的事。帖木儿灭里的逃走标志着阿刺黑成功地完成了正面攻击的任务，蒙古帝国军队现在完全突破锡尔河，正式进入河中，围攻花刺子模帝国首都的工作指日可待。

上帝之鞭

当蒙古兵团三路纵队在锡尔河正面发动进攻，吸引摩诃末的注意力时，成吉思汗带领主力悄无声息地越过"红沙漠"，于1220年三月初突然出现在摩诃末的身后。成吉思汗兵团首先抵达锡尔河左岸的赛尔奴克城（今乌兹别克斯坦撒马尔罕北），为了展示神威，成吉思汗命令骑兵在马尾拴起树枝，就在郊区来回奔驰，卷起漫天尘土，遮天蔽日。同时又命五万人马全部集结到赛尔奴克城正面，形成拥堵不堪的场面。赛尔奴克城守军有生以来从未见过这样的阵势，吓得浑身发软，急忙扶住城墙。

成吉思汗按一贯做法，派一名使者进入该城劝降。这名使者一进城中就飞扬跋扈道："放下武器，避免一场可怖的灾祸，你们明白吗？"

城中有强硬派，抽出阿拉伯弯刀就要给他开膛破肚。他急忙叫喊起来："我是什么人？我奉成吉思汗之命来当使者，要把你们从毁灭的深渊中拯救出来。成吉思汗就在城外，战事迫在眉睫。如果你们敢反抗，哪怕是向蒙古军吐一口痰，你们的城池顷刻之间就会被夷为平地，你们自己会变成死尸，你们的老婆孩子会成为奴隶。如果你们听从我的劝告，恭顺地听从成吉思汗的指令，那么你们的生命财产将得到保护。"

赛尔奴克城守军和德高望重的长老们已被城外如沙子般的蒙古人吓傻了，只好同意投降。成吉思汗派人进入城中，免了所有人的死罪，然后命令城里所有人都到城外去，他毁掉那些讨厌的城墙，又把一批青壮年塞进哈沙儿队，这些人必是有去无还。可笑的是，有人居然把该城改为"忽都鲁八里"，意为"幸福之城"。

成吉思汗大军的先锋在花刺子模无数个热心带路党的带领下，抄近路迅速来到讷儿城（今乌兹别克斯坦努拉塔）下。在接近讷儿城时，有几座园林，为了迷惑守军，先锋官命士兵伐木为梯，在马队前面举着梯子缓慢地行进。讷儿城守军以为这是群贩卖梯子的商人，所以没有在意。当这群商人来到城下，扔掉梯子时，整个讷儿城已被围得水泄不通。

成吉思汗先锋官派人进城劝降，城里意料之中地分为两派，一派说应该投降，另一派则说，不能对不起摩诃末。最后，前一派占了上风，打开城门投降。他们提出的条件是，蒙古军不能进城，而他们则贡献粮草表示顺服。

成吉思汗先锋官同意了他们的投降条件，绕过城市继续进发。不久，成吉思汗也来到城下，讷儿城居民急忙跑出去迎接，成吉思汗问："我的前锋已过去，为何你们未受涂炭？"

讷儿城居民回答："因为我们识时务，而且和你们的先锋官有约定不进城，我们量自己之物力，讨大汗您的欢心。"

成吉思汗很高兴，也绕过城市，向布哈拉城进发。

1220年三月末，成吉思汗兵团如神兵天降一般出现在花剌子模布哈拉城下。"布哈拉"即学术中心之意，同时又在花剌子模新都撒马尔罕和旧都玉龙杰赤中间，战略位置相当重要。城墙坚固，城有十二个门，分为内外二城，护城河有一人深。一支两万人的花剌子模精锐康里兵团目不转睛地守卫着它。

当成吉思汗出现在布哈拉城下的消息传至撒马尔罕时，犹如晴天霹雳，摩诃末险些从椅子上滚下来。堂堂一国之君，而且是大国，怎么会有如此惊慌之举，原因很简单，撒马尔罕当时已没有兵力。那么，撒马尔罕的兵力都去哪里了？此事要从半个月前说起。

半月前，锡尔河各防线溃败的消息陆续传来，摩诃末立即派出撒马尔罕一半兵力支援锡尔河防线。可几天后，一份可靠情报传来，撒马尔罕东南方300公里处出现一支蒙古兵团，如你所知，这就是实施大迂回的哲别兵团。摩诃末又派撒马尔罕的另外一半兵力去迎击这个新威胁。所以当成吉思汗兵临布哈拉城时，撒马尔罕的兵力已不到三万人。

险象已明朗，成吉思汗和哲别对撒马尔罕使用的是钳形攻势，正在慢慢包围它。他只有一条路可走，脱离包围圈，到圈外去召集军队，徐图恢复。他还是坚持原有的看法，游牧民族不能持久，饱掠之后，必然自退。而布哈拉城和撒马尔罕城都异常坚固，必能支持相当时日。于是他只带了一千名卫队，从撒马尔罕南下，退到今阿富汗北部的巴尔克。在这里，他喘息安定后，一面征调人马，一面关注情势发展。

情势发展对他和他的帝国极为不利，成吉思汗一抵达布哈拉城下就发动猛烈的攻击，昼夜不停，连续七天。所有先进的攻城器械统统上了战场，布哈拉城的人胆战心惊。

布哈拉城中守将是阔克汗，据说他是蒙古人，曾在草原争霸中参加过抵抗成吉思汗的战争，所以他对成吉思汗用兵如神和蒙古兵团的凌厉深有感触。在咬牙抵抗三昼夜后，阔克汗身心俱疲，可他没有想过投降，因为摩诃末待他不薄，给他高官厚禄，又让他防守如此重要的城市，所以他决定死战到底。

奇怪的是，蒙古人突然停止了攻击，而且还撤走了一个城门的军队。阔克汗的将军们纷纷跑来请求跑路，而跑路的线路就是那个蒙古人撤兵的城门。

阔克汗拼命摇头说："这是奸计，成吉思汗最擅长使用这招。"

有将军垂头丧气地说："即使是奸计，也比在城里被围困而死强，难道您还有别的好办法？"

阔克汗没有，他更没有聚集人心的力量，所以眼睁睁看着主力部队在夜色掩护下打开城门逃跑。他本人见大势已去，则和卫队400人放弃外城，进入内城防守。

人生最大的不幸就是，看出了问题，却没有办法解决问题。

阔克汗说得没错，这正是成吉思汗"围三缺一"战术。给黑暗中的人一点光亮，那人就会向光亮处兴奋地冲过去，掉进陷阱势所必然。当得知计谋成功后，成吉思汗命令拖雷带领主力追击布哈拉逃兵。拖雷急行军追到阿姆河畔时，布哈拉城的逃兵正准备渡河，拖雷发动全面攻击，一万余花剌子模士兵被屠杀在阿姆河畔，鲜血染红了阿姆河。

拖雷对敌人屠杀时，成吉思汗被布哈拉城中的长老们用鲜花和掌声迎进这座圣城。当他听说内城还有人负隅顽抗时，马上摆好抛石机和弓弩，就在布哈拉城居民眼前，把内城轰个稀巴烂，阔克汗和他的400人卫队死在崩塌的土墙之下，布哈拉城完全陷落。

成吉思汗对待布哈拉城的残忍在花剌子模引起炙热的回响。一个劫后余生的布哈拉市民逃出生天后，有人问他布哈拉城的命运，他用简洁的语言回答："他们到来，他们破坏，他们焚烧，他们杀戮，他们抢劫，他们离去。"

他还应该加上一句："成吉思汗说，我们是罪人，而他是鞭子。"

人们把成吉思汗和他的大蒙古国称为"上帝之鞭"，来源即在此。

摩诃末被活活追死

撒马尔罕在当时可知的世界里，是天堂之城。在花剌子模乃至伊斯兰世界，撒马尔罕幅员最辽阔，土地最肥沃，石头是珍珠，泥土是麝香，雨水是烈酒。环城数十里都是园林，家家都有园林，园林趣味十足，到处是飞泉池水，自然与人工在这里完美合成，中国的苏州园林和它一比相形见绌。撒马尔罕三面环山，只有一面是平原，护城河水深无比，城外有若干外堡防线。它也是花剌子模最坚固的一座城堡，古老的城墙又高又厚，攀登无疑如上青天，城门是钢铁所铸，城墙上三步一岗，五步一哨，还有不计其数的碉堡和炮楼也在守卫着这座城池。

在撒马尔罕城中，有三万康里骑兵和二十余头形状可怖的战象，有足够城市居民五十万人吃一年的粮食储备，可以说，这是个牢不可破的花剌子模的政治、经济、文化、宗教中心。

成吉思汗和他各路纵队的指挥官们带着大队人马集结于撒马尔罕城下时，都对这座伟大的城池发出由衷的赞叹。当成吉思汗得知撒马尔罕的主人翁摩诃末已逃出城中时，就分出一半兵力去追击摩诃末。他本人则用两天时间巡视该城，他观察了花剌子模的外围防御——那道没有完工的长墙和深不见底的护城河。

他问身边的人："你们喜欢这座城池吗？"

回答："很壮观，住在里面一定很舒服。"

成吉思汗冷冷地说道："那就多花点时间，认真看看它吧。"

"为何？"

依然是冷冷的口吻："因为不久后，我就让它从人间消失！"

当他在专心致志地审视撒马尔罕时，撒马尔罕最高指挥官脱该汗也在城墙上审视着他，最后得出结论：这个老头的传说色彩重于实际才能。

脱该汗给人的印象是目空一切，但却有异端的天赋，往往有出人意料的见解和行动。成吉思汗视察完撒马尔罕的防御后，就把从布哈拉带来的"哈沙儿"驱进军列，要他们充当士兵，迷惑脱该汗，让他以为蒙古的士兵成千上万，比沙子和雨滴还多。成吉思汗想用这种方法迫使脱该汗不战而降，可脱该汗却不这样想。就在围城开始的那天夜里，撒马尔罕的西城门突然打开，冲出一支千人敢死队，猛冲蒙古阵营。这一突然事件给蒙古人造成短暂的恐慌，幸好他们训练有素，终于抵住对方玩命似的进攻，然后反击，分割包围，全部歼灭。

成吉思汗还未从小惊讶中苏醒，脱该汗又出奇技。第二天中午，西门再开，一支穿着五光十色衣服、举着大刀长矛的军队如洪水般涌出城。这是撒马尔罕居民自动自发组成的志愿军，他们在脱该汗的指示下来了这样一场儿戏般的突围。

成吉思汗下令围攻部队前锋支队后撤，撒马尔罕志愿军见开局如此顺利，居然没有四散急走，而是追击后撤的蒙古军。如你所知，这是蒙古人百用不厌的诈术，他们追出十几公里后，遭到蒙古人的埋伏，全军覆没。只有几个命硬的人逃回城中。

脱该汗第一时间赶来慰问，几个人把蒙古人的战斗力一说，脱该汗手下的将军和穆斯林长老们马上心如冰冻。

将军们说："还是老实死守吧！"

穆斯林长老们说："还是投降吧！"

脱该汗先看了穆斯林长老们的白胡子，讥讽道："投降，布哈拉也是投降，结果全被屠杀，你们想走老路？"

他又看了那些将军们一眼："最好的防守就是进攻，明天再出战。伟大的摩诃末的援兵就要来了，他将带着千军万马和必胜的信心来到城下，像屠宰牲口一样把蒙古人统统杀光。"

这是呓语。摩诃末如果真有必胜的信心，就不会逃出城去。实际上，锡尔河防线正崩溃时，摩诃末的信心已经荡然无存，剩下的只是绝望的悲观。

人们清楚地记得，撒马尔罕大城墙破土动工时，摩诃末曾从城壕走过，他突然失魂落魄地指着壕沟说："来和我们作战的野蛮人，只要每个人扔下自己的鞭子，这条壕沟就被填平了！"百姓和士兵们听到最高领导人说出这样的话，士气大坠，沮丧不已。当他逃出撒马尔罕之前，许多人请求他留下，他有气无力地说："你们自谋活命之计吧，蒙古人是无法抵抗的。"

脱该汗还记得，摩诃末在那段时间像是丢了魂一样，逮到谁就问谁，可有什么办法免除这场灾难。

一想到这里，脱该汗就浑身冒火，可他不能在属下和那群穆斯林长老面前，表现出对摩诃末的失望。他把所有的赌注都压在第二天的主动进攻上。

成吉思汗似乎不给他主动进攻的机会，天蒙蒙亮，激烈的攻城战就开始了。成吉思汗亲自披挂上马，指挥攻城。脱该汗先采取防御，蒙古人的抛石机把巨大的石头抛向城墙，如陨石冲撞地球。脱该汗的康里兵团当然也不是吃素的，弓弩齐发，矢石横飞，战斗的呐喊声惊天震地。

当蒙古人的攻势越来越猛时，脱该汗命令大开城门，早已准备多时的二十头战象如怪兽一样冲出城，后面紧紧跟随着康里兵团的步兵。

二十头战象身披铠甲，象牙上绑着锋利的钢刀，那已不是憨憨的大象，而是超级坦克和杀人巨兽。蒙古士兵并未被这二十辆大坦克吓倒，他们纷纷向大象的脸部射击，同时，一支机动骑兵猛冲大象背后的康里兵团步兵，步兵阵形大乱，纷纷后撤，战象被那些乱箭射得脸发痒，鼻子发酸，掉头就跑，撒马尔罕城门前顿时鬼哭狼嚎，许多人都成了大象脚下的冤鬼。

脱该汗还未等康里兵团士兵全部进城，就下令关闭城门，他暗下决心，决不再出战了。

穆斯林长老们又来了，劝他投降。他们的理由和大多数花剌子模城中穆斯林长老们的理由一样，保全生命，保全寺院，保全伊斯兰之光。

脱该汗知道自己已尽力，而且再也没有力量抵抗成吉思汗的虎狼之师。可他默不作声，直到穆斯林长老们走时，他才缓缓地说："投降这种事，我堂堂一个汗，怎么可以打头阵呢？"

穆斯林长老们大欢喜起来，第二天就开城门，跑到成吉思汗营帐，向成吉思汗表达了顺服之心，并请求成吉思汗宽恕全城人的性命。成吉思汗笑了笑，说："你们能做主吗，城里还有抵抗力量啊！"

穆斯林长老又三步并作两步跑回城，轻易地说服了脱该汗，脱该汗带着大批军官走进成吉思汗的帐篷，向成吉思汗磕头认错，请求成吉思汗饶恕守军的性命，成吉思汗故作宽和地笑着答应了。

极少一部分守军不相信成吉思汗的仁慈，于是退到内城，准备殉国。

撒马尔罕被围的第六天早上，西城门大开，成吉思汗兵团耀武扬威地进了城，傲慢地欣赏放下武器、在路边欢迎他们的康里兵团。

成吉思汗的第一步，命令俘虏们拆除撒马尔罕外的城墙。第二步，把撒马尔罕的平民和投降的康里兵团驱赶到城外，蒙古人开始在城内大肆洗劫。第三步，询问二十头战象的饮食结构。有人告诉他，这些东西吃草，成吉思汗说，那就放了它们，结果二十头战象陆续饿死。第四步，和脱该汗谈心。

他语重心长地对脱该汗说："你们既然投降了，而且心甘情愿加入我们，就该和我们一样，剪一个和我们一样的发型，从此我们并肩战斗。"

脱该汗很感动，第一个把头发理成半月形的蒙古发型，其他人马上效仿。

成吉思汗又说："给你们安排了住处，休息几天，我们继续前进。"

脱该汗又感动起来，来到暂住地，倒在帐篷里就睡。

第二天凌晨，他被阵阵惨叫惊醒，揭开帐篷一看，发现他的人正在被屠杀。而屠杀他的正是昨天和他促膝而谈、言辞恳切的成吉思汗兵团。

花剌子模最骁勇善战的接近三万人的康里兵团，就这样稀里糊涂地被屠杀，据说他们被屠杀时，几乎是逆来顺受，没有勇气决斗，甚至连逃生的勇气都没有。

和他们相比，撒马尔罕内城里的将士们就英勇悲壮得多。当蒙古军在外城抢劫时，他们突然从内城杀出，把抢劫部队杀了个人仰马翻。猝不及防的蒙古人连忙稳住阵脚，凭借数量优势，将他们逼回内城。

蒙古人将内城围得水泄不通，双方矢石齐发，遮天蔽日，从中午战至黄昏，内城终被攻破，1000多名康里勇士退守大清真寺，顽强抵抗，誓死不降。成吉思汗兵团只好喷射石油，将清真寺和寺里的所有人焚毁。

成吉思汗在完全占领撒马尔罕后，骑马穿过伏尸遍地、浓烟滚滚的城市到郊外，撒马尔罕用了一个世纪成长，结果成吉思汗用八天时间把它变成一堆废墟。

摩诃末绞尽脑汁都想不明白，成吉思汗兵团为何如此强大，强大得使他恍惚地想过，难道成吉思汗真是真主派来的鞭子？

这是个他无法集中精神考虑的问题，因为成吉思汗的追兵已向巴尔克方向追来。他要把所有的精力都用在逃亡上。追击他的人是哲别和速不台，临行前，成吉思汗严肃地告诉二人："不擒到摩诃末，就不要回来了。不论他逃到天涯何处，紧追不舍。诸城降者赦免，抵抗者即加以消灭，不留一人。"同时把一道用畏兀儿文写就的招降文告交给二人，文告说："为告谕守将、贵人、平民，一体知悉，真主以大地之国自东至西付我一人，降者保其家，抵抗者并其妻女家属杀无赦！"

摩诃末在巴尔克一听到成吉思汗追兵来了，马上和儿子札兰丁商议下一个逃亡目标，札兰丁说："河中局面已无能为力，现在要竭力保住呼罗珊地区和伊剌克。我们活着召回分驻各城的军队，以阿姆河为城壕，与蒙古军决战；或者退到忻都。"

伊剌克的长官们都请摩诃末到伊剌克集兵，卷土重来。摩诃末也有此打算，札兰丁持反对意见，他说："最好的办法就是在呼罗珊地区把军队召集起来，去和蒙古人一决生死，而且我觉得这是可以办到的。如果父亲不赞成，要去伊剌克，那请把军队交给我，让我来夺取胜利。我们不应该成为众矢之的受人谴责，不应该让百姓戳着我们的脊梁骨说，我们以前只管向他们索取赋税，如今大难临头，却把他们抛弃了。"

摩诃末大吃一惊，想不到儿子居然有如此高尚的情怀，可他知道，这种高尚情怀与抵抗能力无关，他命令全军继续西撤。

路上，摩诃末的康里兵团对主子的窝囊印象深刻，于是决心废掉这位国王，只有这样，才能重返战场。摩诃末事先得到消息，偷偷从帐篷里跑了出来，睡到另外的帐篷中，第二天一早，他的帐篷被射成了筛子。可当他重新出现在众人面前时，康里兵团惊骇万分，以为摩诃末有真主保佑，自此收了反叛之心，虔诚地和摩诃末逃亡。

摩诃末用这招暂时收服了康里兵团的桀骜之心，匆忙逃到四面环山的你沙不儿城（今伊朗内沙布尔）。

哲别和速不台兵团果然按照成吉思汗的旨意紧追不舍，摩诃末在你沙不儿城惶恐地过了半月后，哲别和速不台在马尾拴上葫芦瓢，漂浮过阿姆河。消息传到你沙不儿，摩诃末大叫一声，跳起来就跑。不过在逃跑之前，他做了两件事。第一件事是送信给老母秃儿罕，他以儿子忧母的心情说，玉龙杰赤必不能守，还请母亲大人带着亲戚离开玉龙杰赤，到其他地区躲避。秃儿罕终于第一次同意了儿子的建议，举家离开玉龙杰赤。

第二件事是，摩诃末下令乡间以及不设防城镇的百姓全部迁入有防御的大城；同时命令各城指挥官，坚守本城，等他从伊剌克搬来救兵，恢复失去的国土。然而，花剌子模帝国的人没有把他的命令当回事，乡村和未设防城市的居民安土重迁，不愿离乡背井，所以蒙古军所到之处，仍然有数不清的物资供应。各地守军毫无抵抗意志，一见蒙古兵团的军旗，马上开襟投降。

摩诃末跑出你沙不儿城，逃到可疾云。如你所知，摩诃末最终还是采取了最后一个方案。在这里，他的一名下属集结了三万人马正等着他的光临。他和将军们商讨紧急方略，已经到这个地步，所有的将军们认为应该先躲起来，摩诃末对这个主意很感兴趣，因为逃跑实在费心费力。有人提议躲到山里去，打他十年游击战，蒙古人异国他乡，必然撤走。摩诃末就跑到那座山巡视一番，回来后很沮丧地说："这个山没有躲藏之所，蒙古人一旦放火，咱们就完蛋了。"还有人建议躲到一座易于防守的山中去，那里还很富有。摩诃末也不同意，他说："那里的民风彪悍，我们的军队纪律也不咋样，肯定会造成敌对关系。到时，蒙古人还没有来，我们就内讧了。"

摩诃末的主意是，坚守可疾云，派人到附近地区召集军队。他说他要反攻，他的将军们鄙夷地一笑，如果摩诃末真有这样的信心，何至于跑了这么远！

事实的确如此，当哲别和速不台兵团抵达你沙不儿时，摩诃末站也不是，坐也不是，向所有人询问下一步的逃跑地点。

哲别和速不台兵团以每天一百公里的速度向前推进，呼罗珊境内大多数城池都未抵抗，开门投降。蒙古兵团也未屠城，只征发少量粮食，并委派人员管理和监督投降之城。因为二人都很明确任务是什么，那就是追击摩诃末，无论黑夜还是白昼，都只短暂地休息一会儿之后，又匆忙上马，寻着摩诃末的行踪紧急追赶。不过对于那些非常不敬的城市，两人还是拿起了屠刀。

比如在咱维城下，哲别要城民供应粮草，但城民紧闭城门，把蒙古人当空气。哲别因为追赶摩诃末，懒得理这座城，于是放它一命。可就当哲别绕城而走时，咱维城守军居然望着远去的蒙古军，在城头架起锣鼓，敲打着叫骂着。当然，他们肯定请了些懂蒙古语的人叫骂，所以蒙古人听明白了，突然回师发起猛攻，三天之后，咱维城被攻陷，城内凡是活物统统杀光。这是蒙古军在呼罗珊地区进行的第一次大屠杀，引起了巨大震撼。

1220年六月，哲别和速不台来到你沙不儿城下，你沙不儿城像是迎接天神一样把蒙古人迎进城，给钱给粮给马，同时还给了摩诃末逃跑的路线，并且替蒙古人分析摩诃末最可能逃到的地方，于是，哲别和速不台兵分二路，分头扫荡花剌子模势力。两支军队在剌夷城（今伊朗德黑兰南）会师，剌夷城拒不投降，哲别和速不台发起为期五天的猛烈攻击，剌夷城只能陷落。剌夷城是可疾云的门户，它一失，可疾云就失去了作为基地的意义。消息传到可疾云时，摩诃末大叫一声，还未来得及逃跑，他手下的军队先行一步，一哄而散。

摩诃末想不到逃跑现在成了花剌子模帝国的主旋律，而且每个人的成绩都属上乘。他只好带着札兰丁和少数还能跟从他的士兵出可疾云，逃往一个叫哈伦堡的军事据点。哲别和速不台兵团紧紧追赶，就在可疾云城和哈伦堡中途，蒙古人追上了这位如丧家之犬的国王，双方展开激烈的野战。康里兵团的战斗力真不是浪得虚名，以一敌十，紧紧拖住了蒙古人。在乱战中，蒙古骑兵向正准备逃跑的摩诃末射出乱箭，摩诃末的马负伤，但这并不影响摩诃末逃跑的速度，他挥舞起鞭子，猛抽坐骑，一溜烟从战场消失了。

哲别和速不台兵团如怨鬼，如毒蛇，执着地纠缠着他。所以他在哈伦堡只停留一日，就翻身上马，继续逃。不过此时，他长了个心眼。他让人散布消息说，他要逃去报达城，向哈里发谢罪，要哈里发在伊斯兰世界发动圣战。可在半路，他折入卡兹文山区。哲别和速不台向报达城方向追了两天，不见摩诃末的一点影踪，知道受骗，所以返回，进入卡兹文山区。

摩诃末发现蒙古人的鼻子很灵，慌忙逃出卡兹文山区，乘船逃入里海，蒙古前锋追到海边，只好望洋兴叹。摩诃末找到了一个岛，他住了下来。置身于这无边无际的大海中间，他辛酸地回忆过去，平静地估量现在，并且可以从容地设想未来。由于跟随的人已太少，他只能自力更生，每日三餐需要亲自动手。

从一个大帝国的皇帝沦落到如此境地，摩诃末居然很欣慰，因为蒙古人追不到这里来。当然，他的心境是晦暗的，又生了病，所以他经常看着陆地方向悲叹："我征服了那么多国家，拓展了那么多土地，想不到现在连块做坟墓的土地都没有！"

他的土地正在被哲别和速不台残忍地蚕食。哲别和速不台追不到他，就把气撒到摩诃末母亲秃儿罕躲避的城堡，在围困两个堡垒四个月后，秃儿罕带领王族和守军投降，成吉思汗下令把秃儿罕带回蒙古，这位始终把儿子当外人的老太婆于1233年悲惨地死在蒙古。

秃儿罕肯定和成吉思汗探讨过一个问题——成吉思汗曾答应她要把呼罗珊地区给她，这位愚蠢透顶的老女人一定也获得了成吉思汗的嘲讽，说她胳膊肘向外拐。她的命运是她自己得来的，和别人无关。

摩诃末得到老母和王族全部覆没的消息后，病症更加严重，精力每况愈下，他知道自己命不久矣，就把札兰丁叫到身边，对着几个随从说："现在只有札兰丁具有挽救国家危亡的能力，他不怕敌人，相反，他还要去找敌人厮杀。现在我发誓，一旦札兰丁取得抗蒙战争的胜利，真主重新给我旧日的威权，我必定在国内施行公道和仁政。"

他取下象征着权力的佩剑，挂在札兰丁的腰带上，说："现在，花剌子模国国王就是你了，完成你的使命去吧！"

札兰丁看着有气无力、精神萎靡的老爹，流下眼泪说："我们国土现在遭受蒙古人的侵占，我军溃散，如秋风吹落叶。当这危难之时，我接受父王的命令接管花剌子模帝国，统领虚无的军队。虽然这样，我要在成吉思汗的黑暗笼罩的夜里，发出最大的光明，召集国家的勇士，同赴国难！"

摩诃末也流下泪水，软弱地挥挥手说："走吧，去战场，让蒙古人见识下真正的花剌子模男人的勇气！"

札兰丁和老爹摩诃末依依不舍，乘一艘小船离开了荒凉的岛屿，父子二人的这次离开很快就成了诀别。

1221年腊月十六，摩诃末在病痛和精神的折磨下死在那个荒凉的岛屿上。他的尸体被岛屿上仅有的三个人草草埋葬，一代人物，成为绝响。据说，摩诃末临死前，撒马尔罕冬雷阵阵，惊天动地。成吉思汗急问耶律楚材这是何兆。耶律楚材卜算后说："此乃吉兆，摩诃末快死了。"

札兰丁听到老爹去世的消息时，正在玉龙杰赤招兵买马，准备和蒙古人一决生死。他当着守军的面放声大哭，哭得肝肠寸断。这种情绪在军队中引起剧烈的回响，整个玉龙杰赤，甚至是整个花剌子模都被老国王的抑郁而死和新国王的哭声感动，他们发誓要和蒙古人作战到底。

成吉思汗将面对新的敌人，这个敌人的武器是悲愤和反攻复国的决心。

呼罗珊大屠杀

自攻陷撒马尔罕后，成吉思汗就开始在撒马尔罕郊区避暑。这年秋天，成吉思汗和幼子拖雷对忒耳迷城（今乌兹别克斯坦泰尔梅兹）发动进攻。进攻之前，成吉思汗派人进城劝降。忒耳迷城守军把劝降者的脑袋射满箭矢，扔给成吉思汗。他们告诉成吉思汗："老子的城市有一半耸立在阿姆河中，易守难攻，而且城里有如沙子般的军队和世界上最先进的武器，有本事就来吧！"

忒耳迷守军的行为激怒了成吉思汗。成吉思汗暴跳如雷道："我要让你沙子般的军队成为真正不值一提的沙粒，我要让你最先进的武器成为我的囊中之物！"

攻城立即开始，双方展开十日惨烈的攻防战，抛石机把大石从城里抛出来，成吉思汗又把它抛进去，城里又抛出来。虽然如此，城墙渐渐坍塌，最后城破，成吉思汗命军队进城进行为期三日的屠杀和抢掠，此城几十年后才恢复元气。

在屠杀过程中，蒙古人无所不用其极。有一名即将被杀掉的老妇呼叫刽子手："不要杀我，我给你们一颗大珍珠。"蒙古人向她索取，她回答："在我肚子里。"蒙古人就活生生剖开她的肚子，取走珍珠。这件事让蒙古人深信，忒耳迷城所有人都有把宝贝藏到肚子里的嗜好，于是，还活着的人被剖腹，已死去的人也被剖腹。

把忒耳迷城变成废墟后，成吉思汗又攻掠附近城寨，杀戮和焦土如影随形，侵袭着每个城镇。

成吉思汗重回撒马尔罕郊区时，突然有不好的消息传来：呼罗珊地区被哲别和速不台拿下的城市发生反叛，花剌子模人杀掉蒙古人派驻的长官，一时之间，呼罗珊地区重新沸腾。

成吉思汗不能容忍这种情况，命令拖雷带领主力去做斩草除根式的平叛，于是，呼罗珊大屠杀开始了。

拖雷渡过阿姆河后，派他的舅哥、成吉思汗的女婿脱忽察儿为前锋，绕过马鲁（今土库曼斯坦马里）直趋纳撒城（今土库曼斯坦尼萨）。这名先锋官又派出一名先锋去围困纳撒城，该先锋连劝降都懒得做，一抵达城下，就开始攻城。纳撒城守军顽强抵抗，射出的箭矢如雨点，该先锋运不济，在指挥中被流矢射中咽喉，一命呜呼。脱忽察儿暴跳如雷，来到城下，倾尽所有猛攻，强攻十五日后，纳撒城被拿下。欧洲史料说，脱忽察儿进城后屠杀居民达七万人。

杀掉七万人后，脱忽察儿继续向前挺进，来到一个叫哈连答儿堡的地方，该堡垒坚固异常，所以守军信心百倍，拒不投降。脱忽察儿猛攻三日，毫无效果。脱忽察儿只好悻悻而走，来到你沙不儿城，你沙不儿城守军听说了脱忽察儿在哈连答儿堡城下的无能，所以抵抗的热情异常高涨，脱忽察儿猛攻三日，你沙不儿城毫发无损，第四日，脱忽察儿急火攻心，跑到城下指挥战斗，一支流矢从他的前额进入，贯脑而出，当场死亡。脱忽察儿兵团急忙后撤，和拖雷汇合。

拖雷一见到脱忽察儿的尸体，怒火中烧，把怒气全部倾泻到马鲁城。马鲁城是呼罗珊地区幅员最广阔、文明最先进、居民生活质量最高的城市，也是花剌子模历代国王的驻跸地、大小人物的中心。境内飞翔着和平、吉祥的鸟儿。它出产的首领人物之多，不下于四月的雨滴，土壤可与天堂媲美。

在城外郊区，驻扎着一支数目可观、战斗力强悍的一万人康里兵团。拖雷必须要先解决这支兵团，才能对马鲁城动手。

拖雷用蒙古兵团的杀手锏：先战，伪逃，设置埋伏圈，包围敌人，全歼。这支康里兵团如同一头笨牛，被拖雷牵着鼻子拉进了包围圈，双方展开惨烈厮杀，最终，蒙古人倚仗兵力的优势将其全歼。现在，马鲁城只能靠自己了。

马鲁城城主是个识时务的人，他发现自己绝不是拖雷的对手，于是到拖雷营中请降。拖雷问他："为何杀我蒙古人的官员？"马鲁城城主回答："激起了民愤，是百姓杀了他的。"拖雷说："那你回去告诉那些凶手，凡和蒙古人作对的人，路只有一条，就是死，我不接受你的投降，回去准备守城和后事吧！"

马鲁城城主把这个悲痛的消息带给居民和守军，按常理，这是背水一战，应该可以激起内心的勇气。但马鲁城守军和居民听到这个消息时，居然情绪低落，坐以待毙。拖雷只用了一天时间，就攻陷马鲁城。他把居民不分贵贱统统赶到郊外。一连四天四夜，百姓不断离城。拖雷又命令把妇女和男子分开来。除了从百姓中挑选的四百名工匠及掠走为奴的部分童男童女外，其余所有居民，包括妇女、儿童，统统杀掉，一个不留。

从马鲁城屠杀现场离开后，拖雷昼夜不停，直趋你沙不儿，他要为脱忽察儿复仇。你沙不儿守军自从射杀脱忽察儿后，早已料到蒙古兵团必会前来复仇。而且他们也知道，蒙古人不会接受他们的投降。和马鲁城不一样，你沙不儿城所有人都抱着破釜沉舟之心，要和蒙古人一决生死。

人在同一刺激下，产生的反应迥然不同，说明人和人的确不一样。

你沙不儿城为迎接拖雷，准备了发弩机三千架、抛石机五百台、油锅一千口、沸腾的油五千斤。拖雷先扫荡了你沙不儿城外围防御，然后围住此城，他也为这座即将变成地狱的城池准备了一份厚礼：发弩机三千架，抛石机三百台，火焰放射器七百支，云梯四千架，又从附近山上集中了巨石两千五百石。这些比车轮还要大的石头被抛石机抛出去后，无坚不摧。

你沙不儿守将在城上看拖雷办武器展览，急忙调派算数能力强的人到城上来数数，最后得出结论，大家旗鼓相当，只不过咱们没有那么巨大的石头。面对那些巨大的石头，你沙不儿守军心惊胆战，守将抱着试试的态度，派了几个穆斯林长老到拖雷营中请降。

拖雷断然拒绝，穆斯林长老们说，可以把杀害蒙古官员的凶手交给拖雷，拖雷回答："人人都有罪，人人都是同谋，人人都是凶手。"

这番很有哲学味道的话让穆斯林长老们一头雾水，回到城中把这句话说给守军听，你沙不儿守军也摸不着头脑，不过他们确定了一件事：战争马上就要开始，等待他们的将是不祥。

1221年四月七日，拖雷兵团对你沙不儿城发动总攻，双方的发弩机和抛石机互射，沸腾的油从城墙上倾泻下来，巨大的石块如山一样砸向你沙不儿的城墙。经过一昼夜的猛攻，第二天凌晨，你沙不儿城城墙裂了七十多个口子，蒙古军一拥而上，冲入城中。你沙不儿守军和蒙古军展开惨烈的巷战，又经过一昼夜，蒙古人才彻底消灭抵抗力量，拖雷进城，屠杀开始。

据说，整个屠杀行动是由成吉思汗的女儿，也就是脱忽察儿的老婆指挥的。这位刚经历丧夫之痛的女人下令屠城后，又把已死百姓的头颅区分为男人、女人和孩童，堆进三个不同的金字塔内。随后，她又下令处死城内的猫、狗以及其他一切有生命的动物，据说，这样一来，就再也没有有生命的动物可存活下来伤害她的丈夫了。

把你沙不儿城变成废墟后，拖雷分兵一支去攻击呼罗珊地区的次要城市，而他本人则统帅主力军，向东进发，围攻今阿富汗西北部的名城也里（今阿富汗赫拉特）。也里城是中亚、南亚同西亚各地区交通、贸易的枢纽，战略位置相当重要。拖雷派人到城中劝降，也里城守将给的答案是杀掉拖雷的使者，把人头扔出城外，同时勉励守军死守，不是为摩诃末，而是为了也里城的尊严。

拖雷只好付诸强攻，攻击八日，也里城屹立不倒。但在蒙古人的强大攻势面前，也里城一部分守军已意志涣散，拖雷得到此消息后，第二次派人进城劝降，并向也里守将承诺，只要投降，即可免全城生灵涂炭。也里守将相信了拖雷，开城门投降。拖雷没有信守承诺，将守军一万余人全部屠杀，不过他也信守了承诺，没有屠杀也里城的百姓。

拖雷攻陷也里城后，他的那支偏师也取得重大成果，把呼罗珊所有的小城池全部攻陷，整个呼罗珊地区尽被蒙古人重新掌控。

一直以来，成吉思汗在呼罗珊搞的大屠杀是其人生中的一个大污点，西方史学家叙述这件事时，咬牙切齿，恨不得把成吉思汗和他的兵团描写成禽兽，自然，就把呼罗珊大屠杀的死亡人数夸张得无边无沿。

13世纪的波斯史学家志费尼在其著作《世界征服者史》中说，蒙古人在马鲁城屠杀人数达130万。志费尼还煞有介事地讲了个"真实"的故事：马鲁屠城后，城中有个幸免于难的德高望重者，名叫也速丁，他用了一个月时间清点死尸，最后得出数字是130万。这显然违背常识，因为人死后一个月时间不埋葬，就会腐臭，这种腐臭味道可不是臭鱼烂虾所能比拟，它能把人活活臭死。况且，蒙古人刚走，这个也速丁就跑出来数尸体，当真是胆大包天，难道他不怕自己被突然返回的蒙古人变成尸体？

19世纪的东方学家多桑在《多桑蒙古史》中对这个数字表示很大怀疑，最后愤怒而又理智地得出一个数字：蒙古人在马鲁城屠杀了七十万人。

其实这两个数字都在扯淡，当时西域人口并不多，花剌子模帝国最大的城市撒马尔罕总人口数也只有二十万，其他各城人口数不会超过十万，蒙古人难道会变魔术，先变出几十万人来，然后杀掉？

并非是为成吉思汗在呼罗珊乃至花剌子模帝国的屠杀行为辩护，实在是他没有杀那么多人。欧洲史学家和东亚史学家对成吉思汗恨之入骨，说他是个杀人无数的屠夫和残忍的破坏者，其实只要和人类历史上的其他征服者们一比，成吉思汗还算仁慈。

亚历山大大帝先后毁灭过五个名城，并屠杀了城中大部分的百姓，剩下来的妇女儿童则被卖为奴隶；凯撒大帝征讨高卢（今法国），据说屠杀了二百万高卢人；罗马皇帝哈德良在位期间，罗马军队在巴勒斯坦毁灭村镇达一千个以上。

1212年年初，成吉思汗这位"菩萨"在撒马尔罕郊区发了金刚之怒，原因是传来可靠消息，札兰丁回到了玉龙杰赤，准备挑战他。

成吉思汗担心死灰复燃，马上命令术赤、察合台和窝阔台进攻玉龙杰赤。其实，成吉思汗多虑了，札兰丁没有那么好的运气，确切地说，他的运气很糟糕。

围攻玉龙杰赤

玉龙杰赤是个特别的城市，横跨阿姆河，中间有桥梁相连。志费尼用夸张的笔墨赞叹它："世界众国王的宝座所在，人类诸名人的驻地；它的四角供当代的伟人作歇肩之用，它的领域是容纳现代奇珍的府库……你期望的一切，精神的和物质的，都在其中。"

但自从蒙古人占领河中地区，掌控大部分地盘后，玉龙杰赤就来了个大变身，"像是绳子被割断后倒塌下来的帐幕般的暴露在中央"。

摩诃末的老娘秃儿罕从玉龙杰赤出走后，并未任命最高领导人，城内有精兵九万，一时之间成了乌合之众。1220年夏天，那位让蒙古人吃尽苦头的花剌子模英雄人物帖木儿灭里来到城中，他用别人没有的功勋发号施令，整顿军队，并率兵出城，主动攻击被术赤攻占的养吉干城，杀死了蒙古驻守官员，由此掀起了各个沦陷城市诛杀蒙古官员的风暴。

1220年春节前夕，札兰丁来到玉龙杰赤，并且做了慷慨激昂的演讲，全城百姓欢欣鼓舞，认为很快就将取得抗蒙战争的胜利，可军队不这样想。

玉龙杰赤的将军们并不喜欢这位新国王，因为札兰丁个性坚强，铁面无私。而且他们本来是秃儿罕的人，札兰丁则是摩诃末的人，秃儿罕和摩诃末始终不合，他们自然而然地就极为排斥摩诃末的这个儿子。

文人排斥一个人，大不了口诛笔伐，可当兵的如果排斥一个人，那就是动刀动枪玩命的事了。玉龙杰赤的军官们开始密谋干掉札兰丁，帖木儿灭里得到消息后立即通知了札兰丁，札兰丁流下一滴英雄泪，说："玉龙杰赤不欢迎我，我只好走。"

帖木儿灭里叹息说："如今帝国内只有玉龙杰赤有精兵，离开这里，到哪里去复国？"

札兰丁坚定地说："只要有心，哪里都能复国。"

帖木儿灭里被札兰丁感动，一个深夜，二人带着三百骑兵偷偷离开了玉龙杰赤城，玉龙杰赤城再次群龙无首，陷入无政府状态。在一团乱糟糟中，王族成员忽马儿被推举为统帅。这是个没有大局观、只能看到眼前事的庸才。

札兰丁出走三日后，蒙古兵团向玉龙杰赤推进的消息传到玉龙杰赤，忽马儿振作精神，用有限的智慧制订抵抗计划。最后，抵抗计划只有四个字：见机行事。

成吉思汗的计划也简单，术赤和他的两个兄弟察合台、窝阔台兵分二路，夹击玉龙杰赤。于是，问题产生了。

成吉思汗曾允诺术赤，花剌子模和以西所有土地都归他所有。这就引起了察合台的嫉妒，此次出兵之前，他对弟弟窝阔台说："玉龙杰赤富得流油，父汗竟把这个地方给术赤那野种，我看咱俩要快马加鞭，先拿下玉龙杰赤，把它变成废墟，让术赤什么都得不到。"

窝阔台摇头说："这样做实在不厚道。"

没有窝阔台的支持，察合台无法调动军队，所以只好生闷气，也只好按原定计划向玉龙杰赤进发。

术赤对两个弟弟也有看法，他想，这两人让父汗允许他们来攻玉龙杰赤，明摆着是和我瓜分我未来的封地财富，我让你们什么都得不到！

于是，他下令大军慢悠悠地走。他的速度已和一头牛一般，可察合台和窝阔台更慢，当术赤能看到玉龙杰赤横跨在阿姆河上的大桥时，察合台和窝阔台的部队连个影都没有。

术赤的兵力比两个兄弟多，可对付玉龙杰赤的九万人仍有点势单力薄。于是他派一支先锋部队，在玉龙杰赤周边城镇掠夺牲畜和人口。

这支军队掠夺完玉龙杰赤周边后，就跑到玉龙杰赤城下叫骂。忽马儿在城上看得清楚，这支部队不到一千人。他当即认定蒙古人只来了一千人，有人提醒他，蒙古人善使诡计，不可上当。

忽马儿断然道："蒙古人正在扫荡呼罗珊地区，可能根本没有富裕的军队来，成吉思汗以为我们被他们打怕了，所以用这样一支军队来显威风，我们要出城给他一个教训。"

最后他问："谁出战？"

那些将军们仰头看天。

他愤愤不平，命令自己的部队出战，三千骑兵走出城门，背对城墙列阵。

那支蒙古骑兵远远地观察他们，嬉笑着。

玉龙杰赤兵团才向前几步，蒙古人掉头就跑，跑出很远又停下来回头张望，像是丢失了牲畜的主人。玉龙杰赤兵团追击，心底暗暗发誓要把他们消灭干净。当他们追击出十公里后，突然四面八方响起蒙古人的喊杀声，如你所知，他们掉进了蒙古人的埋伏圈。蒙古人像饿狼扑向羊群，不过玉龙杰赤这支兵团并非浪得虚名，虽被紧紧围困，却毫不惊慌，抵抗得秩序井然，他们边打边撤，最后撤出了包围圈，逃回玉龙杰赤城，代价是损失了一千人。

此战之后，察合台和窝阔台先来到城下，他们故技重演，总在城外叫骂，玉龙杰赤方面忍无可忍时就派出数量较少的骑兵队，开城攻击。蒙古人马上跑开，想办法把他们引诱到埋伏圈。可玉龙杰赤兵团吃了一次亏，已经变得小心翼翼，蒙古人跑开，他们也不追。

这种游戏玩了几天后，察合台和窝阔台发动了一次高质量的进攻，无论是进攻方还是防御方，都很勉强。玉龙杰赤城外是沙漠，没有石头，所以蒙古人的抛石机派不上用场，玉龙杰赤的防御因为众将都有自己的小算盘，所以力量不能集中。

察合台和窝阔台很快就解决了问题，砍伐玉龙杰赤城外的桑木，用水浸泡一段时间增加重量。玉龙杰赤里的忽马儿也快速解决了问题，他召开会议，提议投降，那些康里兵团的军官们嗤之以鼻，忽马儿说："既然大家都不愿意投降，那就同心协力，打退蒙古人，否则就会让蒙古人看笑话。"

众军官们你看看我，我看看你，大致同意让忽马儿统一指挥玉龙杰赤整个兵团。双方现在旗鼓相当，谁想取胜，都要付出重大代价。

术赤也来到城下。看到两个兄弟紧锣密鼓地准备攻城事宜，他心里不是滋味。玉龙杰赤将来是他的封地，他不想真的得到一堆废墟。他派人去城里劝降，理由很动人："成吉思汗已将花剌子模之地封予本人，所以你们应该明白，我是非常希望玉龙杰赤完好无损的，只要你们投降，城中百姓和士兵，我一人不杀，城中一草一木，我分毫不动。"

忽马儿动心了。他没有保护玉龙杰赤的高尚情操，他只是保命的低级动机。蒙古人的屠杀，不分贵贱，不分贫富，像他这样的官场大家伙能避过很多事，唯独不能避开蒙古人的屠刀。他征求将军们的意见，那些将军们骨头很硬，纷纷说道："还未正式开打，就投降，将来的子孙怎么评价咱们？"

忽马儿忽然想到一件事，他说："这也是前任领导人摩诃末的意思。他曾说过，玉龙杰赤如果自度不能抵抗，不如投降，以保全百姓性命。我们虽有九万人，可蒙古人如沙如海，我们投降，正是尊重前任领导的态度。"

玉龙杰赤的将军们放声大笑说："我们玉龙杰赤从来就没有尊重过摩诃末，

我们心里只有太后秃儿罕。"

忽马儿无话可说。大家在同一条船上，如果他再坚持己见，可能会被大家扔到河里。于是，双方只能开战。

术赤抵达城下的十日后，从各处强征来的哈沙儿队也抵达城下，术赤下达了填壕沟的命令，在箭如雨下的环境下，哈沙儿用两天时间完成任务，进攻的准备工作完成。

察合台主张立即攻城，术赤犹豫不决，原因很简单，一旦攻城，玉龙杰赤势必会被夷为平地，那可是他的财产啊！

他提出一个妙计。玉龙杰赤跨阿姆河为二城，河上架有桥梁，以利南北城的交通，夺下这座桥可达到"一箭三雕"的效果。第一，切断南北城的联系；第二，断绝玉龙杰赤城的水源；第三，在桥上可轻易地架起抛石机，距离适中。

这是个察合台不能反对的主意，术赤下令工程部队制造一百余艘船只，挑选特种部队三千人乘船进攻玉龙杰赤大桥。忽马儿和他的将军们积极应对，当蒙古特种部队前进到桥中间时，突然从南北二城杀出几千弓箭手，乱箭齐发，又冲出无数士兵，提着滚烫的热油，向桥下乱倒。蒙古人用盾牌挡住了箭矢，却无法抵挡热油。他们后撤，可船只材料是用桑木制成，一遇水就变得沉重，速度大减，结局是，蒙古特种部队三千人全部被歼，尸体顺着阿姆河东流，河水被血染成鲜红一片。

对于蒙古人而言，这是个重大打击，自和花剌子模开战以来，从未受过如此重大的损失。而对玉龙杰赤守军来说，这是个大彩蛋，城市士气为之一振，抵抗决心空前高涨。

忽马儿对全城发表演讲说，世界上就没有不可战胜的军队，玉龙杰赤城将名垂史册，因为它很快就会成为蒙古人的坟墓。

忽马儿是典型的庸人，一挫就馁，一胜就骄。把一次战斗的胜利当成是整场战争的胜利，他付出的代价将是沉重的。术赤正为此次失败而总结教训，察合台已开始攻城。所有的攻城器械都布置在玉龙杰赤被哈沙儿填平的壕沟上，抛石机抛出浸湿的桑木弹和装着液体火药的小罐子。桑木弹如同今天的导弹，火药罐子放射出耀眼的烈火，一接触木材的建筑物立即燃起熊熊大火，要扑灭它难度很大。

抛石机工作了一个时辰后，察合台下令进攻。如海潮般的蒙古士兵冲到城下，开始借助云梯等攻城工具攀爬。忽马儿在城墙上看到这一幕，吓得肝胆俱裂，畏畏缩缩地跑下城墙，放弃了指挥官的义务，城上守军一片混乱。

正当蒙古人攀上城头，已和玉龙杰赤守军短兵相接时，突然听到收兵的锣声。军令如山，蒙古士兵只好从城墙上后撤。但上城容易下城难，玉龙杰赤想不到会有如此造化，突然大力反击，冲上城头的蒙古人在他们的乱箭和火油的招呼下，无一幸免。

下令收兵的是术赤。察合台暴跳如雷，质问术赤。术赤轻描淡写地说："伤亡太大，还是该从长计议。"

察合台哇呀大叫起来，就要和术赤拼命，双方的侍卫也提高警惕，捉对对望，帐篷里剑拔弩张，火药味十足。窝阔台慌忙站出来，插到两位兄长中间，劝他们冷静，大事为重，还有兄弟应该是情深的。窝阔台又说："父汗让你二人联合攻玉龙杰赤，还不是想缓和你们的关系吗？你们纵然不想缓和，也不能激化矛盾。违背父汗的心意，后果是什么，难道你们不知道？"

这番话既有恳求又有威胁，术赤对此的回应是一丝冷笑。不知从什么时候开始，他对父汗有了那么一点点不敬，甚至是轻视。这大概和他的出身有关，也可能和他日益扩张的地盘与野心有关。

察合台虽然性情粗鲁，却最听成吉思汗的话，听窝阔台这么一说，气咻咻却又无可奈何地放下紧张的情绪。两人表面没有矛盾，实际上，双方都做好了充足的准备，要对方一无所得。

术赤要尽量保全玉龙杰赤的财富，察合台非要摧毁它。察合台对玉龙杰赤的进攻一次比一次激烈，术赤却按兵不动，站在他的攻击目标城门前看热闹。

察合台有种疯子品格，他的部队一队接一队地轮番上阵，向玉龙杰赤城墙猛扑。抛石机射出的桑木弹和湿火药如雹子一样，噼里啪啦地打进城墙，滚入城内。但玉龙杰赤守军也表现出了莫大的坚强，无论男女老幼，轮番上阵，用砖头和农具猛砸攀登上来的蒙古人，同时用沸腾的水和热油四面浇泼，像是浇灌庄稼一样。城墙上正努力攀爬的人被热水、滚油、砖头击中，像土块一样摔到城下，焦头烂额的尸体堆积如山。

当时的情景是这样的，玉龙杰赤的北门，撕心裂肺的声音震天响，浓烟滚滚，而玉龙杰赤的东门却死寂一般。因为攻北门的是察合台，攻东门的是术赤。术赤并非围而不攻，而是不像察合台那样硬来。他正在乞灵于诡计，那就是挖掘地道。

他的士兵没有在光天化日之下战斗，却在地下孜孜不倦地奋斗着。很快，一条地下坑道挖掘完成，直通城内。一个黑夜，术赤兵团鱼贯进入坑道，打开一个洞口，爬上了玉龙杰赤城的大街。让所有蒙古人想不到的是，玉龙杰赤兵团在那条大街上已等待多日，一见蒙古人露头，就飞奔而上，乱刀齐下，杀掉了已爬到地面上的蒙古人后，他们将滚烫的沸水灌进坑道，把蒙古人活活煮死在了坑道里。

察合台得知这一消息后，鼓掌叫好。此时，他和术赤已水火不容，都希望看到对方最大的笑话。蒙古兵团在兄弟二人的互相仇视下，已纪律涣散，战斗力降低。曾经所向披靡的蒙古兵团如今却成了半瓶子部队，足可以让我们对俗语"兵熊熊一个，将熊熊一窝"有更加深刻的理解。

忽马儿得知蒙古兵团分裂后，欣喜若狂，居然胆子大起来，常命令士兵在深夜偷偷出城袭击蒙古人。这一行为效果显著，在某次突袭蒙古大营的军事行动中，玉龙杰赤突袭小队活捉了几个蒙古人。他们在城墙上当着强大的、面和心不合的蒙古兵团，残忍地处决了那几个俘虏，忽马儿的愚蠢行径引起了全体蒙古人的不满，一波接一波的猛攻在沉寂多日后重新开启。

但术赤和察合台的矛盾依然存在，六个月后，成吉思汗派来的使者看到玉龙杰赤依然矗立在阿姆河两岸，城市四郊蒙古士兵的尸骨堆积如山。使者痛心疾首，成吉思汗得到消息后雷霆震怒，他下令取消"三驾马车"的领导模式，任命窝阔台为前线总指挥，三日之内，必须拿下玉龙杰赤。

窝阔台拿着成吉思汗的命令和两位哥哥谈心，术赤和察合台只好勉强伸出大手，握手言和，开始了对玉龙杰赤城的总攻。

窝阔台卖力地开始在北门发动攻势，把玉龙杰赤城所有主力都吸引了过来，术赤趁势在东门发动进攻，很快，大批蒙古人就登上城头，竖起了术赤的帅旗。玉龙杰赤守军慌乱之中，又被攻破城门，众多蒙古士兵涌入城中。玉龙杰赤的守军和平民知道命运会是什么，所以奋起反抗，在所有的巷道和角落，与冲进来的蒙古士兵展开殊死搏斗。

玉龙杰赤全民皆兵，蒙古军不分青红皂白，遇人便杀，同时用石油纵火，焚毁城内房屋。他们的口号是，要攻占玉龙杰赤，首先应毁掉它。

他们的确做到了，他们每攻占一个街区、一座院落，就将其拆毁，付之一炬。七天激烈的巷战后，蒙古人终于控制了这座城市，玉龙杰赤城惨不忍睹。

屠杀，意料之中地开始了。蒙古人将活下来的人驱赶到城外，屠杀持续了三天三夜，阿姆河红浪滚滚，一月未清。

察合台最后又出了个馊主意，掘开阿姆河堤，引水灌城。从前城市陷落，总有一些人因藏匿而免于屠戮，只有玉龙杰赤，没有一人活下来。

举世瞩目的玉龙杰赤城就这样灰飞烟灭，志费尼沉痛地写道，从此"玉龙杰赤，这斗士的中心，游女的汇集地，福运曾降临其门，鸾凤曾以它为巢，现在则变成豺狼的邸宅，猫头鹰出没之处"。

八鲁湾之战——西征唯一的败绩

术赤三兄弟围攻玉龙杰赤时，从玉龙杰赤出走的札兰丁正励精图治，重振旗鼓。他和帖木儿灭里带领三百骑兵，用了十六天时间，成功穿越花剌子模境内最大的沙漠黑沙漠，来到纳撒城下。被拖雷攻陷的纳撒城已成废墟，城外山坡上驻扎了七百名蒙古骑兵，札兰丁抵达纳撒郊区时，这七百名骑兵正在山坡过着无忧无虑的时光。

帖木儿灭里向来是勇者无惧，他鼓励札兰丁消灭眼前的蒙古人。札兰丁意志坚定地握紧拳头说："要勇敢才能成功！"

两人带领三百人，出其不意地从四面八方杀向蒙古军营，蒙古骑兵根本没有料到在这种地方会遇到突袭，仓皇之间来不及上马，被札兰丁的三百骑兵冲得七零八落，纷纷逃窜。

这是札兰丁自继承花剌子模帝国以来，首次和蒙古人交手，而且是完胜，这让札兰丁毋庸置疑地确信，复国大有希望。

他是那么坚定，和帖木儿灭里站在一起，完全是花剌子模帝国的两根复兴之柱。他一直向着西方快速前进，在任何地方都不停留，他的目标是可疾云，他确信在那里可以集结一支强大的军队复兴帝国。纵然不能在短时间内达成所愿，他也可以从可疾云渡过申河（今印度河），到忻都（今印度）积蓄力量，卷土重来。

路过你沙不儿时，札兰丁和帖木儿灭里差点儿没有找到这座伟大的城，它被拖雷摧残得如一个几百年前的城市遗址。在黯然神伤了几分钟后，札兰丁快马加鞭，心怀仇恨上路。抵达也里城时，札兰丁悲愤的情绪稍有和缓，这座城还在，他没敢进城，因为这座城池已不属于他和他的帝国。

在不停奔驰的路上，他曾遇到一个民间抗蒙武装，头目希望札兰丁能留下来，因为他有坚固的城堡。札兰丁叹息说："你应该到旷野上和蒙古人短兵相接，不应该躲在城堡里，无论怎样坚固的城墙，蒙古人都有办法攻陷它。"

他说的是肺腑之言，是他行万里路亲眼所见的事实。这一路上，他所见到的城池都成了废墟，很有沧海桑田之感。帖木儿灭里安慰他，要化悲痛为力量，札兰丁感慨道："以前，从未对这片土地有过感情，现在，我看到它遍体鳞伤，几乎要失声痛哭。"

在这种悲愤情绪的感召和护佑下，他们顺利来到可疾云。历史的探照灯慢慢移过来，将这里照亮。在这里，札兰丁代表花剌子模将创造奇迹，在这里，札兰丁反攻复国的梦想险些照进现实。

可疾云并非平凡之地，而是一个巨大的宝藏。一年前摩诃末逃到这里时，已成惊弓之鸟，所以没有心情利用这个宝藏。现在，札兰丁积极地利用起这个宝藏。

可疾云本是可疾云王国的首都，13世纪初，花剌子模国王摩诃末攻陷可疾云，将可疾云收入版图。摩诃末采用"以夷制夷"的策略，命可疾云本地人哈儿蒲思忒为可疾云最高军政长官，但此人心怀故国，暗里挑动可疾云百姓发动叛乱，所以这个地方总是战乱频仍，由于战乱原因，该地军队都很能打。

摩诃末后来把这个烫手山芋送给了札兰丁，札兰丁派心腹苦思丁带一支精锐兵团进驻可疾云，驻扎在内城。这支兵团的数量应该很少，任务只是为稳定可疾云的表面太平局势而已。

成吉思汗西征后，花剌子模帝国全线崩溃，受封于也里城的摩诃末的舅哥额明灭里认为封地濒临战场，于是率领也里城两万人来到可疾云，请求哈儿蒲思忒指定一地作为他的暂时居所，哈儿蒲思忒断然拒绝。苦思丁认为哈儿蒲思忒拒绝容纳国舅爷，迹同叛变，于是买通城内守将杀掉哈儿蒲思忒，迎额明灭里入城。几方势力互相牵制，可疾云暂时和平。

札兰丁一抵达可疾云，马上注意到城内的战斗力量至少有五万人，这在当时已是个可观的数字。他召开大会，慷慨激昂地号召大家要为复国贡献全部力量，哪怕是生命。在他的感召下，可疾云城里的各路部队凝聚成铁板一块，不久后，又有花剌子模治下的阿拉伯骑兵团两万人，在他们的首领阿格剌黑带领下来到可疾云，札兰丁势力陡增，和蒙古人全面开战的时机已成熟。

1221年夏，札兰丁率领他的七万人马从可疾云北上，到达范延城（今阿富汗巴米安）郊区时，遇到一支千人的蒙古兵团，双方迎头相撞，蒙古人甚至来不及逃跑，就被札兰丁全歼。札兰丁让几个蒙古俘虏带给成吉思汗一封信，信上说：请你指定我们决战的地点，我将在那里恭候你的大驾。

成吉思汗看信后，惊讶道："想不到札兰丁这小子还挺能折腾！"再询问了回来的俘虏。俘虏们说："札兰丁至少有七万人，而且都是能征善战的康里人和阿拉伯人。"

成吉思汗沉思一会儿说："死灰不能复燃，即使复燃，也不会长久。"虽然这样说，他还是很谨慎，派他的养子、大蒙古国的最高公检法长官（大断事官）失吉忽秃忽带领一万蒙古骑兵、一万畏兀儿士兵和在花剌子模临时招募的一万杂牌军，奔赴范延城，消灭札兰丁。

出发前，成吉思汗叮嘱失吉忽秃忽："千万要谨慎用兵，札兰丁如果没有点本事，不可能在惨败之后集聚起这么多人马。"

失吉忽秃忽满怀信心："大汗放心，我必马到功成。"

札兰丁得到蒙古兵团前来的消息后，马上迎击，双方在八鲁湾（今阿富汗喀布尔以北）迎头相撞，展开厮杀。这场厮杀是大蒙古国和花剌子模帝国交锋以来第一次大规模的野战，双方厮杀了两天两夜，胜负未分。于是商议休兵，改日再战。

额明灭里不同意休兵，他担心狡诈的蒙古人在使缓兵之计，等待援兵。札兰丁笑道："放心吧！这么长时间以来，我已把蒙古人的底细摸得一清二楚，他们的兵力不会超过十五万，而且大部分兵力在围攻玉龙杰赤、扫荡呼罗珊，根本没有多余的兵力来这里。"

额明灭里放下心来，可第二天，他的心就提到了嗓子眼。因为他看见蒙古人的数量至少增加了一倍。这些人在离他们三公里的地方纵马驰骋。他跑到札兰丁指挥所，惊慌失措地说："蒙古人的援兵真来了，我们要完蛋了！"

札兰丁不相信，即使他亲眼见到蒙古军营周边尘土飞扬，骑兵来回奔驰，他也不相信蒙古人来了援军。可他无法说服手下的将军们，因为他拿不出确凿的证据证明蒙古人没有援军，如果没有援军，那突然多出来的人数是怎么回事。

阿格剌黑的阿拉伯骑兵团已开始作撤退的准备，其他各路分支队也开始思考退路，札兰丁迅疾地召集所有将士，他站在高处扯着嗓子大喊："蒙古人根本没有援军，那些都是他们的诡计，我们人数要比他们多出一倍，我们现在占尽优势，为何要退缩？花剌子模帝国就是不停地退缩，才沦落到现在这悲惨境地的！我们要勇敢向前，打败蒙古人！将来有一天，你们的子孙问你们，此生最得意的事是什么，你们会有完美的答案——在八鲁湾，我们打败了蒙古人！"

军队士气直线提升，已经有人在喊："把蒙古人杀光，赶出我们的国土！"

札兰丁抓住这一积极情绪，下令向蒙古人冲锋。他把兵团分为两部分，一部分官兵下马，徒步作战，另一半骑兵则隐蔽起来。

札兰丁猜对了，失吉忽秃忽根本没有请来援军，他采用了诡计，在马上放置了假人，在军营前来回游动。他以为这招能让札兰丁退却，想不到札兰丁一根筋，不但没有退却，还主动发起进攻。他只好排兵布阵，全力应付有生以来最艰难的战斗。

札兰丁三万步兵应对失吉忽秃忽的三万骑兵，不了解当地情况的人会认为札兰丁在自寻死路。八鲁湾地区地面凹凸不平，有许多坑洞，不适宜战马驰骋，却适合步兵进击。所以失吉忽秃忽的骑兵就丧失了本该有的优势，很多骑兵的马蹄陷入坑洞，动弹不得，战到一个时辰时，已经是步兵对步兵了。

双方的士兵捉对厮打，战事胶着。札兰丁要的就是这一效果。他下令吹起号角，三万余骑兵冲入战场，只在战场周边快速游动乱砍战场中的蒙古人，而不深入战场内。

失吉忽秃忽眼见已被包围，下令分散撤退，在撤退过程中，他的三万人被札兰丁骑兵猛烈追击，如刀切西瓜，脑袋乱飞。失吉忽秃忽逃到安全地带时，检点人数，发现只剩一千余人。

八鲁湾之战，是成吉思汗西征以来所遭受的最大一次失败，也是唯一一次失败。八鲁湾之战的噩耗通过山岭和河谷很快传遍各地，成吉思汗痛心疾首，但他却和往常一样不动声色地说："失吉忽秃忽以前总是打胜仗，没有受过挫折。现在他尝到了失败的滋味，以后会聪明、成熟起来。"

自此，札兰丁给成吉思汗留下深刻印象，他决定要亲自会会这个对手。八鲁湾之战的一个月后，成吉思汗带领蒙古兵团主力去捕捉札兰丁。大军抵达八鲁湾时，他停军视察旧战场。视察完毕，他让垂头丧气的失吉忽秃忽报告当时的作战经过和布阵情况。听完汇报，成吉思汗恨铁不成钢地说："你们都不懂得如何选择有利的作战地形。你选择的地方根本不适合骑兵作战，而且布阵上采取的是消极守势，一旦敌人数量多，你非败不可。"

失吉忽秃忽像遭了瘟一样，不发一语。成吉思汗望着远方，用赞叹的口吻说："札兰丁用兵不错，能先用步兵困住你，然后用骑兵围击，可以说是一员名将！"

"但是，"他坏笑一声，"札兰丁的军队成分复杂，很难成事，我们用离间之计就能让他的兵团四分五裂。"

这种计谋，成吉思汗早在西征初期就使用过。他给摩诃末的老娘和报达的哈里发写的两封信可抵百万雄兵。现在，他故技重施，给札兰丁刚刚团结在一起的各个兵团司令写信，要他们离开札兰丁，因为札兰丁是个只能共患难不能同富贵的人。答应只要他们同意离开札兰丁，他一定会将几匹装满金子的骆驼赠与他们。

成吉思汗施反间计时，札兰丁又犯了个低级错误。瓜分失吉忽秃忽的战利品时，额明灭里和阿格剌黑因夺取一匹阿拉伯骏马产生矛盾，并大打出手。两人满脸血污地来找札兰丁评判，札兰丁由于额明灭里是自己的舅舅，就把骏马赏赐给了额明灭里，而对阿格剌黑，没有半丝安慰。

阿格剌黑怒气冲天，当天夜里就率领自己的兵团离开札兰丁。这件事加上成吉思汗的反间计，使得可疾云兵团和另外一支民间武装也离开了札兰丁。札兰丁突然实力大减，只有舅舅的两万兵团和可疾云内城少量的花剌子模部队，加在一起不会超过两万五千人。

得知成吉思汗亲自来征讨自己后，札兰丁急忙撤回可疾云，和当年他老爹一样，他也一筹莫展，不知下一步计划是前进还是后退。

他坐困愁城时，成吉思汗的心情也好不到哪里去。在围攻范延城时，他的孙子、察合台的儿子蔑忒干中流矢而死，成吉思汗最喜欢这个孙子，所以悲痛不已。在攻陷范延城后，他命令军队不赦一人，不取一物，将此地毁为荒漠，并为它起名为"卯危八里"，波斯语意为"歹城"。这座被彻底毁灭的城堡，百年之后仍无任何生命迹象。

当成吉思汗在范延城外观看城市的覆灭时，攻陷了玉龙杰赤城的窝阔台和察合台领兵赶来。成吉思汗担心察合台爱子心切，一旦得知噩耗会失去理智，所以要身边的人严守秘密，等到合适时机再由他本人亲自告诉察合台。

察合台一见成吉思汗，就问他儿子去了哪里。成吉思汗平静地告诉他，蔑忒干在撒马尔罕办事，很快就来。

几天后，察合台又问成吉思汗，他儿子什么时候来。

成吉思汗突然发怒，训斥察合台，同时也把窝阔台乱骂一通，最后说："你们都不听我的话！"

察合台和窝阔台恐惧万分，跪下发誓说："绝不敢和父汗作对，否则不得好死。"

成吉思汗板着苍老冷酷的脸，问察合台："你真这样想？"

察合台指天画地："长生天作证！"

成吉思汗又不放心地问："我说什么你就做什么？"

察合台捶胸："上刀山下火海。"

成吉思汗犀利地观察了察合台一会儿，收起冷酷的脸，变得悲伤："你儿子战死了，我命令你，不许哭！"

察合台张起嘴巴，喉咙里发出"咯咯"的声音，浑身哆嗦，热泪盈眶。成吉思汗转过身，仰起头，把已在眼眶里打转的泪水生生憋了回去。

察合台泪水横流，却没有哭出声来，因为父亲不让他哭。他照常饮食，好像什么事都没发生，好像他儿子仍然活着一样。可成吉思汗知道，他经常跑到野外，对着苍天大哭。

成吉思汗没有时间抚平察合台的悲伤，他带领大军星夜兼程，向可疾云奔去。札兰丁得到消息后，从可疾云西撤，准备渡过申河，到忻都去暂时躲避成吉思汗的兵锋。

当成吉思汗抵达可疾云时，札兰丁已逃走十日，成吉思汗下令毁灭可疾云，因为这个地方是花剌子模最后的堡垒、反攻的基地，他绝不允许自己眼皮子底下有这样的地方存在。可疾云遭到有史以来最大的破坏，渐渐变成废墟，成了野兽的乐园。

札兰丁到申河河畔后，开始搜寻许多小船和木筏，准备运送大军渡河，可是奔腾的狂涛把所有船只都拍到了岩石上，一片粉碎。他只好命人在申河河畔制造大船，十天后，大船制造完毕，他先用船把辎重运送到河对岸，然后是士兵。当得知成吉思汗离自己只有十几公里时，他的兵团发生骚乱，士兵们为了争夺船只，大打出手，申河河畔漂起无数死尸。

成吉思汗兵分三路，向札兰丁兵团逼近。札兰丁大声疾呼停止内讧，一致对外，因为只有如此，才有生还的可能，部队马上安静下来，背靠申河，准备迎接成吉思汗大军的冲击。

著名的申河大战就此上演。

申河血战

札兰丁迅速完成防御，在距申河一百米外用船只布下"弧形"防御，船只背后是弓箭手，弓箭手背后则是骑兵。船只两头抱河，以河岸为月弦，额明灭里负责左翼，帖木儿灭里负责右翼，他本人负责中路。从物理学角度而言，弧形会分散受力点的力，具有良好的抗冲击能力；阵内士兵背水为阵，又可以起到"陷之死地而后生"的效果。

成吉思汗见到此种布阵，也针对问题出发，分三路进攻札兰丁的左中右，他想以绝对的优势兵力把札兰丁的阵形冲破，然后反包围予以全歼。

开战前，成吉思汗对他的指挥官们说，要活捉札兰丁，他有很多话要和札兰丁说。札兰丁则对他的指挥官们说，背后就是七米高的山崖，仓促之间跳下去必死无疑，只有一条路是生路，那就是冲破成吉思汗的包围圈，在圈外相会。

成吉思汗的三路兵团已经向札兰丁的军队逼近，三个半圆的阵形衔接成一个弯弯的弓弧，围拢上来，如果从高处看，申河河岸正像是贯着两端的弓弦。

让成吉思汗大感意外的是，人数处于劣势的札兰丁居然未采取守势，双方还未短兵相接，札兰丁突然下令进攻。他的弧形战阵像是弯弯的潮水一样，推了过来，紧紧贴上成吉思汗兵团的阵形。

札兰丁斗志昂扬，如同一头瞎眼的野兽，在中路猛冲猛咬，中路蒙古兵团居然被他逼得连连后退。但他显然犯了个致命错误，他的人数少，以弧形阵形向外扩张时，密集度越来越小，额明灭里的左翼马上出现空当，蒙古人最善于发现敌人的薄弱点，马上加大力度猛攻他们发现的弱点。额明灭里已来不及补救，就被蒙古人冲破阵线，他试图调头逃跑，可根本没有路，很快，这位国舅爷死在蒙古人的乱箭之下。

左翼一失，札兰丁惊慌失措，他急忙收缩阵形。此时，他又忙中出错，收缩阵形的命令不是下达给指挥官，而是下达给全体官兵的，命令一出，兵团中的所有人都在毫无秩序地快速向后退却。大家互相践踏，申河河畔几成地狱。

在乱哄哄、惨兮兮的退却过程中，蒙古兵团抓住机会，猛冲札兰丁的右翼，帖木儿灭里虽艰难支撑，无奈人数有限，士气有限，终于溃败，他本人却很幸运，在乱军中寻到一个缝隙，逃之夭夭。

这位花剌子模的民族英雄和大多数民族英雄一样，结局悲惨。从申河河畔逃出生天后，帖木儿灭里放下武器，拿起《古兰经》，成了一名虔诚的伊斯兰教徒，他逃到叙利亚，在那里缅怀前朝。多年之后，花剌子模已是蒙古人的天下，他怀念故土，返回家乡。在当年为他赢得荣耀的忽毡城，他想拜见当地的蒙古领导人，希望得到宽恕。此时的大蒙古国领导人窝阔台的儿子合丹没有广阔的胸襟，将他捆绑，最后一箭射死了他。

帖木儿灭里逃出后，只剩下札兰丁在奋勇作战，他带着当时世界上最精锐的七百兵团，抵抗着成吉思汗的数万大军，不轻易退却一步，越战越勇。有一次，居然把围攻的蒙古兵团击退十几米。

成吉思汗在高处观察札兰丁，不由得发出赞叹："犬父竟有虎子，真使人不敢相信。"他回头对察合台和窝阔台说："我的儿子也应该这样！"

当时，没有任何人的儿子想做札兰丁，因为他被蒙古人围困攻击，活动范围越来越小，人数也越来越少。他清醒地意识到，今天就是他的死期，只是有一点不明白，为什么那些蒙古人不对他下死手。一道光射进他的脑海，他恍然大悟：成吉思汗是想活捉我，羞辱我，羞辱我的帝国！

他决不能让成吉思汗的阴谋得逞，既然围上来的蒙古人对他不下重手，那他就只好捡便宜，对对方下死手了。他使出吃奶的力气，把大刀砍向扑上来要活捉他的蒙古士兵，有几次，他从对方头顶砍下去，将其一分为二。

敌人的鲜血浸染了他，不知什么时候，他出现了幻觉，迎面而来的敌人的速度逐渐减慢，像是慢镜头，他像庖丁一样，有足够的时间分析敌人的身体结构，分析从哪里下刀才能让敌人快速死去，而不会浪费刀刃。天空也变得猩红，申河的水静止不流，战场上所有的一切都慢了下来，他看到自己人的头颅被敌人的刀砍上天，鲜血从胸腔如喷泉一样直冲云霄。战马的嘶鸣仿佛远古的声音，在他耳畔一浪接一浪地回荡开去。

又不知什么时候，他突然从那种幻觉中清醒过来。一个天外的声音对他说："不但不能让成吉思汗活捉，而且也不能死，力量越大，责任就越大，还有未竟的事业等你去完成。"

一听到这句话，他浑身再度充满力量。他猛地向前一阵乱冲，战马已疲惫不堪，每冲一步都要喘上几口粗气，他在马上欠着身，像是他拖着马在前进。在他疯狂的冲击下，蒙古人退却了几十步。在这空当，札兰丁掉转马头，向后猛跑，然后从马上飞跃而下，换上另外一匹并未消耗体力的马。

成吉思汗在高处看到札兰丁的举动，马上叫道："他要跳河，阻止他！"

蒙古兵得到命令，全都奔向札兰丁，可惜晚了。

札兰丁已扔掉盔甲，手握宝剑，猛抽马臀，向六米高的山崖飞去。马一声嘶鸣，四蹄离地，在空中划出一道璀璨光线，射入汹涌澎湃的浊浪里。

成吉思汗惊奇地用一只手捂住嘴巴，指着河中起伏的札兰丁，激动地说："生子当如斯！"

蒙古士兵要向河中放箭，成吉思汗阻止道："这是英雄，不能死于乱箭之下。"

札兰丁用英勇无畏和复国的决心拯救了自己。他艰难地游过河心，登上峭岸，如出水巨龙般立在岸上，看向对面。

他看着成吉思汗，突然得意地大声嗥叫，然后把宝剑在空中一振，做了个威吓的手势，接着放马闪入丛莽中，消失不见。

成吉思汗怅然若失，叹息不已。就在他的叹息声中，蒙古兵把俘虏们就地处决。有人把札兰丁可爱的儿子带到成吉思汗面前，成吉思汗看了一眼，说："要斩草除根。"

申河河畔一片惨叫和血污，花剌子模经此一战，彻底灭国，札兰丁跑到忻都后，虽然仍和蒙古人作对，但他再也没能集聚起一支和蒙古人抗衡的大军了。1231年，札兰丁劫数难逃，被追击他多年的蒙古人所杀。

申河河畔的大战，彻底摧毁了花剌子模的有生力量。但成吉思汗对札兰丁仍然不放心，用他的话说，此人艺高胆大，给个机会，他就能掀起风浪，要像处决他儿子一样，斩草除根。

察合台小心翼翼地问："不活捉了吗？"

成吉思汗想了想，摇了摇头，说："斩草除根。"

两员大将横渡申河，沿申河东岸搜寻札兰丁。但搜寻几十天，连札兰丁的影子都未见到。两员大将既已进入一个新国家，当然不能空手而回，于是找了个叫木尔滩的城池，猛攻数日，一无所得。春天来时，蒙古人受不了当地的酷热气候，所以悻悻而退。

1222年春，成吉思汗下达扫荡申河花剌子模残余势力的命令，这次扫荡远比呼罗珊大扫荡仁慈得多，首先是申河流域的花剌子模残余实力不济，其次是他们内讧不断，采取为敌复仇的模式为成吉思汗扫清了障碍，所以1222年七月，成吉思汗轻松地扫平了申河流域。

完胜花剌子模让成吉思汗大为高兴，他举行盛大宴会，犒劳将士。随后，他兴奋地向儿子们传授领导之道。他说领导力就是自我控制力，尤其是对骄傲自满的控制，这要比驯服一头野狮子还要难；再就是对愤怒情绪的控制，这要比击败最厉害的摔跤手更困难。成吉思汗盯着他的儿子们，一字一句地说："如果你们不能控制骄傲自满，你们就不能领导他人。"

心学鼻祖王阳明说，"傲"是人生一大病，一人傲，万事不可做。成吉思汗告诫他的儿子们说，不要自以为是，认为自己最强大最有智慧，人外有人，天外有天，即使再高的山也有动物践踏。动物攀上山巅的时候，它们就比山还高。

人之所以傲，是因为有人不如他。可真正聪明的人永远有这样的意识：任何一个人，哪怕他卑微如尘沙，时来运转，他也会翻身成为人上人。中国谚语说，黄河尚有澄清日，岂可人无得意时。三十年河东三十年河西，不要轻视不如你的人，突然有一天，也许就是明天，人家就站得比你高了。

成吉思汗一生之中从未骄傲自满，更多的事实告诉我们，他始终如履薄冰，十二分小心地对待任何人和任何事。他虽然认定自己是长生天在人间的代理人，可那是自信，不是骄傲。只有自信的人，在不要骄傲的情况下才能成就大业。

他向儿子们强调远见、目标以及计划的重要性："要是目标缺乏远见，人就无法支配自己的生活，更不要说支配他人的生活。人不可追逐物质享受和奢侈愉悦的生活，一旦你拥有锦衣玉食、千里良驹和漂亮女人，就很容易忘记你的梦想和目标，如果真是这样，你就几乎等于是个奴隶，你必将失去所有。"

现在，成吉思汗已经彻底征服了花剌子模帝国，下一个梦想和目标该是什么呢？

他说："我们要征服忻都！"

这是个和征服花剌子模有过之而无不及的宏伟目标，当时的忻都虽没有花剌子模强大，却国土宽广，是个神秘之地。征服的目的就是征服本身，成吉思汗这样说。

传说他说这话的几天后，在一次围猎时，他的士兵突然见到一只高数十丈的怪兽，形如鹿，却长了个马尾巴，头上有一只角。正当他们惊骇时，怪兽口吐地道的蒙古语说道："告诉你们主子早早离开，否则将有大祸。"

成吉思汗问耶律楚材。耶律楚材回答："这是瑞兽，名为'角端'，能言四方语，好生恶杀，此乃长生天派它通知您回草原。希望您能奉天之心，以全民命。"

成吉思汗沉默不语，忻都就在眼前，但酷热的气候也在身边，由于忻都地区气候潮湿，蒙古兵团的弓箭开始变得软弱无力，命中精度大减，射出去的箭如风吹起的柳絮。这些障碍是成吉思汗无法克服的，于是在1222年七月，他回师撒马尔罕，很多人都注意到，一言不发的成吉思汗已准备班师回国。

在撒马尔罕郊区的避暑庄园，成吉思汗和一位来自中原的老态龙钟却又仙风道骨的道长进行了长谈。这位道长叫丘处机，号长春真人，大名鼎鼎。

实际上，这不是两人第一次见面，站在丘处机的角度来看，两人的见面可谓费尽周折。丘处机万里迢迢见成吉思汗的故事，足以让唐玄奘西游黯然失色。

第八章
大汗之死

丘处机西游

　　成吉思汗西征前，忽阑的一席话让成吉思汗作出重大决定，一旦不测，将由窝阔台来继承他的基业。西征路上，成吉思汗叹息声声，他对人说："毕竟是凡人，终有一死啊！"

　　这是每个凡俗夫子在暮年都会考虑的问题，尤其是英雄人物。对死亡的恐惧和对长生的渴望在英雄人物身上显得更为突出，成吉思汗自然也不例外。他叹息时，一个叫刘仲禄的亲信马上为他排忧解难。刘仲禄说，中原有个叫丘处机的道长，已经三百多岁，仍然如六十岁一般，可见他有养颜长生之术，不如把他找来，让他命令时光倒流。

　　成吉思汗没有文化，或者说他不知道中原文化中还有这种神奇的文化，心花怒放，马上命令刘仲禄手持天下通行证金虎符去中原请丘处机。

　　刘仲禄根本不了解丘处机，因为丘处机根本没有三百岁，他生于1148年，1219年时不过七十二岁。丘处机是山东蓬莱人，二十岁入山跟随王嘉学道。这个王嘉就是金庸小说中的王重阳，他是个有创新力的道士，将儒教的忠孝、佛教的戒律和道教的丹鼎熔于一炉，创建全真教。自此后，全真教成为道教中最鼎盛的一派，门下弟子七人，金庸称他们为全真七子，这其中就有丘处机。丘处机有一种诡异的天赋，十几年时间里就把自己锻造成一个超凡脱俗的全真教真人。金国皇帝知道他后，派人来请他去讲道，他拒绝。南宋的皇帝知道他后，也派人来请，他仍然拒绝，理由是，他是世外之人，不想涉入世俗。

刘仲禄带着成吉思汗的诏书来请他，他动心了。成吉思汗的诏书大气磅礴，字里行间透着一代天骄的霸气。大概是成吉思汗的想法、耶律楚材的手笔感动了他。这封诏书大致是说：虽然我天下无敌，把无数人都踩在脚下，可我在你们中原人眼中仍是野蛮人，我也知道这点，所以特别希望中原文化能塑造我，如果老先生您不以沙漠悠远为念，到我成吉思汗的帐下，我不仅希望能从您那里得到长生之术，还希望能得到您的文化育人和辅佐。

丘处机被这封激情澎湃的信所打动，又看到刘仲禄汗水淋漓、言辞恳切，再看到天下生灵涂炭，全是成吉思汗造的孽，所以希望能用毕生所学，劝说成吉思汗停止杀戮，用慈悲治天下，于是他带领十八名道士跟随刘仲禄欣然上路。

1220年春，丘处机和刘仲禄来到金中都，他受到蒙古人的热情招待。可当他听说成吉思汗已西征时，不禁表示出遗憾来。

他问刘仲禄："你不是说成吉思汗在大蒙古国和西辽边界等我们吗？"

刘仲禄回答："成吉思汗已经开始对花剌子模用兵，咱们要快点赶上。"

丘处机大摇其头，如拨浪鼓。他说："我已经七十二岁，老胳膊老腿，哪里能如此长途跋涉，还是等成吉思汗回来再说吧！"

刘仲禄好不容易把他请出山，哪里会轻易放过他，急忙快马加鞭把自己的信和丘处机给成吉思汗的信送到成吉思汗处。

丘处机的信大意是说，我年纪太大，根本不适合远行。即使我能远行，荣幸见到您，可您正在打仗，我对战争一窍不通，我所能做的只是以道德之心劝人戒欲，这是驴唇不对马嘴的事，所以去和不去，效果一样。

成吉思汗较真起来，让耶律楚材回信丘处机，希望丘处机能效仿释迦牟尼东行、老子西行的故事，务必前来。来的目的当然不是指导他作战，而是文化育人。

丘处机收到成吉思汗的诏书时，已是一年后的1221年农历二月了。看到成吉思汗的信，他无可奈何，只好跟随刘仲禄上路。

今天北京白云观中有石刻"长春真人西游路线"图，该图即是丘处机万里跋涉去见成吉思汗的地图。我们从这张地图中可以看见路途之遥远，想见路途之艰辛。

二月，丘处机从宣德出发，过野狐岭，四月一日，丘处机抵达成吉思汗大本营克鲁伦河，在家坐镇的帖木格请求丘处机向他传授长生之术。丘处机笑说："你浑身杀气，需斋戒十五日，我才可和你说。"帖木格很听话地斋戒半个月，可约定之日，天降大雪，帖木格必须要出去巡视牲畜，只好作罢。巡视回来后，帖木格突然开窍说："成吉思汗遣使者不远万里邀请您，是想第一时间听到您的长生之术，我怎敢抢先，您还是上路吧。"

四月十七日，帖木格献给丘处机牛马百数、大车十乘，派兵一千送丘处机上路。丘处机一行沿克鲁伦河西上，过图拉河、鄂尔浑河，来到成吉思汗在乃蛮的斡耳朵。此时，斡耳朵有很多妃子在等他们的男人成吉思汗凯旋，丘处机眼见这群争奇斗艳的妃子们，大为惊叹。他大概从未想过，成吉思汗这个野蛮人会有这么多美女。

从斡耳朵离开前，刘仲禄挑选了一百名处女准备西行。丘处机很不愿意，他说："我乃山人，怎么可以和一群女子同行？"

刘仲禄吃了一惊，很为自己的冒失感到羞愧。不过他还是偷偷把一百名处女带上了，只不过走在后面，没有在丘处机眼前晃来晃去。

十天后，丘处机一行抵达镇海城（今蒙古国科布多城东南）。此时是1221年六月份，丘处机实在不想继续西行，喘息不停地请求镇海城城主镇海："我远行千里到达此处，鞋子都穿坏了好几双。沙漠中看不见耕稼，来到这里见秋稼已熟，十分欢喜。我想在这里过冬，恭候成吉思汗归来，可否？"

镇海委婉地拒绝道："成吉思汗已向沿途发布命令，凡遇真人路过，不得延误其行程，这是成吉思汗迫切想见真人。如果您留在这里，那就是让我犯罪。我愿意跟真人同行，照顾真人如照顾我老爹一样孝敬。"

丘处机还能说什么，这位七十多岁的老人只能上路。他们一行过金山，进入今新疆境内，循天山北道西进，沿着察合台和窝阔台开辟的道路吃力前进，依次渡过伊犁河、垂河、锡尔河。十一月十八，丘处机抵达花剌子模的都城撒马尔罕。

成吉思汗当时正进逼申河，军事问题比长生不老这个生理问题重要，所以命丘处机在撒马尔罕等他。直到第二年的三月中旬，他才想起丘处机，于是命人把丘处机送到其行在。四月五日，丘处机抵达成吉思汗在八鲁湾的临时住所，经历了两年多的艰苦奔波，终于和成吉思汗见面了。

虽然丘处机在来见成吉思汗的路上，有几次想撂挑子，可成吉思汗仍极度欢喜丘处机的到来，因为："金国和南宋都请过您，您置之不理，而现在却来见我，我很高兴啊！"

丘处机内心翻滚，这一路可谓吃尽苦头，大雪纷飞，能把人冻成冰棍，高原反应，让人半死不活。进入花剌子模境内后，到处可见尸骨，俨然地狱。但丘处机是世外高人，拥有一片不抱怨的世界，而且道家讲既来之则安之，旅途劳累已成烟云。况且，让所有人快乐是道家的追求，他露出不卑不亢的笑容，不露痕迹地拍成吉思汗马屁道："贫道奉诏而来见陛下，这是天意。"

成吉思汗闻言大悦，命赐坐给丘处机。他开始认真打量这位三百多岁的人，骨瘦如柴，估计是万里跋涉的缘故，精神矍铄，真不像三百岁。打量完毕，他迫不及待地问道："您远道而来，带着长生之药吗？"

一千多年前，魏国梁惠王问千里而来的孟子："老头，你不远千里而来，亦将有以利吾国乎？"

孟子回答："王何必谈利，有仁义就够了。"

这是避实就虚，丘处机现在也玩这个："可汗为何要长生不老之药？世上根本就没有这种药，只有延年益寿之方。"

对丘处机的回答，成吉思汗无疑大为失望。他从万里之外把眼前这个三百岁的老头召来，仅仅是想得到长生不老药，可他得到的却是这样一句扫兴的话。但他对丘处机的坦诚印象深刻，所以没有表现出丝毫的不满。

考验一个人的气量，有个最简捷的途径，就是让他的希望破灭。如果他依然心平气和，就说明他是个品格崇高、宽宏大度，并且有绝对自制力的人。成吉思汗就是这样一个人，表面看，他是半个野蛮人，实际上他已具备贵族的气派。

在这之后，他更加尊敬丘处机。他问镇海："我该怎么称呼这位世外高人呢？"

镇海回答："有人称他为真人，有人尊称他为师傅，还有人称他为活神仙。"

成吉思汗点头说："以后，咱们就叫他神仙吧。"

神仙丘处机和成吉思汗在烈日炎炎的四月，结下深厚的友谊。丘处机向成吉思汗讲《道德经》《南华真经》，讲他所知道的一切哲学问题，成吉思汗虽然不懂，可听起来一本正经，很有乖学生的模样。不过，这种交流是短暂的，因为成吉思汗正准备追击札兰丁，所以让丘处机先回撒马尔罕，他说："等我扫平花剌子模最后的反抗力量，回到撒马尔罕，我们再秉烛夜谈。"

1222年农历八月，成吉思汗回到撒马尔罕，他和丘处机密切交流，于是就有了下面的哲学命题。

成吉思汗问："如何统一天下？"

丘处机回答："不滥杀一人。"

问："如何治理天下？"

答："敬天爱民为本。"

问："如何长生？"

答："清心寡欲为要。"

成吉思汗深以为然，说："天锡仙翁，以寤朕志。"

春节前夕，冬雷阵阵，成吉思汗极不安地向丘处机询问。丘处机回答："雷，天威也。人罪莫大于不孝，不孝则不顺乎天，故天威震动以警之。我听说您的国境内不孝者很多，陛下宜明天威，以导有众。"

成吉思汗默然，说到不孝，他有个儿子完全有资格被雷劈。这个儿子就是术赤，自攻陷玉龙杰赤后，术赤就在花剌子模西边过起了自己的日子，再也没有回到成吉思汗身边。他不明白，这个儿子到底怎么了，难道仅仅是因为他的出身而自我沉沦，破罐子破摔，连老爹都不要了吗？

一想到这里，他坚定地点头说："神仙说得对，那些不孝的人就该用天威震他！"

丘处机笑了笑，来之前，他曾在河北境内写过一首诗：我之帝所临河上，欲罢干戈致太平。这是他来的目的，他希望用毕生所学所悟劝谏成吉思汗刀枪入库，马放南山，使天下太平。

可是，他和成吉思汗接触时间越长，越觉得这是个幻梦。眼前这位两鬓斑白的老人，仍然有着充沛的精力和莫名其妙的征服情绪。丘处机的感觉是，他要永远征服下去，直到世界的尽头，只有一种情况会让他停住战马，那就是死神把他带走。

然而，丘处机又注意到，纵然这位世界征服者离开人间，他灌输给后代的"永恒征服"的思想也会如幽灵一样附着在大蒙古国的身上，渗入骨髓，大蒙古国的征战杀伐不会因成吉思汗的离开人间而销声匿迹，可能会更上一层楼。

丘处机，这位集儒家"以和为贵"、道家"不奢杀"和佛家"慈悲为怀"的终极思想家，面对把征战杀伐当成毕生使命的成吉思汗，一筹莫展。

1222年初冬，丘处机请求成吉思汗放他回中原，他转弯抹角地说："我是个道士，喜欢静处行坐，如今总和军队在一起，精神不爽，所以还是离开为好。"

成吉思汗似乎听出了丘处机厌恶战争的言外之意，他也明白，自己不可能被丘处机塑造，世界上只有一个人可以塑造他，那就是代表长生天的他本人。他痛快地答应了丘处机的请求，不过当时天气恶劣，路途艰难，所以他请丘处机推迟行期，并且柔和地接受了丘处机转弯抹角的劝谏。他说："我也准备东归，等四处扫荡的军队归来，我们一起走吧！"

丘处机对这回答异常高兴，几乎忘乎所以。于是两人在撒马尔罕过冬，

1223年农历正月，成吉思汗举行了一场大规模的狩猎活动。当他正在追击一只受伤的野猪时，一不小心从马上跌下来，那头受伤的野猪马上转身盯着他，张开血盆大口怪叫，震动山林。成吉思汗当时危险万分，如果野猪向他扑来，他必死无疑。但那头野猪只是叫了几声，继而呆呆地看了他一会儿，在随即赶来的护卫的吆喝下，扭头跑进密林。

成吉思汗回到营帐，惊魂甫定，丘处机马上站出来说："天道好生。您现在年寿已高，应该少打猎。此次坠马，天戒也；野猪不敢攻击您，天护也。"

丘处机的话有理有据，使人不得不听。不过成吉思汗的应答也很巧妙，他首先感激丘处机的好意，接着就说骑马行猎是从小养成的习惯，习惯成自然，不能说改就改。

虽然这样说，但至少有半年时间，成吉思汗再没有狩猎。也许，他真的认为丘处机说的话很对，也许，他只是用这种方式安慰丘处机的心。

三月，丘处机实在等不了成吉思汗，再次请求回中国。成吉思汗欣然应允，临行前，成吉思汗问他："您在中原的弟子多吗？"丘处机自豪地回答："甚众。"

成吉思汗对身边的官员说："神仙所有的门人都免除赋税。"

丘处机感激不已，成吉思汗还有厚礼：派骑兵一千人护送丘处机回中原，改当时的中都北京城内的天长观为长春宫，又下令建造白云观，将长春宫和白云观合而为一，总称白云观。

蒙古人还未正式进北京城，就已经在北京城留下了思想的痕迹。

丘处机返程后，成吉思汗多次派人问候他，最有名的当属一封十一月十五，成吉思汗写给丘处机的信，可谓无微不至，深情款款。

> 丘神仙，你春月行程别来至夏日，路上炎热艰难来，沿路好底铺马得骑来么？路里饮食广多不少来么？你到宣德州等处，官员好觑你来吗？下头百姓得来吗？你身起心里好吗？我这里常思量着神仙你，我不曾忘了你，你休忘了我者。癸未年十一月十五日。（摘自《长春真人西游记校注》）

1227年，丘处机驾鹤西去，同年，成吉思汗病逝。两位好友在天国，是否还能畅谈无阻，可以想见。

成吉思汗不远万里派兵请思想家丘处机，是人类历史上的一段佳话，但不是唯一。东晋时期，前秦帝国皇帝苻坚为了迎接高僧鸠摩罗什东来，专为他发兵七万征服龟兹国，由此得到罗什大师。为了争取东晋帝国的道安法师，苻坚用兵十万，进攻道安法师的居住地襄阳，硬把他掳去。

然而，成吉思汗比苻坚更高尚，因为他请丘处机原本是为了长生不老药，可丘处机让他失望后，他没有动怒，反而更加尊敬丘处机。人的高尚、伟大，往往就是在这种时候展现出来的。

万里长征

丘处机走后不久，成吉思汗宣称班师。民间传说，他老婆孛儿帖写信给他：老鹰已营巢于大树之巅，若老鹰长久淹留远方，难保贱雀不会飞来食巢中卵或雏鹰也。

成吉思汗看到这封信，明白了孛儿帖背后的意思。他西征时，带着美女忽阑，孛儿帖大概是吃醋了。他对孛儿帖向来言听计从，于是决定回草原。

1224年春，成吉思汗兵团渡过锡尔河，下诏术赤留在钦察草原，同时召哲别和速不台回国。哲别和速不台不能马上来，因为他们在下一盘大大的棋，这盘棋就是让地球颤抖的万里长征。等到两人满载而归后，成吉思汗大军开始回草原，1225年春，成吉思汗回到了阔别六年的克鲁伦河。

现在，让我们把时钟拨到1220年，这一年，哲别和速不台率领三万蒙古兵团追击摩诃末。当摩诃末放出风声要逃亡报达城时，哲别和速不台挥军南下试图截击逃犯，二人先抵达今伊朗中部城市库姆，一战而下，再临今伊朗重镇哈马丹，哈马丹守将奉上大批财物，速不台连城都没有进，设置一名蒙古人作长官，领兵而去。

直到此时，两位汉子才知道摩诃末放了烟幕弹，于是兵锋北指，进攻今伊朗城市卡兹文。卡兹文顽强抵抗，两人顽强进攻，城破后执行屠城，杀四万人，再毁灭城池。

两人站在卡兹文废墟上，拔刀四顾心茫然，他们不知道摩诃末到底跑去了哪里，哲别随便指了一个很有可能的地方：帖必力思（今伊朗大不里士）。

两人就冲进了波斯境内的阿哲儿拜占国，势如破竹地推进到阿哲儿拜占国的都城帖必力思城下，帖必力思城主惊慌失措，急忙献人献物，表示绝对臣服那个叫成吉思汗的人。

虽然不费吹灰之力就降伏了一个国家，但哲别和速不台并不开心，因为降伏是他们的常态，他们并没有找到摩诃末。速不台向成吉思汗报告说，花剌子模西北有很多国家，摩诃末可能逃到那里去了，他请求成吉思汗要他们进兵今格鲁吉亚和高加索山北地区，一定要追上摩诃末，生见人，死见尸。

成吉思汗大为惊奇，他原本以为西方只有个花剌子模帝国，想不到天外有天，国外有国。他搓着双手，惊喜地对速不台说："我给你三年时间，你去西北方作一下武力侦察。过几年，咱们要玩票更大的。"

速不台狂奔回帖必力思郊区，他和哲别一商量，人类军事史上的万里侦察式远征神奇般地开始了。

第一个目标是位于高加索山南西部的古儿只（今格鲁吉亚），其首都是梯弗利思（今格鲁吉亚第比里斯）。古儿只人信仰基督教派的天主教，所以和四邻的伊斯兰国家极不和睦。速不台和哲别在阿哲儿拜占国纵横驰骋时，古儿只最高领导人、女王鲁速丹马上警觉起来。她派人去调查这支从未听说过的军队，当得知这支军队已经消灭了强大的花剌子模帝国后，惊恐地张大嘴巴。她急忙下令备战，但很快又听说这支神秘莫测的兵团已经退出阿哲儿拜占，向她国家相反的方向而去。鲁速丹毕竟是女人，头发长见识短，以为虚惊一场，于是放松戒备。

实际上，哲别和速不台正目不转睛地盯着古儿只。他们之所以后撤，是为了到平原过冬。冬天即将过去的1222年二月，两人在几个穆斯林向导带领下，由南向北长驱直入，奔袭古儿只首都梯弗利思。直到他们抵达梯弗利思东方几十公里时，古儿只才发现敌情，鲁速丹惊得长发直抖，不过幸运的是，几个月前，为了响应罗马教皇的号召，她招募了一支三万人的十字军，现在，她把罗马教皇放在一边，用这三万人对付马上就来的敌人。

首都城外的探子告诉她，敌人只有两万人，而且穿着厚厚的羊皮袄，疲惫不堪，像是从原始社会穿越过来的。鲁速丹鼓掌叫好，下令出城迎击。

三万大军和速不台的两万人马在梯弗利思东方十公里处展开激战，速不台战了半个时辰，掉头就跑，士兵当然也跟着跑。古儿只大喊一声："给我追，一个都不放过！"

如你所知，他们中计了，古儿只追出几公里后，进入一条山谷，指挥官正在疑虑时，山谷之上喊声大起，一大群人骑马从山上猛冲下来，此路军的指挥官正是哲别，他和速不台上演的则是蒙古军的拿手绝活：诱敌到埋伏圈，歼灭敌人。

一个时辰后，三万军队全军覆没。梯弗利思城只能唱空城计。不过让鲁速丹莫名其妙的是，这支野蛮人兵团并未来攻击她的首都，而是掉头向南奔帖必力思去了。

鲁速丹后来才知道，她的国境内到处是高山深谷，骑兵不易发挥力量。而且，速不台和哲别此次只是武力侦察，并未想过要吞没古儿只。

速不台和哲别第二次来到帖必力思，帖必力思城领导人破财在所难免。速不台和哲别带着这些财物继续向南，目的地：哈马丹（今伊朗哈马丹）。二人所以又故地重游，并非恋旧，而是因为哈马丹被花剌子模残余势力占据，他们旋风一样来到城下，二话不说，马上攻城。三日后城陷，两人不但对哈马丹进行了屠城，而且把哈马丹周边地区也蹂躏了一遍。

然后，两人从哈马丹北上，长驱直进，抵达古儿只东方边疆的重镇札根（今阿塞拜疆占贵），面对速不台和哲别的劝降，札根守军嗤之以鼻。两人在进攻了一天后，札根发现这支野蛮兵团只要愿意，就能攻陷城池。于是急忙求和，奉献大量财物。速不台和哲别本是觅道北上，翻越高加索山脉，所以就同意了札根的求和，带着大批财物向东进发，来到了高加索山脉东南方的设里汪国（今里海西北）。

两人撤出古儿只境后，鲁速丹终于灵魂附体，这位女王给罗马教皇写信，字里行间透露着惊恐："有一种野蛮的鞑靼人，像地狱魔鬼一般，对战利品的贪婪像饿狼，作战像狮子一样勇敢，侵入了我们的国家……"

罗马教皇没有给她回信，大概是以为她神经错乱了。设里汪国首府沙马哈（今阿塞拜疆舍马合）面对这群地狱魔鬼提出开门投降的命令时，也认为这群地狱魔鬼神经错乱了。速不台和哲别用疯狂的进攻告诉他们，地狱魔鬼没有疯。设里汪国国王失儿湾沙是个老态龙钟、精力和智慧同时不济的人，面对这群地狱魔鬼各种先进攻城器械的呼啸，他选择投降。哲别和速不台进城后，进行了一场规模不大的屠城，然后让失儿湾沙找出十名贵族担任向导，因为他们要取道打耳班（今俄罗斯达吉斯坦捷尔本特）翻越高加索山脉。

失儿湾沙大惊失色，说："人不可能翻越高加索山脉。"

哲别和速不台说："我们不是人，你们不是称我们为地狱魔鬼吗？少废话，找出十个贵族来！"

失儿湾沙通过抓阄的方式选了十个贵族，送到蒙古军营。哲别先杀掉一个才说话："只要你们把我们带过打耳班，我们就饶你们一条命。"

九个人当然恐惧死亡，只能死心塌地地带领蒙古人向打耳班走去。

打耳班城是波斯帝国防御北方野蛮民族南侵的边防重镇，屹立在一座异常险峻的山头，上面只有通到北方去的小路，不过在此时，打耳班属于设里汪国，所以哲别和速不台在那九个战战兢兢的贵族带领下，轻松地过了关。然而这片漫长的滨海地带，一边是海，一边是山，道路崎岖不平，人马行动极度困难。哲别和速不台只好把所有攻城器械都统统焚毁，单枪匹马，费尽千辛万苦，终于成功越过高加索山脉，来到高加索山区的帖雷克河流域。

他们的敌人已等候多时。敌人中有善于山地战的阿速人，善于马战的薛儿客速人，动作奇怪、突击力强悍的勒思吉宁人，还有里海、黑海北方大草原地区的主人翁，骁勇善战的钦察人。

帖雷克河之战爆发。蒙古兵团经过艰苦的长途跋涉，已十分疲乏，又突然撞上压倒性优势的敌人，形势当然很不利。不过蒙古人依然选择开战，双方互相冲锋，杀声震天，把帖雷克河的河水震荡得波涛汹涌。经过一天的厮杀，双方不分胜负，于是休兵，等明日再战。

就在那天夜里，形势大逆转。速不台派人携带大量珠宝和一个口信来到钦察人军营，速不台说："咱们有共同的祖先，阿速人和其他几种人都是外人。你们帮外人来对付自己的兄弟，实在说不过去。我有个建议，这点财宝先做个铺垫，只要你们撤兵，你们想要多少财宝，我们绝不讨价，双倍奉上。"

钦察人在里海、黑海北方大草原无敌几百年，也是见过世面的。可他们从没有见过如蝉翼薄的金缕衣，也没见过如美女肌肤光滑柔软的丝绸，钦察兵团司令对这些连做梦都梦不到的宝贝垂涎三尺，当天夜里，就拔营而走，回去等着蒙古人更多礼物去了。

第二天黎明，速不台和哲别兵分二路，速不台猛攻阿速人，哲别突袭薛儿客速人和勒思吉宁人，双方大获全胜，敌人全军覆没。

速不台和哲别不可能放过蹂躏对手的机会，三万蒙古兵分成几百个小队，驰骋过阿速人的各个村庄，沿途焚毁、抢掠、屠杀，把阿速人的家园变成了人间地狱。整个高加索山区都受到了蒙古人的袭扰。据夸张的记载说，蒙古人这次在高加索山区的屠杀给当地居民造成了无与伦比的恐怖。当地人民在极度恐怖中毫无反抗，纷纷引颈就戮。在一个小镇被攻破后，一个蒙古妇女进入一所民宅，将宅中数名男子全部杀掉，屠杀过程中，无一人反抗。还有记载说，一个蒙古士兵经过住有一百多人的巷子，从头杀到尾，他所遇到的唯一反抗就是叫骂。

关于蒙古妇女杀人，有必要做如下补充。那位被成吉思汗灌醉的宋人赵珙说："其俗，出师不以贵贱，多带妻孥而行，自云用以管行礼衣服、钱物之类。其妇女专管张立帐篷，收卸鞍马、辎重、车驮等物，事急能走马。"

这说明蒙古兵团中有很多妇女，而且她们不仅仅是后勤，有时候还能杀敌，比如上面说的那位妇女，就是例子。

速不台和哲别彻底扫平高加索山地后，毫无悬念地把兵锋指向钦察人。

钦察领导人自偷偷离开盟友回到老巢后，把军队解散，各自回各自部落，望眼欲穿地等着蒙古兄弟送财宝上门。遗憾的是，蒙古人给他送来的是战争。由于没有任何备战，钦察各部在速不台和哲别的闪电袭击下，陆续崩溃，残余势力慌忙西逃。哲别和速不台宣布钦察草原已被蒙古人接收，接收人是成吉思汗的大公子术赤，然后猛追钦察残余。两人循着逃敌的踪迹，渡过顿河，沿亚速海北岸西进。

钦察人发现一大群人逃跑，目标太大，于是分为三部逃跑。一部逃入匈牙利，被匈牙利人同化；一部渡过多瑙河，进入巴尔干半岛，后被拜占庭帝国吸收；另一部很有骨气，逃进俄罗斯边境，向俄罗斯人乞求援助，俄罗斯人不知蒙古人的分量，欣然同意，决定和这支东方来的野蛮人较量一番。

速不台和哲别暂时还没有时间和俄罗斯人亲密接触，两人率领兵团推进到克里米亚半岛，自然而然地和热内亚人交上了火。热内亚是意大利西北部的一个自由城邦，拥有一支所向无敌的海军，但陆军几乎没有战斗力。蒙古兵团和它交手的第一个地点是热内亚要塞——苏达克，它由一个大城堡和十四个塔楼组成，虽然易守难攻，却有一支烂泥扶不上墙的守军。结果，在蒙古兵团的猛烈攻击下，苏达克陷落。速不台和哲别保持蒙古传统，焚毁了此城。

当他们在废墟上跳着蒙古舞庆祝胜利时，欧洲已经得到他们到来的确切消息。

实际上，当时基督教世界中心拜占庭帝国早就得到了蒙古人东来的消息，古儿只被攻时，拜占庭帝国里的教皇就收到了古儿只女王的信。之后不久，钦察难民渡过多瑙河南下，带来了更确切的消息。紧接着，热内亚人又带来了苏达克陷落的噩耗，拜占庭帝国惶恐，整个欧洲震动。

虽然知道大敌将来，可拜占庭帝国和欧洲各国毫无办法，下面就是原因。

拜占庭帝国虽称为帝国，可它能控制的地区只有首都君士坦丁堡，周边地区有各种各样的帝国，互相攻伐，又对君士坦丁堡虎视眈眈，也就是说，拜占庭帝国名不副实，没有力量挑起抵抗蒙古人的重担。

再来看欧洲各国。欧洲各国自1097年到13世纪时，已经进行了一百多年的战争。各国的财政捉襟见肘，精疲力竭。而各国内部又总闹内讧，尤其是政教冲突，严重得一塌糊涂。普鲁士国王腓特烈二世正被罗马教皇发动的十字军缠得头痛欲裂；法国国王腓力二世已暮色沉沉，正和国内的封建势力做着殊死斗争；英格兰国王亨利二世还是个孩子，此时尚未亲政，国内又闹着大宪章运动，危机四伏；西班牙国内，天主教和伊斯兰教之间的长期战争，依然打得难分难解；至于意大利，当时只是个地理名词，整个半岛四分五裂，根本没有能力出兵。

欧洲各国虽然震动，可由于没有实力只能坐等敌来，还有个原因使它们不会主动出兵，那就是俄罗斯比它们更有压力，因为俄罗斯离蒙古人太近了，蒙古人就在它邻居钦察人的家里。但俄罗斯比欧洲各国还拿不出手。

当时的俄罗斯远没有现在这么大，其领土只限于欧俄北部。俄罗斯的政体类似于中国西周政体，中央政府最高领导人称为大公，是名义上的领导，在中央政府之下有无数公国，各个公国的独立性很大，它们经常不顾大公的面子，互相攻伐，俄罗斯的实力就这样被它们逐渐削弱。俄罗斯的邻居钦察人发现了这一事实，不停地向它进攻，屡屡击败它，要它贡献金银财宝和牛羊马匹。1169年，俄罗斯大公把首都从基辅迁至弗拉基米尔，俄罗斯大公的影响一落千丈，各个公国因不停地被钦察人蚕食，也是半死不活。

但是，有个问题，为什么俄罗斯会收容那支被蒙古人击败的钦察人呢？原因有二。第一，收容那支钦察残余的人，是第聂伯河上游的哈里克斯公国领导人穆斯提斯拉夫，此人早先为了避免钦察人的袭扰，主动迎娶一位钦察贵族的女儿为妻，而此次来的钦察人正是他的老丈人；第二，穆斯提斯拉夫是个有头脑的人，他听说了蒙古人的大致情况后，马上召集各公国到俄罗斯大公那里商讨对策。俄罗斯人认为，与其等蒙古人侵入俄罗斯领土再作抵抗，倒不如去钦察人的地盘和蒙古人作战。这就是把战争拒之于国门外，战争的最高艺术就是，在别人家里打自己的架。

于是，著名的卡尔米乌斯河之战打响。

大战俄罗斯

当俄罗斯诸侯们开始在第聂伯河集结军队时，速不台和哲别的侦察兵早已带回了消息。据保守估计，俄罗斯大军有八万人，由于俄罗斯经常有内战，所以这些士兵都久经沙场，训练有素，能征善战。速不台和哲别的任务只是武力侦察，从未想过要和如此强大的一个军国为敌，于是两人决定采取外交活动，把这个敌人无声无息地消化掉。

速不台在钦察草原得知俄罗斯人百年来总受钦察人的欺负，于是他派出十个头脑灵活的蒙古人担任使者，到第聂伯河附近来见穆斯提斯拉夫。蒙古使者对这位表情冰冷、满脸横肉的老汉说："蒙古与俄罗斯向无仇怨，蒙古军此来，只是追讨抗命的钦察人，俄罗斯为什么要出兵呢？"

穆斯提斯拉夫冷笑："钦察人从未做过你们的藩属，何来抗命？你们侵略人家的地盘，还振振有词，岂有此理！"

蒙古使者见此计不成，只好拿出离间计："人人都知道，钦察人经常侵犯俄罗斯的领土，大肆践踏，你们和钦察人有不共戴天之仇，为何要和仇人联合？你们是不是该考虑，趁这个大好时机，干掉钦察人，以解心头之恨呢？当然，你们也可以和我们联合，因为咱们的信仰是相同的。"

穆斯提斯拉夫又冷笑："狗屁！现在最大的敌人是你们，而不是钦察人。况且，你们信萨满教，我们信东正教，怎么能是同一个信仰？"

蒙古使者终于失去耐心，跳起脚来大骂，这缘于他们多年来百战百胜、把所有人踩在脚下的傲慢，这种心态极要不得。穆斯提斯拉夫暴跳如雷，把十个蒙古人拉出营帐，斩首示众。

接着，他带领八万俄罗斯和钦察联军渡过第聂伯河东进，迅速击溃了蒙古人的一千警戒部队。速不台知道战争已不可避免，派两人到穆斯提斯拉夫处放下狠话："你们杀我的使者，攻击我的前哨部队，你们要战争，我就给你战争！我们绝不用诡计陷害你们。普天之下共戴的唯一长生天将会做我们的裁判！"

速不台在说谎，蒙古人打仗，向来是阴谋阳谋双管齐下，他不可能不使用诡计，因为诡计是蒙古兵团的灵魂。他和哲别决心采用诱敌深入、后退决战的计策，在此之前，他们的侦察部队已经得到了俄罗斯兵团的详细情况。来自波洛维赤公国的骑马的弓箭手，加利西亚公国的步兵，还有俄罗斯本部的重装骑兵，这些人骑在护甲的马上，挥舞着圣象旗帜，戴着圆锥形头盔、铁质面具，右手提着长剑，腰里挂着狼牙棒、流星锤等重型武器。这身装备，不必迎敌，只需走出十公里，士兵就气喘吁吁。俄罗斯兵团的辎重则由大车运载，同时还驱赶了一大群牛羊，这也是军粮的一部分。

不过，由于缺乏统一指挥，这支八万人的兵团各显神通，那些弓箭手走在最前面，步兵在中间，辎重部队紧跟其后，重装步兵喘着粗气走在最后，远远看去，整个军队里挤满了牲畜。

哲别担任吸引敌人的任务。他带领五千人和这支挤满牲畜的兵团若即若离，只要对方的轻骑兵离主力部队距离稍远，哲别就对他们发动一次进攻，然后迅速后退；当敌人远远地落在后面时，哲别就停下来等他们一会儿。

速不台则带领主力退到顿河以西地区集结，等待敌人，或者说是等着敌人自投罗网。

俄罗斯兵团猛追九日，追到了亚述海北方一条河边，这条河就是卡尔米乌斯河，蒙古人在河对岸，嬉笑看着俄罗斯军队和军队里的牲畜。

此时，穆斯提斯拉夫决定全军渡河作战。他扯着嗓子喊："上帝保佑我们，杀光这些不敬上帝的野蛮人，不要怜惜他们，前进！"

问题是，他的兵团并非单一兵种，有轻骑兵、重装骑兵和步兵。他的命令一下达，轻骑兵自然而然地抢在前面，接着是重装骑兵，他们的马一涉入河水，立即变得异常吃力，最后面则是欢快渡河的步兵，并且很快超过重装骑兵。没有渡河的则是善于用车辆摆成防御阵形的一万基辅工程兵，他们正在不紧不慢地布置战场，有人还在开玩笑说，他们根本派不上用场，因为大军一渡河，蒙古人必死无疑。

在俄罗斯兵团乱糟糟的渡河过程中，速不台和哲别没有下令攻击。击敌人于河中间，乍一看很高明，实际上，聪明的将军绝不会用这招，因为敌人在河里行动困难，自己在河里的行动也容易不到哪去，除非你有绝对优势兵力，以十敌一。

速不台和哲别就在敌人渡河过程中，确定作战计划。一支精锐骑兵攻击即将上岸的钦察人，这是挑软柿子捏，钦察人和蒙古人较量过，知道蒙古人的厉害，已经有了畏敌如虎的惯性，只要消灭他们，就会给俄罗斯兵团以震慑。

果然，最先登岸的钦察人畏畏缩缩，蒙古人刚冲锋，他们就一哄而散。接着上岸的是轻骑兵，速不台采取"田忌赛马"策略，用自己的重骑兵攻击对方的轻骑兵，用轻骑兵攻击对方正在上岸的步兵，至于对方的重装骑兵，则用弓箭手对付。

敌人迅速溃败，互相践踏。速不台下令集结兵力于一点，采用密集队形把俄罗斯兵团挤压到河里去。河岸上战马的嘶鸣声、杂乱的马蹄声和武器的碰击声交织在一起，河水在这么多人的猛烈搅动下，变得浑浊不堪。蒙古兵团势如破竹，一直把俄罗斯兵团逼回河对岸，登岸之后，猛砍猛杀，如快刀切西瓜。

那支喜欢用车辆摆出防御阵形的基辅工程兵团倒霉地派上用场，侥幸活下来的人纷纷跑进大车围起的圆圈里，用飞斧和弓箭抵抗飞扑过来的蒙古士兵。

蒙古人把他们团团围住，用火箭摧毁他们的大车，同时围着圆圈大车阵形不停地旋转、放箭。但圆圈里的俄罗斯人仍然会飞出斧子，没有丝毫胆怯。

速不台派人来到大车外面，高声喊话："你们别浪费力气了，如果你们投降，我们就网开一面放掉你们！"

穆斯提斯拉夫"呸"了一口，说："这些野蛮人有仇必报，咱们杀了他们的使者，他们不可能放过咱们，只有一条路，突围！"

所有人都赞成，于是突围开始了。这是用肉身做盾牌的一次残忍计划，在无数俄罗斯人肉体的掩护下，穆斯提斯拉夫成功脱逃，他身后留下的是一万余具被射成筛子的尸体。

至少有六名俄罗斯王公和七十名贵族被俘，速不台和哲别用从大车拆卸下来的木板压在他们身上，然后让五百名蒙古士兵在上面跳舞饮宴，这些人活活被压死。他们为穆斯提斯拉夫擅杀十名蒙古人付出了生命的代价。

这就是卡尔米乌斯河之战，俄罗斯的八万人活下来的不到十分之一，蒙古兵团几乎毫发无损。

俄罗斯兵团的覆灭，使得俄罗斯南部成为真空。不过，速不台和哲别都知道，区区三万人不足以彻底征服俄罗斯，他们只是在俄罗斯边境扫荡一番，然后引兵北上，突然消失在南俄罗斯草原。蒙古人的离开，使得俄罗斯和残留的钦察人认为自己已经从其铁蹄下解脱出来，有几个钦察小部落陆续回到支离破碎的家乡，而俄罗斯的诸侯们又开始了争吵，他们以为蒙古人永远不会再回来了。

哲别的确永不会回来，1224年，成吉思汗命令二人东归，哲别在回师的路上病逝，这位以神射手和千里突袭声动天下的名将就此成为传奇。

速不台还会回来，而且在十几年后成了俄罗斯的终结者。

哲别和速不台的这次远征，以区区三万人历时三年，转战八千公里，打了几十仗，轻而易举地击败了波斯人、古儿只人、高加索人、钦察人和俄罗斯人，如入无人之境，可谓是人类历史上的一个奇迹。称它为神奇的远征，并不为过。他们不仅征服了那么多民族，而且还带回了价值重大的情报，那就是西方各国的实力，这些可贵的情报为大蒙古国后来发动的更大威力的西征提供了理论基础。

这是成吉思汗和他的兵团最辉煌的时刻，同时，也是成吉思汗人生的尾声。

多年以后，被蒙古军击败的波斯人、阿拉伯人、俄罗斯人、匈牙利人、波兰人回忆蒙古军时总会想起如沙粒一样铺天盖地的敌人，因为他们总感觉处处受敌、时时有警，他们认为蒙古军每次作战，兵力都在数十万以上。比如《罗马帝国衰亡史》的作者爱德华·吉本就对成吉思汗的西征兵力神经兮兮地说，足有七十万战斗队员。

实际上，成吉思汗的兵力不过十三万。西方国家之所以有蒙古士兵铺天盖地的印象，和蒙古军的行军作战技巧有关。成吉思汗一手创建的蒙古军作战时总是分为数个纵队，数个纵队平行推进，这就给人造成数量庞大的印象。同时为了搜索、警戒、运输的便利，每一纵队的活动地区异常广大。一次大军作战，往往涵盖数百里。特别是它的搜索部队，经常在大军之前四散而出，登高眺远，有时为了摸清敌情，会远离纵队一二百里。每一支搜索部队都是一支精锐骑兵，遇到弱小敌人可以攻击时，他们就马上发动攻击；遇到强大敌人时，他们就回撤报告大部队。

只休息了一年

无时无刻都绷紧神经的人，总会有放松之时，无论是主动还是被动。成吉思汗自丧父开始直到西征结束，始终紧绷着神经。开始时是为了生存，后来是为了发展，再后来是为了比天还高的发展，他一直坚信他是长生天在人间的代表，老天是不能休息的，所以他到处开辟战场，到处杀戮。也许他根本就没有目的，战争和征服本身就是目的。

从他回到克鲁伦河的1225年年初到出征西夏的秋初，他终于有了短暂的不到一年的休息时间。他的神经终于不易察觉地放松下来，有一天，他站在草原高处，看向远方，一股奇怪的气味使他顿时忧郁起来，他忽然觉得心里有一种需要平静生活的欲望。他对着那片草原深情地说道："此地风景甚美，真乃乐业百姓盛会之处、野兽奔跑之地、老者休息之所也。"

他彻底地放松下来，和他的战友们饮宴，偶尔进行一次规模很小的狩猎活动。如今，他的版图已从东方的北京延伸到了西方的撒马尔罕，看上去他知足了。他曾得意洋洋地说，现在一个柔弱的妇女不必带任何武器，就可以从北京安全、顺畅地抵达撒马尔罕。

对如此光辉的成就，成吉思汗本人是如何看待的呢？

他曾对一位穆斯林长老说："在我死后，一个强有力的名字将在世界上继续流传。"该名穆斯林长老的脑海里马上飘过那些死尸和废墟，他说："您屠杀了那么多人，任何躲过劫难的人都不可能会记住你的名字。"

成吉思汗不以为然地笑了笑，说："这个世界很大，有很多还没有被我屠杀的人，他们会一直传颂着我的名字！"

也就是说，成吉思汗在生前就认定，他必将是名垂史册的人，无论是美名还是恶名。不但要有名声，还要有实惠，这些实惠就是他给儿子们的礼物。他希望他的子子孙孙永远传播他的名字，将他的名字颂扬到世界的尽头，而报酬就是广大的地盘。

　　术赤分到的是钦察人的广大地盘，还有玉龙杰赤以及呼罗珊地区；察合台分到的是西辽故土；窝阔台分到的是今新疆天山以北地区，西至伊犁河流域。蒙古本部和乃蛮部、克烈国故地都给了幼子拖雷。金国被攻占的领土并未分配，也许是他想留给大蒙古国的第二任领导人。

　　分封这些土地时，他的三个儿子满面笑容，只有术赤没有笑容，因为他根本就不在，他正在钦察草原，他给成吉思汗不能回蒙古草原的理由是自己正在生病。这是成吉思汗的一个心结，也是他在不到一年的休息期间最让他头疼的一件事。

　　成吉思汗在花剌子模那次摔落马下、被野猪注视之前，曾下令术赤到撒马尔罕，一起回蒙古草原。但术赤委婉地拒绝说，他正在经营钦察草原，因为有很多钦察人正酝酿着反叛。成吉思汗三召他，他三次不来，只贡献了一大群野兽给成吉思汗的狩猎活动助兴。

　　成吉思汗回到克鲁伦河后，又召术赤，术赤有病在身，不能前来。

　　察合台开始煽风点火："术赤喜欢钦察人胜过喜欢蒙古人，他在花剌子模不准蒙古人触犯任何一个钦察人，并且经常说些大逆不道的话。我还听说，当初父汗在撒马尔罕狩猎时，他曾想实施刺杀计划，自己称王称霸。"

　　这显然是恶毒的诬陷，术赤不可能有这种想法，纵然有这种想法，也不可能被人所知。但老人家耳根软，疑神疑鬼，听了这种话，不禁大发雷霆。他命令弟弟帖木格带几个搏击高手去见术赤，并且嘱咐道："就说我要他来，如果他还推三阻四，你不必和他废话，悄悄杀掉他！"

　　帖木格还未走，一个从钦察草原回来的蒙古高级官员受到了成吉思汗的召见。成吉思汗问他："术赤是否在生病？"

　　官员回答："没有啊，我走之前，他还进行了一场声势浩大的狩猎活动，杀死的狗熊、野猪能堆成一座山。"

　　成吉思汗像头野兽一样震怒，他一脚踢开面前的桌子，跳了起来。这一动作吓坏了那位官员，他以为成吉思汗要吃掉他。但成吉思汗没有，反而马上冷静下来，思考了十几分钟，他招来耶律楚材，说："我要出征钦察草原。"

　　耶律楚材惊讶万分，成吉思汗说："术赤要造反。"

耶律楚材不相信，成吉思汗又暴怒，他把三个儿子都叫来，问他们："术赤谋反，你们相信吗？"

窝阔台和拖雷一言不发，察合台怒目圆睁："父汗，让我去讨伐他，我要把他捏成灰烬！"

窝阔台去拽察合台的衣服下摆，频频给他使眼色，拖雷则愤怒地瞪着察合台，成吉思汗把三个儿子的一举一动都看在眼里，被气昏的头脑清醒过来，他有气无力地挥挥手："这事先放一放，容我想好再说。"

他已没有时间想好。不久，一封加急文书从花剌子模送来：术赤病逝。

成吉思汗哭得死去活来，急忙去找那个诬陷术赤的高级官员，那位早已溜之大吉。术赤之死是大蒙古国初期的疑案之一，有人说，是成吉思汗派人毒死了术赤，不过更多的说法是，术赤的确是病逝。

成吉思汗下令术赤的儿子拔都继承他父亲的遗产，这件事对他产生的打击并未持续太久，他很快就从伤心中复苏，一复苏，他的休息时间也就结束，毫无悬念的战争重新开启。

这次的战争目标是西夏，那个喜欢耍小聪明、能发不能收的跳梁小丑。

征西夏

我们还清楚地记得成吉思汗西征前夕向西夏借兵的事，当时西夏的大臣阿沙敢不回了成吉思汗一句很不恭敬的话，成吉思汗因为要西征，所以没有精力收拾他。不过，从不宽恕别人错误的成吉思汗绝没有忘记西夏。1223年三月，一直在中原蚕食金国的木华黎病逝。成吉思汗在花剌子模派木华黎的儿子孛鲁回中原继承老爹的位置，继续蚕食金国。临行前，成吉思汗命他讨伐西夏。

1224年秋七月，孛鲁对西夏发动进攻，攻陷西夏的银州（今陕西省横山县东），屠杀数万人。此时的西夏皇帝是李遵顼的儿子李德旺，能力极为有限，在那位骄傲的大臣阿沙敢不的"辅佐"下活一天是一天。对蒙古人的进攻，李德旺绞尽脑汁，想到一个办法，就是和金国重新结盟。双方谈了一年，1225年九月，终于达成联盟协议，金国政府居然敲锣打鼓地昭告天下，蒙古人知道了西夏彻底地背叛了他们。

1225年春，成吉思汗决心征讨西夏，并且彻底灭亡它。当年秋天，成吉思汗率领大军从蒙古草原出发，冬初，大军越过贺兰山。

成吉思汗面对眼前的绿洲和牧场，突然有了狩猎的冲动。随行的窝阔台和拖雷都劝他不要进行如此剧烈的活动，可他不听。伴驾的也遂也劝他，他还是不听。其实，成吉思汗对自己的身体状况了如指掌，一场围猎活动对他而言，小菜一碟。

可意外竟然如奇迹般地发生了。在围猎活动中，一群野驴在蒙古将士们的追赶下，突然冲到成吉思汗马前。贺兰山的野驴生性凶猛，狗熊在它面前都要噤若寒蝉，一头野驴发起疯来横冲直撞，冲击力不逊于坦克，所以一群野驴，就是一个坦克群。坦克群排山倒海似的冲向成吉思汗，成吉思汗没有害怕，他的坐骑很不争气地恐惧起来，马首忽然昂起，马蹄一阵乱腾。成吉思汗一时控制不了，被重重地掀翻在地。

坦克群的任务似乎就是把他吓趴下，当他敦实地落到地上后，坦克群掉头呼啸而去。众将士慌忙把成吉思汗扶起，成吉思汗呻吟不止，感觉浑身骨头都裂开了。大军于是停止狩猎，就地扎营。

当天夜里，成吉思汗做了个怪梦。他梦到自己平地青云，升腾而起，飞得筋疲力尽后，他抵达一处所在，既不是天堂也不是地狱，雪白一片。他在里面转来转去，始终走不出来，最后，他哭起来，哭得那样伤心，当身边的也遂把他推醒时，他还在忧伤地号啕大哭，向也遂的怀里钻。也遂像抱孩子一样搂抱他。他想把梦境说给也遂听，但却忘得一干二净。他只记得自己曾做过一个梦。

凌晨时分，成吉思汗突发高烧，把一个生鸡蛋放到他额头上，很快就能熟。也遂找来窝阔台和拖雷，还有成吉思汗的那些战友，向他们报告了这一不祥的事实。

有将领马上提议推迟远征："西夏是定居国家，我们来或者不来，它都在那里，不动不移，我们今天打它或者一百年后打它，都一样的。"

成吉思汗被高烧侵袭得浑身发抖，牙齿打战，众人都劝说他推迟远征，养好身体再说。成吉思汗想了想说："我们兴师动众而来，西夏人早已知晓。如果我们撤兵，西夏人必以为我们胆怯，派使者去问罪，看他们怎么回答，然后再作打算。"

成吉思汗的使者来到西夏都城，开门见山道："你以前说过要做我们的右手，为此我们在西征时要你出兵协助，可你不但不出兵，还讥讽我成吉思汗不配称大汗，你们多活了几年，是你们的造化。现在我西征凯旋，找你算账来了，说！为何要讥讽我？"

李德旺马上魂不附体地回答："讥讽你的话不是我说的。"

那个败事有余，同时也是成吉思汗追命者的阿沙敢不腆着肚子站出来，大声说："那话是老子我说的。回去告诉那个狗屁成吉思汗，要打的话，就到贺兰山，我在那里有营盘；想要金银的话，就来中兴府，但拿不拿得走，就看你们的造化！"

成吉思汗得到阿沙敢不的答复后，暴跳如雷："我就是死，也要消灭西夏！"他不顾高烧和摔伤，立即下令进兵。这次征西夏纯是前几次征西夏的翻版，和前几次不同的是，此次征西夏后，世间再无西夏，成为绝版。

1226年农历二月，成吉思汗大军先攻黑水城，黑水城守军抵抗顽强，誓死不降。三日后，他们被成吉思汗的几尊炮吓破胆，开门投降。不过晚了，成吉思汗不接受他们的投降，将城门口放下武器的守军就地格杀，城中凡是活物，无一幸免。

夏天刚刚来到，成吉思汗兵团在扫荡了甘州（今甘肃张掖）、肃州（今甘肃酒泉）外围防御后，对两座城市同时发起猛攻。成吉思汗在浑垂山一面避暑一面接到各地的捷报。唯一让他不太满意的是，身体状况不容乐观。那次从马上跌落后，整个身体就如同中了魔咒，始终不能复原。

七月，在蒙古人的疯狂扫荡和进攻下，西夏皇帝李德旺忧惧而死，他的侄子李睍被扶上摇摇欲坠的龙椅。李睍是个悲剧人物，他坐到龙椅上的职责就是做亡国之君。

就在李睍潦草的登基大典闭幕时，成吉思汗兵团神兵天降至西夏的第二大城市西凉府（今甘肃武威）城前。西凉府守军发现蒙古兵团如山如海，走在最前面的是他们的同胞，蒙古士兵夹杂其中，面对这种尴尬的场面，他们只好投降，成吉思汗赦免了西凉府的平民，守军却全被屠杀。自此，西夏西北领土全部丧失。

七月末，成吉思汗兵团渡过泥泞不堪的黄河，从东南方向逼近西夏首都中兴府。沿途各城的顽强抵抗，让成吉思汗兵团进展缓慢，十一月，成吉思汗兵团才推进到距中兴府南仅三十公里的灵州（今宁夏吴忠）。攻城迅速开始，灵州危急，中兴府危急，西夏危急。

中兴府方面自成吉思汗征讨以来，第一次变得主动。之所以这样说，是因为从成吉思汗发动进攻以来，中兴府始终按兵不动，被成吉思汗攻陷的所有城市在未陷之前，都向中兴府求救，可中兴府像是死了一样，没有半点回音。

灵州被围攻，西夏皇帝李睍拍案而起："如果灵州失守，那中兴府也时日无多，我们必须要在灵州阻挡蒙古人！"十一月中旬，李睍率领西夏主力军五万人向南前进。成吉思汗得知西夏主力前来，大喜过望，下令停止攻城，专心对付这支西夏援军。

双方就在结冰的黄河上展开激战，战事极为激烈，成吉思汗本人都来到战场，站在封冻的黄河上亲自指挥战斗。蒙古兵团先用弓箭射击，西夏兵团猛烈还击，弓箭射完，双方就近身肉搏，西夏兵团在国破家亡来临之际，爆发出了一百倍的勇气，不过他们的数量处于明显的劣势，最后被蒙古人全歼。但蒙古人也付出了有史以来最惨重的代价：死亡十分之一。

皇帝李睍在失败前的最后一刻，逃回中兴府，他知道大势已去，西夏完蛋了。

消灭西夏的有生力量后，成吉思汗掉头攻击灵州，灵州已无一丝抵抗意志，城市很快陷落。蒙古大军进入灵州，屠杀了三天后，蒙古大军向孤零零的中兴府前进，三天后，对其完成包围。成吉思汗没有去中兴府，而是在今天的盐池县一面休养身体，一面制订下一步作战计划。他知道，西夏灭亡只是时间问题，已无任何悬念可言。

成吉思汗的下一步计划就是对付金国，从西夏迂回进攻金国是成吉思汗多年来的夙愿，现在，他开始实现这个夙愿。

1227年农历正月，成吉思汗留下一支兵团继续围困中兴府外，把主力兵团分三路，进攻金国。第一路由窝阔台率领，沿泾水而下，其任务是攻陕西凤翔，取京兆。金国当时虽虚弱不堪，可陕西力量却很强大。窝阔台在凤翔城下遇到了金国名将杨沃衍和他的得力干将刘兴哥，所以窝阔台至少用了四个月时间才攻陷凤翔，然后移兵东进，预定攻取京兆，但这个任务没有完成，因为不久，他就收到了成吉思汗要他回师的消息。

第二路兵团司令速不台，奔河湟地区（今青海省和甘肃省境内的黄河与湟水流域），五月，速不台攻陷临洮，在接下来的一个月时间里，速不台兵团如同儿戏般地攻陷河州、西宁等重镇，金国在河湟地区的力量被消灭殆尽。

成吉思汗和拖雷统帅第三路兵团，从盐池南下，攻击德顺府（今甘肃省静宁县东），四月份，德顺府被攻陷。闰五月，天气酷热，成吉思汗抵达六盘山（今宁夏固原境内），准备在这里避暑，然后继续蚕食金国。

他不知道，这是他在人间的最后两个月。两个月后，他将离开人间，离开茫茫大草原，去见长生天。

第一股热风吹进六盘山时，成吉思汗行动已不便，而且莫名其妙地咳嗽，发烧。炎炎夏日，他居然要穿两件羊皮袄，即使这样，他仍然冷得直发抖。此时，他还未预见到大限已到，在接见前来求和的金国使者时，他冷笑不已。他说："你们金人侮辱杀害我的祖宗，这是不共戴天之仇，我必让你们下地狱。"

金国死皮赖脸，矢志不移地不停派使者来六盘山，请求成吉思汗的宽恕。1227年的第二个五月初，金国派出一位巧舌如簧的使者来见成吉思汗。这名使者终于取得成功，成吉思汗同意，计划取消对金国的军事行动。他说："希望你能四处宣扬我停止干戈的话，让天下人知道我的慈悲之心。"

感动成吉思汗的恐怕还有一条：金国贡献来的耀眼夺目的大批珍珠。成吉思汗把这些珍珠撒到草地上，对他的军官们说，凡是有耳环孔的，都可以取。军官们猛地扑上去，没有耳环孔的，临时抱佛脚，用各种尖锐利器现场演示扎耳环孔。

当这群蒙古人在追逐珍珠时，金国使者如犯了羊痫风一样，跑回开封，把成吉思汗同意和解的天大好消息告诉了金政府。金国感激成吉思汗的慈悲，却不知道成吉思汗对待仇敌，根本就不知慈悲为何物。他之所以计划停止对金国的进攻，是他身体每况愈下，他试图用这种和平方式争取健康。

六月，成吉思汗命人到西夏中兴府去探听西夏人的口风。中兴府被围困数月，已易子而食，又因为五月份一场大地震，几乎成为废墟。李睍同意投降，成吉思汗要他来觐见，可李睍却说，他需要一个月时间准备丰盛的礼物来觐见大汗。

成吉思汗勉强同意了李睍的要求。那天晚上，他做了个诡异的梦。他见到苍茫的天上飘下雪花，把大地染成一片银色。突然又下了一阵雨，雨是红色的，山河大地又变成了猩红一片。他把梦境说给也遂听，这位半老徐娘不明白这是什么意思，但确定这并不是好兆头。

成吉思汗不动声色地召来耶律楚材，把梦境复述给这位半仙听。耶律楚材听完，也不动声色。他说："这很正常，您现在有病，压力大，做这种奇怪的梦最自然不过了。"

成吉思汗第一次对耶律楚材表示出不信任来，他秘密命人去把拖雷和窝阔台叫到身边，虚脱似的说："等李睍到来，不管我在不在，将他就地处决。攻陷中兴府后，中兴府不分男女老幼，全部斩尽杀绝。如果我没有机会看到这一切，你们每次饭前都要大声告诉我，西夏人已被杀绝，成吉思汗已殄灭其种也！"

窝阔台看着老爹沧桑的脸和有气无力的精神，马上哽咽起来，拖雷已经哭出声。成吉思汗阻止了他们，说："此时不是哭的时候，过几天，把李睍的人头拿给我看。"

李睍来了。六月末，李睍带着大批礼物来了。一尊金佛、九只金碗、九只银碗、九对童男童女、九匹阉马、九只骆驼以及其他更多的东西，当然还有中兴府的地图，因为投降条件之一，就是献出中兴府。

成吉思汗用一种另类的方式接见了李睍。一道厚厚的帘幕，垂在帐篷前。李睍跪在敞篷前，向成吉思汗问好。帘幕后没有一点回响，在他身后，却突然起了骚动。随他而来的几名徒手护卫和几十名大臣都被蒙古人按在地上，蒙古刽子手手起刀落，那些人的脑袋滚出好远，都张着惊骇的嘴。

李睍吓得连跳起来的力气都没有，他就跪在那里，浑身颤抖。在突然之间，他的意识模糊，有个想法如闪电一样射进他的脑海：帘幕后面根本就没有成吉思汗，这个世界上也从没有一个叫成吉思汗的人，而他跪在这里，只是一场幻梦。

有人惊醒了他的梦，把他提起来，说："走吧！"

连李睍本人都为自己出奇的镇静感到惊讶，他温和地笑了下，问那名蒙古军官："是要砍我的头吗？"

那名蒙古军官回答："不砍头，你毕竟是个皇帝，我们杀你这种大人物，不能见血，跟我走吧。"

李睍顺从地跟着那位蒙古军官向一个帐篷走去，就如同他几年前顺从地跟着礼仪大臣坐上龙椅一样。他走到帐篷门口，停下脚步，回头看了刚才跪过的帐篷一眼，自言自语地说了句："根本就没有成吉思汗。"

他这句话如果在两个星期后说，就是事实，而他这个时候说，就不是事实。李睍是如何死的，没有记录，最大可能是受到和札木合一样的刑罚：活活被勒死。

一个月后，中兴府被攻陷，正如成吉思汗吩咐的那样，西夏人无一幸免，全被屠杀。西夏灭亡，西夏人灭种。

成吉思汗归天

1227年农历七月初，成吉思汗拖着病体从六盘山来到清水县，这里成了他在人间的终点。七月的第一天，成吉思汗大有病入膏肓的模样，他枯坐在帐篷里，如云的美女簇拥着他，他视而不见。有人把李睍已被处决的消息轻轻告诉他时，他只是微微点了点头，什么都没说。

他蜷缩在两件厚厚的羊皮袄里，冷得直发抖。那段时间，窝阔台和拖雷始终和他一起吃饭。有一天晚饭，他放下筷子，昏黄的眼睛看向两人，语重心长地说道："我命不久矣。赖天之助，我已为你等建下一个广大帝国，自国之中央达于四方边极之地，皆有一年行程。如果你们想保护它，使它不至于瓦解，必须要兄弟同心，一定要团结，团结就是力量。还要为你们的下属增加财富。你们三人之中，应该有一人来继承我的汗位。"

他看向窝阔台："就是你。"接着说，"拖雷是我最小的儿子，按蒙古传统，应该继承我的产业。你两人不得违背我的遗命。"话锋一转，"察合台在草原守家，你两人合力不要让他生乱心。"

窝阔台和拖雷一起下泪，成吉思汗摆了摆苍老无力的手，说："现在哭丧，还不是时候。"至于什么时候才是时候，成吉思汗已经心中有数。

谈话的第二天，成吉思汗被人抬着来到清水境内的西江河畔，他看着涓涓清水不停向东流，心中立即起了一阵感伤。蒙古人不喜欢山水，诗情画意的山水是柔弱民族才喜欢的东西，蒙古人喜欢辽阔的草原，喜欢翻越各种荒无人迹的沙漠，然而在他生命的最后时刻，他开始喜欢小河沟一样的水，大家都知道，他已柔弱不堪。

他看着水，吃力地抬头看了看蓝天，屏退众人，只留下窝阔台和拖雷。他指着东方，从牙缝里蹦出一句："金人，世仇，不可不灭。"

窝阔台和拖雷谨听教诲，成吉思汗说出了他的第二道遗嘱——灭金——金精兵在潼关，南据连山，北限大河，难以速破。若假道于宋，宋金世仇，必能许我；则下兵唐邓，直捣开封。金急，必征兵潼关。然以数万之众，千里赴援，人马疲敝，虽至不能战，破之必矣。

七年后，窝阔台按此方略，灭掉金国。事实和成吉思汗的计划稍有出入，南宋抽风没有借路，是蒙古兵团强行借的路。

说完这段话，成吉思汗喘息好久，才又说道："必须要遵守大札撒，后代子孙绝不许违反。"

窝阔台点头如捣蒜，成吉思汗费力地向夕阳指了指："你们是八九点钟的太阳，而我现在就是它。"

去世的前两天，成吉思汗在病榻上睁着无神的双眼，像是喃喃自语，像是问询耶律楚材："世人会如何评价我的一生？"

这句问话像是一根魔法棒，在耶律楚材面前变幻出无数的场景。他看到用鲜血和眼泪交织而成的一条大河，滚滚东流；他看到一座座美丽大城瞬间灰飞烟灭而成废墟；他看到蒙古骑兵踏在累累白骨上，白骨被马蹄踩得稀巴烂；他听到魔幻般的场景中发出声音——长生天要我来杀你；当然，他也看到了那部伟大的蒙古法典《大札撒》，在其他民族的废墟上闪烁着灿灿金光。

他回答了成吉思汗的询问："您的一生是伟大的一生，是战斗的一生，是按长生天旨意惩罚天下的一生，您建立了既伟大而又惊心动魄的超凡事业。只有写一整部书叙述您的征战、勋业、言论，才能精确地把这些事实列举出来。"

成吉思汗伸出干枯的双手，眼神发出光彩："这件事你来做！"

不多几年后，在大蒙古国政府的主持下，用蒙古语、汉语和波斯文写成的成吉思汗传记面世，在这些书中，成吉思汗成了蒙古人的永恒领袖和人类史上最光辉的人物。

这位人类历史上的巨人自和耶律楚材谈话完毕，就再也没多说一句废话，七月十二，成吉思汗病逝。巨轮一样的夕阳落下山，在最后一抹光留在人间时，他对自己的人生做了个总结："我有过许多残忍的行为，我杀死了不可胜数的人，而并不晓得我做得是否有道理，然而，不管将来人们怎样议论我，我都不在乎。"这种对后人的评价如此漠不关心的态度，正是一向我行我素的成吉思汗的真实写照。

说完这句话，他又说了第三道遗命，也是对他从前的话的重申："我死后秘不发丧，不能让西夏人知道，一定要攻陷中兴府，将他们全部屠杀。"

围在他身边的人都流下眼泪，他说："哭吧，是时候哭了。"随之，他的情绪伤感起来，他用一种无可奈何的眼神看着窝阔台和拖雷，忧虑地说："我的子孙后代必将锦衣玉食，跨宝马雕鞍，拥绝色美妇。他们永远不会去想，此等荣华富贵所赖何人而有之也……"

这既是对后代子孙的担忧，又是对自己离世的不甘。在那个不吉利的七月，他去见了天上的精神导师长生天，而他在人间的精神导师丘处机也离开人世，两人同年同月死，不知是巧合，还是上天的故意安排。

成吉思汗没有死在床上，而是像个合格的老兵，死在了前线。他波澜壮阔的一生终结了，当我们回顾他六十余年的戎马生涯，感觉如同一场幻梦。十几天前，李睍按蒙古人的指示跪在厚重的帷幕前时，他怀疑帷幕后面根本就没有人，根本就没有成吉思汗。但凡是成吉思汗时代和之后的人都知道，世界上有这样一个人，一个破天荒的巨人！

成吉思汗升天后，蒙古兵团把他的遗体放在一辆十二头牛拉的大车上，准备返回他的家乡。灵车启动的刹那，全军悲悼哭泣，哭声震天。就在这一片悲痛的哭泣声中，灵车缓缓前进，像是今天影片中的慢镜头。

成吉思汗的战友们随车一边呜咽，一边呼唤着死者：

呜呼，我主！
雄鹰腾飞民之上兮，汝昨非翱翔于天宇耶？
呜呼，我主！
灵车轧而行兮，今岂载汝而去耶？
呜呼，我主！
贤妻爱子世所罕兮，汝果离之而独去耶？
呜呼，我主！
忠臣良将愿效命兮，汝岂弃之而不惜耶？
呜呼，我主！
雄鹰矫健展翅飞兮，汝昨非盘旋于天宇耶？
呜呼，我主！
马驹欢跃狂奔驰兮，汝岂忽而倒地耶？
嫩绿新革正值春兮，竟遭暴风而折披耶？
六十年征战擎大意兮，今将住合乐一统兮，汝岂离纛而去耶？
汝岂堰眠而不起耶？

这声音是如此的悲情，使拉灵车的老牛都流下眼泪。十二头老牛突然停了下来，车夫猛力地甩鞭子，十二头老牛如泥塑的一样，一动不动。正史说，这是因为灵车陷入泥泞之地，无法动弹，至少有一万名将士前来推拉，灵车纹丝不动。野史则说，灵车不动，并非是陷入泥泞之地，而是成吉思汗的灵魂不想离开。

据野史的说法，1226年成吉思汗征西夏来到今天鄂尔多斯时，不禁被当地的景色所迷，甚至把马鞭都掉在地上。他赞叹眼前的景色说："此地非凡，土黄如金，水清如翠，牧草流油，马壮羊肥。此地头枕黄河，身卧高原，手握天柄，眼望苍天，恰是葬身之地。"随行将士们一听，马上附和成吉思汗，认为应该在这里建立敖包（蒙古人祭祀山神、路神的土石堆）。成吉思汗欣然同意，于是，十万蒙古士兵每人搬来一块石头，堆起了一个大敖包，这个敖包就是今天的金碑敖包，是敖包中的巨无霸。

灵车无法动弹的地方，恰好就是金碑敖包之地。众将心知肚明，这是成吉思汗的灵魂不想走了，就想在此安居。于是，众将开始呼唤成吉思汗的灵魂。一大段招魂词刚刚念完，落地生根的灵车就突然自己启动，十二头牛欢快地哞哞叫，大军继续启程。虽然灵车移动，可祭祀官却认为，成吉思汗的灵魂已停留在此。于是拖雷和窝阔台就把此地改名为"伊金霍洛"，意为"圣主陵园"。同时，指派五百名士兵和形似长矛的"苏鲁锭"留在了伊金霍洛。今人认为成吉思汗的陵墓在鄂尔多斯的伊金霍洛旗，就是根据这个传说来的。

为了对成吉思汗死亡的消息保密，灵车所过之处，凡是活物统统被杀。那些偶然碰到送灵队伍的人、兔子、野猪、野驴霉运当头，全都成了蒙古人的刀下之鬼。为何如此残忍，有两个原因。第一，那些刚刚表示臣服的金国人如果听到这个消息，可能会有所行动，而蒙古人没有适当的预防意外事件的措施；第二，是应古老风俗的要求，为死者寻找其在阴间的奴仆。正是这种野蛮风俗，所以蒙古士兵杀那些倒霉的路人时，一边杀一边虔诚地如同祷告似的说："到阴间侍候我主去吧！"

直到灵车被送到克鲁伦河上游的蒙古大本营时，拖雷才向世界公布了成吉思汗的死讯，一时之间，所有身在外地的蒙古人都纷纷回到克鲁伦河，哭泣着向遗体告别。远道者走了三个月，才走到克鲁伦河，足以想见大蒙古疆土的辽阔。

人们在祭拜他时，总会想到这位世界征服者说过的那些嘉言，这些话如同天宇梵音一样，萦绕在他们头上。

养马的官员会想起成吉思汗这句话："马肥时能疾驰，瘦时亦能驰，肥瘦得中时亦能驰，乃为良马。"

将军们会想起成吉思汗这句话："将士临敌，当思得名，如围猎然，祷佑于天，务多获而后已。"还有想起下面这段话，它是为将之道的真谛："者勒蔑的儿子最勇敢，终日战而不疲，不饮不食而不饥渴，人莫能比。然不可使为将，彼视人犹己，士卒疲矣，饥渴矣，而彼不知也。故为将者必知己之疲，然后推之于人。其行军也，必知路之远近，以量士马之力。量力自弱者起，弱者能之，强者无不能也。"

主持民政事务的武人会想起他的这句话："临民之道如乳牛，临敌之道如鸷鸟。"

在为人智慧上，很多人会想到他的这句话："一言而见为善，必行其言；见为不善，则不必行其言。知己为何如人，乃能知人为何如人。"

妇女们则会想起他说过："人不能如日光，无远近不烛照，则家事赖有内助。夫或外出，客至其家，款待饮食，必致丰厚，而后谓尽妇职，遐迩称誉。

观其家即可知其人也。"

喜欢急进的人则会想起成吉思汗下面这段话:"人在忙遽仓猝时,当效法达尔海乌哈。某日,他出门,有二人从行。见远处有二敌人,从者谓以三人攻二人,必胜。达尔海乌哈曰:'我已见彼,彼岂不见我哉?'策马而去,和自己军队汇合。既而知此二人,一为塔塔儿酋长,潜伏五百人于山隘,独出诱敌,往则为擒矣。"

战士们则会想起成吉思汗这段话:"围猎时多得兽,战阵时多杀敌。若天为其开一生路,则我可以缓,而人可以忘。"

察合台、窝阔台和拖雷会想起父汗的这句话:"教诫子弟,使毋忘本。不可使其但知鲜衣美食,乘骏马,拥娇妻,以免忘记我等开刃之劳。"

这些嘉言并未随着成吉思汗躯体的下葬而销声匿迹,它们一直回荡在所有蒙古人的心中,回荡在大草原上,后来又回荡在地球四分之三的陆地上。

这位前无古人后无来者的世界征服者被埋葬在肯特山的某处。埋葬后,驱万马将其踏平,在葬处杀一匹小骆驼;明年,青草生,掩盖了葬地;扫墓时,则牵来小骆驼的母亲,老骆驼嗅到小骆驼死处会发出悲鸣,于是,就知其葬所。不过,岁月日久,周围树木丛生,成为密林,后人就渐渐找不到确切的埋葬地点了。

直到今天,也没有人确切知道成吉思汗的陵墓到底在哪里,这成了千古之谜。我们只是知道,他生于草原,又回到了草原的怀抱。这片神秘辽阔的土地保护着他,藏匿着他,他永远地同这片土地融为一体,但纵然世界陆地上最偏僻的角落都能感觉到他在地下发出的声音。

成吉思汗去世的消息很快传遍世界,世界知道了,却屏住了呼吸。接下来要发生什么事,没有人知道。大蒙古国却知道,他们必须要继承成吉思汗的遗志,扛起长生天惩罚天下的大旗,继续征伐四方。

按蒙古传统,可汗需要经过忽里台大会选举产生,在未召开忽里台大会前,大蒙古国暂时由继承了成吉思汗物质遗产的拖雷监国。两年后(公元1228年),拖雷主持召开忽里台大会,大会全票通过窝阔台为大蒙古国第二任可汗,再两年后的1230年,窝阔台践履成吉思汗的遗嘱,向金国全面开战,向西方开战,向整个地球所有未臣服他们的地方开战。

大蒙古国在成吉思汗之后,迎来光焰万丈的岁月,他们重新塑造世界。

塑造世界

沉寂三年后，蒙古兵团再度按下战争的按钮。蒙古兵团先克山西，1231年农历二月，攻陷凤翔。窝阔台命拖雷率兵四万，穿过南宋领土，逼向金国邓州（今河南邓州）。邓州守军有十万人，而且拼死抵抗，拖雷无法攻克，领兵北上，扫荡邓州和开封之间的诸小城。窝阔台派遣多名战将率兵一万，渡过黄河直奔开封，他本人则随后跟上。邓州十万人担心开封有失，仓促北上，由于沿途各城镇都被蒙古人占领，所以补给异常艰难，又被神出鬼没的蒙古兵团四处袭击，疲惫不堪。

1232年农历正月十六，这支金兵团抵达钧州（今河南禹县），即将入城休息。拖雷在钧州城外的三峰山设下埋伏，用诱敌之计将金兵团引诱到埋伏圈中，全部歼灭。金国精锐丧失，灭亡已指日可待。

窝阔台抵达开封城下，紧紧围困，金国求和，窝阔台同意。但不久，金国又反目，杀了蒙古的使者，速不台再围开封。1233年春，开封城被围缺粮，金政府放弃开封，跑到归德（今河南商丘）。蒙古兵团跟踪而至，围攻归德。1233年农历四月，速不台攻陷开封城，尽诛完颜宗室，血流漂杵。六月，金国皇帝从归德逃亡蔡州（今河南汝南），蒙古兵团如冤魂一样紧跟不舍。1234年农历正月，金国皇帝完颜守绪在蔡州城绝望地上吊，蔡州城很快陷落，风光了一个多世纪的金国灭亡。

窝阔台灭金，完全是按照成吉思汗遗嘱的方略。灭金之后，1235年，窝阔台在库伦—乌里雅苏台附近建都和林，这就是大蒙古国的首都。和林是个简陋的都城，马可·波罗说，它只有两条大街，皇宫和平民居住的地方没有多大差别。所以如此简陋，可能是因为窝阔台没有时间构建自己豪华的住所，因为还有很多仗要打。

灭金之后，窝阔台同时开辟两个战场：西征和灭南宋。

先来看西征，1236年春，术赤之子拔都率兵西征，这是大蒙古国第二次西征，目标是扫平钦察残余的叛乱。拔都兵团先到伏尔加河东方集中，然后征服了不里阿耳，再挥师南下，扫荡卡马河—里海之间的钦察残余。钦察人已是惊弓之鸟，一见拔都兵团，立即溃逃。拔都追到里海海岸，彻底消灭了最后一波钦察人，此次战争用时一年。

1237年农历十二月，拔都突然兵锋指向俄罗斯。他的兵团迅速渡过伏尔加河，进攻俄罗斯，先攻破也列赞城（今俄罗斯梁赞）、科罗木纳（今俄罗斯科洛姆纳）。1238年农历二月，拔都兵团进围俄罗斯都城弗拉基米尔，俄罗斯大公弃城而走，城破后，拔都兵团屠城三日。之后，拔都兵团分兵略地，四邻的重要城镇都被一一拿下。1239年春，拔都兵团进至打耳班附近，打通了高加索的南北交通线，使波斯—钦察连成一气。1240年，拔都兵团渡过顿河，向南俄进攻。十一月，渡过第聂伯河，十二月初六，拔都兵团攻下基辅，把这座名城彻底摧毁。摧毁基辅后，拔都兵团继续前进，攻占了俄罗斯南部诸城，还一度派兵进入波兰境内，大肆抢掠。

彻底扫荡南俄后，拔都兵团又把矛锋对准了匈牙利。攻势从1241年春开始，1241年秋结束，匈牙利全线溃败，国王出逃，整个欧洲如惊弓之鸟，夜不能寐。

1241年农历十一月，窝阔台去世，皇后乃马真暂主持政局。1242年农历三月，西征大军班师，大蒙古国的第二次西征结束。拔都留镇钦察，建立钦察汗国，统治俄罗斯二百余年。

1246年，忽里台大会召开，窝阔台的儿子贵由被推举为大蒙古可汗，贵由在位三年去世，皇后海迷失主持朝政三年，拖雷长子蒙哥被推举为大蒙古可汗。由此，大蒙古国大统的继承，从窝阔台位下转入拖雷位下。

1253年，蒙哥命令皇弟旭烈兀西征报达城。在此之前，札兰丁和报达的哈里发勾结，在已被蒙古平定的波斯境内大肆进行反攻。旭烈兀这次西征，目的是彻底平定波斯动乱和伊斯兰圣地报达，重新塑造伊斯兰世界。1258年农历二月，旭烈兀兵团攻陷报达，西亚伊斯兰世界全部归入大蒙古国。其后，旭烈兀兵团又进攻叙利亚，对埃及发动进攻。1260年，面对埃及的顽强抵抗，旭烈兀停止了长达七年的远征，1265年，旭烈兀在九年前建立的伊尔汗国东至今印度河下游，北至咸海—里海—高加索—黑海之线，南临波斯湾与阿拉伯，西至地中海。疆域之大，实力之强，使欧洲噤若寒蝉。

蒙哥在位九年去世，其弟忽必烈在1260年继任大汗，他不但称汗，而且仿效汉人模式，十一年后又称帝，定都北京，这就是元帝国。忽必烈具有双重身份，不但是大蒙古国的大汗，还是中国的皇帝。

至此，大蒙古国的一个帝国（元帝国）和四个汗国（窝阔台汗国、察合台汗国、钦察汗国、伊尔汗国）全部到齐。

忽必烈称帝后最迫在眉睫的事就是结束长期以来的对宋战争，灭掉南宋。此事要从头说起，我们还记得1231年，拖雷兵团穿越南宋领土直奔金国邓州的事。其实，当时蒙古兵团是按照成吉思汗的遗嘱向南宋借道，可成吉思汗没有料到，南宋居然不借道，而且还把前来谈判的蒙古使者杀了。

拖雷暴跳如雷，道也不借了，命令蒙古兵团强取。远征军司令拖雷在大散关（今陕西省宝鸡市西南）轻易地撕开了一道口子顺利进入南宋，拖雷兵团在南宋境内如入无人之境，狂风扫落叶般荡平了南宋数十州，然后又顺利地离开南宋境，进入金国境内，猛攻邓州。

1233年春，蒙古人攻陷开封。金国最后一位皇帝完颜守绪跑到蔡州，窝阔台和南宋签订军事同盟，蒙古帝国要求南宋供应蒙古军队粮草，并且出兵，双方共同攻陷蔡州，事成之后，两国以淮河为界。

1234年，金国灭亡。蒙古人正在专心致志地打扫战场，南宋突然集结二十万大军向三京（东京开封、西京洛阳、南京商丘）里的蒙古人发动攻击。注意，这三处都在淮河以北黄河以南，按宋蒙当初的约定，淮河以北的地方都是蒙古人的，跟你南宋一毛钱关系都没有。也就是说，这是赤裸裸的叛盟和侵略。

进展非常顺利，1234年阴历八月，南宋军队光复三京，京城临安（今浙江杭州）方面还未来得及摆庆功宴，蒙古人已发动反攻，南宋二十万军队几乎同时在三京崩溃，溃退到淮河南岸后，足足损失了一半士兵。

南宋这次突然叛盟激怒了蒙古人，而那不堪一击的战斗力又使蒙古人向其发出灭亡通知书。从1235年开始，蒙古帝国的一部分兵团沿着南宋边境，持续不断地发动攻击，让南宋吃不香睡不着。

1253年，蒙古帝国剑走偏锋，绕过南宋，深入万山丛中的云南地区，灭掉大理王国，随后又使安南王国臣服。1258年，蒙古帝国分三路进攻南宋。1259年，其中一路的忽必烈强渡长江，抵达鄂州（今湖北武汉）城下，百道攻城，鄂州城马上就要陷落，突然合州战场传来大汗蒙哥去世的消息。忽必烈大吃一惊的嘴还未来得及合上，又传来消息说，他的兄弟阿里不哥正在蒙古本部举行大汗上任典礼。

忽必烈认为自己比阿里不哥更有资本担任大汗，于是放掉鄂州，掉转马头回蒙古帝国本部和兄弟"相煎"去了。经过四年血流成河的内战，1264年，忽必烈以压倒性的优势胜出。1269年，忽必烈对南宋全面宣战。1274年，蒙古远征军司令伯颜攻陷鄂州，顺长江东下，陷安庆，在芜湖江面击溃了南宋军队的最后一道防线。现在，蒙古军队可以大摇大摆地去临安了。南宋急忙求和，伯颜按忽必烈的指示同意了。忽必烈的本意没打算灭南宋，而是希望南宋和安南一样，做元帝国的卫星国。

但是，南宋自己送死。伯颜派去杭州的谈判使者在半路上突然被一名南宋爱国将领处决，伯颜听到这个消息，气得马上变成了一个炮仗。南宋中央政府慌忙派人去向伯颜赔罪，并且发誓要严惩凶手。伯颜压制自己不要爆炸，第二次派出使者。想不到南宋的爱国人士太多了，第二个使者走到半路时，又被杀掉。

伯颜气得哇哇怪叫，命令军队进攻临安，在强大的蒙古兵团面前，柔弱的临安没有别的出路，只能陷落。南宋中央高层对伯颜的暴怒很不理解，认为伯颜没有诚意，如果真有诚意，死掉两个使者，还可以再派嘛。

他们不明白的是，是他们亲手制造了伯颜这个炮仗，你制了个炮仗，还点了两把火，却不想让它爆，这对炮仗太不公平了。

1279年，南宋软弱无力的流亡政府在崖山被蒙古兵团彻底摧毁，南宋正式灭亡。

从1234年宋蒙交火到1279年南宋流亡政府灭亡，前后历经35年。在这35年时间中，大蒙古国被两次西征分散了兵力，直到忽必烈称汗后，才真正把所有兵力用在了宋蒙战场。

南宋的灭亡，标志着元帝国统一中国。大半个世界被蒙古人重新塑造了一遍，但疯魔一样的征伐狂仍未消失。

早在1274年，忽必烈就向日本派过使者，要他们称臣纳贡。日本人没有理他，于是这年年末，他命令兵团东去，征讨日本。蒙古兵团在博多湾击败了日本的九州部队，正要乘胜进击时，遇到飓风，损失一半兵力，狼狈撤回。

忽必烈虽然吃了败仗，可仍旧派了使者到日本，要他们俯首。日本人怒不可遏，斩杀蒙古使者。1281年，在作了多年准备后，忽必烈集结汉人、朝鲜人兵力二十万，下令二次征日。让人惊骇的是，飓风重新又来，把停泊在海边的蒙古战舰全部摧毁，蒙古人这次几乎全军覆没，再次狼狈而回。日本人后来称这两次飓风为神风，二战时期日本勇往直前不顾生死的"神风敢死队"，精神支柱就在此。

此次大惨败后，忽必烈曾多次预谋三征日本，但在众大臣的劝说下彻底放弃了这个艰难的计划，日本也成为亚洲地区唯一未向蒙古人称臣的国家。

再来看安南。早在1257年，蒙古兵团就攻破其都城，大掠而还。之后，安南始终向蒙古人称臣。1277年，忽必烈要安南国国王到元大都（今北京），安南国国王拒绝。忽必烈认为这是挑战他的权威，但当时灭宋战争正如火如荼，所以六年后的1283年，忽必烈才下令进攻安南。蒙古兵团长驱直入，攻占安南首都。不过，由于当地气候炎热，蒙古人无法忍受，又因为安南游击队猖獗，所以蒙古人很快从安南撤兵，在撤兵途中，安南残存的军事力量把蒙古人诱进埋伏圈，这支蒙古兵团几乎全军覆没。有仇必报是蒙古人的特点，1287年，蒙古兵团再入安南，几乎是上一次的复制版。攻破安南首都，四处掳掠，受不了当地炎热，撤兵回国，半途又遭到安南的伏击，损失惨重。

两次击败蒙古人，并未让安南傲慢，相反，1288年，他们派使者到大都，称臣纳贡。但安南国国王并不按规定进大都，蒙古人对于那地方是心有余而力不足，只好睁一只眼闭一只眼了。

对安南国如此，对缅甸同样如是。缅甸在1271年被忽必烈一纸诏书搞定，缅甸俯首蒙古人，但人人都知道他们不是真心归附。1277年春，缅甸人侵犯元帝国边境，忽必烈的反应极为缓慢但异常严厉。1283年，一支蒙古精锐兵团进入缅甸境，双方打打停停、停停打打了六年。1289年，缅甸彻底臣服，然而也只是口头上的。

蒙古人的最后一次扩张，是远征爪哇国。爪哇国只是个小岛，比日本还小，而且离中国更远，可蒙古人仍然到了那里劝降，爪哇人把蒙古使者羞辱一通，又在脸上刺字赶走，以表示对蒙古人的轻蔑。

忽必烈不是随便受轻蔑的人，1292年，一支两万人的蒙古兵团乘战舰进攻爪哇。爪哇国王先是假装称臣，然后趁蒙古兵团疏忽大意之时，发动突袭，蒙古兵团败走。

以上的几次远征战役，虽屡有挫折，但对于大蒙古而言，实在无足轻重。这几次远征的兵力都是大蒙古国子国元帝国的力量，其他四个汗国纹丝未动。

到了忽必烈统一中国，这个史无前例的大蒙古国便告完成，大蒙古国的疆域可谓惊心动魄：东临太平洋，北抵北冰洋，西达黑海沿岸，南到南海。版图达3500万平方公里，注意，地球陆地面积是15000万平方公里。这个国家打通了东西方紧闭千年的大门，使得亚、非、欧三洲成了一家。

然而，仅仅百余年后，大蒙古国就开始把它吃到嘴里的肉纷纷吐了出来，而且呕吐得很悲惨。1369年，在大明北伐军的进攻下，元帝国最后一任帝妥懽帖睦尔下令退出大都，又退出长城，最后退回了他们的老家蒙古草原。他们并不是第一批被打回老家的蒙古人，早在60年前，统治新疆、中亚地区的窝阔台汗国就已灭亡，残余蒙古人逃回蒙古草原。当两方蒙古人唏嘘不已时，又一噩耗传来：统治中亚的察合台汗国宣告死亡，侥存性命的蒙古人狼狈不堪地逃回老家。19年后的1388年，统治今高加索、伊朗、伊拉克的伊尔汗国破灭，伊尔汗国灭亡的114年后，公元1502年，统治匈牙利、波兰、欧洲部分地区的钦察汗国内部分裂，如一座冰山在烈日下消失不见。

至此，大蒙古国的一个帝国和四个汗国全部灭亡，成吉思汗一手缔造的大蒙古国灰飞烟灭。这群蒙古人和160多年前一样重新住进蒙古包，重新寻找牧地，重新和周边的部落斤斤计较、打打杀杀。伟大的过去忽然成为梦幻泡影。不久之后，他们就成了贫苦的游牧人，一如千百年前他们的祖先一样。他们绕了个大大的圈子，回到了当初的出发点。再之后，藏传佛教传入蒙古草原，蒙古健儿万分信仰，所有的激情沉寂如井水，成吉思汗时代的蒙古人再也不会降临人间。

这已和成吉思汗无关，当然，这又是另外的故事了。

成吉思汗的启示

读成吉思汗，到底对我们有何意义，或者说，我们能从成吉思汗身上学到什么，来指导我们的人生。这个问题的答案恐怕并不惹人喜欢，也许，我们从成吉思汗身上什么都学不到，即使学到，在当今世界，也无法用上。

任何人的成功必有条件，成吉思汗的成功条件是我们无法复制的。

第一，成吉思汗崛起时，正是蒙古草原各部、中原王朝和西亚各国处于没落之时，没有任何力量可以与他抗衡。

第二，成吉思汗的成功更多要归功于他有一支所向无敌的蒙古兵团，这支蒙古兵团有着显著的机动性，使得他们对千里奔袭、闪电战等一系列快速作战方式驾轻就熟。在那个时代，天下战争，唯快不败。注意，成吉思汗兵团只有在游牧民族中才能产生，所以很多民族无法复制。

第三，成吉思汗个人的素质。

谈到成吉思汗，第一个让人想到的就是用兵如神。的确，成吉思汗一生亲自指挥的战役有百余次，吃过的败仗不超过三次，这让很多军事家惊羡万分。然而，成吉思汗的用兵是天赋，天赋是学不来的。他能在混乱的战场上，一眼就看到敌人的弱点，这种技巧，没有几人能学得来。

对忠诚特别看重，是成吉思汗个人素质中的一大特点。只要他认可你的忠诚，就会委之以重任。

自我控制，也是成吉思汗难能可贵的素质之一，这是很多人都缺少的素质。他见丘处机大为失望时，却没有表现出来，这就是自我控制。

对敌人冷酷无情，或者说，恩怨分明，应该是我们向成吉思汗学习的又一个素质。一个有原则的人才能做出事业来，老好人永无出头之日。

　　当然，成吉思汗的成功密码中也有不可取的地方。很多人都把成吉思汗的组织能力当成圣经，其实，我们前面早已说过，"十进制"的组织方式是落后的，现代管理学认为，一个人管理的极限是4—5人，而不是10人。所以，要学成吉思汗的组织能力，不如随便找本现代管理学书籍来看，比他要高明一百倍。

　　自成吉思汗死后的几百年里，深受其害的各路人马，欧洲人、俄罗斯人都对他口诛笔伐，用他们的思想把他塑造成一个冷酷无情的屠夫。这对成吉思汗是不公平的，至少没有辩证地看问题。世界征服者名单中，亚历山大、恺撒、穆罕穆德、拿破仑，哪个不是杀人千万，血流成河，这是历史的局限，也不必单单揪着成吉思汗不放。

　　成吉思汗和他的子孙们重新塑造了世界，在此之前，你很难想象，从亚洲腹地到欧洲，会有一条人走的路。

　　他不仅是蒙古民族的英雄，而且还是人类的英雄，纵然不去狂热崇拜，也要理性地正视他。因为他是人类的巅峰状态！

（全文完）